Eberhard Rathgeb
Am Anfang war Heimat

Eberhard Rathgeb

Am Anfang war Heimat

Auf den Spuren eines deutschen Gefühls

Blessing Verlag

MIX
Papier aus verantwor-
tungsvollen Quellen
FSC® C014496

Verlagsgruppe Random House FSC® N001967
Das für dieses Buch verwendete
FSC®-zertifizierte Papier *Munken Premium*
liefert Arctic Paper Munkedals AB, Schweden.

1. Auflage 2016
Copyright: Eberhard Rathgeb
und Karl Blessing Verlag, München, 2016
in der Verlagsgruppe Random House GmbH
Umschlaggestaltung: Geviert Grafik & Typografie, München
Satz: Leingärtner, Nabburg
Druck und Einband: GGP Media GmbH, Pößneck
Printed in Germany
ISBN: 978-3-89667-541-5

www.blessing-verlag.de

INHALT

VORWORT

Oft entsteht ein Vorwort erst am Ende einer Arbeit, nachdem klar ist, was getan wurde. Wenn es nicht nur zusammenfassen soll, worum es in einem Buch geht, dann mag es dazu nützlich sein, sich zu vergewissern, wo eine Darstellung begann und wo sie endete und warum dieser und nicht ein anderer Weg eingeschlagen wurde. Über Heimat zu reden ist nicht einfach, so wie überall dort Schwierigkeiten auftreten, wo Erkenntnisse, die aus einer Sache gewonnen werden, und Empfindungen, die mit ihr verbunden sind, sich nicht trennen lassen, weil die einen mit den anderen eng zusammenhängen.

Heimat ist ein Gefühl wie Liebe und Hass, das heißt, auch sie lässt sich nicht mit ein paar Worten einkreisen und definieren, anders als Sonne, Vogel oder Kuchen, auf die notfalls erklärend hingewiesen werden kann wie auf andere Gegenstände der Wahrnehmung: Das ist eine Katze, das ist ein Berg, das ist ein Baum. Irgendwo stehen, eine ausladende Bewegung mit dem Arm machen und sagen: Das ist meine Heimat, bedeutet, Dinge und Landschaften herauszuheben, ihnen einen bestimmten Status zu geben und sie zu etwas zusammenzufassen, worauf ein Dritter, ein Unbeteiligter erst einmal nur mit einem offenen Blick, einem verständigen Kopfnicken reagieren kann. Aber dann müsste er nachfragen, da sich ihm mit

7

einem solchen apodiktischen Ausruf nicht erschließt, warum einer hier oder dort seine Heimat zu haben glaubt und was er dabei empfindet. Gefühle lassen sich in einzelnen Fällen beschreiben, was eine fühlt, wenn sie liebt oder hasst, und entsprechend was einer meint, wenn er beteuert, dort sei seine Heimat, hier fühle er sich heimisch.

In jeder Heimat liegt deswegen eine Geschichte beschlossen: Sie beginnt mit der Geburt und endet mit dem Tod, sie handelt vom Aufwachen und Aufwachsen, vom Heimischwerden und vom Abschiednehmen, vom Zuhausesein und vom Alleinsein, von Geborgenheit und Fremde, von einem Lebensgefühl, dem nahezukommen besser gelingt, sobald davon erzählt und nicht nur darüber räsoniert wird.

Aus dieser Mischung von Erkennen und Empfinden ist kein Roman entstanden, aber so etwas wie ein Roman, wenn sich darunter das Bemühen verstehen lässt, den Leser in eine Geschichte hineinzuziehen, in der die Behauptungen und, hoffentlich, die Erkenntnisse ihm dabei helfen, der Heimat und dem Gefühl, das sie in ihm wachruft, näher zu rücken.

Empfindungen lassen sich unterscheiden und bis zu einem gewissen Grad auch analysieren, aber manchmal ist es besser, sie zu wecken und zu schauen, wie sie entstehen und woher sie kommen, wie sie sich über den ersten Anlass hinaus ausbreiten und mit welchen Erkenntnissen sie sich vermischen. Verstehen und Einfühlen hängen eng zusammen, wenn Herz, Seele und Gemüt, und nicht nur der Verstand, mitspielen, oder wie immer die Membran genannt werden mag, die Haut, die sich an der Welt reibt und etwas umschließt, das wir unser Eigen nennen, auch wenn wir es nicht gut kennen.

Alle Vermutungen zur Psychologie des Heimatgefühls, was es ist und wie es entstehen kann, laste ich deswegen auf den folgenden Seiten meinem Vater auf, und auch für eine kurze Strecke meinem Großvater und anderen nahen Verwandten.

Ihm konnte ich zu nahe treten, er würde mir, dachte ich, diese übermäßige Vertrautheit nachsehen, weil er am besten weiß, wie viel und wie wenig er mit dem Vater zu tun hat, von dem ich hier spreche und der sich viel offener und zugänglicher zeigt, als mein Vater, was ich nicht bedaure, jemals gewesen ist. Mein Vater, der echte, hätte sich zu Recht über die Nähe, die ich mir hier anmaße, gewundert, aber die meiner Heimatforschung zugrunde liegende Bemühung gutgeheißen und deshalb ein Auge zugedrückt.

Alle Vermutungen zur Ethnographie des Heimatgefühls, wo, wann und wie einer sich unter guten oder widrigen Umständen zu Hause fühlt, wie einfach und schwierig es sein kann, eine Heimat zu finden und zu bewahren, schiebe ich auf bekannte Fremde wie Heidegger, Adorno, Rahel Varnhagen, Hannah Arendt und andere. Bei ihnen konnte ich mir keine einfühlsamen Zudringlichkeiten erlauben und musste voraussetzen, dass sie die Differenzen zwischen dem, was sie selbst von sich hielten, und dem, was ich von ihnen berichten würde, wenn ich mich ihnen wie Verwandten näherte, nicht akzeptiert hätten. Sie hätten diese Abweichungen nicht mit einem wohlwollenden und großzügigen Handstreich weggewischt, wie es mein Vater getan hätte, der mit dieser Geste gerne bekundete, dass er zu unterscheiden und zu akzeptieren wisse, was nur Dichtung und was Wahrheit sei, ob etwas für ihn wichtig oder unwichtig war.

Wenn der Leser am Ende des Buches das Gefühl hat, besser verstanden zu haben, was Heimat ist, und wenn er dazu angeregt wird, nachzudenken, wie er selbst zu diesem Gefühl kam und was es für ihn bedeutet, wann es sich einstellte und wie er es sich erhielt und bewahren kann, wäre ich froh und hätte erreicht, was ich mir vorgenommen hatte: eine Geschichte zu erzählen, in der das Besondere der Anfang ist, um zum Allgemeinen zu gelangen, wie eine Treppe, die aufs Dach führt, eine

Geschichte, in der das Allgemeine immer schon im Besonderen steckt, wie die Wörter im Kopf, mit denen wir uns gegenseitig verständlich zu machen versuchen.

Die Lücken, die durch Auswahl, Zugang, Wissen und Zeit bedingt sind, ließen sich so wenig vermeiden wie ein Wurm in einem Eimer voller Pflaumen. Der einzige, der, soweit ich weiß, von sich behauptete, dass er alles im Griff hatte, sogar den letzten Wurm, war der Philosoph Georg Wilhelm Friedrich Hegel. Wer ihn nur ein wenig kennt, wird bestätigten, dass schon der Versuch vermessen wäre, es in dieser Hinsicht mit ihm aufnehmen zu wollen.

Es ist müßig aufzuzählen, was dieses Buch nicht ist, auf jeden Fall ist es keine Kulturgeschichte Deutschlands. Dass es im Untertitel behauptet, eine Spurensache, eine Art Roman zu sein, ist der Einsicht geschuldet, dass sich vor allem erzählend Klarheit über Gefühle gewinnen lässt. Die Kapitelüberschriften sind Wegweiser, sie führen nicht in einen Wald, mitten auf eine Lichtung oder in ein Tal, wo sich der Leser umsehen, die Sonne, die Bäume und die Aussicht genießen mag, in der Gewissheit, es gebe nicht mehr zu sehen und zu erfahren. Sie weisen hin auf problematische Bereiche, Knotenpunkte, an denen sich Aussagen aus einem bestimmten Feld von Erscheinungen, Erkenntnissen und Empfindungen häufen. Der Leser mag danach weiterziehen, mit einem nach der letzten Runde hoffentlich offeneren Blick und einem geschärften Sinn für sein eigenes Heimatgefühl.

Personen, die nicht nur, wie zahlreiche andere, die hier vorkommen, erwähnt werden, sondern eine mehr oder weniger wichtige, manchmal sogar tragende Rolle spielen:

Theodor W. Adorno, Philosoph und Soziologe, Emigrant und Rückkehrer

Albrecht, mein Vater, Heimkehrer

Albert, mein Großvater, Auswanderer

Hannah Arendt, politische Philosophin, Jüdin, blieb im Exil in Nordamerika

Rudolf Borchardt, Dichter, ein Jude, der kein Jude sein wollte

Brunhilde, die Starke aus den Nibelungen, eine Frau, die betrogen wird

Wilhelm Dilthey, Philosoph und Erforscher der Weltanschauungen

Junge Dienstmädchen, die unglücklich waren

Dorfbewohner, namenlos

Albrecht Dürer, Maler mit langen Haaren aus dem 16. Jahrhundert

Flüchtlinge, namenlos

Stefan George, Dichter aus Büdesheim bei Bingen am Rhein, Künder des Neuen Reichs

Catharina Elisabeth Goethe, die resolute Mutter des berühmten Dichters

Johann Wolfgang Goethe, Dichter, Italienreisender und lebendes Kunstwerk

Gunther, Schwächling aus den Nibelungen, spielte mit falschen Karten

Johann Peter Hebel, Dichter aus dem Alemannischen mit Hang zum Volk

Georg Wilhelm Friedrich Hegel, Philosoph, engster Vertrauter und bester Kenner des Weltgeistes

Martin Heidegger, Philosoph, Skifahrer, Hüttenbesitzer

Heinrich Heine, Dichter, Jude, Intellektueller, ging ins Exil nach
Frankreich

Theodor Heuss, ehemaliger Bundespräsident, Schwabe

Adolf Hitler, Diktator, der zum Schluss sein Volk nicht mehr
mochte

Ricarda Huch, Schriftstellerin und Historikerin, lebhafte Dame
mit Drang zum Höheren

Wilhelm von Humboldt, Bildungsreformer, ließ nichts auf die
alten Griechen kommen

Ida, die Mutter meines Vaters, schiffte sich an der Seite ihres
Mannes nach Südamerika ein

Karl Jaspers, Philosoph und Psychiater, verließ Deutschland
bald nach dem Zweiten Weltkrieg

Søren Kierkegaard, Philosoph aus Kopenhagen, selbsternann-
ter Spion Gottes

Krimhilde, die Schöne aus den Nibelungen, tat einmal unab-
sichtlich das Falsche und das andere Mal absichtlich das Böse

Hubertus Prinz zu Löwenstein, Historiker und Schriftsteller,
ging ins Exil in die Vereinigten Staaten und kehrte wieder
zurück

Karl Marx, Ökonom und armer Kritiker des Kapitalismus, kor-
rigierte sogar den Weltgeist

Thomas Mann, Schriftsteller, Bestsellerautor, Kulturvertreter,
ging ins Exil nach Nordamerika, Lebensabend in der Schweiz

Ein Mönch, der nicht sagt, was er will

Die Mutter meines Schuldfreundes, Vertriebene aus dem Osten

Paula, Idas und Ruths Mutter, meine Urgroßmutter, verbrachte
ihr ganzes Leben in demselben Dorf

Erwin Panofsky, Kunsthistoriker, Jude, ging in die Vereinigten
Staaten ins Exil, blieb dort, Bewunderer der großen klugen
Äbte

Tilman Riemenschneider, Holzschnitzer aus dem Mittelalter,
Bürgermeister von Würzburg, Opfer des Bauernkrieges

Ruth, Idas Schwester, meine Großtante, zog nur ein Dorf weiter und blieb dort bis zum Ende

Friedrich Schleiermacher, Philosoph und protestantischer Theologe, Experte für bessere Verständigung

Siegfried, starker Held aus den Nibelungen, Draufgänger, Angeber, Vorbild

Germaine de Staël, Schriftstellerin, Tochter aus gutem Haus, Feindin von Napoleon, unermüdliche Liebhaberin

Rudolf Steiner, Anthroposoph und Alleswisser, Geheimniskrämer

Adalbert Stifter, Dichter, österreichischer Melancholiker und Selbstmörder

Veit Stoß, Holzschnitzer aus dem Mittelalter, verurteilt in Nürnberg

Rahel Varnhagen, Salondame, Briefeschreiberin, Jüdin und Seelenkennerin

Der Vater meines Schulfreundes, ehemaliger Wehrmachtsoldat, Arbeiter beim Straßenbau

Aby Warburg, Kunsthistoriker, Jude, Indianerkenner, kam für eine Weile in die Psychiatrie

Ludwig Wittgenstein, Philosoph, Jude, verschenkte sein Millionenerbe, Exil in England

Heinrich Wölfflin, Kunsthistoriker, Freund und Förderer der Formen

Der Wolfsjunge aus den französischen Wäldern

Stefan Zweig, Schriftsteller, Jude, Kulturgenießer, nahm sich im brasilianischen Exil das Leben

Die Grösse der Provinz

Hitler, Himmler, Goebbels, Göring und Eichmann dachten, träumten und redeten auf Deutsch. Sie waren voll des deutschen Geistes, vorausgesetzt, ein Geist ist dann deutsch, wenn er sich nicht anders als in der deutschen Sprache ausdrücken und verständigen kann. Was wäre aus ihnen geworden, wenn sie als Schüler ein Jahr in Frankreich, Italien, Spanien oder in den Vereinigten Staaten gelebt hätten, wenn sie nach dem Abitur ins Ausland gegangen wären, nach Namibia, Chile, Neuseeland, Australien, Russland oder China, um dort zu leben und zu arbeiten, Land und Leute kennenzulernen? Aber sie blieben daheim hocken, sie schauten nicht über den Tellerrand, sie gruben sich ein, und da sie keine philosophischen Köpfe waren, die ihre fehlende Weltläufigkeit durch grenzenlose Metaphysik und internationale Logik wettmachen konnten, waren sie deutsch im Sinne eines die Erfahrung beschränkenden Mangels. Alles, was sie taten, was sie dachten und träumten, musste ihnen wie ein Erguss des deutschen Geistes erscheinen, der in ihnen war, rein und unschuldig wie ein Quell im Gebirge.

Durch jeden, der ein Deutscher war, floss das Wasser dieser Quelle, wie das Blut durch die Adern. Darin lag der Heimvorteil der sesshaften Deutschen, die nichts anderes kannten und schätzten als ihr Land und die nicht infiziert worden waren durch Einflüsse, denen sie im Ausland ausgesetzt gewesen wären. Die einzigen, sagten die Wächter des deutschen Geistes, die noch das Quellwasser der geistigen Heimat beschmutzen konnten, waren die Juden, die, erkannt und unerkannt, unter den Deutschen lebten, mit einer Selbstverständlichkeit, als gehörten sie dazu, Fremde, Eindringlinge, die sich in etwas einmischten, das sie nichts anging. Die Juden mussten deswegen entfernt werden, ebenso alles, was je ein Jude geschrieben, komponiert, gemalt und gedacht hatte oder ein Deutscher, der sich bei ihnen oder bei den Ausländern angesteckt hatte. Die Nazis verbrannten Bücher, um den bösen nichtdeutschen Geist auszutreiben, und erließen Gesetze zur Wiederherstellung des Berufsbeamtentums und Rassengesetze, mit denen verhindert werden sollte, dass der gute deutsche Geist durch fremdes, undeutsches Blut ausgehöhlt werde.

Die Idee vom deutschen Geist haben nicht die Nazis erfunden, aber den Wahn, dass er rein sein solle, haben sie zu verantworten. Der Geist der Völker kommt schon bei Montesquieu, Herder und bei Hegel vor, als etwas ganz Besonderes, das sich im Laufe der Geschichte eines Volkes entwickelt habe und sich in Recht, Kultur und Sitte ausdrücke. Mit der industriellen Revolution und der modernen Arbeitswelt verloren diese Besonderheiten an Gewicht, die Wirtschaft schuf eine grenzüberschreitende Gleichheit zwischen den Armen auf der einen und den Reichen auf der anderen Seite. Karl Marx interessierte sich für die Lage der arbeitenden Klasse, ob in England, Deutschland oder Frankreich, und nicht für deren Bräuche. Er betrieb keine Volkskunde, er war kein Ethnologe. Der Geist der marxistischen Kritik der politischen Ökonomie war international, auch wenn er an dem deutschen Philosophieprofessor Hegel geschult war. Das Kapital schafft all die Unterschiede ab, die es nicht braucht.

Die Nazis wollten von dieser radikalen Kritik am Kapitalismus nichts wissen. Sie nachzuvollziehen hätte für sie bedeutet, die Heimat als den Boden aller rechtschaffenen Deutschen zu verlassen, sie aufzugeben und einzutauschen gegen die Klasse des Proletariats und der Bourgeoisie, durch die das deutsche Volk in Arbeiter einerseits, in Angestellte, Beamte, Militärs und einflussreiche Unternehmer andererseits gespalten worden wäre. Stattdessen nahmen sie, was sie zur Hand hatten, sich selbst und solche, die waren wie sie, Deutsche, die im Ersten Weltkrieg ihre ersten und einzigen Auslandserfahrungen gemacht hatten und sich jetzt vornahmen, die Konkurrenz der Nationen durch eine Konkurrenz der Rassen zu verschärfen und zu vereinfachen. Der Hinweis auf den deutschen Geist rechtfertigte jedes Vorgehen, jedes Unrecht, jede Schandtat, jedes Verbrechen.

Nach dem Zweiten Weltkrieg und der Ermordung der europäischen Juden war es mit dem deutschen Geist als Heimat einer Nation, eines Volkes endgültig vorbei. Einen bedeutenden Philosophen gab es in Deutschland, dem war diese Entwicklung nicht recht. Er beharrte darauf, weiterhin auch beim Denken den heimatlichen Boden unter seinen Füßen zu spüren.

Im Jahr 1927 veröffentlichte der in Meßkirch in Baden 1892 geborene Philosoph Martin Heidegger ein Buch mit dem Titel *Sein und Zeit*, das ihn sofort berühmt machte. Wer glaubte, auf diesen Seiten etwas über die konkreten Lebensverhältnisse des beginnenden 20. Jahrhunderts zu erfahren, der sah sich enttäuscht. Das Werk war eine komplizierte philosophische und keine empirische soziologische Untersuchung, auch wenn darin ein Grundphänomen der modernen Gesellschaft abgehandelt wurde, die Masse, der Durchschnitt, das große dunkle »man«.

Das Buch versprach, eine phänomenologische Hermeneutik des Daseins zu liefern, was in den Ohren von Heideggers Zeitgenossen neu und vielversprechend klang, es hörte sich so an, als ginge es um das Leben, das existentielle Ganze und nicht um

17

philosophische Spezialgebiete wie Logik, Ethik, Psychologie und Metaphysik. Phänomenologisch war die Untersuchung insofern, als Heidegger von seinem Lehrer Edmund Husserl gelernt hatte, sich nicht mit der Wiederholung und Kritik der Ideen seiner Vorgänger zufriedenzugeben. Er wollte zurück zu den Ursprüngen der Existenz, dem Fundament der Lebenserfahrung, zu den großen Fragen nach dem Sinn von Sein und Dasein. Hermeneutisch war sie insofern, als Heidegger von dem Philosophen Wilhelm Dilthey gelernt hatte, dass das Verstehen die Grundlage des Geistes und des Lebens bildete, was nichts anderes hieß als anzuerkennen, dass die Frage nach dem Sinn von Sein und Dasein sich nur beantworten ließ, wenn sie als Selbstauskunft des Existierens verstanden wurde. Der Mensch sollte über sich nicht ethisch, wie er handeln sollte, was gut und was böse sei, und nicht logisch, wie er dachte, was richtig und falsch war, und nicht psychologisch, wie er fühlte, was Empfindung und Einbildung war, und auch nicht metaphysisch, wer er war als Geist, in Bezug auf Gott und auf die Ewigkeit, sondern vor allem existentiell denken: Was hieß es, ein Leben zu führen, und was bedeutete es, sich selbst in Frage stellen, über das Dasein nachdenken zu können?

Das war ein radikal neuer philosophischer Anfang, mit dem das Gefühl einer in den Universitäten und im Alltag ungewohnten Lebensintensität verbunden war, als habe die Stunde der Entscheidungen und der Wahrheit geschlagen, als würde die entfremdete, vergesellschaftete Existenz der Zeitgenossen, die ihr Dasein in den Städten mit Arbeit, Konsum und in größter Gedankenlosigkeit dahinbrachten, einer grundlegenden Kritik unterzogen. Heidegger kippte die Philosophie aus der Horizontalen der Tradition, wohin sie sich wie in ein Bett, in dem sich gut schlafen ließ, verkrochen hatte, in die Vertikale des gelebten Augenblicks. Der Hahn krähte, die Philosophie musste aufstehen und sich dem Tag stellen. Das Existieren gewann mit diesem Weckruf aus Süddeutschland an Tiefgang, es galt, mehr als ein bürgerliches Leben zu führen und mehr von sich zu verlangen als die Verbesserung der eigenen sozialen Lage.

Wie die marxistische Kritik des Kapitalismus aus den Nationen Schauplätze von Klassenkämpfen machte, so wurden durch Heideggers Kritik des alltäglichen Lebens alle Menschen Brüder und Schwestern in einem existentialistischen Geiste. Das Ziel der Kommunisten war die klassenlose Gesellschaft, der Weg dorthin durch Revolutionen zu erreichen. Wohin Heidegger steuerte, wie eine Gemeinschaft der existentiell Erleuchteten aussah, blieb unklar. Mehr ließ sich nicht annehmen, als dass der von ihm philosophisch befreite Mensch keine Lust haben würde, sich den Beschränkungen zu unterwerfen, die die bürgerliche Wirklichkeit seinem Dasein durch Schule, Ausbildung, Beruf, Maschinen, Arbeit, Geld und Industrie auferlegte. Existieren bedeutete etwas substanziell anderes.

Als Hitler an die Macht kam, dachte Heidegger, dass eine erfüllte Zeit anbrechen, eine Revolution aller Lebensverhältnisse beginnen würde, in der sich der existentielle Druck seiner Philosophie entladen könnte. Der Nationalsozialismus war radikal, er setzte einen neuen Anfang, er behauptete, Geschichte nicht zu erleiden, sondern zu machen. Sein und Zeit, Denken und Existenz fanden zusammen wie Kopf und Hand, sobald einer sich der neuen antibürgerlichen Bewegung anschloss, die für das Wohl des ganzen Volkes zu handeln vorgab. Die Parteinahme für Hitler bedeutete auch für Heidegger eine Verschiebung der eigenen Zuständigkeit und Verantwortung als Dozent und Bürger auf höhere Stufen einer politischen Hierarchie. Wer für das Volk, das Ganze war, der konnte nichts falsch machen, und wer wusste, was das Volk zu tun hatte, welchen Auftrag es erfüllen sollte, der gehörte zur Avantgarde, zur Elite der neuen Bewegung.

Heidegger trat in die NSDAP ein und schwang als Rektor der Universität Freiburg begeisterte Reden über den Geist der Erneuerung. Das Volk als Ganzes war eine Art Mysterium, ein Abgesandter höherer Mächte, und wer auf seinem Rücken saß und mit ihm auf und davon ritt, der kam nahe an die Erfüllung der Zeit heran, der sah, was in ihr als Sinn verborgen lag, verschüttet unter Geschäften und Umtriebigkeit, falschem Leben und beschränktem Denken, rationaler Enge und bürgerlicher Vorsicht. Heidegger glühte vor Ergriffenheit. Die Stille des philosophischen Seminars, die Einsamkeit des Studierens lag weit hinter ihm. Er war jetzt mittendrin im Getöse und Gestöber, im Herzen der Ereignisse, in wohltuender Gefahr.

Berlin war ihm ein Graus. Für das großstädtische Leben, das den Soziologen Georg Simmel reizte, fehlte ihm der Sinn. Die Moderne war abstrakt, wie der Bankkredit, die Zirkulation der Waren und die Massenproduktion, sie vernichtete die Verwandtschaftsverhältnisse der Dinge, die Traditionen der Regionen, den Bezug zum einfachen Leben. Heidegger vergaß und verleugnete nicht, dass er in einem Dorf aufgewachsen war, im Gegenteil, er kehrte sein Herkommen hervor, auf dessen Boden er seinen philosophischen Einwand gegen den Fortschritt stellte. Die Provinz erhob ihr Haupt und behauptete ihr Recht.

Karl Marx, mit dessen Theorien in Deutschland noch in den Zwanzigerjahren Kommunisten versuchten, Anhänger zu gewinnen und Politik zu machen, hatte gesagt, dass die kapitalistischen Produktionsverhältnisse die Arbeiter von den Produkten der Arbeit entfremdeten und sie zu Handlangern der Maschinen, zu Opfern der Ausbeutung degradierten. Heidegger erklärte, dass die moderne Technik und Lebensweise die Menschen von ihrer wahren, den Dingen nahen Herkunft entfremdeten, dass sie ihnen das Gefühl und das Bewusstsein davon raubten, was es hieße, ein Bewohner der Erde zu sein, zu existieren. Auf den Dörfern kannte jeder jeden, gab es Bauern, die die Felder bestellten und sich um die Tiere kümmerten, und Handwerker, Schuster, Bäcker, Schmiede.

In Todtnauberg im Schwarzwald, abgeschieden in der Natur, lag eine Holzhütte, in die er sich seit 1922 immer wieder zurückzog, um unter elementaren Bedingungen elementarer denken zu können. Die Berge sollten den Gedanken unter die Arme greifen, sie auf das Wesentliche konzentrieren, auf das Eigentliche, wie Heidegger sagte, bündeln. In dieser unberührten Landschaft schrieb er *Sein und Zeit.* Hier war er ganz bei sich, ein Mensch unter einfachen Dingen, Stuhl, Tisch, Brot, Bett, Wasser, ein Glas Wein, eine Wurst, mehr nicht, auf sich gestellt, ein Wanderer ohne Karte, der sich zur Orientierung auf Sonne, Mond und Sterne verlassen musste, fern der normalen Lebenszusammenhänge, ein Bürger ohne die Bürden der Gemeinschaft, ein Universitätsangestellter ohne die Pflichten zur Lehre und Forschung, nur fragende, suchende, sich erlebende Existenz, ein neuer Anfang von allem, der sich aus sich selbst entwickeln sollte. Heideggers Herz klopfte. Die Erfahrung des Denkens war ein Abenteuer.

Auch als Rektor der Universität Freiburg ging er mit seinen Studenten auf die Hütte und machte Übungen im Denken mitten in der Natur. Wie bei Kastanien sollten unter freiem Himmel die stachligen Schalen aufplatzen, die Zivilisation und Wissenschaft um die jungen Menschen gelegt hatten. Die Stille der Provinz wurde nur von einem Vogelruf, dem Schlagen der Kirchglocken, dem Rauschen der Bäume durchbrochen, kein Verkehrslärm, kein Kabarett, keine Fabriksirene, keine Drängelei auf den Bahnsteigen. Am Waldesrand und auf dem Feld kam der philosophisch und existentiell befreite Mensch seiner Herkunft wieder nahe, seiner wahren Heimat, die er vergaß, wenn er sich von der Erde, vom Grund des Denkens, löste, und in der er wieder auflebte, wenn er sich als ein Wesen verstehen lernte, das Sinn in die Welt brachte, wie die Saat auf den Acker.

Heidegger hörte in sich die Trommel eines Erlösers schlagen, er musste, um zur Tat zu schreiten, die ihn beglückte, nicht wissen, was um ihn herum vor sich ging, was ein bürgerlicher Staat sei, was Geld, Außenhandel, Diplomatie und Politik. All diese Dinge schlug er auf die Seite der zeitbedingten Kultur, in die einer hineingeboren wurde und die sein unbedachtes Dasein prägten, die Faktizität, wie er sagte. Er schob sie beiseite, sie verstellten ihm die Aussicht. In dieser herrschaftlichen und abschätzigen Geste gegenüber der Realität, er war deutscher Staatsbürger, Steuerzahler, wahlberechtigt, erfüllte sich eine Art Ermächtigungsgesetz des Denkens. Der Jurist Carl Schmitt, der Hitler mit offenen Armen entgegenlief, hatte in der Schrift *Politische Theologie,* die 1922 erschienen war, erklärt, souverän sei, wer über den Ausnahmezustand entscheidet, das hieß, wer die Macht sich nahm, zu erklären, was richtig und falsch war, wer hochfahrend genug war, behaupten zu können, was existentiell wichtig und unwichtig war. Heidegger trat vor die Tür und sah in den Morgennebel, der sich von den Wäldern und Wiesen hob. Es war, als wäre er allein auf der Welt. Elementar, dachte er, unmittelbar, nackt, vital, wie im alten Griechenland. Er beugte bei dem Gedanken an die Griechen den Kopf etwas nach unten, der Reflex eines Bücherlesers, murmelte einige altgriechische Worte und wippte leicht in seinen fest geschnürten Wanderschuhen.

Heidegger blieb auch nach dem 23. April 1934, als er vom Posten des Rektors zurücktrat, gegenüber der politischen Wirklichkeit »souverän« genug, sich nicht in den Widerstand treiben zu lassen. Vielmehr erklärte er sein praktisches Einverständnis mit der Diktatur philosophisch, indem er Sein, Mensch und Sinn entkoppelte. Der Sinn des Seins sollte sich jetzt nicht mehr dadurch erschließen und erschöpfen, dass einem Schaffner, Lehrer, Friseur, Fabrikarbeiter ein Licht aufging und er erfuhr, was es bedeutete, als Mensch zu existieren, so wie ein

Deutscher ein Nazi wurde, weil er von den Nazis überzeugt war und sich ihnen anschließen wollte. Das war eine persönliche Entscheidung, die einer traf, ein anderer nicht. Der Geist der Zeit konnte sich eine solche Wankelmütigkeit, eine solche Abhängigkeit von persönlichen Erfahrungen und Entscheidungen nicht erlauben, es war besser, dachte Heidegger, alle zögen, alle hingen an einem Strang. Ein Volk war nur dann ein Volk, wenn es eine Volksgemeinschaft war, wenn es sich bewusst wurde, dass es ein Volk war. Dafür brauchte es einen Führer, der es leitete, und ein Reich, das es zusammenhielt.

Heidegger verwandelte diese politische Vorstellung in eine philosophische, indem er von einem Sein zu reden begann, dass sich nur aus eigenem Antrieb den Menschen offenbarte, das Sein zog in diesem Fall den Vorhang der gewohnten Erkenntnisweisen beiseite und ließ den Blick in die Tiefe des Geistes gehen, wo es leuchtete und die Gesetzmäßigkeiten und Bewegungen entwarf, die von den nichts ahnenden Zeitgenossen Denken genannt wurden. Das Sein bestimmte das Bewusstsein. Der Führer befahl dem Volk auf der politischen Ebene, das Sein befahl ihm auf der geistigen und existentiellen Ebene. Wenn Hitler und das Sein in dieselbe Richtung marschierten, dann war der deutsche Totalitarismus als Einheit von Tat und Gedanke perfekt, dann gab es aus ihm kein Entkommen, als würde einer auf dem offenen Meer treiben, rundum am Horizont nichts anderes als Meer und nochmals Meer.

Heidegger blieb Prophet, und er war es mit der neuen Fassung des Begriffs vom Sein nicht mehr nur aus persönlicher Überzeugung, wie sein Leben zu führen wäre. Ihm war eine größere Wahrheit zuteil geworden, und er konnte jetzt streng genommen nicht mehr für das, was er tat und dachte, verantwortlich gemacht werden. Er erfüllte nur seine Pflicht als Denker, wenn er die Wirklichkeit so ließ, wie sie war, und sein Ohr an sie legte und lauschte, ob und was das Sein ihm zu sagen hätte. Ein Ruf von weit oben war an ihn ergangen und er folgte ihm, so wie andere ihrer Pflicht als Soldat der deutschen Wehrmacht nachkamen, wenn ein Befehl sie erreichte.

Nach dem Krieg wurde Heidegger für eine Weile die Lehrbefugnis entzogen. Doch sein Einsatz für Hitler beschädigte sein Ansehen als Philosoph nicht nachhaltig, die Zahl seiner Bewunderer in Frankreich und in Deutschland stieg, sie sahen in ihm den Vollender und Zerstörer der Metaphysik, deren Geschichte er aufrollte als eine Abfolge von weltauslegenden Gedankensystemen, die ab den Sechzigerjahren auch Diskurse genannt wurden. Wie in architektonischen Grundrissen legten diese metaphysischen Aufrisse fest, über welche Weisen und Möglichkeiten der Erkenntnis eine Zeit verfügte. Wer mehr sehen, weiter denken wollte, musste die Lücken in der Epoche des Seins, in der er lebte, entdecken. Archäologie des Wissens nannte der französische Philosoph und Soziologe Michel Foucault diese sich bei der Analyse vergangener Jahrhunderte bewährende Arbeit.

Vor allem die vormetaphysischen griechischen Philosophen und später einzelne Dichter waren in den Augen Heideggers Auserwählte, deren Einsichten über den Horizont der normalen Sterblichen reichten. Durch sie hoffte er verstehen zu lernen, was es hieß, auf dem Gipfel einer Zeit zu stehen. Er ließ das Tal, in dem die Menschen ihren Geschäften und Leidenschaften nachgingen, hinter sich und stieg auf, weit und lange, bis die Bergwelt ihn geschluckt hatte. Das Gefühl einer großen Einsamkeit hob seine Brust, seitdem er den Bewohnern der Niederungen abhandengekommen war, er gehörte nicht mehr zu ihnen, er war ein Einzelner, der unter Bäumen und an Steinwänden entlangschritt, auf einem Grad zwischen Himmel und Erde, als hielte er die beiden zusammen. Hier oben war er auf sich gestellt, keiner war da, mit dem er reden konnte, der die Erfahrungen, die er machte, mit ihm teilte, er war von allen

24

abgenabelt, der Erste und der Letzte auf Erden, ausgeliefert den Mächten der Natur und dem Unbekannten.

Ganz ungefährlich war es hier oben nicht, die Stille der Abgeschiedenheit schier grenzenlos. Der Wanderer wurde hellhörig für den Wechsel der Winde und für jedes winzige Geräusch, hellsichtig für die Farben des Himmels zu jeder Stunde, er lief mit offenem Blick und offenem Ohr, jeder Schritt ein erster Schritt in eine unbekannte Welt hinein. Der Mensch, der aus dem Tal gekommen war, wurde immer kleiner, und der Mensch, der in die Berge hinaufstieg, wurde immer größer.

Als er auf einem Plateau angelangt war und verschnaufte, drehte er sich um und schaute hinab, und ihn überfiel ein leichter Schwindel. Er hob, wie um zu sich zu finden, einen Stein vom Weg auf, wog ihn in der Hand, als würde er ihn prüfen oder bedenken, und sagte, Stein, mehrmals sagte er es, beschwörend, nachsichtig, zweifelnd, ob das Wort wisse, was es bedeutete, ob der Stein und das Wort dasselbe meinten. Darauf steckte er den Stein in die Jackentasche, wie etwas, das ihm durch das Wort, die Bezeichnung, die er dem Stein gegeben hatte, ähnlicher geworden war. Der Stein war jetzt nicht mehr irgendein Stein, sondern ein besonderer, von ihm erkannter, er hatte ihn aus der namenlosen Ansammlung der Dinge gelöst und zu sich genommen, und er dachte, wenn er den Himmel auf die gleiche Weise aus dem Zusammenhang der namenlosen Welt lösen und in die Hand nehmen und zu ihm mit seherischer Inbrunst sagen könnte, Himmel, dort, wo einst die Götter wohnten, dann wäre der Himmel nicht nur irgendein Himmel, eine blaue Fläche, über die die Wolken zogen, sondern ein besonderer, den er verstanden hätte, ein Dach, ein Gewölbe, ein Thron. Dann hätte er den Gipfel einer umfassenden, an das hohe Sein heranreichenden Weltaneignung erreicht.

Er nahm einen Apfel aus der Tasche und biss hinein. Brot wäre ihm auch recht gewesen, Käse, Wurst. Die Wissenden und Suchenden waren einsam, sie trugen ihr Schicksal wie einen schweren Rucksack mit sich herum. Er knöpfte sich den obersten Hemdknopf auf und wischte den Schweiß von der Stirn, hinter der er, ein Geist, saß, viel größer und mächtiger als der andere, der Körper, der hier stand mit dem Apfel in der Hand. Er dachte an den Philosophen Friedrich Nietzsche, der es unter den Menschen nicht ausgehalten hatte und in Sils Maria im Engadin um den See und durch die Berge gewandert und schließlich verrückt geworden war, und er dachte an den Dichter Friedrich Hölderlin, der von Bordeaux, wo er als Hauslehrer bei einem Weinhändler gearbeitet hatte, nach Hause ins Schwäbische gelaufen und ebenfalls verrückt geworden war.

Heidegger aß den Apfel auf, drehte den Stiel zwischen den Fingern und schnippte ihn weg. Die Mühsal und die Gefahren des Denkens, dachte er und blinzelte in die Sonne, als sähe er die Abgründe, in die einer stürzen konnte, wenn er sich aus dem Altbekannten löste, Neues wagte, höher hinauf strebte, einen Ruf vernahm. Hohe Tannen standen zu beiden Seiten des Weges. In der Ferne hörte er einen Bach rauschen. Die Götter stiegen vom Himmel herab zu den Lebenden, zu einigen Auserwählten, sie vermummten sich als Idee, Einfall, Inspiration. Die Dichter waren das Gefäß, in das sie sich am liebsten ergossen. Ihnen, den Dichtern, fühlte sich Heidegger verwandt, dem hohen Ton, der nicht von dieser Welt war und sie doch umfasste und durchdrang. Das Denken war ihm zur Heimat geworden, die Wörter und Gedanken waren ihm vertraut wie die Wege zur Schule und zur Kirche, die er als Kind gegangen war. Er schlug die Werke von Kant, Hegel, Aristoteles, Platon, Nietzsche und Schelling auf, und ihm war sofort zumute, als würde er einkehren in den inneren Bezirk seines Ich. Zwischen ihm und ihnen bestand ein elementares Verwandtschaftsverhältnis, er hatte ihre Nähe gesucht, wie zu Gleichgesinnten, Freunden im Geiste, mit denen er in einem nicht abreißenden

Gespräch war. Die Jahrhunderte, die es dabei zu überbrücken galt, spielten keine Rolle. Der Geist löste sich aus den Sätzen, die er las, er kam auf ihn zu, nahm ihn auf. Das Geheimnis, das Sein, lag gefaltet in der Welt, es war da, verborgen, und einer, der mutig und dazu berufen war, musste hinsehen und hinhören, musste die Sinne offen und das Denken beweglich halten, um ihm nahe zu kommen. Heimzukehren hieß, dort zu sein, wo der Geist wühlte, die Erde aufwarf, aus der er entstanden war, und den Himmel nach Zeichen absuchte, unter dem er aufgewachsen war.

Am Abend saß Heidegger todmüde, aber glücklich in seiner Holzhütte, froh, rechtzeitig umgekehrt zu sein und dem Erlebnis auf dem Berg ein Ende gesetzt zu haben. Er wäre, dachte er, in den Bergen bei Nacht verloren gegangen. Sterben wollte er noch nicht, er war des Lebens nicht überdrüssig. Beim Denken kann einer sich verlaufen, dachte er, und nicht der Zeit achten und die Übersicht verlieren. Und doch, wer kein Wagnis einging, der machte keine neuen Erfahrungen, der lernte keine neuen Wege kennen. Im Tal blieben die Untätigen hocken, denen die Gewohnheiten lieb waren, die sich fügten. Zufrieden legte er sich ins Bett, und obwohl er müde war und die Glieder schwer, fühlte er sich leicht von der himmlischen Höhe und der frischen Luft. Die Hütte schlummerte in weiter heller Stille. Der Himmel war übersät mit Sternen.

Als er Tage später mit seinem Bruder Fritz in einer Gastschänke bei einem Glas Rotwein saß, hatte er Mühe, in einfache Worte zu fassen, wie ihm in den Bergen zumute gewesen war. Doch erzählen wollte er ihm, was er erlebt hatte. Er versuchte, sich mit einer alltäglichen Erfahrung verständlich zu machen, eine Brücke zu schlagen, und sagte, dort oben sei es so gewesen, wie wenn er mit den Skiern nicht ins Tal hinab, sondern in den Himmel hinaufgesaust wäre, nur dass dort oben keiner wäre, den er kennen würde. Er hätte keine Angst gehabt, weiter zu gehen, ins Unbekannte, ins Offene, wie Hölderlin dazu gesagt habe. Erst als er sah, dass der Tag seinen Zenit weit überschritten hatte, habe er sich in seinem Drang Einhalt gebieten und zur Umkehr zwingen müssen. In den Bergen sei ein Licht, ein Leuchten gewesen, wie es unten im Tal nicht schiene. Er müsse einmal eine Nacht dort oben verbringen. Seine Augen blitzten und seine Backen glühten, und der Bruder hob das Glas und trank dem waghalsigen Martin zu.

Heidegger hat sich nicht dafür interessiert, die Welt und ihre unterschiedlichen Bewohner und Kulturen kennenzulernen, er war nicht in Amerika, nicht in Afrika und auch nicht in Asien. Weiter als bis nach Griechenland, wo das abendländische Denken begonnen hatte, kam er nicht. In den Siebzigerjahren folgte er den Einladungen des französischen Dichters und Widerstandskämpfers René Char und hielt Vorträge in der Provence. Mehr sinnliche Weltfülle brauchte er nicht.

Er grub sich ein in den Boden, auf dem er geboren worden war und wo er aufwuchs, er schätzte das einfache Leben in den Kleinstädten und Dörfern und zog aus Berg, Feld, Weite, Stille, Himmel das Ideal einer neuen philosophischen Unmittelbarkeit: freies, direktes Denken und freies, direktes Sagen, wie es nach seinem Gefühl einigen Dichtern eigen war. Dieses Ideal kollidierte bei ihm mit einer Sprache, die ihn oft dunkle Umwege gehen ließ, wie einer, der bei Nacht, wenn kein Licht zu sehen ist, den Weg nach Hause sucht durch Ahnung und Gegenwart, mit tastenden Schritten und die Hände weit von sich ins Dunkle gestreckt.

Wenn er zu einfacher denkenden Menschen redete, in der geliebten Provinz, konnte er mit verständlichen Worten sagen, worum es ihm ging. Am 22. Juli 1961 hielt er in Meßkirch einen Vortrag über Heimat. Die kleine Stadt, stolz auf ihren berühmten Sohn, feierte ihr siebenhundertjähriges Bestehen. Heidegger war einer von ihnen geblieben, auch wenn kaum einer in der Stadt verstand, was er schrieb. Er gehört dazu, und darüber wollte er reden, über die Tiefen der Verbundenheit, über den gemeinsamen Boden. Er sagte kein überflüssiges Wort. Seine Stimme war bedächtig und etwas schrill, eine Alarmanlage.

In den Fernseh- und Rundfunkempfängern, die bald überall in den Städten und Dörfern wären, sah er die Zeichen einer kommenden Zeit. Er schaute in die Gesichter der Zuhörer. Sie alle hatten Fernseh- und Rundfunkempfänger im Wohnzimmer stehen. Er würde ihnen ins Gewissen reden, eine Mahnung, bevor es zu spät war.

Diese Geräte zeigten, und jetzt machte er eine kleine Pause, die die Neugier reizte, dass die Menschen nicht mehr dort zu Hause seien, wo sie wohnten. Das Wort »wohnen« hatte er betont, darauf kam es ihm an, er legte eine Spur aus. Sie würden von den Geräten täglich, stündlich in fremde, aufreizende, nur manchmal belehrende Bezirke weggezogen. Diese Einschränkung musste er machen, nicht nur in Erinnerung an die Reden der Nazis, welche die Deutschen an ihren Volksempfängern sich angehört hatten.

Die Menschen vor den Geräten würden nirgendwo länger verweilen, sondern ständig von einem zu anderen, vom Neuen zum Neuesten wandern, in dessen Bann sie geraten seien. Auf diese Weise verlören sie alle Bindungen zum Heimischen und landeten im »Unheimischen«. Das letzte Wort klang so, als sei damit das Unheimliche gemeint, wohin keiner gehen mochte, weil es ihm Angst machte. Wo Angst war, konnte die Gefahr nicht weit sein, und mit der Zufriedenheit eines Schneiders, der feststellt, dass der Anzug dem Kunden wie angegossen passt, legte Heidegger den Schluss nahe, dass die Heimat, das heißt alles, was einmal so genannt wurde, sich auflösen und verfallen werde.

Er warf einen ernsten Blick in die Runde der Zuhörer vor ihm. Wem es vorher noch nicht klar gewesen war, der erfuhr es jetzt, dass Heidegger nicht hier war, um die Lage schönzureden, um ins Blaue abzuschweifen. Der Verfall lauerte überall, er nagte sich wie ein Holzwurm durch das Gebälk.

Als Taxifahrer in Rom oder Börsenmakler in New York wäre Heidegger verloren gewesen. Seine Welt, Meßkirch, war einerseits viel kleiner, andererseits unermesslich größer, das Sein. Alles, was dazwischenlag, Großstädte, Volkswirtschaften, die Soziologie, das Kino, amerikanische Romane und Fernreisen, gehörte zum Fortschritt, war Fortschreiten, Weggehen, Verlassen, ökonomischer und technischer Erfolg, folgenreicher Verlust. Er schaute zur Rückwand des Saales, dachte an die alten Gebäude der Stadt, an die Gaststube, in der sie nachher beim Wein zusammensitzen würden, und trotzte der Gefahr.

Rettung sei möglich, sagte er, und zwar am ehesten dort, wo die Natur und die Tradition sich bei der Hand fassten, wo das Herkommen und die alten Sitten dem Leben unter die Arme griffen. Den Zuhörern fiel ein Stein vom Herzen, ihre Gesichter hellten sich auf, und Zufriedenheit breitete sich in ihnen aus, weil sie zur rechten Zeit am richtigen Ort waren und nicht anders konnten, als Gutes zu tun. Als Heidegger in seiner Rede fortfuhr, saßen sie da wie hingerückt in Reih und Glied, einig über die kleinen Zerwürfnisse in der Stadtverwaltung hinweg und bereit, auch die nächsten siebenhundert Jahre gemeinsam zu meistern.

Diese große Aufgabe, und mit diesen Worten legte Heidegger den Menschen in Meßkirch gleichsam die Hand auf die Schulter, könnten heute nur die dörfliche und kleinstädtische Provinz erfüllen, vorausgesetzt, und seine Stimme gewann jetzt an Höhe wie ein Falke, der aufsteigt, um das Terrain besser nach Beute sondieren zu können, dass sie sich immer wieder klar machten, worin ihre Bestimmung liege, und sie eine Grenze zögen zwischen sich auf der einen Seite und den Großstädten mit ihren Industrieanlagen auf der anderen und nicht in Versuchung gerieten, dem urbanen Leben nachzueifern, sondern das Eigene festhielten, das Heimische bewahrten.

Die Zuhörer mussten nicht lange überlegen und sich nicht ansehen, um zu wissen und sich gegenseitig zu bestätigen, dass es gut war, wenn alles so blieb, wie es war. Sie warfen ihre Fernseh- und Rundfunkgräte nicht aus dem Fenster, sondern saßen immer länger vor den Bildschirmen und sagten sich, dass sie schon seit eh und je vor den Bildschirmen gesessen hätten, und kauften sich neue, um besser zu sehen und zu hören, was draußen in der Welt geschah und glücklicherweise nicht bei ihnen. Heidegger selbst schummelte, er zeigte sich im Fernsehen und ließ sich im Radio hören. Was aber das Eigene und das Heimische sei, das es zu bewahren gelte, sagte er ihnen nicht.

Im Jahr 1944 hatte er eine Interpretation des Gedichts *Andenken* veröffentlicht, ein Versuch, Hölderlins geschichtsphilosophischen Ort und seine poetologischen Ideen von antiker und moderner Dichtung, vom Zusammenhang des Eigenen mit dem Fremden zu deuten. Den Bewohnern von Meßkirch, die keine philosophischen Seminare besucht hatten, wäre mit diesen etwas vagen Ausführungen über Ursprung, Ausfahrt, Ankunft, Kolonie und Mutterland des Geistes nicht geholfen gewesen, was hätten sie sich darunter vorstellen sollen, und deswegen schwieg er jetzt lieber, statt sich auf einsamen Wegen zu verlieren, und trat in ihre Reihen zurück, schüttelte die Hände, die sie ihm ehrfurchtsvoll hinstreckten, und redete hier und dort ein einfaches, gutes Wort. Er konnte nicht mehr tun als mahnen. Gegen die Logik des Zerfalls gab es keine Rezepte, dagegen half nur das Beharrungsvermögen.

Die Bewohner fanden an diesem Festtag nicht heraus, was sie tun sollten, um im Heimischen zu bleiben und die Heimat zu retten, sie taten, was sie gewohnt waren, sie gingen nicht fort, sie blieben in der Enge der Provinz, machten die nötige Arbeit, pflegten das Dorf, die regionalen Bräuche, die einheimische Küche und sagten den jungen Leuten immer wieder, dass nicht alles Alte schlecht sei, was die Söhne und Töchter aber nicht daran hinderte, Jimi Hendrix zu hören und in die großen Städte zu ziehen, auf der Suche nach einer anderen, neuen, größeren Welt, in der sie sich einnisteten, eine Welt aus Gewohnheiten, Bekannten, Freunden, Familie, Beruf, festen Ansichten, und das hieß aus stabilen Beziehungen. Letztendlich war auch sie eine Art von Provinz.

2

Ein Gefühl für Deutschland

Deutschland ist ein gutes Land, dachte mein Vater ohne jede
Leidenschaft, und er sagte das nicht, weil es sich von selbst verstand, und wenn da einer gewesen wäre, dem er das erst hätte
sagen und erklären müssen, mit dem hätte er nicht lange geredet. Wer das nicht sah und nicht merkte, wo lebte der, dachte
er und schwieg, erfüllt von der Ruhe eines jahrzehntelangen
Einverständnisses, vom Gefühl der Zugehörigkeit. Unmöglich
oder ungeheuerlich wäre es für ihn, wenn einer schlecht über
das Land redete, und sobald er darüber nachdachte, regte er
sich auf, aber dann sagte er bloß: Ach, und winkte mit der Hand
ab. Und wir Kinder dachten, er führt wieder Selbstgespräche,
jetzt bricht er die Diskussion ab, gleich steht er auf und geht,
weil es sich nicht lohnt, mit so einem, der nichts versteht, wei-
terzureden. Auch der Blick aus dem Fenster weckte in ihm keinen Zweifel am Leben in Deutschland. Weder die monotonen
Einfamilienhäuser noch ihre Vorgärten und die Supermärkte,
noch die Menschen, die hier wohnten, irritierten ihn, von einigen Ausnahmen abgesehen. Auch die Kinder störten sich nicht
daran und spielten im Garten Fußball, gingen die Straße hinunter zur Schule, den Ranzen auf dem Rücken, fuhren mit
dem Fahrrad zum Schwimmbad, und wenn ein Einkauf im Su-
permarkt anstand, waren sie sofort dabei und drängelten sich

zwischen den Regalen und holten sich ihre Tüten mit Süßigkeiten.

Mein Vater ertrug das Leben stoisch, als sei es gut so, wie es war, oder als hätte er keine Wahl, als sei das Leben, wie es sich ihm zeigte, nicht zu ändern. Und wie ihm erging es den anderen auch, sie machten allesamt einen zufriedenen Eindruck: Familie, Arbeit, Haus, Garten, Auto. Er setzte voraus und forderte, dass Gesetze, Regeln und Konventionen eingehalten wurden und nannte das: sich benehmen können. Selten hörte er Musik, am liebsten Beethoven, und dann konnte es passieren, dass er mitten im Wohnzimmer stand, den Kopf nach vorne gebeugt, den einen Arm angewinkelt, die Finger der Hand ausgestreckt, und diese Gerade ging im Takt auf und ab, und er sagte dazu leise, Tack, tack, tack, er dirigierte ein unsichtbares Orchester, er ordnete seine Welt und vergaß die Politik, die ihn immerzu auf Trab hielt, ging es doch um sein Land.

Nur auf dem Sterbebett dachte er nicht mehr daran, dass die Regierung sich des Landes als würdig erweisen und das Richtige tun sollte. Die Verantwortlichen müssten nur vernünftig sein, dachte er, dann wäre alles einfach und das Land würde nicht kaputt gehen, nicht zerstört werden wie ein Haus, das zusammenfiel, weil die Bewohner es verrotten ließen. Diese Sorge trieb über mehrere Flüsse bis an die Landesgrenzen und darüber hinaus. Der Satz, der sich anschloss und als halbe Portion in der Luft hängen blieb, lautete: Wenn die Menschheit nur vernünftig wäre … Darauf schwieg er, weil die Annahme keinen Sinn machte, und die Folgen aufzuzählen erübrigte sich für ihn, er war kein Träumer, der glaubte, dass es irgendwann keine Kriege mehr geben werde, keinen Hunger, kein Leid und keine Not.

Er hielt die Zeitung in den Händen aufgeschlagen vor sich, ein Dach, ein Zelt, unter dem er für Stunden verschwand, zur

34

Hälfte unsichtbar geworden, ein Denkmal des informierten Bürgers, und las jeden Satz, aus Interesse an der Gegenwart, um ein Teil von etwas Größerem zu werden, und weil er wissen wollte, was um ihn herum geschah, mit ihm und in seinem Sinne oder gegen seine Vorstellungen. Er vertiefte sich in die Zeitung auch, um die Zeit bis zum Mittagessen totzuschlagen und der Enge zu entkommen, in die das Alter ohne Beruf ihn geführt hatte. Diese Stunden waren für ihn die besten am Tag. Auf sie freute er sich, er verließ das Haus, ohne sich bewegen zu müssen, er kam durch die Welt, er traf auf Menschen, die wichtig genug waren, dass über sie berichtet wurde. Er vergaß sich selbst, wo er war und wie alt er war. Wenn er die Zeitung beiseitelegte, wurde das Leben schwieriger, es gab für ihn nichts zu tun, nichts Notwendiges, Sinnvolles, keine Arbeit.

In den Regalen standen Bücher, traurig und stumm, Überbleibsel einer anderen Lebensverbundenheit. Er las keine Bücher mehr, dafür hatte er keine Zeit, nicht einmal wenn er sich langweilte und mit sich nichts anzufangen wusste. Die Zeit, die ihm noch blieb, ging schnell dahin, er musste mit ihr haushalten und vorsichtig mit ihr umgehen. Romane waren in dieser Zeitnot eine Provokation, historische Werke ein Affront für einen, der kaum noch Leben und Zukunft besaß, er würde den Rest seiner Tage nicht anderen Geschichten, auch nicht der Vergangenheit opfern, und so machte er sich regelmäßig für einige Stunden daran, die Zeit selbst, wie sie in der Gegenwart sich zeigte, zu verfolgen, das Zeitgeschehen. Er schüttelte den Kopf, wenn Politikern Fehler unterliefen, er ärgerte sich, wenn sie kein Einsehen hatten und nicht verstanden, was sie falsch gemacht hatten, wenn sie nicht sahen, was zu tun war, und er regte sich auf, wenn erkennbar wurde, dass sie dem Land mit Absicht schadeten. Langsam arbeitete er sich in der Zeitung voran, Spalte für Spalte, von Deutschland in die Welt, in Gegenden, wo Leid, Not und Hunger herrschten und Kriege geführt wurden, und kaum ging es auf dem einen Flecken Erde wieder besser, fing auf einem anderen ein Übel an. Er saß geschützt in seinem Haus, bedroht nur vom eigenen Verfall, von Krankheit und Tod, dem normalen Lauf der Dinge, gegen den sich nichts machen ließ. Dankbarkeit erfüllte ihn, Demut, dass er hier war und nicht in einem Land der Katastrophen und Bürgerkriege.

Alles, was aus ihm wurde, wäre anders gekommen, wenn er nicht hier und in jenem, seinem Jahrzehnt im letzten Jahrhundert geboren worden wäre. Auch er selbst wäre ein anderer geworden. Ein Großteil dessen, was er als Gefühl von sich selbst in sich trug und was er kaum beschreiben konnte, es war diffus und schwierig zu greifen, hatte er Deutschland zu verdanken, der Region und der Zeit, in der er aufwuchs, sowie seinen Eltern, die Deutsche waren und aus jener Region stammten, keine Zugezogenen, sondern Eingewachsene. Diese feinfaserige Ausstattung der Seelen war auf den alten Fotografien, die er nicht mehr anrührte, nicht zu sehen. Auf ihnen war nichts Bedeutsames zu erkennen. Er wusste, was fehlte, er hatte es ja erlebt.

Hinzu kam, dass sein Leben vorbei war, die Erinnerungen taugten zu nichts mehr. Er zählte die Zeit, die ihm blieb, in Tagen, so eng war die Aussicht geworden. Noch hundert Tage, dachte er, um sich Mut zu machen. Er sagte nicht, noch einen Frühling oder noch einen Sommer, wenn der Frühling oder der Sommer gerade vorüber waren. Das wäre Selbstbetrug gewesen, und eine Jahreszeit, an deren Anfang er stand und die seine Hoffnung gleich erfüllt hätte, war zu kurz, um auf diese Länge hin dem Leben noch Vertrauen schenken zu können. Wie schnell gingen ein Sommer und ein Herbst vorbei, und dann wusste er nichts mehr von ihnen, und wie traurig musste ein Sommer sein, von dem er annehmen musste, dass es der letzte sei. Ein Tag war ein gutes, flüchtiges und blasses Maß, es versprach Gegenwart, Halt, im besten Falle Fülle, dass ihm noch etwas Zeit blieb, mehr als er mit den Fingern einer Hand, beider Hände zeigen konnte. Noch viele Tage würden kommen, was war damit verglichen ein einziger Tag, er löste sich aus der Nacht und verschwand wieder dorthin zurück.

Mein Vater wollte wissen, was in dem Land passierte, in dem er lebte, was vor sich ging auf der Welt, deren Teil Deutschland war. Der Gedanke an den Tod, der in den leeren Stunden, die nicht mit den Nachrichten aus der Welt zu füllen waren, heranrückte, war jetzt weit weg, die Zeitung hatte ihn vertrieben. Das schaffte kein Gedicht. Das Land lag da, reich und schwer, und er war mittendrin.

Jeder wird sich vor dem Tod zu verstecken versuchen, wird in den Wald rennen und sich im Unterholz vergraben, die Lippen zusammenbeißen und die Tränen hinunterschlucken und hoffen, dass der Tod ihn nicht findet. Aber der Tod sieht und hört alles, und es ist so, als hätte sich einer, der klein ist, vor vielen, die groß sind, versteckt, er hat keine Chance, es sind einfach zu viele, die nach ihm suchen, sie werden ihn finden, aber er gibt die Hoffnung nicht auf, die Zuversicht, dass er entwischt, ist zäh, bis der Tod vor ihm steht und sich zu ihm hinunterbeugt, ganz so, als sei er ein lieber Onkel, der nur Gutes tut, und ihn fragt, ob er nicht hervorkommen wolle, na mach schon. Der kleine Mensch in seinem Versteck, so groß wie ein Bett, fühlt sich immer noch sicher, er redet sich ein, dass der Tod ihn nicht aus dem Unterholz herausziehen kann, er hat sich doch so tief darin vergraben, und wenn der Tod einsieht, dass alle Mühe vergeblich ist, dann wird er weitergehen und ihn hier zurücklassen und vergessen. Aber der Tod gibt nicht nach, und er gibt auch nicht auf, er schiebt die Hand durch das Unterholz und packt den kleinen, zitternden Menschen und zieht ihn hervor, klemmt ihn sich unter den Arm und geht mit ihm davon, und eine Zeitung rutscht vom Stuhl, ein Buch bleibt aufgeschlagen auf dem Bett liegen, eine Flasche fällt um, und der Wein kleckert auf das Kleid der toten alten Frau, ein Klavierkonzert hört nicht abrupt auf, nur weil keiner im Zimmer mehr zuhört, und ein Fernseher läuft weiter, obwohl keiner mehr zusieht, auch nicht das Häuflein Mensch, das dort im Sessel sitzt, und die zusammengerechten Blätter werden vom Wind hochgewirbelt und wehen über den toten alten Mann dahin.

Dass er eine Heimat hatte und sie ihm viel bedeutete, spürte mein Vater das erste Mal, als er sie 1929, er war ein kleiner Junge, verlassen musste. Weder mit den Eltern noch mit den Geschwistern hat er über dieses Gefühl gesprochen, er hätte es nicht erklären und nicht beschreiben können, und deshalb schwieg er und kapselte das Gefühl vor allen anderen ab. Es war nur für ihn da. Er war traurig, dass sie weggehen mussten, und versuchte nicht zu weinen, als er ein letztes Mal in die Zimmer sah, in denen er und sie glücklich gewesen waren, und als er sich noch einmal nach dem Haus umdrehte, in dem er und sie gelebt hatten.

Viel später, als er wieder in Deutschland war, in den Sechzigerjahren, sagte er, hier sei seine Heimat. Er sagte das nicht auftrumpfend, mit Stolz, sondern ruhig und bestimmt. Darüber habe ich mich gewundert, dass ein solcher Satz für ihn in diesem Land möglich war nach Hitler, nach der Vernichtung der europäischen Juden, nach dem Zweiten Weltkrieg. Der Satz trennte uns, nicht wie uns Ansichten über Politik und Leben trennten, er beurkundete ein Einverständnis mit etwas, das ich nicht kannte, nicht spürte. Ich wusste nicht, wovon er redete, was er damit sagen wollte. Wir lebten am selben Ort, aber er nahm alles, was um ihn herum war, anders wahr, als etwas, das selbstverständlich zu ihm gehörte. Mein Vater ist durch viele Länder gekommen. Daran, dass er sich nicht in die Welt getraut hätte, dass er nicht gewusst hätte, wie das Leben woanders aussah, dass er sich nicht in der Fremde hätte bewegen können, lag es nicht, dass er einen bestimmten Ort, ein bestimmtes Land meinte, wenn er von seiner Heimat sprach. Sie war ihm kein Zufluchtsort, kein Versteck, und auch das Unheil, das von Deutschland in die Welt getragen wurde, als Hitler an die Macht kam, konnte ihm die Heimat nicht nehmen. Sie war dagegen immun, sie hatte bei ihm Wohnrecht auf Lebenszeit, er verstieß sie nicht, er setzte sie nicht auf die Straße, als hätte er sie nur unter bestimmten Bedingungen bei sich aufgenommen. Sie waren ineinander verwoben, verknüpft durch Bande, die er fühlte und deren Daseinsrecht durch sein Gefühl legitimiert war, das weit zurückreichte und das ihm so vorkam wie ein Anfang vor allem, eine große Ruhe, als hätte er nach einer Wanderung in einem Stall für eine Nacht Unterschlupf gefunden und läge im Stroh und hörte die Kühe schnaufen und fühlte sich unter den Tieren aufgehoben. Das Dasein genügte sich selbst. Ganz in der Nähe schlug ein Herz, sanft und gleichmäßig, das größer war als die Herzen der Menschen, die Kriege führten und Frieden schlossen, Freunde waren und Feinde wurden. Die Erde atmete. Er lauschte in den Wellenschlag der Stille, der von einem gleichmütigen Werden und Vergehen erzählte. Nachts, das konnte er spüren, und er sog dieses Gefühl in sich ein, ruhte sich die Erde von den Menschen aus.

Er hatte erlebt, was es bedeutete, in der Fremde heimisch werden zu müssen, als er mit den Eltern Deutschland verließ, und weil er damals ein kleiner Junge war, benutzte er nicht das Wort »die Fremde«, sondern sagte »anderswo« oder »woanders«. Seine Heimat fiel nicht im strikten Sinne mit den deutschen Landesgrenzen zusammen. Das Deutsche war seine Heimat, und was auch immer er darunter verstand, es hatte bestimmte Erscheinungsformen, zu denen er sich hingezogen fühlte und die sich in ihm wiederholten, so wie der Umriss eines Obstbaumes, Birne, Apfel, Pflaume, sich in den Früchten widerspiegelt, die er trägt. Seine Heimat lag in Deutschland, aber nur er kannte sie bis in die fernsten Winkel hinein, so wie das Deutsche nur von ihm belebt wurde, weil es ihm vertraut war und er sich darunter etwas Eigenes, Besonderes vorzustellen vermochte, das er mit sich herumtrug wie ein lebenswichtiges Organ seiner Seele, das ihn aber nicht daran hinderte, mehr zu werden, das heißt, mehr zu sein als ein Deutscher. Mein Vater hat sich nie auf dieses eine Land kapriziert, es nicht über andere gestellt und keine Vergleiche gezogen, wo sie sich nicht ziehen ließen, als wäre es noch möglich, vom deutschen Charakter im Gegensetz zum englischen oder italienischen zu sprechen, von nationalen Eigenarten, wie das der Philosoph Immanuel Kant gemacht hat.

Abends ging er eine Runde ums Haus, nicht länger als eine halbe Stunde und immer allein, einen Hut auf dem Kopf, wenn es Herbst oder Winter war. Die Straßen waren leer, das Haus stand in einem Vorort, der kaum belebt war, und wenn er jemanden traf, zog er den Hut, grüßte und ging weiter. Er verschaffte sich Bewegung, aber es sah auch so aus, als lief er seine Runde wie ein Bauer, der sich vergewisserte, dass der Tag zu Ende ging, und sehen wollte, wie die Nacht nahte und sich über den Flecken Erde legte, wo er wohnte und von wo er zu Fuß, auch wenn es viel Zeit kosten würde, dorthin gelangen konnte, wo sein Elternhaus gestanden hatte und er seine Kindheit verbracht hatte.

Mein Vater, zu dem der altmodische Name Albrecht so gut passte, stand im Wohnzimmer, den Kopf leicht geneigt, den einen Arm angewinkelt, die Finger der Hand ausgestreckt, und der Arm, die Hand wippten auf und ab, wie in einem rhythmischen Reflex. Er hörte Beethoven und sagte dabei leise vor sich hin: Tack, tack, tack.

3

FREMDE KOMMEN

Die ersten Flüchtlinge sind da, weitere werden eintreffen. Sie leben nicht weit von hier in einem Dorf, das in der Nähe eines großen Flusses liegt. Auf den Feldern rundum lagern im Winter Hunderte von Wildgänsen, die aus den noch kälteren Regionen Russlands kommen. Sie überwintern hier, ziehen von einem Feld zum anderen, ein großer Pfeil am Himmel, der über die Häuser und ihre Bewohner, die ihre Heizungen hochgedreht haben oder Holzscheite in den Ofen werfen, hinwegfliegt. Wenn es wärmer wird, kehren die Störche und Reiher zurück, Einzelgänger oft oder Paare, die den Eindruck machen, als wären sie ihr Leben lang einander treu. Der blaue Himmel treibt im Fluss dahin, und da das Land hier weitgehend flach ist, sieht das Ufer auf der anderen Seite aus wie ein Strich am Horizont, gerade dick genug, um die Elemente Wasser und Luft auseinanderzuhalten.

Die Dorfbewohner wollen nicht falsch verstanden werden, wenn sie sagen, es sei nicht gut, dass so viele Flüchtlinge im Dorf sind. Ein Satz, der eine Grenze zieht, vorgetragen ohne jeden Zweifel, sich nicht einmal zu einer Frage oder einer Hypothese verflüchtigend, sondern stur behauptet, wie etwas völlig Selbstverständliches, als ginge es um Alltagsweisheiten im Sinne von: Man kann nicht alles haben, kümmere dich um deine Angelegenheiten, im Leben muss Ordnung herrschen, du musst sehen, wie du glücklich wirst. Mehr als diesen einen Satz, der eine Mauer errichtet zwischen ihnen und denen, sagen sie nicht, aber es ist nicht alles, was sie dazu denken, und wenn sie unter sich sind, sagen sie, die Flüchtlinge sollen wieder gehen.

Sie kommen aus Afrika und Osteuropa und sie sprechen kein oder kaum Deutsch. Die Behörden haben sie dem Landkreis zugewiesen. Einer, dem ein großes Haus gehört, es war früher ein Hotel und stand dann leer, hat sie zu sich genommen. Es ist unsicher, ob und wie viele länger bleiben dürfen. Erst einmal müssen sie warten, bis ihr Fall auf den Ämtern geklärt ist. Draußen ist es warm, alle könnten sich an den Fluss in die Sonne setzen.

Jeden Sommer zur Erntezeit fahren Polen mit ihren Autos hierher, um den Bauern bei der Ernte zu helfen. Keiner in den Dörfern hat etwas dagegen, dass sie hier sind, sie bleiben ja nicht für immer, sie sind Saisonarbeiter, und es heißt, sie würden gut arbeiten, und dagegen hat niemand etwas einzuwenden, dass einer kommt, gut und für wenig Geld arbeitet und dann verschwindet. Manche bleiben sechs Wochen, sie schlafen in einfachen Unterkünften. Gutes Geld, sagen sie und fahren nach der Ernte den langen Weg zu ihren Familien zurück.

Unter den Flüchtlingen im Dorf sind Handwerker, auch ein Theologe, der fünf Sprachen spricht. So viele Sprachen beherrscht sonst niemand im Dorf, nicht einmal im weiteren Umkreis, warum auch, die Einheimischen wollen nicht wegziehen und wenn sie ins Ausland gehen, dann um Urlaub zu machen. Dort kommen sie mit Deutsch und ein wenig Englisch ins Hotel und an den Strand und manchmal zu Sehenswürdigkeiten, auf jeden Fall weit genug, um es sich gut gehen zu lassen. Und das reicht ihnen.

In Deutschland leben 81 Millionen Menschen, sieben Millionen sind Ausländer und etwas mehr als neun Millionen haben die deutsche Staatsbürgerschaft und stammen aus Familien, die nach Deutschland eingewandert sind. Die skeptischen Dorfbewohner sagen, hier, bei uns kennt jeder jeden, da fällt ein Fremder sofort auf, vor allem, wenn sie von so weit herkommen, aus Ländern, die wir nicht kennen. Einige Einheimische haben sich zu einer Initiative zusammengeschlossen, um den Flüchtlingen, die in dem Dorf wohnen, zu helfen. Die einen sammeln Spielsachen für die Kinder, geben Deutschunterricht, füllen Formulare aus, die anderen machen Fahrdienste oder kümmern sich darum, dass jene Flüchtlinge, die Schlimmes erlebt haben, von einem Therapeuten betreut werden. Ein Bauer, der davon hört, schweigt, sieht vor sich hin und sagt dann, wie aus Trotz oder weil er darauf nichts anderes zu sagen weiß: Es ist alles nicht so einfach.

Vor sechzig Jahren kamen Deutsche aus Schlesien hier an, und als die Mauer noch stand, die Deutschland teilte, tauchten Flüchtlinge von drüben auf, sie schwammen nachts durch den bewachten Fluss auf die andere Seite, in den Westen. Das waren Deutsche, und sie sprachen Deutsch, wenn auch einen ungewohnten Dialekt. Keiner von denen, die hier wohnten und nach dem Krieg wieder zu mehr oder weniger Wohlstand gekommen waren, wollte sie zurück in die Deutsche Demokratische Republik schicken.

Der Fluss hat eine starke Strömung, nur in den vielen Sandbuchten können Kinder im Sommer baden. Die Älteren, die sich mehr zutrauen, schwimmen raus und lassen sich von der Strömung in die nächste Bucht treiben, und dann noch ein, zwei Buchten weiter, bis sie an Land gehen und am Ufer zurücklaufen.

Jeder Fünfte, der in Deutschland lebt, stammt aus einer Familie, die aus einem anderen Land gekommen ist, bei den Kindern, die jünger als fünf Jahre sind, ist es jedes dritte. Von ihnen und ihrer Herkunft wird in hundert Jahren niemand mehr reden. Deutschland ist das zweitgrößte Zuwanderungsland geworden, vor Kanada und Australien. Im Vergleich zu Ländern in Afrika und im Osten Europas ist es reich, auch wenn viele hier in miserablen Verhältnissen leben und immer weniger Menschen immer mehr vom Gesamtvermögen des Landes besitzen. Einen Aufstand wird es deswegen nicht geben. Die Hoffnung schwindet nicht, das man irgendwie durchkommt oder dass es für einen selbst irgendwann besser wird. Die Bewohner des Dorfes sind mit ihrem Leben, mit dem, was sie erreicht haben, mehr oder weniger zufrieden. Sie sagen: Hauptsache, du bist gesund, was so viel heißt wie: Hauptsache, du kannst dein Leben genießen, und damit meinen sie, dass sie von Krankheit, Inflation, Fremden, Krieg verschont bleiben und das Gleichgewicht ihres kleinen Glücks nicht gestört wird, die Balance zwischen Arbeit, Geld, Gesetzestreue, Gewohnheit und Ruhe. Von Heimat lässt sich gut reden, wenn es einem in ihr gut geht. Von Heimat reden gerne die, die wissen, dass sie es besser haben als andere, und die möchten, dass alles, was ihre Lebensumstände betrifft, so bleibt, wie es ist, oder die glauben, dass es ihnen nur deswegen schlecht geht, weil andere, die von woanders hergekommen sind, ihnen etwas wegnehmen, Chancen, Arbeit, worauf die Fremden kein Recht hätten, und wenn es ihnen erlaubt ist, dann stimmt etwas mit der Regierung nicht, die so etwas durchgehen lässt. Heimatgefühle entstehen auch aus erfolgreichen oder enttäuschten Konkurrenzgefühlen. Es ist wie bei einem Spiel, bei dem alle, die sich darauf eingelassen haben, mitmachen, weil oder obwohl sie wissen, dass es nicht nur Gewinner, sondern auch Verlierer gibt, und bei dem keiner es gerne sieht, wenn mittendrin einer von außen dazukommt und mitspielen möchte.

»Ich habe die Welt lange genug durchstreift«, schrieb der italienische Schriftsteller Cesare Pavese in seinem Roman *Junger*

Mond aus dem Jahr 1950, »um zu wissen: alles Fleisch ist gut, und eines ist so viel wert wie das andere. Und doch müht sich der Mensch und sucht Wurzeln zu schlagen, ein Stück Erde zu haben und ein Dorf, damit sein Fleisch Wert und Dauer gewinne und etwas mehr davon bleibe als der Ring der Jahreszeiten.« Heimat ist ein Rechtsanspruch, einer ist da, an diesem Ort, in jenem Land, weil die Eltern schon da waren. Er besitzt die deutsche Staatsbürgerschaft. Beweisen muss dann keiner mehr etwas. Die Staaten geben Menschen das Recht auf Heimat, und einer darf bleiben, wo er ist, und der andere kommt nicht ins Land hinein oder muss wieder gehen. Zu leben, ohne eine neue Heimat gefunden zu haben, nachdem die alte verloren ist, bedeutet, ohne die Obhut eines Staates, ein Staatenloser zu sein. Wem die Staatsbürgerschaft fehlt, der hat auch keine staatsbürgerlichen Rechte.

Manche Dorfbewohner schauen neuerdings zwei Mal nach, ob die Dinge, die sie besitzen, noch an ihrem Platz sind. Wer nichts hat, der hat auch nichts zu verlieren, sagen sie und werfen einen Blick in den Schuppen, wo sie ihre Gartengeräte aufbewahren und die Fahrräder stehen. Ein Recht auf Heimat bedeutet, in einem Rechtssystem heimisch zu sein oder ihm zu unterliegen, von ihm geschützt oder von ihm verfolgt zu werden. Eine Heimat zu haben ist für den, der in der Heimat verfolgt wird, kein Glück. Und dennoch, keiner möchte ohne Heimat leben, und wenn er eine verloren hat, dann wird er versuchen, eine andere zu finden, wo die verwaisten und irrenden Gefühle einen Halt und eine Erfüllung haben.

Eine Heimat möchte genossen werden. Wer gut in ihr lebt, gibt sie nicht gerne her. Die Sesshaften wollen bewahren, was sie haben, Traditionen und Bräuche, und was ihnen und den anderen zugeteilt wurde, Rechte und Pflichten, und was sie sich genommen und erobert haben, Arbeitsplätze und steuerliche Vorteile. Die Katholiken möchten nicht auf den Papst verzichten, die Protestanten nicht auf die göttliche Gnade, die Staatsbürger verteidigen den liberalen Rechtsstaat, die Gebildeten schätzen die Bildung, die Unternehmer loben die freie Wirtschaft, die Reichen sorgen sich um ihren Reichtum, die Eigentümer um ihr Eigentum. Wer in der Heimat krank, allein, arm und obdachlos ist, der schwärmt nicht von der Heimat, der macht ihr Vorwürfe, der klagt sie an, der fühlt sich in ihr fremd und ausgesetzt. Heimat ist ein Schutzraum oder sollte einer sein. Der tiefe Grund des Heimatgefühls ist die Angst, in einer unheimlichen Welt verlorenzugehen, in der keiner, der allein ist, überleben kann.

Heimat ist eine Art Garantie auf eine Beständigkeit des Lebens, dass die Grundlagen des Glücks, das einer hat, kein Hunger, kein Durst, eine Familie, ein Dach über dem Kopf, eine Arbeit, Geld, so bleiben, wie sie sind. Vor den Zäunen und Mauern, die von der Angst und dem Glücksverlangen zum eigenen Schutz hochgezogen werden, lauert das Fremde, arm, verwahrlost, gierig, das Chaos der Gesetzlosigkeit, die Schizophrenie der Unbeständigkeit, der Wahnsinn der Unvorhersehbarkeit. Heimat ist Ordnung, System, Gesetz, Wiedererkennen, Bekanntes, Gewohnheiten, Ruhe, Schlafwandeln.

Die politische Philosophin Hannah Arendt, die darauf bestand und durch ihr Denken bewies, dass sie mehr und anderes war als nur eine Philosophin, schrieb am 12. März 1970 an Martin Heidegger, dessen Geliebte sie als Studentin war: »Immer wieder lese ich ›Zur Sache des Denkens‹ vor allem den Abschnitt von dem ›Ende der Philosophie und die Aufgabe des Denkens‹. Natürlich ist dies auch das Ende des Positivismus und der vielen neo-positivistischen Versuche. Ich bin schon seit vielen Jahren der Meinung – seit ich die ›Einführung in die Metaphysik‹ las – daß Du mit dem Zu-Ende-Denken der Metaphysik und der Philosophie nun wirklich Raum gemacht hast für das Denken – ohne Geländer, vermutlich auch ohne

46

Spekulation, aber in Freiheit.« In der Heimat zu leben bedeutet, eine Existenz mit Geländer zu führen.

Die Flüchtlinge laufen durchs Dorf, sie fühlen sich fremd hier, und sie wissen, dass sie als Fremde wahrgenommen werden. Wenn sie etwas zu tun haben, eine Arbeit, um sich nützlich machen zu können, löst sich das Gefühl der Fremdheit etwas auf. Sie graben sich mit ihren Händen in die fremde Welt hinein. Ein Mann und eine Frau haben sich einen Tag lang durch den Garten hinter dem Haus, in dem sie untergebracht sind, gewühlt, um dort wieder etwas anpflanzen zu können. Jeder kann jetzt sehen, dass sie zu etwas taugen, Tischler, Bauer, Maschinenschlosser, alles sinnvolle Berufe, für deren Ausübung es nicht wichtig ist, ob sie die deutschen Klassiker kennen.

Heimat ist wie zu Hause sein, wo ja auch nicht jeder, der nicht zur Familie gehört, ein gern gesehener Gast ist, so wie ein jeder aus seinem Kopf verscheucht, was dort hinein nicht passt. Die Aufnahmefähigkeit für Neues und Ungewohntes ist beschränkt, aus Faulheit, Gedankenlosigkeit, Ignoranz und voreiligem Selbstschutz. Anderes und andere zu verstehen bedeutet, von sich selbst absehen und ablassen, aus sich herauskommen, die Festung verlassen. Die Flüchtlinge kochen, was sie auch zu Hause gegessen haben, und laden die Deutschen ein. Das möchten wir euch geben, seht, mehr haben wir nicht, esst. Und wer sich nicht fürchtet vor den neuen Gesichtern, den unbekannten Menschen, der setzt sich zu ihnen an den Tisch.

Die Heimatlosen, die Flüchtlinge sagen, ohne darüber mit den Deutschen ein Wort zu wechseln: Es ist gut, eine Heimat zu haben. Heimat bedeutet für sie Zukunft, es ist ein Versprechen, dass sich ihr Leben zum Guten wenden wird. Sie wollen nicht dorthin zurück, woher sie gekommen sind. Noch haben sie keine neue Heimat gefunden, sie leben in der Luft, die Gegenwart hat für sie keinen Boden. »Wisset, eure Heimat ist nicht Grójec und nicht Skierniewice, nicht einmal das ganze

47

Land, und das Blut soll euch heiß in die Wangen steigen beim Gedanken, daß ihr selbst eure Heimat seid«, schrieb der polnische Schriftsteller Witold Gombrowicz im Exil in Argentinien 1953 in sein Tagebuch. »Was macht es, daß ihr nicht in Grodno, Kutno oder Jedlinsk seid? Ist jemals ein Mensch irgendwo anders gewesen, als in sich selbst? Ihr seid bei euch, ob ihr euch nun in Argentinien oder in Kanada befindet, denn Heimat ist kein Ort auf der Landkarte, sondern das lebendige Wesen des Menschen.« Dass der Mensch auf Erden ein Gast ist, erfährt nur, wer reist. Die Sesshaften haben die Rolle des Gastgebers übernommen. Sie haben sich an dessen Stelle gesetzt und tun so, als wären sie wer weiß was. Das ist unsere Heimat, sagen sie und stellen sich stur. Das alles gehört uns. Wir haben es geerbt, wir haben es uns verdient, wir haben darauf ein Recht. Ihr aber, sagen sie und wenden sich den Flüchtlingen zu, dürft nicht mehr von uns verlangen, als wir euch zu geben bereit sind. Wir geben auch denen nicht viel, die zu uns gehören und arm sind und ohne Hoffnung. Seid zufrieden mit dem, was ihr von uns bekommt. Anderen geht es schlechter als euch. Tragt euer Los und lasst uns in Frieden. Geht, unsere Heimat ist nicht eure Heimat. Dies ist mein Haus, mein Leben.

Ende 2014 waren nach einem Bericht des Flüchtlingshilfswerk der Vereinten Nationen 60 Millionen Menschen auf der Flucht. Mehr als die Hälfte von ihnen, 38 Millionen, waren sogenannte Binnenflüchtlinge, das heißt, die Menschen flohen innerhalb ihres eigenen Landes, sie hatten Angst vor unberechenbaren Gewalten und verließen ihr Haus, ihr Dorf und ihre Stadt, um sich irgendwo in Sicherheit zu bringen. Die meisten Flüchtlinge kamen aus Afghanistan, Irak, Syrien, Sudan, aus der Zentralafrikanischen Republik und aus der Demokratischen Republik Kongo. Die Herkunftsgebiete ändern sich ständig, je nachdem wo gerade Krieg geführt wird oder andere Katastrophen ausbrechen. Zu diesen Millionen Flüchtlingen kommen noch jene, die von der wirtschaftlichen Not aus ihrer Heimat getrieben werden, Männer und Frauen, die auf der Suche nach einer Arbeit sind, sei sie noch so schlecht bezahlt, gefährlich und erniedrigend. Ihnen stehen Millionen Menschen gegenüber, die ein Zuhause und eine Arbeit haben und am Wohlstand ihrer Nationen teilhaben, das heißt, die Versorgung mit Wasser, Nahrungsmitteln, elektrischem Strom und ärztlicher Hilfe funktioniert und ein Staat wacht darüber, dass Gesetze zum Schutz persönlicher Rechte eingehalten werden. Aus Ländern, aus denen einst in wirtschaftlich und politisch miserablen Jahren Menschen auswanderten, die dort geboren wurden und ein Zuhause hatten, wurden im Lauf der Zeit Länder, in die Menschen einwandern, Deutschland und Italien gehören dazu, England und Spanien. Die Auswanderer hoffen, von den Bewohnern des fremden Landes gut aufgenommen zu werden und bei ihnen eine neue Heimat zu finden. Wenn die Einwohner von Ländern, die zum begehrten Ziel von Fremden werden, stark und mächtig genug sind, behaupten sie ihr Recht auf ihr Land, indem sie die Fremden entweder abweisen oder zu integrieren versuchen, und wenn sie schwach sind, werden sie von den Fremden überrannt und müssen sich ihnen anpassen.

4

Zu Hause im Ausland

Im 19. Jahrhundert wanderten Tausende von Deutschen, vor allem arme Bauern, Händler und Handwerker, nach Nordamerika aus. Sie zogen los auf den Spuren der Kolonisatoren und Siedler, die einst vor allem aus England, Frankreich und den Niederlanden in die Neue Welt gekommen waren, dort den Ureinwohnern das Land weggenommen und es unter sich aufgeteilt hatten. So entstanden die Vereinigten Staaten auf der einen und Kanada auf der anderen Seite. Auch nach Südamerika, nach Brasilien, Uruguay und Argentinien, gingen die Europäer, allen voran Spanier und Portugiesen, sie hatten im späten 15. und frühen 16. Jahrhundert diese Länder erobert, die Ureinwohner massakriert und sich dort niedergelassen.

Als mein Großvater Albert sich in den Zwanzigerjahren des letzten Jahrhunderts entschied, Deutschland zu verlassen und nach Buenos Aires zu gehen, folgte er dem Angebot einer deutschen Firma, die Ingenieure für ihre Zweigstelle in Argentinien suchte. Die wirtschaftliche Lage in Deutschland war auch für einen jungen strebsamen Ingenieur nicht so gut, wie er es sich für seine Familie und seine Karriere wünschte. Nach Südamerika, insbesondere nach Argentinien, wanderten seit dem Beginn des neuen Jahrhunderts immer mehr Deutsche aus, wenn auch lange nicht so viele wie Italiener, Spanier und Franzosen, die dort eine neue Heimat suchten, was für sie nicht mehr bedeutet als an einen Ort zu kommen, wo sie auf Landsleute trafen und Arbeit fanden. Zu den Pionieren im strikten Sinne gehörte mein Großvater nicht. Darauf angesprochen, warum er auswandern wolle, erklärte er, die politischen Zustände in Deutschland würden sich bald so zuspitzen, dass er für sich und seine Familie in diesem Land keine Zukunft mehr sehe. Er hielt Hitler und die Nationalsozialisten für eine Bedrohung eines anständigen Lebens, er hatte sich kundig gemacht, in Hitlers *Mein Kampf* gelesen. Die beiden Bände waren 1925 und 1926 erschienen. Albert sagte jedem, der sich taub stellte oder nicht glauben wollte, was er hörte, er solle *Mein Kampf* lesen, da stände drin, was von Hitler zu erwarten sei. Und jedem, der abwinkte und meinte, was Hitler sage, das sei Irrsinn und nicht ernst zu nehmen, erklärte er, dieser Irrsinn habe Methode, ein solcher Ernst sei der schlimmste. Hitler hätte sich keinen besseren Propagandisten seines Buches wünschen können. Den Kommunismus und den Bolschewismus lehnte Albert ebenfalls ab. Er war Katholik, kein Atheist. Jeden Sonntag ging er in die Kirche und bei Tisch wurde gebetet.

Er wartete, als wollte er dem Lauf der Dinge eine letzte Chance geben, eine andere Richtung einzuschlagen, dann traf er die ersten Vorbereitungen für eine weite Reise und im Jahr 1929 verließ er mit der Familie das Land, wehmütig, zornig und unbeugsam. Er war sich sicher, das Richtige zu tun. Der Priester hatte ihm seinen Segen gegeben, die Welt war groß genug für einen neuen Anfang. Ein guter Christ vertraute Gott und seinen Fähigkeiten. Er ging ja nicht mit leeren Händen in die Fremde, er verfügte über Wissen, hatte Willens- und Tatkraft und besaß das Sendungsbewusstsein eines Deutschen, der stolz auf die Technik war und auf die Klassiker, Goethe, Schiller, Mörike, Uhland und Beethoven, die sein Land hervorgebracht hatte. In Argentinien fand er sich rasch zurecht, der berufliche

Erfolg half ihm dabei, sich in Buenos Aires einzuleben und wohl-
zufühlen. Als die Nationalsozialisten 1933 an die Macht kamen,
sah er sich darin bestätigt, das es richtig gewesen war, die Heimat
verlassen zu haben. Dort hingen jetzt die Hakenkreuzfahnen
aus den Fenstern, verschwanden Juden, Oppositionelle und
Homosexuelle in Konzentrationslagern und wurden Bücher
von deutschen Dichtern verbrannt. Auszuwandern war nicht
unbedingt ein Zeugnis von Not und Armut. Manche Menschen
trieb die Abenteuerlust, der Unternehmungsgeist, ein ungeheu-
rer Drang nach dem Unbekannten, Fremden, sie suchten Herausforderungen, an denen sie sich bewähren konnten, Aufgaben, deren Bewältigung ihnen Ruhm und Erfolg versprach, sie
erhofften sich ein Land, das ihnen bot, was sie zuhause nicht
fanden, Aufstiegschancen, Selbständigkeit, Erfolg, also eine neue
Runde im Spiel um das eigene Glück.

Mein Großvater gehörte zu ihnen, nur so lässt sich erklären,
dass er Mut und Willen genug besaß, Deutschland und Europa
zu verlassen und den Atlantik zu überqueren. Andere, die ähnlich über Hitler dachten wie er, kamen nicht vom Fleck, auch
wenn es ihnen sozial und wirtschaftlich viel schlechter erging
als ihm, wenn sie mehr persönliche Gründe gehabt hätten,
Deutschland den Rücken zu kehren. Albert musste sich auch
nicht der Not fügen, wie all die Auswanderer, die auf den Schif-
fen in der dritten Klasse oder, was am billigsten war, im Zwi-
schendeck untergebracht waren. Arme Leute, dachte er und
lobte das Glück, seinen Fleiß, seine Tatkraft, die verhindert
hatten, dass er zu ihnen gehörte. Im Stillen zählte er auf, was er
geleistet hatte, eine kleine Litanei seines Erfolges, er hatte studiert, er besaß ein Diplom, er hatte Arbeit, hier in Deutschland
und drüben, in Argentinien, als Bauingenieur, er musste nicht
auf Stellensuche gehen, wenn er in Buenos Aires ankam, wie
die anderen Einwanderer, die mit sich trugen, was sie besaßen,
er wurde von seiner Firma geschickt, man erwartete ihn. Hoff-

nungsvoll sah er über das Meer, ein Deutscher wie aus der glorreichen Zeit der Hanse, Kaufmann, Entdecker, Händler, Seefahrer, Eroberer. Der Stolz setzte die Segel.

Er traute sich die neue Aufgabe zu, er war überzeugt, sich in der Fremde zu bewähren, obwohl er noch nie in der Fremde gewesen war, nie im Ausland, nicht in Frankreich, nicht in Italien. Die Hochzeitsreise hatte das junge Paar an den Bodensee geführt, zum Rheinfall bei Schaffhausen, nach Konstanz, Basel, Lindau, weiter nicht. Albert verließ die Heimat, und das hieß, Verwandte, Freunde, Gewohntes, Bekanntes und Naheliegendes und tauschte all das Vertraute ein gegen Vorstellungen, wie das Leben in Argentinien sein werde, Hoffnungen, dass es gut werde, und Verlockungen, dass er über sich hinauswachsen werde. Deutschland hatte Kolonien, und er würde sich seine eigene kleine Kolonie aufbauen. Die Unsicherheit, ob es ihm und der Familie in Südamerika gefallen würde, ob sie sich einleben würden, schob er beiseite, den Gedanken mochte er nicht zulassen, er lähmte die Kräfte. Als er mit der Familie an Bord ging, sprach er nur mittelmäßig Spanisch, er lernte auf dem Atlantik Vokabeln, eilig und konzentriert, wie ein Schüler kurz vor der Prüfung, und als das Schiff im Hafen von Buenos Aires anlegte, dachte er mit der ihm eigenen Zuversicht und naiven Überheblichkeit, dass sein Spanisch jetzt gut genug sei, um sich in der Fremde und unter den Fremden zurechtzufinden und sich in dem neuen Leben mit Mathematik, Physik und Gottvertrauen durchzusetzen.

Der Deutsche im Ausland hieß eine Reihe schmaler Schriften, die von der Auslandsabteilung des Zentralinstituts für Erziehung und Unterricht in Berlin herausgegeben wurde. Das 57. Heft widmete sich den Deutschen in Argentinien. Der Direktor der Belgrano- und Germania-Schule in Buenos Aires hatte es »für Jugend und Volk« zusammengestellt. »Das Deutschtum im Ausland«, schrieb er, »braucht ständigen Zufluss aus der Heimat, ständige Blutauffrischung, sonst verkümmert es unweigerlich.« Mein Großvater hatte sich das Heft schicken lassen, und als er diesen Satz las, verwandelte er sich in ein rotes Blutkörperchen, das in größeren Lebensbahnen dahinschwamm. »Dieser Zufluss«, fuhr der Direktor fort, »ist nun für Argentinien da. Durch das große Landestor Buenos Aires ziehen Jahr für Jahr neue deutsche Einwanderer ins Land und sie sind es, die immer wieder das einheimische Deutschtum stärken und beleben.« Er würde dazugehören, dachte Albert und klopfte an das große Landestor Buenos Aires. Wer da?, rief jemand, und mein Großvater sagte: Ich, Albert, und als das Tor sich öffnete, kehrte er um und lief in sein Zimmer zurück, weil er sich nicht vorstellen konnte, wie Buenos Aires aussah, und weil er sich keinen Chimären hingeben wollte. »Wo dieser Zufluss fehlt«, schrieb der Direktor, »kann sich das deutsche Wesen eine Weile nur da halten, wo eine größere Zahl von Deutschen beieinander wohnen, also in geschlossenen Bauernsiedlungen. Die gibt es in Argentinien aber nur an wenigen Stellen. So ist auch für das Deutschtum in Argentinien die Hauptstadt Buenos Aires der wichtigste Ort.« Überall in Buenos Aires liefen Deutsche herum und wurde Deutsch gesprochen, er würde sich dort wie zu Hause fühlen, als sei es nur ein kleiner Schritt nach Argentinien, ein gleitender Übergang, der Bekanntes und Unbekanntes vermischte, sodass das Neue alt und vertraut ausschaute. Aber die Illusion hielt nur wenige Augenblicke, bis er den ersten spanischen Satz aufschnappte, der ihm bewusst machte, dass er Spanisch lernen musste. Zwanzigtausend Deutsche lebten in Buenos Aires, »Weltstädter, großzügig und weitblickend«. Ihm wurde etwas mulmig zumute, er kam aus der Provinz, er hatte die Region, in der er geboren und aufgewachsen war, nie für längere Zeit verlassen. Nicht einmal in Berlin war er gewesen, und er versuchte sich vergeblich vorzustellen, wie eine Weltstadt aussah. Weitblickend war er, großzügig war er nicht.

In dem Heft lag ein Faltblatt des Vereins für das Deutschtum im Ausland, in dem die Frage, was ein Auslandsdeutscher sei, und Albert war dabei, einer zu werden, beantwortet wurde: »Auslandsdeutsche«, ihm gefiel das Wort nicht, »im weiteren Sinne sind alle Deutschen, die außerhalb der Reichsgrenzen leben, durch Abstammung, gleiche Art, Sprache und Sitte aber sich an das Muttervolk«, er sah die Nation wie einen Busen vor sich wogen, »und die alte Heimat«, wenn Hitler sie nicht zerstört, dachte er, ohne zu ahnen, dass Hitler einen Weltkrieg beginnen würde, »gebunden fühlen und sich dem deutschen Kulturkreis«, Uhland, Mörike, Goethe, Schiller, Beethoven, Schubert, Mozart und Dürer, Schlösser, Burgen und Kirchen, dachte er, die Namen fielen ihm zu, er musste nicht lange nachdenken, und dann ließ er seine Gedanken noch eine Weile durch das Land mit den blühenden Obstbäumen schweifen, es würde heute noch ein Gewitter geben, die Luft war schwer und der Himmel grau und zugemauert, er spürte im linken Bein ein Ziehen, ein Zeichen, dass das Wetter umschlug, »zurechnen. Die Staatsangehörigkeit spielt dabei keine entscheidende Rolle.« Er war ein Deutscher, von Geburt und durch die Kultur.

Es würde anders sein als hier. Dort unten war es sehr heiß, und einen richtigen Winter hatten sie auch nicht. Sein Tag war vollgestopft mit Zahlen und mit physikalischen Größen, damit kannte er sich aus und darin fühlte er sich intellektuell zuhause. Die Daten und Formeln, Gleichungen und Axiome blieben sich auf der ganzen Welt gleich, sie waren nicht überall bekannt, den Indianern des Amazonasgebietes waren sie ein Buch mit sieben Siegeln, sie hatten von Newton noch nie etwas gehört, aber sie hätten, wenn einer gekommen wäre und sie unterrichtet hätte, Mathematik und Physik verstehen können. Wer verstand, was zwei und zwei ist, der würde auch irgendwann komplizierte Gleichungen lösen können. Aus dem mathematischen und physikalischen Formelschatz war der Boden gemacht, auf dem Albert sich sicher bewegte. Hier traf er auf Menschen, mit denen er arbeitete, sie bildeten eine Welt für sich, wie Ärzte, Anwälte, Klavierbauer, und was sie herausfanden, ließ sich in der Wirklichkeit anwenden. Der theoretische Kern der Mathematik und Physik war eine Art geistiges Jenseits, das sich im Diesseits offenbarte, die Gesetze wurden nicht erfunden, sondern entdeckt. Ergründen ließen sich die Zusammenhänge nicht, sie spiegelten auf ihre Weise, dachte er, die Lehre des heiligen Augustinus von den zwei Reichen, dem himmlischen und dem irdischen. Ins Ausland zu gehen wäre ihm schwergefallen, wenn er beruflich auf die Sprache, auf Ausdruck und Bedeutung, Form und Inhalt angewiesen wäre, wenn er zu denen gehört hätte, die sich in der deutschen Sprache und Literatur eingenistet hatten, deren Selbstgefühl und Selbstvertrauen an den kulturellen Eigenheiten der Heimat hingen. Die deutschen Klassiker dienten ihm zur Erbauung. Wenn er Mörike las oder Beethoven hörte, hob und blähte sich sein Gemüt, wie Hefe, und es erreichte eine Etage im Gebäude seiner inneren Welt, die über den irdischen, alltäglichen Dingen lag. Mein Großvater stand auf einem Berg, er sah weit hinein ins Land. Alles Kleinliche, Beengende, Mittelmäßige lag tief unter ihm, kaum zu erkennen. Hier oben wehte der Wind der Ideen, und Albert hatte das Gefühl, durchatmen zu können, es erinnerte ihn an die berauschenden Erfahrungen, die ihm die Mathematik und die Physik schenkten, wenn er sie ganz für sich betrieb, nicht im Zusammenhang mit seiner Arbeit, bei der letztendlich die Ergebnisse zählten und die Berechnungen dazu dienten, die Wirklichkeit in den Griff zu bekommen.

Doch die Herausforderungen der Gegenwart, die sich auf dem Gebiet der Technik, der Großbauten, der Materialkunde, der Chemie stellten, ließen sich mit Gedichten und Klaviersonaten nicht bewältigen. Die beiden Reiche, das ideale und das reale, durften nicht miteinander vermischt werden, er hätte sich damit nur unnötige Schwierigkeiten mit der Wirklichkeit eingehandelt. Wer es im Leben zu etwas bringen wollte, der musste wissen, was das Leben von ihm erwartete, wobei er unter Leben nichts Ausuferndes, Phantastisches und Eingebildetes verstand, er war kein Romantiker, sondern Pflichten, Aufgaben und Beschränkungen. Mit dieser Einstellung durchlief er die Schule, absolvierte die berufliche Ausbildung und fand in einen Beruf, in dem er sich jeden Tag in seinen Lebensansichten bestätigt fühlte, dass die Natur sich nicht seinen Vorstellungen beugte, sondern er sich nach ihr richten musste. Nicht überall ließen sich Brücken oder Straßen bauen, die Natur machte Vorgaben, die er akzeptierte, statt sie zu ignorieren und sich über sie hinwegzusetzen, er hielt sich an die Berechnungen, die er machte, und folgte den physikalischen und mathematischen Gesetzen, die, das wiederholte er sich immer wieder, keine Erfindungen von Menschen waren, sondern Naturentdeckungen.

Albert hatte Heimweh, wie die meisten Auswanderer. Die Deutschen, die in Argentinien nicht hatten Fuß fassen können, sie fanden keine Arbeit, sie kamen mit der fremden Sprache nicht zurecht und konnten sich mit der Fremde nicht anfreunden, trieb die materielle und seelische Not in die Heimat zurück. Die sozialen Erfahrungen und Gründe, die sie einst bewogen hatten, Deutschland zu verlassen, hielten sie nicht davon ab, ihr Glück noch einmal dort zu versuchen. Auch wenn es schwierig für sie werden würde, sie waren wieder Zuhause, und es war besser, hier zu scheitern und unterzugehen als in einem Niemandsland, mit dem sie nichts verband außer vergebliche Mühe und Leid. Mein Großvater blieb auch nach dem Zweiten Weltkrieg in Argentinien. Hitler war tot, die Nazis waren besiegt, er hätte zurückkehren können. Aber er ging nicht. Nur meine Großmutter ist im hohen Alter und in dem Wissen, eine letzte Reise zu machen, noch einmal nach Deutschland gefahren, um ihren Sohn und ihre Heimat zu besuchen. Sie hat die zwei Wochen im Grunde nur geweint, vor Rührung, Schmerz und Schwäche, und hatte sich erst wieder gefasst, als sie zurück in Buenos Aires war.

Da mein Großvater strikt gegen Hitler und die Nazis war, schloss er auch in Buenos Aires keine Kompromisse und war skeptisch gegenüber jedem Deutschen, der ihm über den Weg lief. Die Vorsicht war berechtigt. Es waren genug Nazis unterwegs. Nach dem Krieg hätten meine Großeltern auf der Straße SS-Obersturmbannführer Adolf Eichmann begegnen können. Eichmann war seit dem Jahr 1941 Leiter des Referats IV B4 im Reichssicherheitshauptamt in Berlin gewesen, zuständig für die Organisation der Ermordung der europäischen Juden. Mit Hilfe der katholischen Kirche war es ihm gelungen, nach Argentinien zu fliehen.

Die deutschsprachigen Einwanderer in Argentinien hatten Schulen gegründet und zahlreiche Vereine, darunter den Deutschen Turnverein, den Gesangsverein Germania, den Ruderverein Teutonia, den Deutschen Reitverein und einen Verein für deutsche Schäferhunde. Ohne diesen Hund verließen die Deutschen nicht ihr Haus. Nach dem Zweiten Weltkrieg hat er, in unerschütterlicher Treue zu seinen Herrn, die Grenze bewacht, die Deutschland teilte. Der Deutsche Klub in Buenos Aires gab 1955 zu seinem hundertjährigen Bestehen eine Festschrift heraus. Dort hieß es, die Deutschen in Argentinien hätten sich zu Hitler bekannt, weil sie glaubten, dass er »Deutschland in jener Größe, jener Macht und jenem Glanz wiederherstellen würde, die es in der unscharfen, idealisierenden Erinnerung der lange von der Heimat Getrennten besaß.« Eine Folge dieses Wunsches nach Größe, Macht und Glanz der eigenen Nation war, dass 1938 Tausende von Deutschen in Buenos Aires den Anschluss Österreichs an das Dritte Reich feierten, im Luna Park im Stadtteil San Nicolás.

Die Vorstellung, nach Deutschland zurückzukehren, in ein Land, in dem noch Nazis lebten, auch wenn das Dritte Reich kapituliert hatte, war meinem Großvater ein Graus. Wenn das Heimweh sich in der Brust regte und darum kämpfte, dass er Schiffsfahrkarten kaufen und über den Atlantik nach Hause fahren möge, in die Heimat, schimpfte er mit dem Heimweh wie mit einem Kind, das sich nicht mit der Realität abfinden mochte und auf seinen Wünschen beharrte. Hör auf, mir etwas vorzumachen, sagte er, es gibt kein Zurück mehr, die Nazis haben Deutschland zerstört. Das Heimweh ließ sich nicht gerne über den Mund fahren und zum Schweigen verurteilen und brach in ein hysterisches Geheul aus, das in ein verzweifeltes Gelächter umschlug, als Albert bewusst wurde, was er gesagt hatte, dass seine Heimat nicht mehr existierte, dass er sich nach Orten und Landschaften sehnte, die ihre Unschuld verloren hatten, mochten sie auch Hunderte von Kilometern von der ehemaligen Reichshauptstadt Berlin entfernt liegen. Dem Ersten Weltkrieg waren Millionen zum Opfer gefallen, aber die Heimat hatte überlebt. Es war ein Krieg der europäischen Mächte gewesen, und dass Deutschland alleine die Schuld für den Ausbruch der Katastrophe trüge, behaupteten die Sieger. Hitler und die Nazis aber hatten Deutschland zerstört. Die Heimat war verloren, verschwunden. Albert bewahrte in seinem Gedächtnis auf, was er unter dem Wort Deutsch zusammenfasste, Literatur, einige Romane, Dramen, Gedichte, Musik, vor allem Beethoven und Schubert, die Landschaft, Hügel, Laubbäume, Wälder, Tannen, Fichten, Flüsse, den Neckar, den Rhein, Äcker, Kartoffeln, Rüben, Gurken, Felder, Weizen, Gerste, Roggen, und Wiesen, Kornblumen, Löwenzahn, Sonnenblumen, das Klima, alle Jahreszeiten, auf einen kalten Winter folgte ein heißer Sommer, die Farben des Frühlings, die Farben im Herbst, Sitte, Kultur, Brauch, Kirchgang, Hochzeit, Namenstage, Weihnachten, Sprache, was er kennengelernt und sich zueigen gemacht hatte, Volkslieder, Sagen, und was gut schmeckte.

Zwölf Jahre hielt das Dritte Reich, lang genug, um Albert unter den Deutschen fremd werden zu lassen. Er gehört nicht mehr zu ihnen, nicht in dem abstrakten Sinne, dass er kein Deutscher unter Deutschen wäre, sondern in dem Sinne, dass er sich nicht mehr als Teil einer Gruppe, einer Gemeinschaft fühlte. Das wäre nur möglich, dachte er, wenn sie eine Vergangenheit miteinander geteilt hätten. Sie hätten einander mit wohlwollender Naivität und Gutmütigkeit die Hand reichen, sich offen in die Augen schauen, einander schätzen und vertrauen müssen. Das war unmöglich. Wir haben 1929 das Land verlassen, sagte er, wir sind von Hitler aus dem Land vertrieben worden. Ich sah doch, was kommen würde, ich machte mir nichts vor. Wir sind weit weggefahren und haben ein neues Leben begonnen, und jetzt können wir nicht so tun, als seien wir nur in den Ferien gewesen und kämen nach Hause zurück, wir können nicht einfach dort wieder anfangen, wo wir vor sechzehn Jahren aufgehört haben. Hitler und die Nationalsozialisten haben uns Goethe, Schiller, Beethoven, Mozart und Dürer nicht wegnehmen können, aber unter Menschen, die Hitler gewählt und für ihn in den Krieg gezogen sind, die ihn bejubelt haben und ihm gefolgt sind, die Verbrechen im Namen des deutschen Volkes begannen haben, möchte ich nicht leben. Er war entschlossen, das Heimweh zu besiegen, und verschrieb sich eine Art Diät, wie oft er sich Bücher über Deutschland anschauen, wie viele Gedichte er lesen, Lieder er singen durfte. Die Heimat löste sich ab von dem Land, das er verlassen hatte, rollte sich zusammen, verkapselte sich gegen die Ereignisse, das Ungeheuerliche, den Krieg, die Vernichtung der Juden, und sank tief in ihn hinab. Mit offenen Armen warf er sich der Fremde entgegen, verzweifelt, traurig, doch unerbittlich in der Absicht, in Argentinien heimisch zu werden. Er schaffte es.

5

Die Angst vor der letzten Heimat

Die Sterbenden versuchen die Angst vor dem Tod dadurch zu bändigen, dass sie ihren inneren Blick auf ein einziges Ziel richten, und wie undeutlich dieses Ziel auch sein mochte, es würde ihnen das Gefühl vermitteln, auf dem Weg nach Hause zu sein, sie würden mit ihren letzten Kräften hoffen, dorthin zu gelangen, wo Ruhe und Frieden war. Nach Hause zu kommen bedeutete, erlöst zu werden, und wenn einer von der Heimat zu reden begann, die auf Erden wäre, dann sollte er nicht vergessen, dass die letzte, gefürchtete und ersehnte Heimat, in der eines Tages alle Menschen sein werden, unbekannt war, ein noch nie gesehener, noch nie betretener, von der Phantasie ausgemalter Ort, wo sich die Grenzverläufe der vielen Unterschiede aufheben würden, die unser Leben bestimmten und uns zu denen gemacht hatten, die wir waren.

Alberts Großvater hieß Albrecht, sein Vater Alfons, und damit die Erinnerung an seinen Großvater in der Familie lebendig blieb, gab er dessen Namen seinem Sohn, der froh war, dass er nicht Alfons genannt worden war. Glücklicherweise ist mein Vater aus der Tradition der Familiennamen ausgeschert, als es darum ging, seinen Söhnen Namen zu geben.

Als mein Vater im Sterben lag, ließen wir ihn nicht mehr aus den Augen. Einer von uns, das war unsere Hoffnung, sollte bei ihm sein, wenn er von uns ging. Wir teilten die Stunden, die wir an seinem Bett verbrachten, untereinander auf. In dieser Zeit haben wir ihn so intensiv betrachtet wie seit den Kindertagen nicht mehr. Damals erschien er uns oft wie ein Fremder, er war ja ein Erwachsener, dem wir vertrauten, wenn wir auch wenig von ihm wussten, im Grunde so gut wie nichts. Er war unser Vater, das musste reichen, um sich bei ihm geborgen zu fühlen. Wir sahen doch, er ordnete die Welt, erklärte, reparierte, organisierte, und manchmal konnte er zaubern, als stände er in Verbindung mit höheren Welten, er stand am Fenster und sagte, am Abend wird es regnen, und am Abend goss es in Strömen. Wenn wir ihn heimlich, von der Seite, ansahen, vor allem wenn er eingeschlafen war, kam er uns entrückt vor, bekannt und unbekannt, wie die Lehrer in der Grundschule, vertraut und fremd und unheimlich, so wie in der Abenddämmerung Pferde wirken, die verloren auf einer weiten Weide stehen, und wir dachten, wie unheimlich die Welt sein müsse, die überall dort begann, wo wir uns allein fühlten. Er hatte keine Angst. Der schlafende Vater lag auf der Grenze zur fremden Welt, er beschützte die Kinder vor ihr, ließ sie einen Blick auf sie werfen, und wir ahnten ihre Anwesenheit. Wir wussten nicht, was er dachte und welche Gefühle ihn bewegten, sie mussten ganz anders sein als die Gefühle und Gedanken, die wir hatten, wir waren Kinder, er ein Erwachsener, und es würde viel Zeit vergehen, bis wir waren wie er, wie sie. Keiner von uns dachte daran, dass auch unser Vater einmal ein Kind und ein Sohn gewesen war. Wir konnten uns an seine Eltern nicht erinnern, sie lebten weit weg, in Südamerika, wo immer das sein mochte. Er war nicht aus dem Nichts gekommen, doch woher genau, wussten wir nicht, er war da und würde bleiben.

Eltern waren die Menschen, die durch ihre Gegenwart verhinderten, dass die Angst die Kinder überwältigte, und die später, wenn die Angst nach der Hand der Kinder griff, sie davon abhielte, sie mitzunehmen. Sie erzählten Geschichten vom lieben Gott, vom Himmel der Seligen, von der Wiedergeburt der Seele oder Märchen. Wenn die Angst sich ein Kind unter den Arm klemmte und mit ihm loslief, holten sie es wieder zurück und sagten ihm, dass auch sie die Angst kannten, vor dem Tod, vor dem Nichts, vor der Unheimlichkeit und vor der Grenzenlosigkeit der Welt, und dass sie mit der Angst zu leben versuchten. Und Eltern und Kinder teilten die Angst untereinander auf, sodass jeder nur einen Teil zu tragen hatte und jeder wusste, dass er mit der Angst nicht allein war. Das war ein kleiner Betrug, aber er half. Die einen gingen am Sonntag in die Kirche, die anderen hörten Kantaten von Bach und versuchten sich mit der Endlichkeit und Hinfälligkeit des Lebens abzufinden. Einer stand am Meer und verlor sich an die Ferne, ein anderer lief durch das Gebirge und verlor sich an die Höhe, und beiden wurde in der Einsamkeit leicht und schwer ums Herz. Noch wussten sie, wo sie Zuhause waren, in dieser oder jener Straße, in diesem oder jenem Ort, in dieser oder jener Region, in diesem oder jenem Land. Sie zählten ihre Freunde auf, was sie kannten und was sie mit anderen teilten, was sie mochten, eine Karte des Wissens und der Gefühle. Wenn sie ihr Zuhause verloren und fremd unter den Menschen wurden, dann liefen sie durch ein Land aus Stein, wo ihnen nichts und niemand vertraut war, sie willkommen hieß und sie bei sich aufnahm. Abgründig war ihnen zumute, kein gutes Wort erreichte sie und holte sie in die Gemeinsamkeit zurück, kein Arm legte sich um sie, wärmte und hielt sie.

Alfons, Albert und Albrecht ist das nicht passiert. Bis es dahin kam, musste ein Mensch, eingeschlossen in seine Not, lange allein unterwegs gewesen sein, oder ein Schrecken, ein Schmerz riss ihn fort. Nichts stand so fest, dass es nicht stürzte, welche Gleichungen und Rechnungen Alfons, Albert und Albrecht, die den Naturwissenschaften nahestanden, auch einfallen mochten, um die Stabilität zu garantieren. Alles, jeder suchte Halt, wuchs am und mit dem anderen, und auf diese Weise entstand ein Geflecht von Beziehungen, ein Band, das sich im besten Fall durch das ganze Leben zog und das einen hielt. Ein fallender Mensch hatte seine Heimat verloren.

Mein Vater lag allein in einem winzigen Zimmer in einem Krankenhaus. Das Gebäude sah schon von außen so aus, als würde das Gefühl, allein zu sein, sich einstellen, kaum dass ein Kranker über die Schwelle geführt, geschoben oder getragen wurde. Er schläft, sagte die Krankenschwester, und wir warfen nur einen Blick ins Zimmer und blieben auf dem Gang stehen. Wenn er aufwachte, verlangte er stumm nach Wasser, er hob die Hand, röchelte, hustete und fuhr sich mit einem Finger über die Lippen, die rissig und blutig waren. Auch der Rachen und die Zunge waren ausgetrocknet. Er konnte nur mit Mühe schlucken. Der Arzt hatte bestätigt, was wir sahen, wir konnten uns nichts vormachen, er würde in den kommenden Tagen sterben. Der Tod stand in der Tür, schwarz wie die Nacht.

Tote passen nicht ins Leben, mit ihnen steht die Zeit still. Der Vorhang geht auf, eine Hand schnellt hervor und schnappt sich einen von den Lebenden. Der Tod rückte sich neben uns einen Stuhl zurecht und begann Geschichten aus seinen großen Zeiten zu erzählen, als ein König im Sterben lag und Abschied von der Welt nahm und das Reich den Atem anhielt, weil alle gehört hatten, dass der Tod beim König sei und ihn mit sich nehmen wollte.

Albert hatte seinem Sohn vom Leben und Wirken deutscher Könige und Kaiser erzählt, Karl der Große, Friedrich Barbarossa, Friedrich II., Konrad IV. der letzte Staufer, Heinrich IV., Karl V., aber wie sie starben, darüber war kein Wort gefallen. Der Priester stand neben dem Bett des Königs, hielt das Kreuz mit der Hand umklammert und betete. Auf dem Weg zum

König hatte der Tod sich Zeit gelassen, in Häusern, auf Schlachtfeldern vorbeigeschaut, bei Alten und Jungen, Kranken und
Verwundeten. Er hatte sie ohne Pomp und Gloria eingesam-
melt, eine Leiche nach der anderen. Der Sack war voll. Sie alle
würden verscharrt werden, und wenn sie nicht gleich in die
Hölle kamen, sie waren doch alle Sünder, mussten sie sich auf
eine Bank im Fegefeuer setzen und abwarten, was mit ihnen
geschehen würde, ob Gott in seiner Güte ein Auge zudrückte
und sie zu sich nahm. Der König und der Priester sprachen Latein, der Tod verstand jedes Wort, Latein war die Amtssprache
im Heiligen Römischen Reich Deutscher Nation. Alfons, Albert
und Albrecht hatten Latein in der Kirche und in der Schule gelernt, das heißt, sie konnten sich nicht auf Latein unterhalten,
aber sie hatten eine Ahnung von der alten Sprache.

Der Tod besaß ein Monopol. Wer die Welt verlassen wollte,
der war auf seine Hilfe angewiesen, es gab keine Alternative.
Keiner kam weg ohne den Tod. Auch wer die Welt nicht verlassen wollte, aber gehen musste, weil seine Zeit abgelaufen war,
konnte sich nicht an ihm vorbeidrängeln. Alle machten sich
Gedanken über ihn. Das Leben hatte jeder selbst in der Hand,
aber mit dem Tod konnte keiner verhandeln, er diktierte die
Bedingungen, wann, wo, wie, schnell oder langsam, schmerzvoll
oder leicht einer aus der Welt zu gehen hatte. Albert starb im
hohen Alter, er schlief abends in seinem Bett ein und wachte
nicht mehr auf. Sein Sohn mühte sich ab mit dem Sterben. Alfons war am Mittagstisch zusammengesunken und verschie-
den. Keiner entkam dem Tod, manche warfen sich ihm in die
Arme und ließen ihn nicht aus den Augen, die darüber trüb
und traurig wurden, zwei Seen, auf denen das Herbstlaub
schwamm. Sie dachten an ihn, wenn sie aufwachten und wenn
sie einschliefen, und hofften, dass sie sich auf diese Weise an
ihn gewöhnen würden, damit sie sich nicht mehr vor ihm
fürchteten und er seinen Schrecken verlor. Die Glocken der

Kirchen erinnerten an ihn, und als sie aufhörten zu läuten, mahnte die Stille an ihn, worauf die Menschen einen großen Lärm veranstalteten, um die tödliche Stille zu vertreiben.

Hätte mein Vater daheim in seinem Bett sterben können, er hätte nicht so verloren ausgesehen wie hier. Wer kam schon freiwillig hierher. Das Zimmer war weiß und kahl, kein Ding gab Auskunft über den Menschen, der hier untergebracht war, kein Bild hing an der Wand, keine Fotografie stand auf dem Fenstersims, kein vertrautes Möbelstück wärmte den Raum. Wir wagten nicht, unseren Vater mit nach Hause zu nehmen. Er sollte in der Nähe von Ärzten und technischen Apparaten sein. Wir sagten, er ist alt geworden, und dachten, es lässt sich nicht ändern. Wir sagten, gut, dass wir da sind, und dachten, was ist der Tod. Wir sagten, sie tun hier ihr Bestes, und dachten, was noch zu sagen wäre, aber wir sagten nichts. Eine Krankenschwester warf einen Blick auf grüne elektrische Kurven und ging. Wir dachten, es sei alles in Ordnung, und schwiegen. Einer sagte, ich hole einen Kaffee, ein anderer sagte, ich muss bald gehen, ein Dritter sagte, ich bleibe, ein Vierter sagte, ich bleibe auch, und ein Fünfter sagte, bringe mir einen Kaffee mit. Keiner rührte sich vom Fleck, wir dachten, wie es sei, wenn der Tod ihn mitnähme, und wir sagten, gut, dass wir zusammen sind, und wir dachten, es hat alles einen Sinn, das Zimmer, das Leben, der Tod.

Mein Vater hielt daran fest, dass die Entscheidung richtig gewesen sei, nach Deutschland zurückzukehren, auch wenn das Bild, das er von Deutschland hatte, sich nicht mit den Erfahrungen deckte, die er hier machte, fünfunddreißig Jahre nachdem er das Land an der Hand seiner Eltern hatte verlassen müssen und nach Argentinien gegangen war. Die Kluft zwischen dem, was er sich vorstellte, wenn er an Deutschland dachte, und der Wirklichkeit wuchs mit den Jahren, aber er fand sich damit ab, wie mit verregneten Tagen im Sommer. Die Entfremdung von der Gegenwart, von dem, was die jungen Leute taten und dachten, wie sie lebten, musste einen nicht traurig oder mürbe machen, sie kam mit dem Alter, und er war nicht der Einzige, der in ihren Sog geriet. Die Alten wurden expatriiert.

Ansichten seiner Heimat hatte er als Jugendlicher in den Gedichten Mörikes gefunden. Er las sie nicht mehr und er rezitierte sie nicht, er hatte sie längst vergessen. Aber das Gefühl, das sie einmal in ihm geweckt hatten, war in der Seele archiviert und ließ sich hervorziehen wie ein Kinderbuch. Zum Alter gehörten die Erinnerungen und nachgeben und nachsichtig sein. Ein Zug mit vielen Waggons fuhr geradeaus, und mitten auf der Strecke, ohne ersichtlichen Grund, wurde der letzte Waggon abgekoppelt, er verlor sofort an Fahrt, wurde schnell immer langsamer und blieb schließlich stehen, abgehängt. Das Gefühl für die Gegenwart schwand, und die Alten waren klug, wenn sie sich darüber nicht entsetzten, empörten oder so taten, als wäre nichts passiert. Sie blieben zurück. Das Herz wurde schwächer, die Muskeln erschlafften, die Spannkraft ließ nach. Sie würden den Abstand nicht aufholen. Mörike, dachte er also, Schiller. Sie waren lange tot, aber Klassiker starben nicht. Dinkelsbühl, Bad Urach. Kirchtürme, Fachwerkhäuser. Der Vorrat an Namen und Wörtern, mit denen Personen, Klänge, Gerüche und Bilder herbeigerufen werden konnten, war groß. Schwalben, Scheune, rote Ziegel, Kastanien, ein Dorf, Kühe, Feldweg, Gasthof, Rathaus, Brunnen, Marktplatz, Kopfsteinpflaster, Kirchturmuhr, Burg, Milch, Graubrot, Stube. Das Wort Heimat gebrauchte er selten, es kam ohne Pathos und Sentimentalität aus, wie etwas von Anbeginn Gegebenes, über das keiner lange nachdenken musste, was nur heißen konnte: Jeder hatte eine Heimat.

War er wach und waren wir zu zweit im Krankenzimmer, unterhielten wir uns laut, damit er uns hörte. Er soll wissen, dass wir in seiner Nähe sind, dachten wir, dass er nicht allein ist.

Unsere Stimmen würden ihn trösten. Mehr, dachten wir, konnten wir nicht für ihn tun, mehr fiel uns nicht ein. Für ein letztes Gespräch war es zu spät. Was wir zuvor ihm nicht gesagt hatten, würde nicht mehr zu Wort kommen. Wir, die Gesunden, besprachen untereinander alltägliche Dinge und schämten uns, dass wir uns auf die Seite des Lebens schlugen, wie Kinder in ihrer Gier. Auf dem Dach der Welt, wo der Himmel die Erde berührte und sein Recht forderte, rief die Stille zur Andacht, dass geschwiegen, bedacht und gebetet würde. Wir gaben ihn nicht auf, wir wollten ihn bei uns behalten. Nur Zeitung las keiner, auch wenn er allein hier war für Stunden. Die fremde ferne Welt, und zu ihr gehörte alles, was nicht uns im strikten Sinne betraf, in unserer Reichweite lag, hatte in diesem Zimmer nichts zu suchen. Wir füllten es aus mit Nebensächlichkeiten und Wiederholungen. An der Oberfläche bleiben, sich nicht gehen lassen, sich irgendwo festhalten, das war jetzt eine Kunst, wie auf dem Wasser zu laufen. Wir hatten früh herausgefunden, dass es keinen Weihnachtsmann gab, taten aber den Eltern zuliebe so, als wären wir festen Glaubens, dass er es war, der die Geschenke für uns brachte. Das Leben war eine Illusion, und wir mussten uns bemühen, sie noch eine Weile zu erhalten, als sei nichts wichtig außer der reinen Gegenwart, da zu sein, der eine, der andere und füreinander. Das war Heimat in ihrer reduziertesten Form, der Kern, aus dem alles Weitere, was sie noch sein und werden konnte, erwuchs. So wie andere zur selben Zeit ins Leben hinausrannten, voller Neugier, Lust und Gegenwartsdrang, so stürzten wir ineinander, wurden eine Art Urgemeinschaft, damit beschäftigt, Antworten zu finden auf die Frage, wie es ihm, dir, mir, uns erging. Es blieb ein Rätsel. Wir spürten Trauer, aber was geschah, war viel mehr, es wurden Taue gekappt, die einen mit dem Festland der Annahmen und Einbildungen, des Geahnten, Vertrauten und Hingenommenen verbanden, wir lösten uns voneinander, wir lösten uns auf.

Wenn ich alleine die Nachtwache übernahm, las ich ihm aus einem Buch von Adalbert Stifter vor, den er liebte. Ich hatte mir von meinen Geschwistern aus dem Elternhaus einen Band mit Erzählungen mitbringen lassen, ein altes Buch, in dessen Besitz er vor vielen Jahrzehnten in Buenos Aires gekommen war und das er, wie alle Bücher, die er als Heranwachsender und junger Mann besaß, nach Deutschland mitgenommen hatte. Es waren nicht viele Bücher und es waren, neben Shakespeare, ausschließlich Werke der deutschen Klassiker. Ich habe ihn immer in anderen, nie in diesen Büchern lesen gesehen. Sie standen im Regal wie Erinnerungsstücke, die nicht in die Hand genommen und angeschaut werden mussten. Es reichte ihm, dass sie da waren und die Verbindung zur Vergangenheit aufrechterhielten, Zeugen früher Jahre. In ihnen lag verborgen, was er gefühlt und gedacht hatte, als er sie zum ersten Mal las. Er hatte sich selbst in ihnen bewahrt, ein Abbild des Herzens, der Seele, sie waren ein Teil von ihm, so wie er ein Teil von ihnen geworden war. Eindrücklicher hätten die deutschen Klassiker ihren Anspruch nicht bestätigen können, dass sie mehr waren als eine Ansammlung von Gedichten, Dramen, Romanen und Erzählungen, die mit der Zeit, in der sie entstanden waren, vergehen würden. Sie hatten sich auf größere Dimensionen hin ausgelegt, auf die Zeiten der Menschwerdung und Menschenbildung. Wie breite Flüsse, in denen sich das Firmament spiegelte, schoben sie sich dahin, Lessings *Nathan der Weise*, Goethes *Wilhelm Meister*, Kellers *Der grüne Heinrich*, Mörikes *Maler Nolten*.

Ich schlug das Buch auf, und das Zimmer zog sich zurück und verschwand. Über dreißig Jahre war mein Vater in Südamerika geblieben, er sprach die fremde Sprache fließend, wie eine Muttersprache, ein Deutscher in Argentinien, der sich völlig akklimatisiert zu haben schien. Im Alter lebte er auf, sobald er Spanisch sprach, Erinnerungen an unbeschwerte Tage stiegen in ihm hoch, als Träume, Wünsche und Hoffnungen sich noch nicht vor der Wirklichkeit verbeugten wie drei Diener vor dem Herrn. Er hatte zuerst Deutsch gelernt, ohne zu wissen, wie es ihm gelang, es wuchs ihm zu, er wuchs in die Sprache hinein, für alles, was er entdeckte, in sich und in der Welt, fand sich ein deutsches Wort. Dann lernte er Spanisch und, vom Vater auf eine englische Schule geschickt, Englisch. Er eignete sich die beiden fremden Sprachen an mit dem Draufgängertum eines Jungen, der kein Kind mehr sein mochte, er wollte sich in der Fremde allein zurechtfinden. Als er nach Deutschland zurückkehrte, wurde Deutsch die Sprache der Reife, der Fügung, eines selbst gewählten Weges.

Jedes Lebensalter hatte seine Sprache, keine war am Tisch gelernt worden, Wort für Wort, sie alle waren durch Hören und Reden entstanden, im Gespräch, in der Aneignung von Welt. Das Neue, Fremde und Unbekannte ließ sich verstehen, nicht indem er es systematisch in Bekanntes, Eigenes und Altes übersetzte, so wie Erwachsene und Ethnologen mit ihrem analytischen Verstand vorgehen, sondern indem er in ihm aufging, ein Teil von ihm wurde. Das Kind verschwand in der fremden Welt, in der fremden Sprache, es ging mit ihr eine lebendige Synthese ein. Was genau dabei vor sich ging, wusste er nicht. Er kümmerte sich nicht darum und fragte nicht nach, er staunte und fühlte sich überfordert, ließ sich treiben und nahm die Veränderungen an wie körperliches, dem Willen entzogenes Wachstum. Fahrt nach England, riet er seinen Kindern. Fahrt nach Frankreich. Das Reden und Verstehen kommt von alleine. Eine Sprache nicht sprechen zu können war Bewegungsfaulheit. Die kindliche Neugier des jungen Lebens hob die klassische philosophische Trennung in An sich und Für sich, in Subjekt und Objekt auf. Herz, Seele, Geist standen offen, es war ein ständiges Kommen und Gehen. Erst später würden sich Wächter vor die Türen stellen, den Austausch regeln und behaupten, sie handelten im Auftrag der Individualität, der Persönlichkeit, und sie wiesen mit einer Wendung des Kopfes hin in den dunklen Raum hinter sich, in dem eine Masse aus ideellen und emotionalen Gewohnheiten auf dem Boden saß und vor sich hin brütete, das erwachsene Selbstbewusstsein. Die deutschen Romantiker nahmen die Erinnerungen an die Kindheit philosophisch ernst. Der Dichter Novalis behauptete, Philosophie sei »eigentlich Heimweh – Trieb, überall zu Hause zu sein«. Das hörte sich an, als habe er gewusst, dass manche philosophischen Probleme nur Alterserscheinungen des Geistes waren, Verhärtungen, Verkalkungen.

6

Die Welt von gestern

Der Band mit Erzählungen Stifters war in der alten deutschen Schrift gedruckt, der Fraktur. Hitler hatte sie im Januar 1941 durch die lateinische Normalschrift, die Antiqua, ersetzen lassen. Wenn Deutschland den Weltkrieg gewinnen würde, den es auf seinen Befehl angezettelt hatte, dann sollten in dem zukünftigen großen deutschen Reich möglichst viele seiner Untertanen rasch und einfach all die Befehle, Verordnungen und Erlasse lesen können, aus denen sie erfuhren, was sie zu tun hatten. Am 22. Juni 1941 wälzte sich ein militärischer Koloss, der den Namen Unternehmen Barbarossa trug, weiter in den Osten hinein, die deutsche Wehrmacht griff die Sowjetunion an und verhob sich gewaltig. Mit diesem Feldzug begann der Untergang des Dritten Reiches, den die Antiqua überlebte. Sie bestimmt noch heute das deutsche Druckbild, und wenn *Mein Kampf* wieder aufgelegt wird, dann wird das Buch nicht, wie in der Erstausgabe, in der Fraktur gesetzt sein, die nur noch sehr wenige flüssig lesen können. Die deutschen Klassiker, die bei meinem Großvater Albert in Buenos Aires im Regal standen, die Novellen von Kleist, die Märchen von Hauff, die Dramen Schillers, waren in der Fraktur gesetzt. Er mochte die Schrift, und auch sein Sohn mochte sie.

Kaiser Maximilian I. war der letzte Ritter, sagte mein Großvater. Er nahm an Turnieren teil und hob dort andere Ritter mit der Lanze aus dem Sattel. Ihm haben wir die Fraktur zu verdanken. Albert ging zum Regal, zog einen Bildband hervor, blätterte darin und sagte: Sieh, Albrecht Dürer hat ihn 1519 gemalt, mit Ölfarbe auf Lindenholz.

Der Kaiser auf dem Bild tat so, als würde er die beiden, Vater und Sohn, nicht kennen und schaute an ihnen vorbei. Ein reifer und erfahrener Mann, dachte Albert. Der Kaiser trug einen schwarzen Hut und einen braunen Pelz. Wie ein Fels in der Brandung sah er aus. Sein Gesicht war auf vornehme Art blass, sein Blick selbstgewiss und ein wenig überheblich, ein wenig abschätzig, so schaut einer, der gewohnt ist, Argumente zu sammeln und Einwände zu erwägen, einer, der weiß, dass er die Entscheidungen fällen und dafür geradestehen muss. Albrecht wollte wissen, warum der Kaiser so blass sei. Er hat so viel arbeiten müssen, sagte Albert und sah den Kaiser nachsichtig und mitleidig an. Der Reichstag zu Worms, der Ewige Landfrieden, mehr fiel ihm nicht ein. Er kannte die deutsche Geschichte nur in ihren Grundzügen. Vielleicht war er krank, dachte er. Der Magen. Ein Tumor. Kaiser zu sein war keine Aufgabe, die sich allein mit dem Schwert lösen ließ. Regieren hieß Recht sprechen, vermitteln, versöhnen, Frieden herstellen. Das konnte einen aufreiben. Er, Albert, hätte diese große Verantwortung nicht tragen wollen. Der Mann auf dem Bild sah aus wie ein italienischer Edelmann, den es in den Norden verschlagen hatte und dem dort irgendetwas nicht bekommen war, das Essen, das Klima, die Luft. Ihm war offenbar übel und schwindelig. Er war ein Humanist, sagte Albert, einer, der viele Bücher las, nicht nur die Bibel, und die Künste liebte und sich seine eigenen Gedanken machte. Die Fraktur sollte dort verwendet werden, wo Deutsch, die Antiqua, wo Latein geschrieben wurde. Das hatte Albert irgendwo gelesen, mehr wusste er nicht. Er kannte Daten, Namen, Einzelheiten, Begriffe aus der

73

deutschen Geschichte, aber mit den Zusammenhängen tat er sich schwer. Er schaute seinen Sohn zuversichtlich an, dem keine weiteren Fragen einfielen, und war mit seinen Erläuterungen zufrieden, er klappte das Buch zu und stellte es ins Regal zurück. Mit Hitlers Erlass war in Deutschland ein sich über Jahrhunderte hinziehender Streit zwischen den Anhängern der Fraktur und den Anhängern der Antiqua beendet worden. Die beiden Schriftarten hatten Familien beschäftigt. Goethe mochte die Antiqua, seine Mutter zog die Fraktur vor. Sie sei froh, schrieb sie ihrem Sohn am 14. Juni 1794, dass seine Schriften »nicht mit den mir fatalen Lateinischen Lettern das Licht der Welt erblickt habe«. Am 19. Januar 1795 bedankte sie sich bei ihm für den *Wilhelm Meister:* »Nun noch etwas vom äußern – was ist das vor herrlich Papier was vor treffliche Lettern!! das ließt sich mit Lust – Tausend Dank daß du das herrliche Werck nicht mit Lateinischen Lettern hast drucken lassen – ich habe dir es schon einmal geschrieben, daß ichs nicht ausstehn kann.«

Goethes Mutter konnte in dieser Angelegenheit nicht locker lassen, sie ließ das Problem mit den Schriftarten nicht los, ihrer Ansicht nach steckte mehr dahinter. Am 12. März 1798 setzte sie sich hin und schrieb ihrer Schwiegertochter Christiane Vulpius einen Brief, hielt dann aber mittendrin inne, bat, sich an ihren Sohn wenden zu dürfen, und kam gleich zur Sache: »Nun ein Wort über unser Gespräch bey deinem hirseyn über die Lateinischen Lettern – den Schaden den sie der Menschheit thun will ich dir ganzt handgreiflich darthun. Sie sind wie ein Lustgarten der Aristokraten gehört wo niemand als Nobeleße – und Leute mit Stern und Bändern hineindürfen – unsere deutschen Buchstaben sind wie der Prater in Wien wo der Kayser Joseph drüber schrieben ließe Vor alle Menschen – wären deine Schriften mit den fatalen Aristokraten gedruckt; so allgemein wären sie bey all ihrer Vortreflichkeit nicht geworden – Schneider – Nätherinnen – Mägde alles ließt es – jedes findet etwas das so gantz vor sein Gefühl paßt – genung sie gehen mit der Literatur Zeitung – Doctor Hufnagel u. a. m. pele mele im Prater Spaziren ergötzen sich seegnen den Autor und laßen Ihn Hoch Leben!!! Was hat Hufland übel gethan sein vortrefliches Buch mit den vor die größte Menschenhälfte unbrauchbahren Lettern drucken zu laßen – sollen denn nur Leute von Stand aufgeklärt werden? soll den der geringre von allm guten ausgeschloßen sein – und das wird er – wenn dieser neumodischen Fratze nicht einhaltgethan wird. Von dir mein Lieber Sohn hoffe ich daß ich nie ein solches Menschenfeindliches product zu sehen bekomme.« Der Wechsel von der Fraktur zur Antiqua war nicht nur eine optische, sondern auch eine psychologische Zäsur, er trennte die Jahrhunderte vor dem Januar 1941 von den letzten Jahren unter Hitler und der Zeit nach 1945. Wer mit Büchern aufwuchs, die in der alten Schrift gedruckt waren, der mochte glauben, sie seien Zeugnisse eines von den Nationalsozialisten unbefleckten Deutschland, einer alten Kultur, die sich selbst dementierte und zerstörte, als Hitler an die Macht kam. Die Fraktur als emblematisches Bild koppelte ein Land von seiner jüngsten Geschichte ab, entzog es Krieg, Verfolgung, Verbrechen und Schuld, sie lieferte die Zeichen, mit denen sich ein ätherisches, geistiges Territorium markieren und von der Gegenwart abschirmen ließ. Der Schriftsteller Stefan Zweig fand für dieses verloren gegangene Gebiet des unbefleckten Geistes einen Namen, als er einen Titel für seine Autobiographie suchte: die Welt von gestern.

Zweig lebte in Wien, als auch Hitler dort wohnte, in den Jahren unmittelbar vor dem Ausbruch des Ersten Weltkrieges. Zwei junge Männer, der eine würde die alte europäische Welt zerstören, der andere ihren Verlust nicht verwinden und sich umbringen. Hitler war in den Wiener Jahren ein armer Postkartenmaler und armseliger Autodidakt, der den Kopf über

Wasser zu halten versuchte und sich eine Weltanschauung aus antisemitischen Broschüren zusammenlas. Seine Hoffnungen, in der bürgerlichen Gesellschaft Erfolg zu haben und anerkannt zu werden, hatten sich nicht erfüllt, er besaß sehr wenig Geld und verbrachte manche Nächte in einem Männerheim, ein Los, an dem seiner Ansicht nach andere schuld sein mussten. Stefan Zweig war ein Sprössling aus einer reichen jüdischen Industriellenfamilie, Schriftsteller und Übersetzer, mehrsprachig und klassisch gebildet, promoviert in Philosophie, ein Weltmann großbürgerlichen Stils, einer, der sein Leben genoss. Für ihn war Wien eine europäische Metropole, reich an Kunst und Kultur, für Hitler war die Stadt ein Auffanglager für die Juden aus dem Osten, die nichts mitbrachten außer ihrer Armut.

Als die Regierungen Europas sich 1914 gegenseitig den Krieg erklärten, um ihre nationalen Interessen zu wahren, schoss beiden jungen Männern das patriotische Blut durch die Adern, und sie meldeten sich freiwillig zum Militärdienst. Hitler war Meldegänger, wurde verwundet und für seinen Einsatz ausgezeichnet und landete 1918 nach einer Senfgasvergiftung mit Symptomen von Hysterie in einem Lazarett. Stefan Zweig arbeitete im Archiv des Kriegsministeriums, wurde 1917 vom Dienst beurlaubt, schließlich entlassen und ging als Pazifist in die Schweiz. Nach dem Krieg schrieben beide Bücher, die Bestseller wurden, Hitler *Mein Kampf*, Stefan Zweig die *Sternstunden der Menschheit*. Dann überzog der eine Europa mit Terror und Tod, weil er für das deutsche Volk ein neues Reich errichten wollte, der andere floh nach Südamerika und trauerte der Welt von gestern nach, der europäischen Kultur vor 1914, als der gebildete Geist keine nationalen Grenzen zu kennen schien.

Stefan Zweig war für ein Leben in der Diaspora nicht gemacht, er konnte sich in fremde Seelen einfühlen, aber heimisch in der Fremde zu werden, das gelang ihm nicht. Hitler vertrieb ihn. Er musste sein Haus verlassen, die Stadt, das Land, Europa. Als er sich schließlich in Brasilien niederließ, merkte er, dass er zu weit weg von seiner Heimat gegangen war. Distanzen können erträglich oder unerträglich sein, das lernt jedes Kind, das die gewohnte Nähe zu den Eltern und zum Elternhaus vermisst. Hätte Zweig in England bleiben können, wären seine Überlebenschancen größer gewesen. Doch er fuhr über den Atlantik, und hinter ihm legte Hitler Europa in Schutt und Asche. Noch einmal Fuß fassen, dachte er, noch einmal so tun, als fände sich für ihn ein Platz zum Leben, als gäbe es einen Ort, wo er das Ende des Schreckens abwarten könnte, überwintern, ein Vertriebener, ein Flüchtling, der nur zusehen und hoffen konnte, dass der Krieg vorbeigehen, dass Hitler besiegt werde. Nur Mut, sagte er. Das Leben in der Fremde würde anstrengend werden, eine Herausforderung an alle Kräfte und eine Quälerei, ein endloses sich Mühen, um sich im Nirgendwo nicht zu verlieren.

Ein Mensch war ein Mensch, Gefühl, Verstand, Tat, aber die Menschen, Kultur, Sitten, Lebensweise, waren sich nicht gleich. Zweig wird in Brasilien wie ein Gefangener seiner selbst unter ihnen leben, hinter den Mauern der Erinnerungen, die er hochzieht, damit sie ihn schützen, ihm sein Herkommen erhalten, Haus, Stadt, Land, Europa. Tag und Nacht wird er die Geschichten memorieren, von der Welt, wie sie war, ihm zugehörig, ihm vertraut, im Geiste lebendig. Die Seele war geschmeidig, eine heilende Flüssigkeit, die überall hingelangte, wo sie ihresgleichen erkannte, sie ergoss sich in Formen, die ihr vertraut waren. Der Geist wollte verstanden, die Seele empfunden werden. Zwei Menschen gingen aufeinander zu, fanden sich im anderen, verbanden sich und wurden eins, damit sie einander bekannt und Freunde wurden und der eine vom anderen erzählen konnte. Menschenkenntnis war Seelenkenntnis. Zweig liebte die Dichter, Philosophen, Künstler und Entdecker, in denen eine Flamme loderte, eine Not, ein Wille, eine Kraft, die nach außen drängten, seht, welch Reichtum, seht die Seele, seht den Geist und was er schafft, immer ein *Ecce homo*, lauter Johannisfeuer, die ihn wie Freunde wärmten und über die er mit erhitztem, aufgewühltem Gemüt schrieb, Dostojewski und Tolstoi, Sigmund Freud und Mesmer, Balzac, Stendhal, Hölderlin, Nietzsche und Kleist, Maria Stuart und Erasmus von Rotterdam, Marie Antoinette und auch Joseph Fouché, Polizeiminister unter Napoleon, ein »Bildnis eines politischen Menschen«. Die Handschriften, die Zweig sammelte, waren Abdrücke des Geistes, Spuren, die Genies hinterließen, als sie über die Erde wandelten. Der graphologisch geübte, für seelische Intimitäten offene Blick entdeckte in ihnen die Dramen, die sich im Privaten und Geheimen, im Herzen der Erleuchtung abspielten, als eine Sonate, ein Gedicht, ein Roman, ein Brief oder ein Tagebuch geschrieben wurden.

Aber die Schauplätze dieser höheren Freundschaften und Liebschaften des Geistes lagen weit hinter ihm. Der Atlantik war kein Fluss, dessen Ufer sich rasch wechseln ließen, sondern ein Meer, das Kontinente trennte. Das Haus auf dem Kapuzinerberg in Salzburg, in dem er gewohnt hatte, war imposant gewesen, standesgemäß, eine Art kultureller Festung, die Eitelkeiten und Selbstvergewisserungswünsche des bürgerlichen Geistes kamen in diesen Steinen auf ihre Kosten. Noch in England hätte er vor sich hinmurmeln können: der Kapuzinerberg, Salzburg, ohne laut auflachen zu müssen, aus Verzweiflung, weil er nicht mehr dort war. Die Namen waren damals noch nicht völlig fehl am Platz, er konnte Brücken einer gemeinsamen, ähnlichen Geschichte und Kultur von England nach Österreich bauen. In Brasilien verglühten die Namen wie Sternschnuppen am Himmel der Erinnerung, sie waren fremd in diesem Land.

Zweig war in der Welt herumgekommen, war in Indien gewesen und in Amerika, er hatte sich fremde Kulturen angesehen, die übliche Art privater Völkerkunde, getragen vom europäischen Standesbewusstsein, mit entsprechender Garderobe, einem leichten weißen Anzug, wenn es heiß war. Aber nirgendwohin passte er besser als nach Salzburg, wohin er zog, nachdem der österreichische Vielvölkerstaat untergegangen war.

Die Stadt war klein, übersichtlich, es war nicht schwer, jede Straße, jedes Haus zu kennen, Giebel, Türme, Kirchen, Läden. Die Zeit, die sich in diesem barocken Puppenheim niedergelassen hatte wie auf einem weichen Sofa, trotzte dem Verfall und machte einen guten, soliden Eindruck. Wer durch die Straßen ging, der lief durch ein engmaschiges Geflecht von Beziehungen, die weltliche Macht, Kirche und Kunst geknüpft hatten. Die Folgen dieser Allianzen lagen zutage, wer was wann und wieso hatte bauen lassen. Die Steine lebten, ihnen blieb gar nichts anderes übrig unter der Fülle und Pracht und unter dem Druck der Enge, sie konnten sich über die Gassen und Plätze hinweg die Hand reichen. Die Fußgänger, die für die Stadtgeschichte ein Ohr hatten, hörten sie reden, auch nachts, wenn keiner auf den Straßen war, sie verwickelten die Bewohner in die alten Geschichten. Stefan Zweig wurde eine Art Abbild der Stadt, die Nähe, die Affinität, der Abdruck reichte bis in seinen Lebensstil und in seine Prosa hinein, er war ein Fürst alles Menschlichen, der sich an Seelen festsaugte, ein geistiger Schwelger ohne reale politische Macht und ohne Ambitionen, im Tagesgeschäft des Weltgeschehens mitzumischen, besorgt vor allem um den Erhalt und die Ausstattung seines kulturellen Hofes, ein großer Liebhaber der Verschmelzung durch Empathie, durch einfühlendes Verstehen, kein analytischer Draufgänger, ein unersättlicher Freund von Herzensergießungen.

Der Kunsthistoriker Heinrich Wölfflin, der im Jahr 1893 dem berühmten Jacob Burckhardt auf dessen Lehrstuhl an der

Universität Basel folgte und später Professuren in Berlin, München und Zürich innehatte, veröffentlichte 1888 eine Studie über die Renaissance und den Barock in Italien, in der er die Eigenarten des neuen künstlerischen Stils zu beschreiben versuchte, in dem auch Stefan Zweig, Bewohner der kulturellen Domäne Salzburg, seine Geisterzimmer erbaute und herrichtete. Der Barock, schrieb Wölfflin, »will packen mit der Gewalt des Affects, unmittelbar, überwältigend. Was er giebt ist nicht gleichmässige Belebung, sondern Aufregung, Ekstase, Berauschung … Er giebt kein glückliches Sein, sondern ein Werden, ein Geschehen; nicht das Befriedigte, sondern das Unbefriedigte und Ruhelose.« In Brasilien wartete auf Zweig die Chimäre eines Glücks unter Palmen, blauer Himmel, Sonne, Meer, sich selbst genügende Natur.

Die Gäste waren fort, die sein Reich zu schätzen gewusst hatten, und die Gespenster, die großen Toten, mit denen er sich zu unterhalten gewohnt war, ließen sich nicht mehr so einfach ans Tageslicht locken, sie verkrochen sich vor dem Lärm der Zeit. Da wurde ihm klar, dass er allein war, ein guter Freund, der keinen einzigen Freund mehr besaß, ein Zuschauer vor leer geräumter Bühne, ein reger, redegewandter Geist, der verstummte, weil kein anderer, Gleichgesinnter da war, mit dem er ein Gespräch hätte führen können. Ein entwurzelter Mensch.

Im Jahr 1934 verließ Stefan Zweig sein Heimatland Österreich und ging nach London ins Exil. Drei Jahre später musste er sein Haus auf dem Kapuzinerberg verkaufen, und das hieß: Du darfst hier nicht sein, du musst gehen, dies ist nicht mehr dein Boden, deine Erde. Das Heimatgefühl irrte fortan herum, erst nur fern von seinem gewohnten Platz, dann enteignet, ohne einen festen Ort, wohin es zurückzugehen hoffen konnte, und schließlich nicht mehr von dieser Welt, die in Krieg und Verbrechen versank. Das erhaben gelegene Haus auf dem Kapuzinerberg, sein Anwesen, war eine Art Beweis gewesen, dass die Nationalsozialisten ihn im Grunde nicht vertreiben konnten, dass er ein Recht hatte auf Anwesenheit, auf Heimat. Die Nationalsozialisten brachen in sein Haus ein. Die Zeit war vorbei, da er glauben konnte, es würde ihm Zuflucht sein. Als er ins Exil ging, löste sich sein altes Leben auf in Vorstellung und Erinnerung.

Im Jahr 1936 reiste Stefan Zweig zum ersten Mal nach Brasilien, wo er vom Präsidenten empfangen wurde, so berühmt war er, und er ließ sich feiern, als wollte er ausprobieren, wie es sich anfühlte, von der Fremde in den Arm genommen zu werden. Vier Jahre später kam er noch einmal, und dann schrieb er in den Vereinigten Staaten ein Buch über *Brasilien, Land der Zukunft*, eine Beschwörung unter der Hand, dass es auch für ihn eine Hoffnung gäbe, dass er wüsste, wohin er im äußersten Notfall gehen könnte. Ein Jahr darauf war es so weit, er packte die Koffer und reiste mit seiner zweiten Frau Lotte Altmann ein drittes Mal in das Land der Zukunft, mit der festen Absicht, dort zu bleiben, solange eine Rückkehr nach Europa ausgeschlossen war. In Petropolis, in der Nähe von Rio de Janeiro, mieteten sie sich ein Haus. Am 22. Februar 1942 nahmen sie sich dort das Leben. Sein Brief zum Abschied war eine Kapitulationserklärung.

»Declaracão

Ehe ich aus freiem Willen und mit klaren Sinnen aus dem Leben scheide, drängt es mich eine letzte Pflicht zu erfüllen: diesem wundervollen Lande Brasilien innig zu danken, das mir und meiner Arbeit so gute und gastliche Rast gegeben. Mit jedem Tage habe ich dies Land mehr lieben gelernt und nirgends hätte ich mir mein Leben lieber vom Grunde aus neu aufgebaut, nachdem die Welt meiner eigenen Sprache für mich untergegangen ist und (Streichung) meine geistige Heimat Europa sich selber vernichtet.

Aber nach dem sechzigsten Jahre bedürfte es besonderer Kräfte um noch einmal völlig neu zu beginnen. Und die meinen sind durch die (Streichung) langen Jahre heimatlosen Wanderns erschöpft. So halte ich es für besser, rechtzeitig und in aufrechter Haltung ein Leben abzuschliessen, dem geistige Arbeit immer die lauterste Freude und persönliche Freiheit das höchste Gut dieser Erde gewesen.

Ich grüsse alle meine Freunde! Mögen sie die Morgenröte noch sehen nach der langen Nacht! Ich, allzu Ungeduldiger, gehe ihnen voraus.

Stefan Zweig

Petropolis 22. II. 1942«

Die einen haben Heimweh und wissen, dass eine Rückkehr ausgeschlossen ist, die anderen haben Heimweh und hoffen, dass sie eines Tages zurückkehren werden, sie klammern sich an die Vorstellung, dass es für sie eine Heimat auf Erden noch gibt. Wenn Zweig zu den Letzteren gehört hätte, dann hätte er sein Heimweh bekämpfen können: Such dir eine Aufgabe, eine Gemeinschaft, wie klein sie auch sein mag, eine, die dich hält.

Mehr Bomben mussten fallen, noch mehr Soldaten und Zivilisten sterben, um Europa von Hitler zu befreien. Wer den Untergang Hitlers ersehnte, der musste den Krieg wünschen um des Friedens willen, die Zerstörung um eines neuen Anfangs willen. In Brasilien, wo er wohnte, herrschte Frieden, keine Flugzeuge, keine Bomben, kein Krieg, nur Vogelgezwitscher, Hitze, Regen, Sonne und sich wiegende Bäume, ein fremder Himmel, ein fremdes Sternenbild, eine fremde Luft. Aus dieser Enklave der Ruhe hätte er die Bomber losschicken müssen über den Atlantik, um die alte Heimat und ihre Bewohner zu vernichten. Was immer von ihr noch stand und zu sehen war, für ihn war die Heimat, Spiegelbild des Selbst, ein fließender Austausch

von Geist und Materie, ein langes Gespräch unter Gleichgesinnten, Vertrauen durch Nähe, Geborgenheit im Bekannten, verloren, sie war nicht mehr in Wien, Salzburg, Paris, London, Rom
zu finden, es gab nur noch Feinde und Verbündete. Der Rest
von Heimat, der ihm blieb, war ihr Geist, eine recht flüchtige
Angelegenheit, die sich nicht als politischer Auftrag konkreti-
sieren wollte, nicht zum Wunsch nach einem geheimen Deutschland gerann, nicht als Idee einer Kulturnation ihr Haupt erhob,
sich nicht als Vorstellung vom deutschen Volk, das von den Nazis überrumpelt worden war, durchschlug und nicht als Traum
von der tausendjährigen deutschen Geschichte Gold ansetzte.
Der Geist der Heimat, der ihn wie eine unglückliche Liebe
quälte und aus der Gegenwart wegtrieb, war nicht von dieser
Welt, es gab für ihn keine Erfüllung in einem Land des Verstehens, der empfänglichen Seelen, das größer war als Salzburg,
größer als Österreich, Europa eben. Die beiden, Zweig und die
Idee vom friedlichen Europa der Kultur, waren Flüchtlinge, die
sich vergeblich gegenseitig zu halten versuchten. Blieb der
Wunsch, ganz in sich hineinzukriechen, die endgültige Heimkehr anzutreten, die Erlösung von allen Übeln. Nach Hause zu
kommen, das hieß, von den Lebenden auferstehen, eine Art
Himmelfahrt zum Geiste, reine, unbefleckte Vorstellung werden,
im ätherischen Eigenen, wohin kein Weltkrieg und kein Hitler
reichte, zu verschwinden. Die verwundete Seele würde die Zumutungen der Materie nicht mehr erdulden müssen, sie würde
ohne Kompromisse existieren können, ganz für sich sein, es
wäre ein Fest. »Allgemein«, schrieb Heinrich Wölfflin in seiner Studie über Renaissance und Barock, »kann man sagen:
während die Renaissance mit Liebe in jedes Detail sich versenkte, und für sein Sonderdasein sich interessierte, also dass
die Kunst weder in der Mannigfaltigkeit noch in der intimen
Durchgestaltung des Einzelnen sich genug thun konnte, tritt
man jetzt überall weiter zurück, man will nicht nur das Grosse

im Einzelnen, sondern überhaupt nur noch den Gesammtein-
druck: *weniger Anschauung, mehr Stimmung … Aufgehen im
Unendlichen, Sich-Auflösen im Gefühl eines Uebergewaltigen
und Unbegreiflichen*, das ist das Pathos der nachklassischen
Zeit. Verzicht auf das Fassbare. Man verlangt nach dem Ueber-
wältigenden.«

Überwältigend war auch der Vernichtungswille der Nationalsozialisten und der deutschen Wehrmacht, überwältigend
war die Kriegsmaschinerie, unfassbar die systematische Ausrottung der europäischen Juden. Stefan Zweig kapitulierte vor
der Übermacht. Den Tag, der auf die Katastrophe folgen könnte,
sah er nicht, er hatte keinen politischen Plan zur Befreiung
Europas von den Nazis, er hielt sich nicht mit Wörtern auf Erden fest wie Wiederaufbau, Neubeginn, Demokratie, Humanität, ein Schwärmer, der keine Luft mehr bekam, gelähmt von
der Wirklichkeit, der er entkommen war, an den Rand der Welt
geworfen, nahe am Atlantik, der Wasserscheide zwischen gestern und heute, in einer von deutschsprachigen Einwanderern
gegründeten Stadt. Ihm drohte keine Gefahr. Aber in die Nor-
malität zurückfinden, so zu tun, als sei die Erde bewohnbar, sich
einrichten in alltäglichen Abläufen, die Verzweiflung bekämpfen, Vertrauen zu Menschen suchen, weitermachen in Würde
und aus Revolte, sich Ziele stecken, und sei es nur, um dem Tod
zu trotzen, glauben, hoffen und lieben um der unschuldigen
Opfer willen, handeln, um das Gute zu erhalten, also ein Leben
führen, das ihm eine Ersatzheimat hätte werden können, das
konnte er nicht.

Der Schriftsteller Thomas Mann wollte nicht vor Hitler und
dem Zerfall der alten Welt weichen, er kämpfte in den Vereinigten Staaten, wohin er im Februar 1938 ausgewandert war,
mit Worten, die ihm nicht leicht fielen und in deren Gebrauch
er sich einüben musste, gegen die Nazis. Er hatte das Glück,
dass er sich als Repräsentant der wahren deutschen Kultur

fühlte, die mit ihm untergehen würde, wenn er sich nicht am Leben erhielt, und er hoffte auf einen Sieg der Demokratie, deren Wert ihn die nationalsozialistischen Schrecken zu schätzen gelehrt hatten. »An die deutschen Hörer« hießen seine Ansprachen im Radio, die im deutschen Programm der BBC gesendet wurden. »Deutsche Hörer!«, rief er ihnen im März 1941 zu. »Was ich euch aus der Ferne zu sagen hatte, das haben andere Münder euch bisher überliefert. Diesmal hört ihr meine eigene Stimme. Es ist die Stimme eines Freundes, eine deutsche Stimme, die Stimme eines Deutschland, das der Welt ein anderes Gesicht zeigte und wieder zeigen wird als die scheußliche Medusenmaske, die der Hitlerismus ihm aufgeprägt hat.«

Mein Großvater Albert hörte Radio und las Zeitung, aus Neugier, Gewohnheit, Empörung, Interesse, er wusste, was in Deutschland und in Europa geschah, aber er machte mit seinem Leben weiter, wie Millionen andere auch, er stand morgens auf, ging zur Arbeit und kam abends zurück, saß da und dachte nach, traf sich mit Freunden, legte sich hin und schlief, ein normales Uhrwerk, recht ausgeglichen. Er hätte die Bücher von Stefan Zweig nicht gemocht, sie wären ihm zu opulent, zu ausufernd gewesen, das Gegenteil von ihm, hager, gefasst, pragmatisch. Das Vermögen zur Empathie war bei ihm begrenzt, er hielt die Menschen auf Distanz, er wollte verstehen, was sie sagten, nicht wie sie waren. Um die Seele mochte sich der Priester kümmern, die Kirche. Psychologie war ihm fremd. Das Seelenheil, so hieß es doch, dachte er. Zweig verbreitete eine großbürgerliche und anstrengende Unruhe, als hätte er ein Recht, sich in alle Herzen einzumischen, als ständen ihm alle Türen offen, er bedrängte die Menschen im Innersten. Sag mir das Geheimnis deiner Seele, so einer war er. Albert empfand solche Annäherungen als aufdringlich, schamlos. Das gegenseitige Verstehen sollte sich in Grenzen halten. Ein Mensch ist nicht das Produkt seiner Zeit, sagte er. Eine solche Annahme widersprach seiner Idee von Freiheit, dass ein Mensch für sich verantwortlich war, vor Gott, vor seiner Idee von Würde, dass ein Mensch sich so nehmen musste, wie Gott ihn geschaffen hatte, und nicht wie Psychologen ihm zu sein einredeten. Sein Sohn Albrecht dachte genauso, ja, der frühe Heimatwechsel führte bei ihm zu verschärften, radikaleren Ansichten. Er dachte nie darüber nach, was er den Verhältnissen, in denen er aufwuchs, schuldete, ganz so als würde er über dem Boden schweben, unberührbar, wie aus dem Nichts, aus sich selbst entstanden. In Südamerika lernte er die Wirklichkeit, Sitte, Bräuche und Kultur, als ein fremdes Gegenüber kennen, auf das er mit offenen Augen zuging, skeptisch, abwägend und prüfend. Die Menschen, Dinge und Beziehungen waren in dem Dorf, in dem er geboren worden war, von einer großen Einfachheit gewesen, die Geschichten handelten von einigen Familien, Bauern und Handwerkern. Der Geist der Zeit, an den mein Vater nicht glaubte, hätte über das Dorf nur verächtlich gelächelt und sich nicht darum gekümmert, was dort geschah, die Vorfälle in dieser Nische waren für ihn Lappalien, und nicht einmal wenn er sich als Volksgeist hätte verkleiden können, wäre er vorbeigekommen und hätte hier Station gemacht, er ließ das Dorf links liegen und verschwand in der nächsten großen Stadt. Dort wohnten Künstler und Intellektuelle und schufen Werke, in denen spätere Generationen glaubten, den Geist der Zeit wiederzufinden. Einfluss auf Albrechts Leben hatten dagegen reale, handfeste Kräfte, Personen, die Eltern, die Großeltern, der Priester, der Volksschullehrer. Von ihnen lernte er, was ein Kind wissen musste, um sich im Dorf und später in der Welt zurechtzufinden, reden, lesen, schreiben, rechnen und wozu die Dinge des Alltags taugten und woran er glauben sollte, um in den Himmel zu kommen, an Gott, die Sündhaftigkeit des Menschen, die Zehn Gebote, die heilige apostolische Kirche. Er lernte willig.

Als er das Dorf und seine Heimat 1929 verließ, beherrschte er die ersten Grundlagen des Weltverstehens und der Weltbewältigung, er konnte sagen: Ich weiß schon, das kenne ich, das schaffe ich alleine, da muss mir keiner helfen. Er verfügte über eine funktionierende Verstandesausrüstung, eine Art Werkzeugkasten, aus dem er sich bediente, als er in Argentinien ankam und sich zurechtfinden musste. Die pragmatische Einstellung gegenüber dem Leben, die er von seinem Vater übernommen hatte, schloss aus, dass das Phantom vom Geist der Zeiten, das in der philosophischen und wissenschaftlichen Literatur Karriere machte, für ihn jemals eine Rolle spielte. Albert und Albrecht hielten die Theorie am Zügel der Praxis und passten auf, dass die Gedanken nicht über das Ziel hinausschossen.

Der Philosoph Wilhelm Dilthey hatte um die vorletzte Jahrhundertwende Kultur, Sitte, Dichtung, Philosophie, Musik und Politik unter dem Begriff der Objektivationen des Lebens zusammengefasst, mit denen er dem objektiven Geist zu Leibe rückte, dem Hegel ein Denkmal gesetzt hatte. In so hohe Sphären reinen Denkens, wo die Luft für Menschen aus Fleisch und Blut viel zu dünn sei, mochte er nicht mehr greifen. An die Stelle einer objektiven Vernunft, über die Hegel meinte das letzte Wort gesagt zu haben, rückte Dilthey das Erleben der Wirklichkeit, das unabgeschlossene fließende Leben, das täglich weiterging und sich veränderte und über das deswegen ein endgültiges abschließendes Wort nicht gesagt werden konnte. Philosophie wurde zu einer historischen Wissenschaft, die sich darum bemühte, eine Lehre von den Weltanschauungen, vom Geist der Zeiten, aufzustellen. Mochte Hegel sich in der Vernunft zuhause fühlen, Dilthey fand sie zu abstrakt, leblos, er wollte den Geist bodenständig haben, ins Erleben eingebunden, und er gab ihm deshalb einen historischen Rahmen aus intellektuellen und psychologischen Gewohnheiten und Gewissheiten, die geläufige und einsichtige Grenzen der Möglichkeiten beschrieben, sich selbst, andere und die Welt zu verstehen, historische Bedingungen des Denkens, der Erfahrung, des Lebensausdrucks, die eine Epoche markieren konnten, darin der Mensch wie in einem Nest lag und sich selbst ausbrütete. Hegel sprach mit Gott auf Augenhöhe, von Vernunft zu Vernunft, und behauptete, das könne jeder, der so weit in der Wissenschaft der Logik gekommen sei wie er. Dilthey war genügsamer und offenherziger, er rekonstruierte Gebäude des Geistes, des Wissens und Glaubens, in denen sich die jeweiligen Gemeinden zu ihrer Zeit versammelten.

Dieser Umschwung von den Höhen des deutschen Idealismus in die Täler der historischen Wissenschaften, der sich im 19. Jahrhundert vollzog, führte auch dazu, dass der landsmännischen Seele, die sich im Reich der Vernunft verloren und überfordert gefühlt hatte, wieder eine Heimat zugewiesen wurde, eine Gemeinschaft, zu der sie gehörte und in der sie sich entfalten konnte. Aus Menschen, die in Deutschland, Frankreich, Italien oder England geboren wurden und aufwuchsen, wurden Menschen, die deutsche, französische, italienische und englische Eigenschaften besaßen, durch die sie als Deutsche, Franzosen, Italiener und Engländer charakterisiert werden konnten. Der Hinweis auf Kultur, Sitte und Brauch, die sich im Laufe der Geschichte eines Landes und seiner Bevölkerung herausgebildet hatten, diente dazu, die Existenz von nationalen Eigenschaften zu behaupten und zu bekräftigen. Jede Seele erhielt auf diese untergründige Weise eine handfeste Ausstattung, durch die sie sich mit anderen Weggenossen zu einer nationalen Gruppe verband, so wie Atome sich zu Molekülen zusammenfanden.

Von der Fraktur des alten Deutschland vor Hitler, das Thomas Mann über den Abgrund der Katastrophe hieven wollte, blieb nur eine Redewendung übrig, mit der zum Ausdruck gebracht wurde, dass einer nicht mehr willens war, um den heißen Brei herumzureden, er werde jetzt deutliche Worte gebrauchen, wie das bei Befehlen der Fall ist, die mit Widerstand rechnen und Gehorsam fordern. Dieser Redewendung hatte die Fraktur es mit zu verdanken, dass jeder, der nach dem Zweiten Weltkrieg in Deutschland mit der modern anmutenden Antiqua Lesen und Schreiben lernte, an die unmittelbare deutsche Vergangenheit, an Hitler und das Dritte Reich dachte, wenn er die alte Schrift vor sich sah, die er nur schwer entziffern konnte.

Für Graphologen, die sich nicht mit der Vorstellung zufrieden gaben, den Charakter eines Menschen aus seiner Handschrift deuten zu können, sondern sich auch mit dem Wesen eines Volkes beschäftigen mochten, hätte die Fraktur mehr sein können als eine Buchstabenform, sie sah aus wie ein Spiegel der nationalen Seele und hätte ein erneuter Hinweis darauf sein können, dass eins zum anderen gehörte, eine weitere Bestätigung für sichtbare und unterschwellige Zusammenhänge, die Epochen trennten. Der Geist solcher im weiten Sinne esoterischen Forschungen lebte aus dem Gegensatz zwischen Geoffenbartem und Verborgenem, er sah in die Dinge mehr hinein, als sie von sich aus preisgaben, wenn sie in praktischen Zusammenhängen verwendet wurden. Schriftzeichen bargen tiefere Bedeutungen nur für den, der sie dort erkennen wollte, sie waren andernfalls von gegenständlicher Präsenz und in sich abgeschlossen, Bedeutungsträger wie Postboten, die Briefe austrugen und selbst nicht die Briefe waren, die sie in die Kästen warfen.

Nur Kinder und Geheimniskrämer rechneten mit einem doppelten Boden und Wundern als Kehrseite der Wirklichkeit. Pragmatiker wie Albert und Albrecht behaupteten, die Wahrheit der Wirklichkeit liege in der Praxis, die Wirklichkeit der Wahrheit in der Theorie. Das Wort Seele ersetzte mein Vater durch die Wörter Gefühl und Stimmung, so wie er Geist mit Denken gleichsetzte, um dann einfach und direkt zu fragen, was einer dachte und fühlte. Geist und Seele waren verbale Zelte, in denen die Tätigkeit verschwand, die mit den Wörtern verbunden sein sollte, wenn es darum ging, ihre Bedeutung zu klären und ihren Sinn zu begrenzen. Das Problem, dass manche Wörter zu groß für den Hausgebrauch waren, hatte auch meinen Großvater beschäftigt. Zur Verständigung im Leben reichten Vater und Sohn die Formeln, die der Alltagsverstand, der Common Sense, ihnen bot. Sie unterschieden zwischen Lüge und Wahrheit, aber nicht zwischen Sein und Schein, Ausdruck und Wesen, eine Unterscheidung, die auch in Deutschland auf eine lange Tradition zurückblicken konnte, und verließen sich stattdessen auf Argumente, Regeln und Konventionen, der Sohn mehr noch als der Vater. Die Innenwelt eines Menschen war ein privater Bezirk, den in irgendeiner Weise öffentlich zur Schau zu stellen naiv, unerträglich oder verwerflich war. Alles Romantische, Unentschiedene, Allumfassende, Grenzenlose und Unbewiesene, Ahnung und Sehnsucht waren den beiden fremd und unverständlich, Hegels absoluter Geist, Wilhelm Diltheys Weltanschauungen, die Lebensphilosophien von Schopenhauer, Nietzsche und Georg Simmel, die Geschichtsphilosophie von Schelling, Karl Marx und Oswald Spengler, sie allesamt wären den beiden wie Berge vorgekommen, in denen sie sich hätten zurechtfinden können, wenn sie sich angestrengt hätten, die zu meiden sie sich aber schon nach dem ersten Rundgang und Aufstieg einig gewesen wären. Diese theoretischen Modelle gingen über die Bewältigung des Alltags, wie sie ihn kannten und schätzten, weit hinaus und boten nur Orientierung im Groben und Allgemeinen, für die Fiktion einer Gegenwart, die außerhalb des Radius ihrer praktischen Tätigkeit begann, und für die Vision einer Zukunft, die nicht nah genug war, um von Bedeutung für ihr Leben zu sein. Die Bedrohung, die vom Fremden, Unbekannten ausging, wurde durch ihre Nüchternheit und Kurzsichtigkeit, ihre Konzentration auf die gelebte Praxis, die Lösung von Problemen gebändigt. Ob einer in der Fremde heimisch wurde, hing eben auch daran, wie er dachte.

7

Im Gehäuse der Gelehrsamkeit

Viele Emigranten, die vor Hitler aus Deutschland flohen, fanden sich, anders als Stefan Zweig, in dem fremden Land, das sie aufnahm, zurecht, mochte ihnen das Leben im Exil auch schwerfallen. Wenn sie Väter oder Mütter waren, die für ihre Kinder sorgen mussten, blieb ihnen meistens nichts anderes übrig als durchzuhalten und ihr neues Los zu tragen. Vor der Unschuld und den Bedürfnissen der Kinder, die für die marode Welt der Erwachsenen nicht verantwortlich gemacht werden konnten, mochten sie nicht kapitulieren. Die Realität stellte Forderungen, denen sie sich nicht verweigerten, und wenn es nicht ihre Kinder waren, die sie zur Pflicht riefen, und nicht der eigene Überlebensinstinkt, dann ähnlich starke Hoffnungsträger, Ideen, künstliche Paradiese, Vorstellungswelten, die hermetisch abgeriegelt waren und ihr Recht vor der Gegenwart behaupteten. Hier, in Gedanken, herrschte Frieden, dort war Krieg, hier konnte einer bei sich zu Hause sein, dort ging eine Welt in die Brüche.

Eine Form von Dissoziation, von Schizophrenie gehörte dazu, um sich ungebrochen in den Umbrüchen einzurichten und heimisch zu fühlen, um im allgemeinen Zerfall am gedanklichen Bestand und Fortschritt festzuhalten. Privater und öffentlicher Bereich, Idee und Wirklichkeit fielen auseinander, die Einbildungen des subjektiven Geistes, das Ziel der Geschichte, die Erkenntnis höherer Welten, das Reich Gottes, der Wert der Bildung, schotteten sich vor den objektiven Notwendigkeiten des Überlebens ab. Weltanschauungen bewiesen in der existentiellen Not, welche erhaltende Kraft in ihnen steckte. Die bürgerliche Bildung funktionierte wie ein Bunker, in dem die Gelehrsamkeit residierte. Die Grundlagen für deren Macht waren gelegt worden, als die humanistischen Gymnasien ihre Pforten öffneten und das Schauspiel vom Ideal der klassischen Antike begann. Die Schüler gewöhnten sich daran, mitten am Tag wie abwesend zu sein, sie waren weit weg, in Griechenland. Das 19. Jahrhundert stellte Schlupfwinkel bereit, in denen noch Flüchtlinge aus dem 20. Jahrhundert sich in Sicherheit wähnten.

Zu ihnen gehörte der Kunsthistoriker Erwin Panofsky, der in den Vereinigten Staaten, wohin er 1933 emigrierte, kein Unbekannter war. Er hatte sich in einer Wissenschaft einen Namen gemacht, die sich um das Erbe des christlichen Europa kümmerte. Ein Laie musste nur die Augen aufmachen, um die Dinge zu sehen, mit denen sich die Kunstgeschichte beschäftigte: Kirchen, Klöster, Schlösser, Gemälde und Skulpturen. Wer diese Schätze zur Kenntnis nehmen wollte, der musste sich in weit geringerem Maße in Geduld üben und viel weniger intellektuelle Anstrengung aufbringen, als für die Lektüre philosophischer Werke und klassischer Romane notwendig war. In der Art und Weise, wie Panofsky Kunstgeschichte betrieb, schien das europäische Erbe wieder lebendig zu werden, und gerade die Amerikaner, Nachfahren von Pionieren, die aus Europa nach Amerika ausgewandert waren, interessierten sich für eine Methode, die ihnen die geistige Heimat ihrer Väter erklärte.

Panofsky war Professor für Kunstgeschichte an der Universität Hamburg. In der Hansestadt befand sich die berühmte Kulturwissenschaftliche Bibliothek Warburg, deren Begründer,

der jüdische Kunsthistoriker Aby Warburg, die Kunstwissenschaft revolutioniert hat. Sein Vater war Bankier gewesen, und als er starb, hinterließ er seinen Söhnen viel Geld. Aby Warburg verzichtete auf seinen Anteil am Erbe unter der Bedingung, dass seine Brüder ihm alle Bücher bezahlen sollten, die er haben wollte. Die Brüder dachten, dass sich die Einkäufe in den Grenzen eines bildungsbürgerlichen Interesses halten würden, und willigten in den Handel ein. Aby Warburg begann daraufhin mit dem Aufbau der Bibliothek, und seine Brüder lernten das Staunen. Er konzentrierte sich vor allem auf das Nachleben der Antike in der Kunst der Renaissance und sammelte Bücher aus allen wissenschaftlichen Disziplinen, die ihm halfen, die geistige Welt und den Ausdruckskosmos der damaligen Künste zu verstehen. Er wollte herausfinden, was sich ein Künstler dachte, wenn er ein Kunstwerk schuf, und warum er es gerade so und nicht anders gemacht hatte. Die Ängste, von denen Heiden und Christen gequält wurden, drückten sich in Bildern und Bildmotiven aus, für die Warburg den Begriff der Pathosformel erfand. Er forderte deshalb, dass ein Kunstwerk existentiell und kulturgeschichtlich interpretiert werden sollte und nicht nur formal, wie das Heinrich Wölfflin in seinem 1915 erschienenen Buch *Kunstgeschichtliche Grundbegriffe. Das Problem der Stilentwicklung in der neueren Kunst* vorgemacht hatte.

Wer die neue kunstwissenschaftliche Methode anwenden wollte, der musste über sein Fach hinaus gelehrt sein und ein Gespür für Zusammenhänge besitzen, für das dichte Geflecht von Beziehungen aus philosophischen Fragen, künstlerischen Problemen und allgemeinen Lebensanschauungen, das ein Kunstwerk als ein Produkt seiner Zeit erkennen ließ, als ein Zeugnis für ein bestimmtes Weltverständnis. Die Kulturgeschichte war der Boden, auf dem ein Kunstwerk entstand, die Kulturpsychologie war der Horizont, vor dem ein Kunsthistoriker versuchen musste, es zu verstehen. Der künstlerische Ausdruck gewann auf diese Weise eine geistige Heimat. Jacob Burckhardts *Die Kultur der Renaissance in Italien* aus dem Jahr 1860 gehörte zu den Lieblingsbüchern Aby Warburgs.

Nach dem Ende des Ersten Weltkrieges wurde Warburg in die Psychiatrie eingeliefert, obwohl er den Krieg nicht als Soldat hatte kennenlernen müssen. Doch was er aus Zeitungen und Berichten darüber erfuhr, erschütterte ihn so sehr, dass er einen Nervenzusammenbruch erlitt. Offenbar war die zivilisierte Welt verrückt geworden, und die Vernunft, die ein Einzelner aufbringen konnte, reichte nicht hin, dieser Irrationalität standzuhalten. Warburg fühlte sich auch durch den wachsenden Antisemitismus bedroht, er war überzeugt, dass seine Familie entführt, misshandelt und ermordet werden sollte, und er wollte sie lieber erschießen, als sie diesem Schicksal zu überlassen.

Im Jahr 1921 wurde er in das Sanatorium Bellevue in Kreuzlingen am Bodensee überwiesen, das Ludwig Binswanger leitete. Von Binswanger gibt es einen Bericht über Warburgs Verhalten in der Klinik und über die Wahnvorstellungen des Patienten, die von antikem Ausmaß waren. So glaubte Warburg zum Beispiel, dass Menschenfleisch bei Tisch serviert würde.

Nachdem Warburg 1923 aus dem Sanatorium entlassen worden war, widmete er sich wieder seiner Bibliothek und baute einen Bilderatlas auf zur *Funktion vorgeprägter antiker Ausdruckswerte bei der Darstellung bewegten Lebens in der Kunst der europäischen Renaissance.* Symbole waren für ihn eine Art Geländer, an denen sich der Mensch festhalten konnte, damit er nicht in den Abgrund der existentiellen Leere, des Wahnsinns und der Angst fiel. Ohne Zeichen, die Menschen erfanden und in eine bestimmte Ordnung setzten, war die Welt ungeheuerlich. Jeder musste sich Mut zureden und die bodenlose Existenz auf Erden zu deuten versuchen. Das Leben war im tiefsten Sinne tragisch, heimatlos. Warburg starb am 26. Oktober 1929 an einem Herzinfarkt.

Erwin Panofsky, 1892 in Hannover geboren, war ein Sohn wohlhabender jüdischer Eltern. Der Vater war Kaufmann, ein Onkel Bankier. In Freiburg studierte Panofsky zuerst Rechtswissenschaften, wechselte dann aber zur Kunstgeschichte, nachdem er bei Wilhelm Vöge, der sein Doktorvater werden sollte, eine Vorlesung über Dürer gehört hatte. In einem Brief vom 6. Juni 1947 an Vöge viele Jahre später erinnerte er sich an diese Begegnung, als er Vöge über eine Zeichnung, die Dürer zu den Händen Kaiser Maximilians angefertigt hatte, sprechen hörte. Damals, schrieb er, habe er sich entschieden, Kunsthistoriker und ein Spezialist für Dürer zu werden. Vöge habe er mithin nicht nur seine Ausbildung zu verdanken, sondern im Grunde alles, was noch kommen sollte. Wäre er nicht Kunsthistoriker geworden, so hätte er weder ein so glückliches Leben geführt, wie es ihm dann beschieden war, noch seine Frau kennengelernt, noch die Zeit Hitlers überstanden.

Nach Studien in München und Berlin, promovierte Panofsky 1914 mit einer Untersuchung über *Dürers Kunsttheorie, vornehmlich in ihrem Verhältnis zur Kunsttheorie der Italiener*, habilitierte sich 1920 an der Hamburger Universität mit einer Arbeit über die *Gestaltungsprinzipien Michelangelos* und wurde dort 1926 zum ordentlichen Professor ernannt. Nach Aby Warburgs Tod galt er als der herausragende Repräsentant der neuen kunstwissenschaftlichen Methode der Ikonologie.

Im Herbst 1931 erhielt Panofsky zum ersten Mal eine Einladung in die Vereinigten Staaten, wo sich die Kunstgeschichte als eine eigenständige Disziplin an den Universitäten zu etablieren begann. Amerikanische Wissenschaftler suchten Rat und Wissen bei deutschen Kollegen, die auf eine lange kunstgeschichtliche Tradition zurückschauen konnten, angefangen bei Johann Winkelmanns *Geschichte der Kunst des Altertums* aus dem Jahr 1764. Panofsky nahm die Einladung an, lehrte einige Monate als Gastdozent an der New York University und hielt Vorträge in Princeton, Baltimore und Philadelphia. Der Aufenthalt war ein Erfolg, im Frühjahr 1933 war er erneut Gast der New York University.

Als der Leiter der Hamburger Kunsthalle, Gustav Pauli, von Panofskys Plänen erfuhr, in den Vereinigten Staaten zu bleiben und nicht nach Deutschland zurückzukehren, mochte er sich nicht damit abfinden und schrieb ihm am 3. April 1933 nach New York, er halte es für unmöglich, dass die Regierung oder der Hamburger Senat einen der besten akademischen Lehrer entlasse, nur weil er Jude sei. Panofsky sei doch mit tausend Fasern seines Fühlens und Denkens mit Deutschland verbunden. Die Nationalsozialisten interessierten sich nicht für Fasern des Fühlens und Denkens, sondern für Rasse und Blut. Panofsky ließ sich nicht überreden. Am 7. April 1933 trat das Gesetz zur Wiederherstellung des Berufsbeamtentums in Kraft, das Juden aus der deutschen Beamtenschaft ausschloss. Am 12. April schrieb er an Pauli, dass er mit Deutschland, vor allem mit dem »deutschesten Deutschland«, wie es sich für ihn in Gustav Pauli und einigen anderen Pauli ähnlichen Menschen verkörpere, so tief verbunden sei, dass es ihm »sehr ans Leben gehen« würde, wenn er sich davon trennen müsste, und zwar »nicht nur im Sinne der ›Kultur‹«, die als eine Art »Akzidens« wichtig sei, sondern vor allem »im Sinne des Gefühls«. Die Menschen, die er am meisten liebe und verehre, seien »reine Deutsche«. Er wolle Anfang Mai noch einmal nach Deutschland zurückkommen, statt seine Familie einfach nachzuziehen, auch aus dem Gefühl heraus, dass es sich nicht schicke, dem Orte, wo sich das Schicksal vollziehe, fern zu bleiben.

Mit der ihm eigenen Besonnenheit in Lebensfragen erklärte Panofsky seiner Frau in einem Brief vom 13. April 1933 aus New York, eine wesentliche Bedingung für einen gelingenden Aufenthalt in den Staaten sei es, eine Art Heimat an einer Universität zu finden. Er wusste, wohin er gehörte, was nottat, damit er in der Fremde Fuß fassen konnte: Lehre, Forschen, Bibliotheken, Wissenschaftler, Studenten und Gleichgesinnte, die sich für das, was er tat, interessierten. Er brauchte eine Gemeinschaft von Menschen, denen er sich durch seine Arbeit verbunden fühlen konnte, kein abstraktes Publikum, wie es der Bestsellerautor Stefan Zweig gefunden hatte, sondern einen Zirkel, in dem jeder den anderen kannte, als Autor von Artikeln und Studien oder persönlich, ein wissenschaftliches Referenzsystem aus Fragen, Problemen, Methoden, die im besten Falle auch Ausdruck von Lebensanschauungen waren und nicht nur theoretische Ansichten und Werkzeuge.

Im Mittelalter waren Mönche in die Fremde gezogen, um zu missionieren und Klöster zu gründen. Panofsky war in seinem Fach kein einfacher Mönch, er war ein Abt, und er würde sich seine Gemeinschaft suchen. Die Wege des Herrn waren nicht nur unerforschlich, sondern manchmal auch umständlich und unbequem. Er blieb dabei, er würde nach Amerika gehen. Im August 1934 emigrierte er mit seiner Frau und den beiden Söhnen in die Vereinigten Staaten, wo er Freunde und Förderer hatte und ein Lehrangebot an der New York University und Seminare in Princeton auf ihn warteten. Er hatte vorgesorgt. Wer überleben und gut leben wollte, der brauchte neben Glück auch Verstand und einen nüchternen Sinn für die Realität. Ein Jahr später wurde er zum Mitglied des neu gegründeten Institute for Advanced Study in Princeton berufen und fand hier eine institutionelle Heimat, die er nicht mehr verließ, auch als er nach dem Krieg Angebote von deutschen Universitäten erhielt. Nach Deutschland kehrte er, von einem kurzen Besuch abgesehen, nicht mehr zurück. Warum sollte er in einem Land wohnen, in dem er ermordet worden wäre, weil er Jude war? Unschuldige Deutsche, denen er nicht nur durch Wissenschaft und Kultur, sondern auch durch Gefühl, Vertrauen, Gemeinsamkeit und Offenheit verbunden gewesen wäre, waren nach der Ermordung der europäischen Juden durch nationalsozialistische Deutsche nicht mehr so schnell zu finden, auch und gerade nicht an den deutschen Universitäten. Er war nicht der Einzige, der nicht zurückkehrte und auf einem anderen Flecken der Erde blieb, in einer neuen Heimat.

In dem Aufsatz *Kunstgeschichte als geisteswissenschaftliche Disziplin,* den er 1940 auf Englisch veröffentlichte, schrieb er, die Geisteswissenschaften, im Gegensatz zu den Naturwissenschaften wie der Physik, würden beleben, was andernfalls tot bliebe. Anders als die Naturwissenschaftler, die sich mit zeitlichen Phänomenen befassten und die Zeit anhielten, sobald sie Experimente machten und Ereignisse in Formeln verwandelten, würden die Geisteswissenschaftler in einen Bereich vordringen, in dem die Zeit stehengeblieben sei, die Kunst. Ihre Aufgabe bestände darin, die Zeit wieder zum Fließen zu bringen, indem sie nach der Bedeutung dessen fragten, was sie wahrnahmen, und darüber nachdachten, wie es gekommen sei, dass ein Kunstwerk auf diese und nicht auf eine andere Art und Weise erschaffen wurde. Kunstwerke ragten wie erstarrte Zeugnisse aus dem Strom der Zeit, und die Geisteswissenschaftler versuchten herauszufinden, im Verlauf welcher Prozesse sie entstanden waren und geformt wurden. So gesehen, ließen sie sich als Antworten auf Fragen, als Lösungen von Problemen, als Reaktionen auf Ereignisse verstehen, die sich die Nachgeborenen wieder vergegenwärtigen mussten, um die Werke zum Leben zu erwecken, um sie zu erkennen, zu würdigen und zu verstehen.

Der Kunsthistoriker im Sinne Panofskys trat mit den Kunstwerken in ein Gespräch ein, statt sich vor sie hinzustellen und einen Monolog zu führen. Die Kunstwerke waren nicht stumm, sie redeten, und wer verstehen wollte, was sie sagten, musste auf sie zugehen, er musste sie dorthin begleiten, wo sie entstanden waren, er musste zu ihnen nach Hause gehen, ihre Familie kennenlernen, die nahe und ferne Verwandtschaft, Freunde, Lebensumstände, ihre Biographie und sie fragen, warum sie gerade hier und nicht woanders Zuhause waren, im engen Kreis besonderer kultureller und intellektueller Umstände, in denen sie geboren worden waren und die sie geformt hatten. Und jedes Mal, wenn sie ihm ihre Geschichte erzählten, erging es dem Kunsthistoriker nicht anders als jemanden, der mit Verstand eine Biographie las, Goethes *Dichtung und Wahrheit* zum Beispiel, und nicht anders als einem hellhörigen Enkel, der den Lebenserinnerungen der Großeltern lauschte, er erinnerte sich, wie es bei ihm gewesen war, woher er kam, wie er wurde, was er war, und wonach er suchte. Die Kunstwerke zogen ihn mit ihren Geschichten aus dem Strom der Zeit, eine Art beruflicher Mimikry, der er sich nicht entziehen konnte und die dazu führte, dass in dem langen und ausführlichen Gespräch, in das er sich mit ihnen verwickelte, die Ahnung und das Wissen entstanden, was ein Zuhause war, und darauf das Gefühl sich einstellte, bei sich selbst Zuhause zu sein. Das Leben mit den Kunstwerken war ein Glück, das dem Leben selbst wieder zugutekam. Panofsky sprach gut Englisch, er unterrichtete im Exil Studenten und nahm an der wissenschaftlichen Forschung teil, er war eine Kapazität in seinem Fach, ein viel beachteter Wissenschaftler. Da er in Amerika seinen Beruf ausüben konnte, besaß sein Leben vor und nach der Emigration eine gewisse Kontinuität. Deutschland zu verlassen bedeutete keinen Bruch auf allen Ebenen, das Exil schleuderte ihn nicht aus seinen intellektuellen Gewohnheiten heraus. Die kunstgeschichtliche Arbeit brachte ihn weiterhin mit Menschen zusammen, die ähnliche Interessen hatten wie er, und bestätigte ihn darin, dass er, wenn er forschte und lehrte, etwas Sinnvolles für andere tat. Sein erstaunliches Wissen umfasste eine Vergangenheit, die so reich und festgefügt an Kunst, Dichtung, Theologie und Philosophie war, dass sie sich wie eine Klostermauer um ihn herum erhob. Das geistige und künstlerische Reich, in dem er sich mit der Souveränität eines Dorfältesten bewegte, der jeden kannte und über jeden etwas zu erzählen wusste, zog sich von der heidnischen Antike über das christliche Mittelalter und die frühe Neuzeit bis zur niederländischen Malerei und schob seine Ausläufer hinein in die jüngste Kunst der Gegenwart, den Film.

Eine Kirche war mehr als ein Gebäude, das architektonischen Gesetzen und Regeln folgte, sie war Ausdruck eines theologischen und philosophischen Bemühens um Wahrheit, Schönheit und Gottgefälligkeit. Die Ideen und Vorstellungen, die dabei als treibende Kräfte wirkten, waren von einem intellektuellen Feld geprägt, in dem die Künstler und Auftraggeber mit der Selbstverständlichkeit von Kindern aufwuchsen, die die Sprache lernten, die sie hörten, die sich kleideten wie alle anderen und aßen, was auf den Tisch kam. Dieses Feld wurde von ihnen mitgestaltet und verändert, sobald sie nicht mehr mit allem, was sie vorfanden, einverstanden waren, der Geist der Jugend, der Rebellion, der Veränderung, der fremden Einflüsse regte sich, und sie schlugen Varianten und Neuerungen vor. Dieser Austausch von Geben und Nehmen, Bewahren und Erfinden, Gewohnheiten und Entdeckungen machte aus dem intellektuellen Feld eine Art geistiger und seelischer Heimat, mit der sie verbunden waren wie mit der eigenen Familie und mit den Freunden, mit dem Dorf, der Stadt, der Region, in der sie lebten. Das Feld bezog sie aufeinander, formte aus ihnen eine Gemeinschaft, der sogar die Außenseiter verbunden blieben. Der Einzelne war, wenn er nicht in der Wildnis aufwuchs, eingegliedert in einen Zusammenhang von Traditionen, sein Denken und Fühlen ereignete sich vor einem Horizont, den er nicht überschauen konnte. Das ist die Blindheit der Zeitzeugen, der blinde Fleck der Gegenwart.

Diese philosophische Erfahrung, dass das eigene Leben sich selbst nie ganz erfasst, dass es den Boden, auf dem es steht, nie vollständig durchdringt, hat Panofsky durch die Kunstwerke, wie er sie sah, wiederholt gemacht. Er fand in der Beschäftigung mit ihnen eine Idee von Heimat, die sich, wie ein Blick zurück in eine glückliche Kindheit, nur in der Überlieferung erfüllte, in der Ferne einer betrachteten Vergangenheit. In der Gegenwart begann das Feld, dessen Teil er selbst war und das ihm bis zu einem gewissen Grad fremd bleiben musste. Fremdsein gehörte zu den Grundbedingungen des Lebens. Der gelehrte Geist aber, mit allem, was dazugehörte, Bibliothek, Universität, Archiv, Museum, kluge Kollegen, war ein Zuhause, das er nicht in einem Überschwang des Gefühls, ein Fremder unter Fremden zu sein, verlieren würde. Panofsky war ein glücklicher Bewohner des Elfenbeinturms. Wer über eine so umfangreiche humanistische Bildung und große intellektuelle Empathie verfügte wie er, der konnte sich nicht verlieren, als er das Land verlassen musste, in dem er geboren und aufgewachsen war, und in ein Land übersiedelte, in dem er sein wissenschaftliches Leben fortführen konnte. Er starb am 14. März 1968 in Princeton.

Der einzige Zusammenhang, in dem Bilder in einem Museum stehen, sind die Bilder, die in dem Museum hängen. Sie alle wurden dem Platz, dem sie ursprünglich angehörten, entrissen und führen seitdem ein Wanderleben. Rathäuser, Klöster, Kirchen, Burgen, Schlösser, Paläste, Villen bleiben an dem Ort ihrer ersten Bestimmung stehen. An den Gemälden in den Museen geht der Betrachter vorbei, dann macht er sich auf den Weg nach Hause, und sie bleiben im Niemandsland zurück wie Bücher in einer öffentlichen Bibliothek, und die Bilder und die Bücher warten auf den nächsten Tag, an dem andere kommen, die sie benutzen, die sie sich ansehen und die sie lesen wollen. Ein Rathaus ist für die Bürger da, ein Kloster für die Mönche, eine Kirche für die Gläubigen, eine Burg für einen Ritter, ein

Schloss für einen König. Der Tourist, der mit interesselosem Wohlgefallen auftaucht, ist in diesen Räumen nicht vorgesehen, er ist ein Eindringling, der nicht hierhergehört, sondern woanders hin, in seine Wohnung, an seinen Arbeitsplatz, auf einen Spaziergang durch Wiesen. Nur wer sich daran erinnert, dass er hier falsch am Platz ist und sich doch nicht abwenden kann, stellt sich in ein lebendiges Verhältnis zu den alten Gebäuden. Sein Sinn ist nicht stumpf. Sie ziehen ihn an und weisen ihn zurück, sie öffnen ihm die Vergangenheit und schließen ihn in die Gegenwart ein. Auf dieser Grenze fühlt er sich aufgehoben, bei ihnen und bei sich. Die Zeit steht still. Das Verlangen nach Nähe wächst und mit ihm das Gefühl für die Größenverhältnisse, dass der Mensch vor Gott, dem All ein Nichts sei und die Gegenwart vor der Geschichte nur ein Augenblick, ein winziger Ausschnitt. Daraus lässt sich die Lehre ziehen, dass das Leben vor allem eine Pflicht gegenüber den Vorfahren und den Nachfahren ist und nicht leichtfertig auf der Suche nach dem eigenen Glück verspielt werden darf. Wer sich mit einer solchen Besonnenheit und Demut dem Leben zu nähern vermag, der muss im Geiste gut verwurzelt sein.

Als Kind stand ich neben meinem Vater, sah Kirche, Kloster, Rathaus und langweilte mich, weil ich mit den alten Dingen nichts anzufangen wusste. Sie waren tot, sie redeten nicht mit mir. Wenn in diesen Stunden, so lange schien es zu dauern, bis mein Vater die Kirche verließ, Panofsky, oder einer wie er, aufgetaucht wäre und zu erzählen begonnen hätte, was der Augenschein an Geschichten mir nicht preisgab, es wäre mir ergangen wie den Laien unter den Zuhörern in Amerika, die sich zu den Vorträgen des berühmten deutschen Professors einfanden und dort merkten, dass in den Bildern und abgebildeten Dingen, die er vor ihnen ausbreitete und erklärte, ganz im Sinne des deutschen Romantikers Joseph von Eichendorff, den sie wahrscheinlich nicht kannten, ein Geheimnis lag, unerhörte bedeutungsreiche Welten, in denen ein Wort, ein Bildmotiv das andere ergab, sodass sie den Eindruck gewinnen konnten, alles, was sich ihnen zeigte, hätte einen tieferen Zusammenhang und Sinn. Ohne Erinnerungen an eine Heimat, ohne Geschichten blieb alles nur stumpfer Stein.

8

Die Linde

Als mein Vater Mitte der Sechzigerjahre nach Deutschland ging, kam er in ein Land, in dem die sozialen, politischen und wirtschaftlichen Verhältnisse stabil und die Deutschen zufrieden waren mit dem, was sie in den zwanzig Jahren seit dem Ende des Krieges erreicht hatten. Das westliche Ausland, Frankreich, England, die Vereinigten Staaten, akzeptierten Deutschland als vollwertigen Geschäfts- und Verhandlungspartner, der eine wichtige Rolle im militärischen Bündnis gegen das sowjetische Lager spielen durfte.

Die Generation meines Vaters, die Jahrgänge zwischen 1910 und 1920, blieb mit dem Dritten Reich verbunden, sei es als ehemalige Täter, Zuschauer oder, in seltenen Fällen, als Widersacher und Opfer. Deutsche im Ausland konnten von Glück sagen, wenn sie in Ländern lebten, die nicht im Radius einer das Gewissen unmittelbar belastenden Zeugenschaft lagen. Die Frage, ob sie im Widerstand gegen Hitler ihr Leben riskieren wollten, stellte sich ihnen nicht. Sie hätten sich in Gefahr begeben müssen, wie der berühmte französische Historiker Marc Bloch, der in der nicht besetzten Zone Frankreichs als Professor unterrichtete und eines Tages in den Untergrund ging, um gegen die Nazis zu kämpfen. Er wurde von der Gestapo gefangen, misshandelt und 1944 erschossen.

Thomas Mann war in Amerika, ihm drohte nicht der Tod, weil er Radioansprachen an das deutsche Volk hielt, er war in Sicherheit. Als der Nobelpreisträger im Februar 1939 in New York eintraf, erklärte er den Journalisten, wo er sei, da sei auch Deutschland, er trage die deutsche Kultur in sich. Amerika war unverhofft um ein Land reicher geworden.

Millionen von Deutschen liefen den Nazis hinterher, sie traten in die Partei ein und machten sich bei der SA und SS, bei der Gestapo, bei Gericht und in dem großen Verwaltungsapparat für das Dritte Reich nützlich. Die Nazis verführen das deutsche Volk, dachte Thomas Mann und verließ seine Heimat, den Grund und Boden, den er nicht zusammenrollen und sich unter den Arm klemmen konnte. Stattdessen nahm er die deutsche Kultur mit. Diese Entführung in guter Absicht war eine Rettungsaktion für Deutschland, ein Versuch, das Gesicht der Nation vor der Welt zu wahren, die von Hitler in einen Krieg gerissen wurde. Die Nazis waren Deutsche, aber sie waren, und zwar nicht nur in den Augen von Thomas Mann, nicht mit Deutschland gleichzusetzen, sie waren nicht das ganze deutsche Volk, und wenn er auch nicht verhindern konnte, dass sie Beethoven spielten und Goethe zitierten, so war er doch ein Deutscher, der die ganzen Ausmaße der deutschen Kultur kannte, ihre Abgründe, den »Teufels-Pakt«, wie er sagte, die »tief-altdeutsche Versuchung«, weil »alles« auch in ihm war, weil er »alles am eigenen Leib erfahren« hatte, klassische Humanität, romantische Weltenflucht, Dämonie des Wertezerfalls. In dieses Bekenntnis, in diese Beschwörung einer kulturpsychologischen Symbiose von Mensch, Volk, Kultur legte ein Deutscher, der im Krieg amerikanischer Staatsbürger geworden war, das Unterpfand für eine demokratische deutsche Zukunft. Was ihm gelungen war, als er sich durch Hitler zum Demokraten läuterte, das konnte nach Hitlers Niederlage auch dem deutschen Volk gelingen. Als der Krieg zu Ende war, kehrte

Thomas Mann aber nicht nach Deutschland zurück, weder nach Lübeck, wo er geboren worden war, noch nach München, wo er gewohnt hatte, sondern er ging, 1952, in die Schweiz, die ihn schon 1933 aufgenommen hatte.

Wer von den Flüchtlingen, die nicht im Widerstand waren, nach 1945 zurückkam mit moralisch reiner Weste und in Deutschland bleiben wollte, der begann mit den Deutschen kein Gespräch über das Dritte Reich, die Karten waren verteilt, er hätte seine Unschuld vor denen nicht bekennen wollen, die unter Hitler gelebt hatten, mochten sie auch zur inneren Emigration gehören, wie der katholische Schriftsteller Reinhold Schneider, der 1945 wegen Hochverrats angeklagt wurde. Die meisten erwachsenen Deutschen waren Parteimitglieder, Mitläufer, überzeugte Nazis, Soldaten der Wehrmacht und Kriegsgefangene gewesen. Nach der Kapitulation bildeten sie eine Gemeinschaft, die durch Hitler, die Verfolgung und Ermordung der Juden und den Krieg geformt wurde, sie teilten Ansichten und Erfahrungen. Wer nicht in der Diktatur gelebt hatte, wer nicht Soldat gewesen war, der gehörte nicht dazu. Er litt ja nicht einmal unter der Niederlage. Die tausendjährige deutsche Geschichte war hinter Schuld und Verbrechen des Dritten Reiches verschwunden. Was sich privat verdrängen ließ, konnte öffentlich nicht revidiert und vergessen werden. Die Deutschen klagten leise, erst sei Hitler gekommen, dann die Bomben der Alliierten und schließlich die Siegerjustiz. Kein lautes Wort fiel über die Heimat. Um sie herum, wie um ein Grab, standen die Deutschen, die sich von der Welt unverstanden und missverstanden fühlten, und schwiegen. Jahre, Jahrzehnte mochten vergehen, bis die Heimat wieder auferstand und nicht gleich Hitler mit auftauchte, wenn von ihr die Rede war, oder der Heimatschutz.

Als mein Vater nach Deutschland ging, musste er lernen, dass zurückzukehren nicht bedeutete, einer von ihnen zu werden.

Er stand vor alten Gasthäusern, Zum weißen Schwan, Zur alten Post, Zur deutschen Eiche, trat ein und setzte sich an einen Tisch abseits der anderen, er wollte nicht riskieren, dass sie ihn bei Wein und Bier fragten, wo er im Krieg gewesen war. Er hörte ihren Gesprächen zu, er wollte herausfinden, worüber sie sich unterhielten, wenn sie unter sich waren, Männer, nicht nur in seinem Alter, Einheimische, Reisende. Sie hatten einen neuen alten Feind, den Russen, die Sowjets. Deutschland war in Ost und West geteilt. Das war die nationale Wunde, die blutete. Irgendwann fiel der Satz, wenn wir den Krieg gewonnen hätten, wäre es nicht so weit gekommen. Die Deutschen, denen er Vertrauen schenkte, waren Priester und konservative Politiker. Ihre Aufgabe bestand darin, den Glauben an höhere und tiefere Zusammenhänge wachzuhalten. Die Priester waren Gott verpflichtet, nicht der Endlichkeit, die auch das Dritte Reich eingeholt hatte. Die Politiker versuchten, Deutschland über den Abgrund von zwölf Jahren Diktatur und Krieg hinweg an seine reiche Geschichte zu binden. Konservativ zu sein bedeutete, das Gefühl für die deutsche Heimat vor deren Auslöschung durch den Nationalsozialismus zu bewahren. Beides gehörte zusammen und über beides ließ sich nur schwer reden, und wer es versuchte, stand vor der Frage, wie Hitler möglich gewesen war, ob in dem Gefühl für die Heimat etwas steckte, das den Wahn ausgelöst hatte, der ja nicht vom Himmel gefallen war, er war in Deutschland entstanden und hatte sich hier ausgebreitet.

Mein Vater fuhr über die Dörfer und suchte seine Verwandten auf. Sie saßen am Tisch, beteten und aßen die Speisen und tranken den Wein der Region, das, was der Boden den Menschen gab, dachte er, und er ließ sich erzählen, was sie unter den Nazis erlebt hatten, und alle waren sich einig, dass Hitler ein Verbrecher war und die Nazis eine Verbrecherbande und das Dritte Reich ein Verbrecherstaat. Wo es Verbrecher gab, musste es auch Opfer geben, denen die Verbrechen angetan wurden, die ihre Unschuld durch die Verbrecher verloren, und das musste keiner sagen, es lag auf der Hand, dass sie die Deutschen meinten, das deutsche Volk, und sie dachten an die Nachbarn und an die Bauern der Umgebung, die sie gut kannten und die keine Nazis gewesen waren. Das deutsche Volk, das waren Millionen, als wären sie alle für Hitler gewesen, sie schüttelten die Köpfe. Sie sprachen von den Jahrzehnten vor 1933, sahen sich Fotografien der Familie an, erzählten, was wem zugestoßen, wie es dem und jenem ergangen war, die Alten auf den Fotografien waren tot, die Zeit war über sie hinweggegangen, wie sie auch über die Runde der hier Versammelten hinweggehen würde, und als wollten sie die Zeit aufhalten, begannen sie Lieder zu singen, Volkslieder, die sie auswendig wussten und die einer am Klavier begleitete. Die Dinge, die das Zimmer füllten, waren schwer, die Teppiche, die Möbel, das Besteck, das Tischtuch, als würden auch sie sich gegen den Lauf der Zeit zur Wehr setzen. Auf der Veranda wuchs wilder Wein. Im Garten standen alte Obstbäume. Der Sonntag ging dahin. Gegen Abend fuhr er ab. Er fühlte sich erfüllt von Nähe, Zugehörigkeit.

Ein andermal saß er unter einem großen alten Baum, der mitten in einem Hof stand, und hörte einem alten Mann zu. Hühner liefen herum. Es war um die Mittagszeit. Die Sonne lag im Hof. Wenn nicht die Linde gewesen wäre, hätten sie sich an die kühle Hauswand gesetzt. Der Mann war Bauer, Regen und Wind gewohnt und auch, dass ihm der Schweiß von der Stirn lief. Er trug einen Strohhut auf dem Kopf, den er nicht absetzte, als sie sich im Schatten der Linde auf Stühlen niederließen. Ob er Hunger habe, er könne ihm nicht viel anbieten, aber Eier und Brot seien da, und er rief seine Frau, und wenig später standen ein Korb mit Brot auf dem Tisch und eine schwarze Pfanne mit Spiegeleiern. Dem Bauern fehlte an einer Hand ein Finger. Er saß breitbeinig auf dem Stuhl und stützte die Hände auf die Knie, und das sah so aus, als würde sein dicker Bauch von zwei Säulen flankiert. Die Gebäude waren heruntergekommen, ein Schuppen, ein Stall ohne Tiere, der Bauer war zu alt, um noch Tiere zu halten, ein Wohnhaus, der einzige Sohn im Krieg gefallen, in Russland, und dann kam kein Wort mehr über den Krieg und Hitler, es lohnte nicht. Die Erinnerung an Verwandte rückte sie zusammen. Das Kuppeldach der Linde wäre nicht nötig gewesen, um zu zeigen, dass die beiden sich in der Gegenwart des anderen wohlfühlten. Mit dem grünen Himmel über ihnen sahen sie aus wie ein Paar. Rechtzeitig, bevor die Erkenntnis sich zwischen sie setzte, dass sie sich nicht mehr viel zu sagen haben würden, reichten sie einander die Hand und wünschten ein gutes Leben. Und der Gast verließ den Schatten der Linde und trug eine geglückte Stunde mit davon.

In der südlichen Region Deutschlands hat das Holz der Sommerlinde zwischen 1470 und 1530, zur Zeit Dürers und Luthers, eine besondere Rolle gespielt, weil es sich gut zum Schnitzen eignete. In einem Dorf, in einer Stadt, auf einer Wiese steht eine Kirche, und in der Kirche ein Altar, davor Gläubige und Touristen, und er, mein Vater, unter ihnen, mit seinem Gefühl für Heimat, Eindrücke sammelnd, die Landschaften mit Dörfern, Kirchen und Klöstern auf ihn machten, ohne einen Führer mit den Sehenswürdigkeiten durch die Region ziehend, ohne Prospekte, in denen er hätte nachlesen können, wann und wie entstanden war, was er sah. Seine geschichtlichen Grundkenntnisse reichten aus, um sich zurechtzufinden. Und besser war es immer, einer stand nicht wie ein ungläubiger Tourist in einer Kirche, sondern als Katholik oder als Protestant, als einer, der noch glaubte. Der Glaube schuf die Verbindungen, er war das Fundament, über das keine Verständigung nötig war.

Ein Priester kam und sagte, dass die Kirche eine besonders

schöne Kirche sei, was nicht sehr originell war, aber für den Anfang eines Gesprächs taugte und es stimmte auch, sie war alt und gut erhalten. Wem, wenn nicht einem Priester, der auf einen zukam, konnte er erzählen, dass er eine Rundreise durch die Heimat machte. Das Wort sprach sich ganz einfach aus, als gehörte es hierher, es hatte etwas mit Geburt zu tun, dass einer auf die Welt kam, ein Geschöpf, eine Seele, ein Geist, was sich nicht erklären ließ, und ein Priester hatte Verständnis für solche mystischen Vorgänge, zu glauben bedeutete ja, an etwas glauben, das sich nicht sehen und fassen ließ, aber da, anwesend war. Er sei in dieser Region geboren und lange nicht da gewesen, Verwandte habe er in der Nähe, und der Priester lächelte und sagte, es sei eine schöne Gegend, sie sei vom Krieg und von den Bomben verschont geblieben, weiter weg sei viel zerstört worden, viel Leid wäre auf die Menschen gekommen, es sei eine Strafe gewesen für die Schuld, die sie auf sich geladen hätten. Da stockte er, als hätte er sich versprochen, und sagte, er wolle nicht missverstanden werden, aber die Not sei groß gewesen, und die beiden waren sich einig, dass ein guter Katholik gewusst habe, was zu tun sei. Mehr und Genaueres sagten sie nicht, sie wussten, der Glaube gab Kraft und Hoffnung, die Kirche war ein Zufluchtsort, die Zeit würde die Wunden heilen. Manchmal war es besser, nicht über alles zu reden. Auch das gehörte zur Heimat, dass es Einigkeit gab ohne Diskussion, Verständnis, ohne dass alles offengelegt werden musste. Wo ein Boden fruchtbar war, konnte über die Vergangenheit Gras wachsen.

Es kämen noch viele Menschen zum Gottesdienst, sagte der Priester, sonntags zum Hochamt sei die Kirche voll, und das sei schön, dass sie den Glauben in der schweren Zeit und durch das, was sie erfahren mussten, nicht verloren haben. Die Alten blieben sich treu. Mit den jungen Menschen sei es nicht leicht. Er überlegte, ob und wie er erklären könne, was er meinte, sagte aber nur, das sei die moderne Zeit, der Einfluss Amerikas, und schwieg, als hab das Wort Amerika in der Kirche nicht fallen dürfen. Mein Vater sah den Hochaltar der ehemaligen Abteikirche St. Johannes der Täufer im Kloster Blaubeuren und den Heilig-Blut-Altar der Stadtpfarrkirche St. Jakob in Rothenburg ob der Tauber, er stand in Creglingen im Taubertal vor dem Fronleichnams-Altar der Herrgottskirche und in Schwabach bei Nürnberg vor dem Hochalter der Stadtkirche St. Johannes der Täufer und St. Martin, er bewunderte den Hochaltar der Kapelle des Heiligen Franz Xaver in Bieselbach in der Gemeinde Horgau bei Augsburg und den Hochaltar der Stadtpfarrkirche St. Georg in Nördlingen. Die Liste ließe sich verlängern, aber darum ging es ihm nicht, dass er alles sah, was sehenswürdig war. Creglingen, sagte er, Blaubeuren, die Tauber.

Im Laufe der Jahre in Argentinien hatten sich Bilder, Geschichten, Namen und Daten angehäuft, die sich zu einer Art Plan auslegten, was er sich anschauen wollte, eine Reiseroute, dahin und dorthin, ohne hilfreiche kunstgeschichtliche Literatur. Er ging auf Exkursion und hatte sich vorher nicht schlaugemacht, einfach aufbrechen, dachte er und steckte sich keine Karte ins Gepäck, auf der die deutschen Schnitzaltäre der Spätgotik verzeichnet waren, die es lohnte sich anzuschauen. Die Ahnung reichte, um die Gegenwart zu beleben, Tilman Riemenschneider zum Beispiel, dessen Figuren wollte er sehen. Einen anderen zog es zu Cezanne hin, in die Provence, da war etwas in ihm, das ihn lockte, ungeklärten Ursprungs, und er fuhr hin, um da zu sein und auch anders und mehr da zu sein als sonst. Und mein Vater wollte eben zu den Holzschnitzern gehen. Das war eine vor Jahren unter der Hand ausgemachte Sache, eine Abbildung, ein Wunsch und eine Art Versprechen ohne Worte, dass er sich diesen Wunsch erfüllen werde, weil er fühlte, dass dort etwas war, das ihm entsprach. Wenn es so wichtig war, musste er es mit eigenen Augen sehen.

Heinrich Wölfflin veröffentlichte 1931 ein Buch über *Die Kunst der Renaissance. Italien und das deutsche Formgefühl*, das von den Unterschieden zwischen der deutschen und der italienischen Architektur und Malerei handelte. Die Künstler beider Länder würden sich entweder in einer typisch deutschen oder in einer typisch italienischen Formensprache ausdrücken, die aus dem Boden eines »volksmäßigen Formgefühls«, ja, Wölfflin grub noch einige Schichten tiefer, aus dem »heimatlichen Erdreich« erwuchsen. »Der Begriff Italien ist keine konstante Größe und der Begriff Deutschland ist es noch weniger«, schrieb er mit Blick auf die Geschichte der beiden Länder und auf die Zusammenhänge der europäischen Kunstentwicklung, »und dennoch gibt es etwas, was als durchgehendes, nationales Formgefühl bezeichnet werden kann. Wir haben uns allzusehr daran gewöhnt, die Kunstgeschichte in einer Folge von in sich geschlossenen Stilen aufgehen zu lassen, wodurch sich die Vorstellung einschleichen konnte, als beginne mit jedem Stil wieder etwas ganz Neues. Aber es bedarf nur einer kurzen Überlegung, um sich klarzumachen, daß in den verschiedenen Stilen eines Landes doch ein gemeinsames Element steckt, das vom Boden stammt, von der Rasse, so daß der italienische Barock z. B. eben nicht nur etwas anderes ist als die italienische Renaissance, sondern auch ein gleiches, weil hinter beiden Stilen der italienische Mensch steckt als Rassentypus, der sich nur langsam wandelt.«

Rasse war nicht Blut und Vererbung, sie war ein Gewächs des Bodens, von Klima, Geographie, Kultur, Sitte und Brauch geprägt. Wie der künstlerische Stil so ließe sich auch das Heimatgefühl mit dem Boden, durch die Zugehörigkeit zu einem »Rassentypus« erklären. Ein Deutscher war ein Deutscher und fühlte sich in Deutschland heimisch, weil er auf deutschem Boden, und das heißt unter bestimmten klimatischen und kulturellen Bedingungen groß wurde, ebenso wie aus den gleichen

Gründen ein Italiener ein Italiener war und sich in Italien Zuhause fühlte. Die Verbindungen zur Heimat waren unauflöslich, und ein gebürtiger Deutscher, der als Erwachsener nach Italien ging, wurde kein bodenstämmiger Italiener und aus einem gebürtigen Italiener, der in der Mitte seines Lebens nach Deutschland ging, wurde kein bodenstämmiger Deutscher. Wenn einer vor dem Isenheimer Altar stand und es überwältigte ihn ein Gefühl von Nähe und Affinität, dann durchströmte ihn offenbar nicht nur eine Wärme, die aus dem Staunen und der Bewunderung für die Kunstfertigkeit Grünewalds kam, sondern auch die Ahnung einer tiefer reichenden Gemeinsamkeit, die aus dem »heimischen Erdreich« erwuchs. Ein Deutscher erkannte sich in der deutschen Kunst als Deutscher wieder, sie weckte oder bestärkte in ihm das Gefühl, ein Deutscher zu sein, und nicht anders erging es Italienern, Spaniern und Engländern vor ihren heimischen Kunstwerken, solange die Erde, auf der sie lebten, national parzelliert war, die Kultur und Lebensweise der einen, sich von der Kultur und Lebensweise der anderen unterschieden. Stellte sich aber, umgekehrt, bei einem Deutschen vor dem Isenheimer Altar kein besonderes Gefühl mehr ein, dann hatte er offenbar den nationalen Boden unter den Füßen und die Heimat verloren, wie sie noch Wölfflin meinte gekannt zu haben.

Die Macht einer globalisierten Kultur, die Brüche mit der Tradition, der Wandel der Künste, der Verlust von Bindungen hatten die Differenzen zwischen den westlichen Ländern eingeebnet und den »Rassentypus« schneller und grundlegender verändert, als Wölfflin voraussehen konnte. Wenn seine Unterscheidung zwischen italienischer und deutscher Kunst nicht nur ein seiner Zeit geschuldetes Konstrukt war, nicht nur ein Bau der großen Wörter, sondern aus der Beobachtung und Analyse des Gefühls, des Eindrucks entstanden war, den die Kunstwerke auf ihn machten, dann hatte er 1931, zwei Jahren bevor der deutsche Rassenwahn die Staatsmacht ergriff, den Bodentest bestanden, dann gab es für ihn noch eine eindeutige, in der Seele erfahrene deutsche Heimat. Für all jene, die dieses Gefühl und diesen Eindruck der Bodenständigkeit nicht kannten und wie Touristen vor einem Gemälde Altdorfers oder vor dem Bamberger Reiter standen und nur Langeweile empfanden oder nur ein bildungsbürgerliches Interesse spürten, fühlte sich ab 1933 eine Kulturpolitik verantwortlich, der es nicht egal war, ob deutsch zu sein mehr war als eine Frage der Staatszugehörigkeit. Heimat sollte als affektive Klammer einer Gemeinschaft funktionieren, die lernte, sich vor allem durch die Rasse zu definieren, eine Art kultureller und landschaftlicher Spiegel für das Gefühl, ein Deutscher zu sein.

Der Kunsthistoriker Wilhelm Pinder hat sich mit der Reihe *Die Blauen Bücher* darum bemüht, den Deutschen auf einfache Weise die deutsche Kunst nahezubringen, als wollte er ihnen sagen, sie gehört zu euch, weil sie so ist wie ihr und ihr so seid wie sie, ein Teil eurer Seele, so wie auch ihr ein Teil ihrer Seele seid, ein großes verbindendes Gefühl. Die Reihe erschien seit Beginn des 20. Jahrhunderts und war bis in die Sechzigerjahre populär. Die Bände brauchten wenig Text und viele Abbildungen, sie bewahrten die Schätze des alten Deutschland wie in einem Bestandskatalog. Jeder Deutsche, der nicht durch die Gegend fahren und die Kunstwerke vor Ort aufsuchen konnte, sollte die Möglichkeit bekommen, sie sich zu Hause anzusehen und dadurch eine Ahnung vom künstlerischen Reichtum seines Landes und dessen ästhetischer Besonderheit gewinnen. Wilhelm Pinder lag das Deutsche in rassischer Reinheit und kultureller Blüte so sehr am Herzen, dass er am 11. November 1933 in Leipzig, als die »nationalsozialistische Revolution« gefeiert wurde und Professoren deutscher Universitäten und Hochschulen ihr Bekenntnis zu Hitler ablegten, eine Rede auf den Führer ins neue Reich hielt.

Der Holzschnitzer Tilman Riemenschneider, dem auch ein Band der Blauen Bücher gewidmet worden war, lernte in Straßburg und Ulm sein Handwerk und ließ sich darauf in Würzburg nieder, wo er zu Ansehen und Reichtum gelangte und sogar Ratsherr und Bürgermeister wurde. Als der Bauernkrieg ausbrach, stand er auf der Seite der Würzburger, die sich mit den Aufständischen verbündeten und den Fürstbischof der Stadt, den sie davonjagen wollten, in der Würzburger Festung Marienberg belagerten. Die armen Leute hatten kein Glück, die Bauern wurden am 4. Juni vernichtend geschlagen, ein Blutbad voller Qualen, ein Rinnsal in der schmerzensreichen Geschichte der Macht. Riemenschneider wurde eingekerkert und in der Gefangenschaft misshandelt, ein großer Teil seines Vermögens von den Siegern eingezogen. Als er wieder auf freien Fuß kam, scheute er das Tageslicht und verkroch sich ins gesellschaftliche Abseits, wo er 1531 starb. Von ihm stammten der Marien-Altar in Creglingen und der Heilig-Blut-Altar in Rothenburg ob der Tauber.

Im Jahr 1936 erschien in Deutschland, wo der Glaube an ein verheißungsvolles drittes Reich wütete, über den Holzschnitzer ein Roman, der den Titel *Dill Riemenschneider* trug und von dem katholischen Schriftsteller, Reformpädagogen und Abgeordneten der Christlich-Sozialen Partei Leo Weismantel stammte. Wer das literarisch wenig ambitionierte Buch las, der gewann ein lebhaftes Bild von dem Würzburger Künstler und seiner Zeit, so wie all jene, die Goethes Übersetzung der Autobiographie des Benvenuto Cellini lasen, eine deutliche Vorstellung davon bekamen, wie es in Florenz im 16. Jahrhundert zuging, und Schüler, lesende Arbeiter und bildungshungrige Angestellte, die Schillers Dramen und historische Schriften langsam verschlangen, mit dem Abfall der Niederlande vom katholischen spanischen Reich und mit dem Schlachtenlärm des Dreißigjährigen Krieges, mit Wallenstein und Don Carlos vertraut wurden. Mein Vater, als er noch zur Schule ging, war einer von ihnen, und er hat auch Leo Weismantels historische Romane über Riemenschneider, über den Bildschnitzer Veit Stoß und die Maler Grünewald und Dürer gelesen. Die Kultur der Heimat lernte nur der kennen, der darüber las und sich ansah, was sie zu bieten hatte. »O Gott, wie sind deutsche Lande so schön!«, schrieb der zweiundzwanzigjährige Schweizer Historiker und Kunsthistoriker Jacob Burckhardt in einem Brief vom 15. April 1841, als er auf einer Kunstreise durch Deutschland war.

Die Anmerkungen, die Weismantel an den Schluss seiner Romane stellte, sollten dem Leser zeigen, dass er sich auf wissenschaftlich sicherem Boden bewegte. Der Autor, hieß das, habe sich alle Mühe gegeben, der Wirklichkeit zu folgen, und wenn auch, was im Roman geschah, nicht in allen Einzelheiten genau so vorgefallen war, entspreche es doch im Großen und Ganzen der dokumentierten Realität, der Leser möge ihm vertrauen, der Idee und dem Gefühl nach und nach bestem Wissen und Forschen sei die Geschichte so gewesen, wie er sie erzähle. Ohne ein kunstgeschichtliches Werk zu konsultieren oder Kunstwerke auf epochale Unterschiede hin vergleichen zu müssen, was eine lehrreiche, aber mühselige Arbeit ist, gewann mein Vater dank dieser unterhaltsamen Romane eine Vorstellung vom mittelalterlichen Leben, von den stilistischen Grenzen der Spätgotik und den Ideen der Renaissance, die vor allem von Albrecht Dürer in den deutschen Landen verbreitet worden waren. Der Künstler wurde zu einer Romanfigur, ein jugendlicher Held, der etwas aus sich zu machen versuchte, gegen widrige Umstände kämpfte und, wenn er Glück hatte, Freunde und Förderer fand. Da stand er, redete und lachte, grübelte, quälte sich und litt, sah den Frauen nach, verlor sein Herz und arbeitete, im Grunde einer wie alle, nicht so schwer zu verstehen, wenn auch aus ihm etwas Besonderes wurde. Dürer, der

Name hörte sich nach wenigen Seiten vertraut und intim an, ein sympathischer junger Mann aus dem Mittelalter, mit guten Fähigkeiten und Ambitionen. Das Dürer-Buch von Heinrich Wölfflin und das große, in Amerika entstandene Dürer-Buch von Erwin Panofsky sahen neben Weismanntels Dürer aus wie zwei Bibliotheksgespenster, blass, dick, gelehrt, auch wenn sie nicht nur für ein geduldiges Fachpublikum geschrieben waren, das sich mit Analyse, Kontext und Kritik zufriedengab und auf Gefühl, Gespräch und Handlung verzichten konnte. Wer die deutsche Heimat in Gedanken rasch bevölkern und beleben wollte, ihre Geschichte, Kultur und Kunst, dem kamen solche historischen Romane, in denen wieder der Mensch das Maß aller Dinge war, gerade recht.

Dürer war in den Jahren 1494 und 1505 nach Italien gereist, um die, wie es damals hieß, welsche Kunst kennenzulernen. Er wollte sehen, was die Maler in Italien machten, und lernen, wie sie es machten. Als er nach Nürnberg zurückkam, brachte er neue Erkenntnisse über die Landschaftsmalerei, über den Gebrauch des Kolorits und über die Perspektive mit. In Weismantels Roman trieb den wissbegierigen Dürer die Not aus dem Land, dass er in Nürnberg keine weiblichen Nacktmodelle zum Studium des menschlichen Körpers fand. Er stand vor einem künstlerischen Problem, und um es zu lösen, brauchte er junge Frauen, die mutig genug waren, sich auszuziehen und sich vor ihn hinzustellen, damit er sich in aller Ruhe anschauen konnte, wie sie gebaut waren. Wenn er eine Maria malen wollte, musste er eine Ahnung davon haben, wie es unter ihrem Gewand aussah. Dürer war nicht der Einzige, der seine Neugier befriedigen wollte, auch die jugendlichen Leser, die nie zu einem Zeichenstift griffen und sich um die Gesetze der Anatomie nicht kümmerten, erregte die Vorstellung von einer jungen nackten Frau, die vor ihren Augen stand und die Blicke stumm ertrug, die über ihren Körper wanderten. Mein Vater konnte verstehen, dass Dürer der Kopf schwirrte, als er erfuhr, dass die italienischen Künstler nur deswegen so viel besser als er über den Körperbau Bescheid wussten, weil sie keine Probleme damit hatten, Frauen zu finden, die ihnen nackt Modell standen.

Vor dem Hochaltar der Stadtkirche St. Georg in Nördlingen fiel ihm die Geschichte von der Entstehung der Altarskulpturen ein, die Weismantel in seinem Roman über Veit Stoß erzählte. Der Nürnberger Meister Simon Leinberger, bei dem der junge Veit Stoß in die Lehre ging, hatte den Gesellen auf den Bildschnitzer Niclas Gerhaert van Leyden in Straßburg aufmerksam gemacht, er solle ihn auf seiner Wanderschaft besuchen, hatte Leinberger ihm geraten, und sich die Figuren anschauen, die Gerhaert schnitze, weil sie von einer erstaunlichen, bewundernswerten Lebensnähe seien. Wenn er, fuhr er fort, von der Wanderschaft nach Nürnberg zurückkehre, möge er einen Abstecher nach Nördlingen machen und in die Stadtpfarrkirche St. Georg gehen, dort werde er dann Skulpturen von einer ebenso großen Lebendigkeit bewundern können, die sein Meister für den Altar zu schnitzen den Auftrag habe. Der junge Veit Stoß versprach zu tun, was ihm beim Abschied ans Herz gelegt worden war, und verließ Nürnberg. Leo Weismantel schickte Simon Leinberger an die Arbeit, damit der Holzschnitzer rechtzeitig mit den Figuren fertig würde, von denen manche Kunsthistoriker schon damals behaupteten, dass Niclas Gerhaert van Leyden sie geschnitzt habe. Weismantel ließ sich von diesen Ansichten nicht beirren, er hielt daran fest, dass Simon Leinberger ihr Urheber sei. Erst Jahrzehnte später, als Kunsthistoriker und Restauratoren sich daranmachten, Werke von Gerhaert für eine Ausstellung zusammenzustellen, die in Frankfurt am Main gezeigt werden sollte, wurden dem Meister aus Straßburg die Altarfiguren in Nördlingen endgültig zugesprochen. Da waren die Romane von Weismantel längt vergessen.

Dass ein Geselle auf Wanderschaft ging, leuchtete meinem

Vater ein. Jeder sollte etwas von der Welt gesehen haben, bevor er sich an einem Ort niederließ. Er selbst ist Anfang der Fünfzigerjahre durch die Vereinigten Staaten gereist, von der Ostküste zur Westküste und in einem großen Bogen wieder zurück, von New York nach San Francisco, durch zahlreiche Bundesstaaten, Tausende von Kilometer, allein, im Auto, über Wochen, und hat sich Städte, Siedlungen, Farmen und Baustellen angeschaut, wie Menschen lebten und arbeiteten. Das war die neue Welt. Er ist also nicht vor der großen Welt in die Heimat geflüchtet oder aus der Heimat, wie aus einem Nest, nicht herausgekommen, weil er sich woanders nicht zurechtgefunden hätte oder weil er sich für nichts anderes als für das, was direkt vor der Haustür lag, interessiert hätte. Sein Vater Albert hat ihn nicht nach draußen in die Welt gedrängt, das kam von allein, es war seine eigene Entscheidung gewesen. Er hat sich nicht daheim vergraben und ist deswegen auch nie zu einem lauten Heimatverbundenen geworden, einem, der umso mehr von der Heimat sprach, je unbekannter ihm die Welt war, je weniger er von ihr wissen wollte. Wer Angst davor hatte oder unfähig und nicht willens war, sich woanders umzuschauen, der tat alles, um die Heimat nicht zu verlieren, der hob sie über die Zumutungen der Wirklichkeit empor, damit ihr nichts passierte, damit sie geschützt sei vor dem Neuen, Fremden, der sah nur Bedrohungen, wenn es um Veränderungen ging, der klammerte sich fest an etwas, das dem Wandel unterlag, der klagte sein Recht ein, zu beharren auf dem, wie es jetzt war, und blieb dann zurück.

Die Zeit stand nicht still, Deutschland nach 1933 war nicht Deutschland vor 1933, das alte Reich war untergegangen, und in den Schulen wurde kein Griechisch und Latein mehr gelehrt und die Frauen gingen arbeiten und die Kinder zogen durch die Welt, um ihren Weg zu finden, und sie waren auf dem richtigen Weg, wenn sie lernten, mit anderen zu teilen, statt nur von ihnen zu nehmen, zu verstehen statt zu erobern, Demut und

Erfahrung, Nächstenliebe und Fürsorge, hilfreich und gut, und er stand da, den Kopf leicht nach vorne gebeugt, und die ausgestreckte Hand wippte im Takt von Beethovens Pastorale auf und ab und er sagte: Tack, tack, tack.

Durch Italien, von Mailand bis nach Neapel, ist er nie gefahren, er sah sich Rom und Florenz an, aber er machte keine Italienreise im klassischen Sinne, er wurde nicht getrieben von der deutschen Sehnsucht nach dem Süden, wie Goethe und Karl Phillip Moritz. Er hätte sich ja Goethes *Italienische Reise* nehmen und ihm bis nach Sizilien folgen können, lesend, vergleichend, um den Blick zu schärfen, die Distanz zu sehen. Ein solches Unternehmen lag im Radius bürgerlicher Kultur, ebenso wie die Erkenntnis, dass Heimat ohne Tradition nicht zu haben war, ohne Wissen und Augenschein, ohne die freudvollen Mühen der Aneignung. Als er in den Sechzigerjahren nach Deutschland kam, kannte er Südamerika und Nordamerika, einen ganzen Kontinent. Durch Europa fuhr er nicht kreuz und quer, weder durch Schweden, Dänemark, Spanien, Portugal noch durch Griechenland, aber er machte kleine Abstecher nach Frankreich und England, ansonsten reiste er nur durch die heimatliche deutsche Provinz. Er kam beruflich nach Afrika, Asien und Australien. Dem Kind deutscher Auswanderer war das Reisen durch die Welt nichts Ungewöhnliches. Auch Alexander von Humboldt und Charles Darwin, sagte er, seien über die Meere in andere Länder gefahren.

Vor dem Fronleichnams-Altar in der Herrgottskirche in Creglingen, vor dem Heilig-Blut-Altar in der Stadtpfarrkirche St. Jakob in Rothenburg ob der Tauber konnte einem das Herz aufgehen, und wenn einer mit empfänglichem Herzen davorstünde und dächte: Heilige Mutter Gottes Maria, dann war es nicht ausgeschlossen, dass er vor sich hinspräche: Gegrüßet seiest Du Maria voll der Gnade. Der Herr ist mit Dir. Du bist gebenedeit unter den Weibern. Und gebenedeit ist die Frucht

Deines Leibes: Jesus. Heilige Maria, Mutter Gottes, bitte für uns Sünder jetzt und in der Stunde unseres Todes. Amen.

So einen, der das Gebet kannte, mochte es noch geben, er musste nicht lange nachdenken, die Wörter fielen ihm zu, er hat das Gebet als Kind gelernt, er musste es aufsagen, bevor er ins Bett ging, und als Sühne für die Sünden, die er beging, wenn er Schlechtes dachte und tat, Schimpfwörter sagte, fluchte, sich nicht benahm. Das Kind verstand nicht alles, was es betete, es konnte sich unter einem gebenedeiten Leib nichts vorstellen, unter der Frucht eines Leibes. Es hatte Frauen mit dem Rosenkranz in der Kirche knien gesehen, die das Gebet leise wiederholten, als wollten sie sich in den Schlaf wiegen. Auch die Mutter hatte das Gebet immer wieder gebetet, in der Kirche und zu Hause.

Die Holzfiguren weckten Erinnerungen, die über die Kindheit hinausreichten und den Betrachter mit Deutschland, wie er es sich vorstellte und ausmalte, und mit der deutschen Vergangenheit, wie er sie kannte, verbanden. Wenn da nichts gewesen wäre, keine Idee, keine Geschichte, kein Gefühl, keine Suche, in die diese Figuren eingebettet wurden, dann wären sie alleine geblieben, künstliche Gewächse aus Holz, Handarbeit, die einer bewundern konnte, weil er zu dieser Meisterschaft nicht in der Lage war, über die er staunte, weil sie ihm nichts sagten, die ihn nicht berührten, nicht bewegten, zu nichts aufforderten, kein Wort kam von ihnen zu ihm. So aber, mit ein wenig Wissen und religiösem Gefühl, mit forschendem Blick und Gedanken und Erinnerungen, die hin und her liefen zwischen einst und jetzt, mit geübtem Sinn, fühlte er sich in den Formen und Geschichten, die sie darstellten, aufgehoben, wie ein Erwachsener, dem ein Bilderbuch aus seiner Kindheit in die Hände fiel, sich in dessen Abbildungen zuhause fühlte, oder beim Betrachten eines Spielzeuges, mit dem er als Kind Stunden verbracht hatte.

Der britische Kunsthistoriker Michael Baxandall hat in einem Buch über die Kunst der Bildschnitzer darauf hingewiesen, dass der Gebrauch der alten schnörkelreichen Schrift, der Fraktur, die ständig zwischen breiten und zarten Linien wechselte, das Auge der Zeitgenossen für den, wie er es nannte, floriden, das heißt an Zierformen reichen Stil der Bildschnitzwerke empfänglich machte. Auch das Auge folgt seinen Gewohnheiten, wie Handgriffe, die von den Wiederholungen eingeübt worden sind, es wird vor allem zu Erscheinungen hingezogen, die es schon einmal gesehen hat, die ihm bekannt sind und sich deswegen schneller identifizieren und aneignen lassen als unbekannte und verwirrende. Der Blick erfasst zuerst, was den Bildern, die im Gedächtnis gespeichert sind, entspricht oder ihnen nahekommt, er ordnet die Unordnung nach bekannten Formen, er sucht im Fremden nur das schon Erfahrene. Kaum dass ein Kind ein Auge auf die Welt warf, begann sich sein Blick langsam zu verdüstern, es gab danach keinen im strikten Sinne offenen Blick mehr. Alles Gesehene drängte sich vor das zu Sehende. Die Welt, so groß und weit sie auch war, begann zusammenzuschnurren. Jede neue visuelle Erfahrung musste sich an den alten Erfahrungen vorbeidrängeln, die wie Zollbeamte am Grenzübergang standen und jeden Neuankömmling registrierten und begutachteten, und sich einen Platz im Innern erobern. Der Blick verstellte sich selbst den Blick. Nur wer vieles sah, was ihm neu war, wer die Grenzwächter überforderte, sie ablenkte, sie überrannte, konnte damit rechnen, dass sich sein Blick für Neues offenhielt, in dem Sinne, dass das Neue wie etwas Altes und Vertrautes erschien und ohne Abwehr, ohne Vorbehalte, Skepsis und Widerwillen aufgenommen wurde. Die Gewohnheiten verlassen hieß die Grenzen aufzumachen. Das Fremde wurde wie Bekanntes behandelt, im Vertrauen auf Ähnlichkeiten, und der Rest, der blieb, konnte so fremd nicht sein, da er jetzt zu einer Gleichung gehörte, die sich lösen ließ.

Die Analogie der Formen wirkte bei meinem Vater noch nach Hunderten von Jahren. Ihm war die Fraktur aus Kinderbüchern und durch die deutschen Klassiker nahe, keine Linie im Faltenwurf der Gewänder, in der Physiognomie und in der Körperhaltung der Figuren kam ihm jetzt überbordend oder überflüssig vor. Sie vereinten sich zu einem dynamischen Fluss, sie verwirrten nicht, sie wirkten beruhigend, wie in Bahnen gelenkt, von einem Kern angezogen, von zentralen Gedanken und Gefühlen gehalten. So sahen Menschen aus, die von etwas Außergewöhnlichem ergriffen wurden, das ihre Fassungskraft überstieg. Sie kamen in Bewegung, verloren die Starre des Alltäglichen, lösten sich auf in Schmerz, Erstaunen, Trauer, Glaube, oder sie kehrten in sich ein, wurden auf sich zurückgeworfen, Sünder, die sich in Demut üben mussten. Die Gesichter waren markant, wie von Einzelnen, die aus der Masse erhoben worden waren, damit sie von allen gesehen werden konnten, sofort erkannt würden, Individuen, die frei genug im Raum standen, um Verantwortung zu tragen. Und doch, als Gruppe betrachtet, als Komposition, machten sie den Eindruck, als hingen sie an Fäden, die Gott in der Hand hielt, Marionetten seines unerforschlichen Willens. Der Gläubige fühlte sich zu ihnen hingezogen, er wurde einer von ihnen, ein einfacher Mensch, der wusste, dass er in der christlichen Heilsgeschichte stand. Wenn ein Gläubiger eine Kirche betrat, überkam ihn die gleiche Empfindung von Freiheit und Gebundenheit, die von diesen Holzfiguren ausging. Alle Formen und Dinge, Fenster, Säulen, Altar, Empore, Kuppel, Rundbögen und Spitzbögen, Apsis und Tabernakel, fügten sich dem Sinn eines Ganzen, der sich nicht in den Einzelheiten erfüllte, sondern über sie hinauswies. Jede einfache Kirche in einem Dorf verband für einen Gläubigen, kaum dass sie vor ihm auftauchte, sinnfällig Himmel und Erde, die beiden Reiche, und sie musste dafür nicht groß sein wie ein Dom, der von der Macht der katholischen Kirche, des Papstes und der Bischöfe zeugte.

Wenn mein Vater alte Städte, Kunstwerke, Dörfer und Gebäude sah, Landschaften mit Wiesen, Feldern und Bäumen, Hügeln und Flüssen, dann tat sich hinter den Erscheinungen eine andere Welt auf, ein Zusammenhang. Nie waren die Dinge isoliert, nie standen sie nur für sich da, sie waren durch Form, Material, Farbe und Anordnung eingebunden in eine Harmonie und Ordnung, die er selbst erschuf, indem er sie dachte. Aus einem Wirrwarr von Strichen wurde ein Stadtplan, aus einer bestimmten Menge von Zahlen und Zeichen eine algebraische Gleichung, aus einer Geste ein Abschied, aus einem Laut ein Wort. Er rückte die Dinge zu einem Chor zusammen, und wenn er genau hinhörte, vernahm er einen Gesang, und wenn er genau hinsah, erkannte er ein Gesetz, das über den Dingen waltete und durch die Dinge sich erfüllte. Sein Gefühl von Heimat wurde bestimmt von dieser sinnlich erfahrenen und geistig vorausgesetzten Sinnfälligkeit der Welt, die ihm vor Augen lag und in der er ein Teil war. Wer nichts wahrnehmen und aufnehmen kann, der hat keine Heimat und wird nie eine finden, und wer nicht mehr wahrnehmen und aufnehmen möchte, der hat nur seine Heimat und wird keine neue finden.

Eine gerade Linie führte von dem Bauern, der unter der Linde im Hof saß, zu den Altären aus Lindenholz, gezogen von der Einfachheit, und es war in diesem Sinne besser, wenn die Holzarbeiten der Bildschnitzer nicht in Farbe gefasst waren, nicht in Gold, Blau, Rot, Weiß und Grau, wenn sie so blieben, wie die Natur sie gemacht hatte, ein Holz, ein Stamm, ohne jeden ins Auge springenden künstlichen Unterschied zwischen ihnen, ohne dass eine Figur hervorgehoben und eine andere zurückgesetzt wurde durch einen farblichen Reiz. Das nicht bemalte Holz symbolisierte die Hinfälligkeit und Gleichheit der Menschen vor Gott. Die individuellen Grenzen sollten vor allem durch die Bedeutung, die eine Figur im Rahmen der dargestellten Erzählung hatte, gezogen werden, nicht durch

Farbkontraste. Die Kenntnis der Bibel war die Voraussetzung dafür, zu verstehen, worum es in den Geschichten aus Holz ging, was der Engel sagte, als er Maria erschien, und was Elisabeth sagte, als Maria zu ihr ging. Wer die Bibel nicht kannte, der sah nur zwei Frauen und einen jungen Menschen mit Flügeln. Die Reformation im 16. Jahrhundert mochte die geistlichen Bilder und Skulpturen nicht, und die deutsche Bildschnitzkunst fand ein vorläufiges Ende. Wenn jeder die Bibel verstehen konnte, wie Luther sagte, dann war selbst ein Bild, eine Skulptur ein autoritärer, dogmatischer Fingerzeig. Vor den kahlen Wänden kehrte sich der Blick nach innen.

Die Geschichte der Linde aber brach nicht ab, sie reichte über die Altäre hinaus. Franz Schubert vertonte Wilhelm Müllers Gedichtzyklus *Die Winterreise*, zu dem das Lied vom Brunnen vor dem Tore, an dem ein Lindenbaum stand, gehört. Es ist traurig und erzählt davon, dass einer, der einmal dort war, wo es sich träumen ließ, im Schatten der Linde, am Brunnen vor dem Tore, weiterziehen musste, durch Nacht und Kälte, als ließe er das Leben hinter sich und fände kein Zuhause mehr und ginge dem Tod entgegen. Hans Castorp, der Held in Thomas Manns Bildungsroman *Der Zauberberg*, verliebte sich in das Lied, das in seinen Ohren zum Hohelied der Schwermut und der Todessehnsucht wurde, der romantischen, dem erfüllten Leben abgewandten Verführungskräfte, die ihn in einem Sanatorium in den Bergen gefangen nahmen und ihm den Weg zurück zu Aufgaben und Pflichten verstellten.

9

ROMANTISCHE BODENSTÄNDIGKEIT

Mein Vater verließ die Kirche und ging die Straße hinunter. In der Kirche war es kühl und schattig gewesen, draußen war es warm. Die Glocken schlugen vier Mal hell und kurz und sechs Mal lang und dunkel. Er sah sich vergeblich nach Schatten und einer Bank um. Das Dorf lag wie ausgestorben da. Durch die Wiesen lief ein Fluss, am anderen Ufer schienen kleine rote Dächer auf. Der Himmel und zwei, drei weiße Wolken schwammen im Wasser. Der Bauer unter der Linde würde bald sterben, er würde unter der Linde sitzen und einschlafen und nicht mehr aufwachen. Ein schöner Tod wäre das. Eine Herde von Kühen überquerte die Straße, sie wurde nach Hause, in den Stall getrieben. Ein Mann fuhr auf einem alten Fahrrad hinterher.

Die Natur war die Schale, die den Menschen umgab, das Gewand, das ihn einhüllte, und es merkte einer an Baum, Himmel, Horizont, wo er zu Hause war, oder er fühlte, dass er nicht dorthin gehörte, wo er gewesen war. Weinberge und Burgen, Klöster, Schlösser, Fachwerkhäuser, Linden und Eichen, Flüsse, Dörfer waren die Gastgeber, die sich als Verwandte entpuppten. Doch hier zu stehen und über den Fluss zu schauen konnte auch sterbenslangweilig sein, und der erste Gedanke war dann, wie es einem gelingen könnte, aus dieser Einöde so schnell wie möglich wegzukommen, in die Stadt, irgendwohin, wo etwas los war. Wenn einer in der ländlichen Enklave von Heimat sprach, wussten all jene, die wegwollten, was damit gemeint war, Beharrung, Leere, Statik, das Gefühl, von der Gegenwart abgehängt zu sein, die Wiederholung des immer Gleichen, Klaustrophobie an der frischen Luft, und alles war in ihren Augen besser, als hier das Leben zu verbringen und hier zu sterben, und sei es auch durch einen Sprung in den Abgrund, das Auto mit achtzehn Jahren an einen Baum setzen und sich in eines der vielen hölzernen Kreuze verwandeln, die die Landstraßen säumten und die gescheiterten Ausbruchsversuche markierten, dass hier einer weggewollt hatte und dort drüben auch, überall, wo die frischen Blumen stehen.

Kein romantisches Gefühl durchdrang die unruhigen Seelen, kein Mörike tauchte vor ihnen auf und beschwor die Einsicht in das Glück im Abseits der Provinz. Wenn sie aber hierbleiben mussten, wenn sie nicht rauskamen aus dem Quadrat der Langeweile, dann holten sie tief Luft und fanden sich im Laufe der Jahre ab mit Wohnung, Haus und Hof und dass die einen Nomaden wurden und sie die Hüter waren, bodenständig, die Bewahrer des Rechts, vor allen anderen hier zu sein, wie Bäume, unverrückbar, fest verwurzelt. In diesem Recht steckte ihr ganzes Glück, und das Glück ließ sich keiner gerne nehmen, nicht vom Nachbarn und ganz sicher nicht von Fremden, die kommen und gingen, die auch woanders leben konnten und hier nichts zu suchen hatten, wo kein Kommen und Gehen war, sondern Beständigkeit, und was beständig war, das wurde alt, wenn einer sich darum sorgte.

Romantiker sammelten und redigierten deutsche Sagen, Märchen und Volkslieder, bis die Schatztruhe voll war. Aber Volkslieder und Gedichte auswendig lernen und sie aufsagen und vorsingen, wenn das Kind schlafen muss, wenn die Runde beim Wein zusammensitzt, und etwas dabei fühlen, als würde einem die Brust schwellen oder als legte sich einem eine Hand auf die Schulter, die aus tiefer Vergangenheit herüberreichte, oder als wäre da eine besondere Wärme und Weisheit, wie aus altem Holz gemacht, aus dunkler Erde geformt – das machte kaum einer noch, auch mein Vater schwieg. Burgen kamen in deutschen Gedichten vor, auch Linden, aber das hielt die Gedichte nicht am Leben, sie zerfielen und wurden durch andere ersetzt, die mein Vater nicht kannte, weil für ihn die Zeit der Gedichte vorbei war, kein Georg Trakl, kein Paul Celan, kein Peter Huchel. Das Gefühl für die Heimat stopfte die Lücken des Wissens, ganz so wie Menschen ihr Leben zusammen verbrachten, ohne sich gut zu kennen. Der erste Augenblick der Liebe, das Gefühl einer Wahlverwandtschaft lag weit vor den großen Erkenntnissen und reichte doch aus, das Fundament einer Familie zu bilden. Manche Romantiker konvertierten zum katholischen Glauben, wenn sie eingesehen hatten, dass die Unendlichkeit, nach der sie sich sehnten, schauerlich, leer und ungemütlich war und weder der historische Sinn noch die poetische Ironie schwer genug wogen, das Schwindelgefühl, das die überwältigende göttliche Natur in ihnen auslöste, einzudämmen. Der Himmel sollte Heimat sein, damit der Mensch auf Erden nicht glaubte, am Ende verloren zu gehen, und die Dinge, Wörter und Handlungen nie ohne Bedeutungen dastanden, nackt, kahlgefressen vom Zweifel, dass nur Nichts sei.

Zu Beginn des 19. Jahrhunderts malte Caspar David Friedrich einen Mönch am Meer. Das Meer sah dunkel, kalt und unheimlich aus, keiner wäre auf die Idee gekommen, jetzt schwimmen zu gehen. Ganz oben, wo alles, wenn es einen Gott gab, gut war, weit weg von der Erde und den Menschen, war der Himmel hell, die reine Zuversicht, dass das Ende aller Tage noch nicht da sei. Aber weiter unten, wo der Himmel die Erde und die Menschen berührte, war er dunkel, die reine Verzweiflung, Sünde und Gebrechen. Es sah danach aus, als wäre ein Gewitter im Anmarsch und als würde die Angst, ein armer

Wurm zu sein, über die Hoffnung siegen, mit erhobenem Haupt zu leben. Der Mönch stand auf einer Anhöhe, nicht unmittelbar am Wasser, sonst hätten sich Wasserzungen und Schaumkronen vor seinen Füßen im Sand verlaufen. Er hatte sein Kinn in eine Hand gestützt, als sei ihm der Kopf zu schwer, und schaute auf das Meer hinaus und in den Himmel, ob ein gewaltiges Gewitter niedergehen oder die Sonne siegen und die Wolken vertreiben würde. Solange einer Zeit hatte nachzudenken, konnte er die Angst vor dem Unheimlichen bändigen und ihr die Hoffnung entgegenstellen, dass es anders kommen könnte. Vor dem Mönch tobte das Meer wie ein schwarzes Ungeheuer, über ihm kämpften dunkle und lichte Gewalten am Himmel wie Gott und Satan, und hinter ihm gähnte eine Leere, die leer blieb, auch wenn sich ein Betrachter vor das Bild stellte. Er war, wie jeder Mensch, allein, ganz auf sich gestellt, aber was auch passieren würde, Donner, Blitz und Regen oder Sonnenschein, es war ausgeschlossen, dass er nicht dorthin zurückgehen würde, woher er gekommen war, er würde irgendwann gleichsam aus dem Bild in die Menschenwelt hinauslaufen, tagelang konnte er nicht hier stehen und sein Kinn in die Hand stützen. Die Entscheidung lag bei ihm, wann er sich umdrehen, dem Meer den Rücken zukehren und davongehen würde.

Wenn er den Rückzug antritt, und der Augenblick wird bald kommen, er wird sich nicht hinlegen oder hinsetzen, die Sache, um die es geht, lässt sich nur im Stehen aushandeln, wird er etwas mitnehmen, eine Erfahrung, einen Gedanken, eine Idee, etwas, wofür es sich lohnte, bei diesem schlechtem Wetter ans Meer zu laufen, obwohl es dazu erst einmal keinen Grund gab, kein Schiff war in Seenot geraten, keine Schiffbrüchigen versuchten an Land zu kommen, denen er helfen konnte. Das wird jeder, der den Mönch am Meer sieht, einräumen, dass er sich etwas von dem riskanten Ausflug versprochen haben musste, dass es auch für einen Mönch nicht einerlei sein konnte, ob er zu Hause bleiben oder rausgehen sollte. Wenn es anfängt zu regnen, wird er sich eine Erkältung holen, und wenn es blitzt und donnert, riskiert er, vom Blitz erschlagen zu werden. Das Meer hören, sein Rauschen und Toben, den Kampf gegen den himmlischen Wind, und sehen, wie es sich wehrt, wie es sich aufbäumt, schäumt und grollt gegen den Himmel, der mächtiger und größer ist und selbst schäumt, grollt und sich aufbäumt, als sei das Meer nur ein Spiegel dessen, was dort oben geschieht, das wollte der Mönch, wenn er ein Mensch war und einen Willen hatte und nicht nur Teil einer Allegorie, eines Bildes ohne Bewegung. Aber wie sollte ein Bild keine Bewegung haben, auf dem das Meer schäumte und ein Gewitter aufzog.

Er stand da und dachte nach, nicht über die Unendlichkeit, das hätte er auch bei gutem Wetter am Strand machen können, sondern über den Groll gegen Gott und dass er in seiner Hand sei. Es war nichts da, woran er sich festhalten oder wodurch er sich von dieser Erfahrung ablenken lassen konnte. Kein Hadern und keine Empörung, er hatte sich nicht auf die Knie geworfen, er raufte sich nicht das Haar und erhob nicht die Faust gegen den Himmel. Er dachte nach, gefasst, ruhig und besonnen, als sei er sich seiner selbst sicher, das heißt seiner Fähigkeit, nachdenken zu können. So wie er, mit dem Kinn in der Hand, dastand, war er ein Mensch vor einem Problem, über das er sich Gedanken machte, er wahrte Distanz zur Welt, die Distanz der Reflexion, die ihn auf sich zurückwarf. Was auch immer geschah und geschehen würde, er war es, der es sah und hörte, und würde er Augen und Ohren schließen, es wäre nicht mehr dasselbe, und würde er sich abwenden und weggehen, weit weg, es wäre nicht mehr da. Aber aus der Welt heraus käme er mit diesen Spielchen nicht, sie verschwand nicht. Die Natur bot ein Schauspiel, das sich auch in seiner Seele abspielte. Er ging ans Meer mit Fragen oder Zweifeln, die ihn beschäftigten, als wäre er ein Philosoph, der durch Nachdenken ins Reine zu kommen versuchte mit sich, der Welt und der unendlichen Unheimlichkeit. Die Gedanken, die er sich macht, sollen sich vor der Anschauung, und die Theorie, die er aufstellt, soll sich vor der Erfahrung bewähren, und die Anschauung soll sich in den Gedanken, die Erfahrung in der Theorie wiederfinden. Welt und Ich lassen sich nicht trennen, sie sind ineinander verwoben wie Figur und Kontext, wie System und Umwelt, eine Einheit im Augenblick, die sich nur in der Perspektive der Zeit aufzulösen scheint, wenn Gegenwart zu Zukunft oder Vergangenheit wird durch Bewegung, Handlung und Entscheidung, durch die Angst, die Sorge und die Hoffnung, was kommen und was geworden sein wird. Die Außenwelt ist ein Spiegel der Innenwelt und die Innenwelt ein Abglanz der Außenwelt, aber es bleiben zwei Welten in einer, der Mönch wird sich nicht in Luft und Wasser verwandeln, und das Meer und der Himmel werden nicht in den Mönch hineinfallen wie in einen tiefen Brunnen und verschwinden.

Nachher wird er sich umdrehen und wissen, dass er auf dem richtigen Weg ist, er ist ein namenloser Mönch, fast ein Nichts vor dem Herrn und der Natur und doch ein Mensch, der glauben, wissen, nachdenken und fühlen kann. Er ist nicht nackt, er trägt eine Kutte, er ist behaust im Geist und wird an sich selbst nicht irre werden. Die Welt ist dem Menschen eine unheimliche Heimat, unheimlich, weil die Zeit unerbittlich regiert und Gut und Böse werden lässt, Heimat, weil in dem Augenblick, wo Wahrnehmen und Erkennen im reinen Dasein eins sind, als geschähe ein Wunder, Erleuchtung, Erfüllung, Epiphanie, die Zeit fast stillsteht und alle Bewegung fast verschwindet. So einer wie dieser Mönch geht nicht verloren, wenn er das Schauspiel der Unbehaustheit anschaut, zu dem er, im Gegenteil, ja hingelaufen ist, wie zu einer Herausforderung, um ihr zu trotzen, um vor ihr zu bestehen und sich selbst wieder ins Lot zu setzen.

Die letzte Kuh nahm sich Zeit beim Überqueren der Straße, ein Mann auf einem Fahrrad rief Hoho. Dann war die Straße frei, und mein Vater konnte weiterfahren, nach Lübeck im Norden und Freiburg im Süden, Köln im Westen und Bayreuth im Osten. Nie blieb er lange in den Städten, nur so lange, um einen Blick in einen Dom oder auf ein Rathaus und alte Häuser am Marktplatz zu werfen. Es zog ihn in die Natur, zu den Dörfern. Die materiale, gegenständliche und sichtbare Welt war reich, lebendig und groß. Heimat entstand durch Wahrnehmung, Dinge sehen, Laute hören, Düfte riechen, etwas schmecken, anfassen und spüren. Das Handwerk des Lebens war einfach, unverstellt, Zimmermann, Maurer, Bäcker, Schmied und Bauer, geübte Hände zogen Dachgiebel hoch, errichteten Wände, backten Brot, beschlugen Hufe und bestellten Felder, sie nutzten und erhielten Dorf und Landschaft, wie schon die Vorfahren.

Raus aus den Großstädten, rief der ostpreußische Schriftsteller Ernst Wiechert und schrieb 1939 den Roman *Das einfache Leben*, einen Hymnus auf die Geborgenheit, die in den Wäldern sei, aus denen der Mensch vertrieben wurde wie aus einem Paradies. Der Weg ging zurück, zu einer Hütte, einem Feld, einem wärmenden Feuer, in Verhältnisse, die denen glichen, in die sich Angestellte in den Ferien wünschten, wenn sie an einen See in Norwegen, nach Marokko in die Wüste, nach Nepal zum Wandern oder ans Meer nach Südfrankreich fuhren. Sie erwarteten elementare Erfahrungen, Sonne, Sternennächte, Stille, Bewegung, die natürliche Welt, Begegnungen mit dem wahren Selbst, und setzten sich aus der Erfahrung der einfachen Dingen wieder zusammen, Gliederpuppen, die sich für die nächste Arbeitsrunde rüsteten. Für die Handgriffe des einfachen Lebens reichten einfache Gedanken und die Illusion, als biete die Natur von sich aus und unter allen

Umständen Heimat. Heimisch wurde die Natur, solange sie bewundert werden konnte wie ein Tempel von Göttern, der dem Wanderer offenstand. Eins werden mit ihr war eine Annahme, die sich bewährte, bis die Angst vor den Elementen einen wieder isolierte, dass es kein Entkommen gab, keine Rückkehr, dass hier das Ende wartete, ertrunken, verhungert, abgestürzt, verdurstet, verblutet, irre geworden in der Einsamkeit. Ganz einfach war das einfache Leben nicht. Der Mönch von Caspar David Friedrich war schlau.

Manchmal wurde mein Vater aus seinen heimatkundlichen Betrachtungen durch weltgeschichtliche Ereignisse gerissen, und das war dann so, als zöge ihm einer das Buch, in dem er las, abrupt weg. Er hatte sich in einem Dorf in Franken ein Zimmer genommen. Die Gäste in der Gaststube schauten aufgeregt auf einen Fernseher. Was sie dort sahen, geschah in ihrer Nähe. Die sowjetische Armee war in die Tschechoslowakei einmarschiert, im August 1968. Die Gegenwart holte meinen Vater ein. Heimat war nur stabil, wenn sie vergangen war. Gelebte Heimat war Veränderungen ausgesetzt, Eindrücken, die ihren Bestand infrage stellten, die sie bedrohten und beschränkten und die dazu aufforderten, die Vorstellung von ihr zu ändern. Vor dem Fernseher sitzend, vergaß er, was er sich am Tag angeschaut hatte, Dom, Rathaus, Burg.

Zwischen der sichtbaren und der unsichtbaren Kultur, wie einer lebte und wie er dachte, bestand ein Zusammenhang, zwischen der Heimat, die gegeben war, die einem zuwuchs wie der eigene Körper, und der Heimat, die einer sich wie ein Haus nach seinen Vorstellungen ausbaute, manchmal zum Entsetzen der Nachbarn und gegen den Rat von Architekten, die nicht nur die Statik, sondern das Ensemble der Gebäude, das Haus im Kontext der Umgebung sahen. Der Putz bröckelte von den Fassaden der Häuser, die Farben waren verblasst. Die Fachwerkhäuser hatten sich gesenkt und standen schief. Die

Oberflächen der alten Dinge waren nicht glatt, sie taten nicht so, als seien sie geschichtslos. Die Kirchen blieben leer, und die Schnitzaltäre wurden zu touristischen Attraktionen. Vor den Holzfiguren tauchten immer weniger Menschen auf, die verstanden, was sie darstellten, wer sie waren und was sie bewegte. Die Figuren verstummten, und wenn sie ein Wort sprachen, dann nur untereinander. Trauer lag auf ihren Gesichtern. Sie ertrugen die unwissenden Blicke der Fremden, die von sich nicht behaupten würden, dass sie hier fremd wären, mit Geduld. Wenn die Türen geschlossen wurden und keiner mehr da war, der ihre Ruhe störte und sie daran erinnerte, dass sie von der Welt, die sie gekannt hatten, verlassen worden waren, schauten sie sich in der Dunkelheit ratlos an, was aus den Menschen geworden war, warum sie nicht mehr an die Geschichten der Bibel glaubten. Sie wussten, sie würden zu den Lebenden nicht zurückfinden. Die Glocken der Kirchen schlugen nicht mehr für die Menschen, die Laute waren Zeichen gegenseitiger Treue, die sich die Kirchen zuwarfen, die Burgen grüßten sich von Berg zu Berg, und in den Dörfern und Städten flüsterten die alten Häuser sich Erinnerungen an Zeiten zu, als Statur, Aussehen, Auftreten der Bewohner und die Ausstattung der Zimmer noch zu ihnen passten. Die Linden sagten sich vergessene Gedichte auf, in denen sie vorkamen, wie *Die Zufriedenen* von Ludwig Uhland, zwei saßen unter der Linde, Hand in Hand, die Sonne schien, und das Land war still.

Was einst Heimat gewesen war, das sank ins Vergessen zurück, was einst Bedeutung hatte, blieb unverstanden am Wege stehen, es hatte sich überlebt und würde, wie so vieles zuvor auch, bald zu den Toten gehören, so wie ein Mensch von Glück sagen konnte, dass er vergaß und nicht alles erinnerte, was er erlebt hatte. Tradition war auch eine Last, ein unhandlicher Besitz, der das Fortkommen erschwerte. Heimat konnte eine Zwangsvorstellung werden.

Die Idee eines kulturellen Feldes, und das hieße von Heimat als Lebenswelt, in der Denken und Sein zusammengehören, findet sich in einer Studie von Erwin Panofsky über die Einheit von gotischem Kirchenbau und scholastischer Theologie und Philosophie, die 1951 auf Englisch erschien. Panofsky sah Ähnlichkeiten und Analogien zwischen Steinen und Sätzen und behauptete, die Bauweise gotischer Kathedralen, die Abfolge und Gestaltung von Säulen, Fenstern, Wänden und Kuppeln entspräche dem Aufbau von philosophischen und theologischen Werken, die zur gleichen Zeit entstanden waren und ihren umfangreichen Stoff nach einem neuen, ausgetüftelten System von Abstufungen gliederten, ganz so als müsse der menschliche Geist wie ein Kind nur bei der Hand genommen und Schritt für Schritt durch das Labyrinth der Natur, der Welt und des Himmels geführt werden, um schließlich beim lieben Gott anzukommen.

Das scholastische Denken bemühte sich darum, hochgeschätzte antike Lehren, Glanzlichter einer Vernunft, die in den Augen mittelalterlicher Theologen und Philosophen nur göttlichen Ursprungs sein konnte, mit dem, was in der Bibel stand und die Kirchenväter als Glaubenssätze lehrten, zu einem lückenlosen Ganzen zu verbinden. Die Aussagen beider Seiten wurden so gründlich und umfassend dargelegt, dass am Ende der geduldigen logischen Arbeit, die auf keiner Stufe den lieben Gott aus den Augen verlor, ein intellektuelles Gebäude dastand, dessen grundlegende Eigenschaft darin bestand, geschlossen und vollständig zu sein und auf diese Weise den Wind des Zweifels draußen zu halten. Diese Anhäufung und Gliederung von Wissen wurde zu Recht eine Summa genannt, eine Kathedrale der zu Gott führenden vernünftigen Gedanken, die die Einheit von Wissen und Glauben bewahrte.

Aus der Ferne von mehreren Jahrhunderten gesehen, schossen die Erscheinungen einer Zeit zu einem deutungsreichen

Muster zusammen, wie in einem Kaleidoskop. Sinn war eine Frage der Perspektive. Für das Heimatgefühl der Gegenwart war durch eine solche Übung die Hoffnung gewonnen, Disparates zusammenzusehen und auf einen gemeinsamen Nenner zu bringen, der das, was in der materiellen Welt entstand, auf der einen Seite, und wie und was empfunden und gedacht wurde auf der anderen Seite, zusammenbrachte. Bei einer Kultur, die keine engen nationalen Grenzen kannte und in der sich ein länderübergreifender Stil durchsetzte, eine Art ästhetisches Gegenstück zur Politik der universellen Menschenrechte, der globalen Geschäftspraktiken und der weltweiten Kommunikation, war Heimat vor allem die Möglichkeit, ein Leben so zu führen, dass dabei Glück heraussprang.

Der Philosoph Ernst Bloch hatte einen ausgeprägten Sinn für Entsprechungen und Ähnlichkeiten, Korrespondenzen und Analogien von Dingen, die sich dem ungeübten Blick nicht erschlossen. In dem Aufsatz *Berlin aus der Landschaft gesehen* aus dem Jahr 1932 entwarf er mit wenigen markanten Strichen, die ihre Verwandtschaft mit der expressionistischen Malerei nicht verbargen, eine Art Doppelporträt von Bau und Boden, Überbau und Unterbau, die sich ineinander spiegeln: »Das Dominnere des alten Deutschland meldet dessen tiefe Wälder, und Florenz wiederum kommuniziert vollendet mit der ungotischen, wie von selber klassisch geformten, gereiften Hügellandschaft ringsum«. Diese in einen Himmel voller Ahnungen geworfenen Hinweise waren nicht mehr als eine Mahnung, den Gedanken an die Geschlossenheit der Welt nicht aufzugeben und den von der Zeit, dem Gott der Moderne, gestifteten Zusammenhang der Dinge nicht aus den Augen zu verlieren. Eine Art Vorstudie, eine Skizze vom Deckengemälde der Gegenwart, unter dem die Zeitgenossen sich drängten, war das Gefühl für die Enge der Heimat. Wer nur in Zusammenhängen dachte, nach Einheiten und Verbindungen suchte, wer nur

Beziehungen knüpfte und Verwandtschaften sah, wer sich nicht vom Geist der Familie lösen konnte, von Abstammung, Erbschaft, Zeugung, Vaterschaft und vom Mutterglück der Dinge und Ideen, der war ihr verfallen.

Die Bildschnitzer verwendeten für ihre Werke oft Vorlagen von Kupferstechern und Malern, beliebt und begehrt waren dafür vor allem die Werke von Martin Schongauer aus Colmar. Er war auf seiner Wanderschaft in die Niederlande gereist und hatte dort die neue, realistische Kunst Rogier van der Weydens und Jan van Eycks kennengelernt. Von seinen Kupferstichen machte er zahlreiche Abzüge, die er verkaufte und die deswegen überall im Land verstreut und bekannt wurden. Die meisten Holzskulpturen wurden von Malern, nicht von den Bildschnitzern angemalt. Die Farben besaßen einen unterschiedlichen Wert, je nachdem wie sie gewonnen wurden und woher sie kamen. Das Ultramarin wurde aus Italien importiert und war teuer, das Gold gaben die ungarischen Dukaten her. Die Zünfte in Hamburg und Lübeck schrieben den Bildschnitzern vor, Eichen-, Nussbaum- und Birnbaumholz zu verwenden, in Tirol wurde Lärchenholz vorgezogen. Vorschriften bestanden darauf, dass das Holz gut und gesund sei und der Baum zur richtigen Zeit gefällt werde, im Herbst und im Winter, wenn der Stamm wenig Wasser in sich trug. Zwei Jahre wurde das Holz gelagert, wobei der innere Kern des Stammes entfernt wurde, um das Trocknen zu beschleunigen. Wenn die Figuren fertig waren, wurden sie mit einer Mischung aus Leinöl und Mennige, einem Bleioxid, überzogen, um sie vor der Witterung zu schützen. Schließlich wurde ein Kreidegrund aufgetragen, auf den die Farben gemalt wurden. Durch diese Arbeiten erhielten die Figuren ihren letzten Schliff.

Mein Vater wuchs unter dem Zeichen des Kreuzes auf, er sah jeden Sonntag und an all den anderen Kirchenfeiertagen den leidenden Christus am Kreuz und Maria, Mutter Gottes, die um das Schicksal ihres Sohnes, dem er entgegenging, wusste und die um ihn trauerte, als es ihn ereilt hatte. Eine Frau und ihr Sohn, die einen höheren Willen, ein Gesetz, das nicht von dieser Welt war, in Demut erfüllten, die nicht dagegen rebellierten, sondern sich in ihr Los fügten, die ohne Zorn und ohne Widerwillen den Auftrag annahmen, sich ihm unterwarfen, von der ersten Stunde der Verkündigung an. Jedes Gott ergebene Leben hatte einen Sinn, auch wenn er sich dem Menschen nicht zeigte, sein Leben war, solange es gelebt wurde, mit sich versöhnt, es trug nur aus, was in ihm beschlossen war. Kein Mensch konnte ein anderer werden, als er war. In dieser Vorstellung lag eine überwältigende Harmonie, ein Vertrauen in das Gelingen, dessen Maßstab in sich selber ruhte. Das war der Schlüssel, der die Welt und das Herz einte, das Prinzip der Nähe, ein unsichtbares Gehäuse, das einen umschloss. Von Kritik, Krise, Widersprüchen, die durch die Heimat einen Riss zogen, keine Spur.

Die Gaststube leerte sich. Der Fernseher wurde ausgeschaltet. Es kamen keine neuen Nachrichten. Morgen würden sie sehen, wie es in der Tschechoslowakei weiterging. Sie wünschten sich eine gute Nacht. Er nahm den Zimmerschlüssel und ging, die Holztreppe hinauf, in sein Zimmer. Der Boden, auf dem das Leben sich abspielte, war fragil. Panzer rollten durch Straßen, Menschen rebellierten, ängstliche, wütende und verstörte Gesichter, Bürger und Soldaten, ein Land im Aufruhr.

10

Einführung in die Tradition

Ich kam gegen neun Uhr abends in das Krankenhaus, erkundigte mich bei einem meiner Geschwister, wie es unserem Vater gehe, und übernahm den Dienst am Sterbebett, der sich bis in die Frühe hinziehen würde. Die Stunden wurden lang, und mir fiel nach einer Weile nichts mehr ein, was ich ihm hätte vom Tage erzählen können. Ich zog die Erzählungen von Adalbert Stifter aus der Tasche und begann vorzulesen, langsam und deutlich und immer wieder zu ihm hinschauend, ob er mich verstehe. Mal schien er zu schlafen, dann wieder machte er den Eindruck, als sei er wach. In welchem geistigen Zustand er sich auch befinden mochte, ich wusste nicht, was er von der Geschichte mitbekam, aber ich war mir sicher, dass der Klang einer vertrauten Stimme und die Worte Stifters ihm guttaten und ihm ein Gefühl von Geborgenheit vermittelten wie bei Kindern, die sich von ihren Eltern abends eine Geschichte vorlesen ließen, um dadurch besser in den Schlaf zu finden. Die Kinder gingen in ein Land, in dem sie noch nie gewesen waren, trafen Tiere und Menschen, die ihnen die Angst vor der Dunkelheit nahmen, vor der Nacht und dem Alleinsein, und in dem Trubel der Neuigkeiten kamen sie sich selbst abhanden, sie vergaßen, dass sie zu Hause in ihrem Bett lagen und schlafen sollten. Ihre Angst löste sich auf in dem, was sie hörten. Die

Gestalten und Ereignisse trugen sie aus dem Zimmer. Und die Eltern, die mit dem Buch vor dem Bett saßen und vorlasen und hofften, dass die Kinder über der Geschichte einschlafen würden, holten tief Luft und schauten verstohlen zu ihrem Kind hinüber, ob es immer noch wach war, und fuhren mit der Erzählung fort. Wenn das Kind endlich eingeschlafen war und die Eltern alleine waren, überließen auch sie sich einer Geschichte, einem Buch, einem Film, einem Wachtraum, und vergaßen darüber ihre Sorgen und Ängste und fanden in den Schlaf.

Den Jungen wurden die *Märchen der Brüder Grimm*, Hauffs Märchen und, in einer Version für Kinder, die deutschen Sagen, das *Nibelungenlied* sowie Gustav Schwabs *Griechische Sagen* vorgelesen. Im Regal des kleinen Albrecht standen Bücher von Elsa Beskow. Die Bilder gefielen ihm. Die Farben leuchteten, als gäbe es kein Grau auf der Welt, und um Mensch, Tier, Pflanze und Ding lief ein dünner schwarzer Rand, der hielt sie zusammen und schloss sie in sich ein, sodass sie sich selbst nicht verloren gehen konnten. Das sah aus, als würde jemand einen Arm um sie legen und sie beschützen. Farben und Formen waren aufeinander abgestimmt, es klafften keine Abgründe und es lauerte keine Gefahr, jedes Ding stand brav auf seinem Platz. Der Tannenwald war tannenbaumgrün, der Schnee schneeweiß, die Sonne sonnengelb und der Himmel himmelblau, wie vom Wunsch beseelt, sich von der besten Seite zu zeigen. Haus, See, Blumen, Tiere und Menschen waren rein wie Quellwasser, als würden sie das Wesen der Wirklichkeit darstellen.

Er wird die altertümlichen Wörter aus seiner Jugendzeit wiedererkennen, dachte ich, Stifter vorlesend, den eigenwilligen Satzbau, einen Namen oder die Beschreibung einer Landschaft. Dann würde etwas in ihm anklingen und eine Erinnerung an die erste Begegnung mit dem Dichter wachrufen. Die Welt lag wieder offen vor ihm, die er sich mit den Materialien aus Stifters Geschichten erbaut hatte, sie ruhte in ihm drinnen wie Wasser in einem Brunnenschacht, der tiefer ins Leben hinabreichte als Interessen und Vorlieben. Dort unten, unsichtbar und von Gründen und Argumenten nicht begradigt, zogen die Flüsse dahin, die einen trugen, Wünsche, Sehnsüchte, Träume. Vorlieben für bestimmte Schriftsteller, für literarische Stile, Epochen und Weltgegenden zu haben, das bedeutete, die einen zogen an, die anderen stießen ab, bei den einen fühlte sich der Leser zuhause, bei den anderen fühlte er sich nicht aufgehoben. Die Lebensstimmung war in einem englischen Roman aus dem 18. Jahrhundert anders als in einem französischen Roman aus dem frühen 20.

Alle suchen sich Geschichten aus, von denen sie annehmen, dass sie ihnen guttun und ihnen entsprechen. Schon die ersten Sätze konnten sie fesseln oder zurückweisen. Das Gemüt öffnete sich, wenn eine Geschichte der inneren Verfassung des Lesers entgegenkam, und dann ging er mit ihr. Er fand sich in dem Buch wieder, in einem nicht bewussten, sondern vorbewussten Sinn, der über offensichtliche Ähnlichkeiten mit dem Helden, Alter, Stimmung, Probleme und Bedürfnisse, hinausreichte. Die Geschichten veränderten ihn, er konnte nicht sagen, wodurch und in welche Richtung und ob nicht in ihm angelegt war, was durch sie geweckt und gefördert wurde. Der Magnetismus der Wörter ähnelte dem Sog, den Landschaften auf einen Betrachter ausübten. Der eine fuhr lieber in die Berge, der andere lieber ans Meer, der eine sehnte sich nach Südfrankreich, der andere nach Irland. Die Reisenden hätten auf Anhieb nicht erklären können, wieso das so war, sie hätten nur beschrieben, was sie sahen, und hätten die Bilder mit Gefühlen gefüllt. Aber dadurch wären sie sich selbst und der Landschaft, die sie in sich trugen, der Art und Weise ihres Weltverhältnisses, das sich darin spiegelte, noch nicht auf die Spur gekommen.

Die Schrift auf dem hellgrünen Leineneinband von Stifters

Erzählungen war golden und das Papier fest und glatt und über die Jahre hin vergilbt. Auf der Innenseite des Deckels klebte links oben in der Ecke ein kleines dunkelblaues Signet mit dem Namen der deutschen Buchhandlung in Buenos Aires, die das Buch verkauft hatte. Er war noch ein Junge gewesen, als er in den Besitz der Erzählungen gekommen war, er hat auf dem Titelblatt seinen Namen und das Jahr 1934 vermerkt. Das Buch war ihm von den Eltern geschenkt worden. Mit Stifter trat er in die Welt der Erwachsenen ein, die Klassiker zu lesen war eine Art Initiation, sie verwiesen ihn aus der Kindheit, wo er sich mit Jugendbüchern noch eine Weile hätte aufhalten können. Die Eltern zeigten mit diesem Geschenk, dass es für ihn an der Zeit war, erwachsen zu werden. Sie verlangten von ihm, dass er zu ihnen aufrückte, er sollte beginnen, sich mit den Fragen des Lebens zu beschäftigen und den dafür nötigen Realitätssinn entwickeln, damit sein Blick auf die Welt ruhig und besonnen werde und er herausfände, was wichtig für ihn sei und was nicht. Wie das gelingen konnte, wussten sie nicht. Der pädagogische Einfluss der deutschen Klassiker, die humanistischen Ideale und die poetische Klarheit waren für eine solche Bildung wie geschaffen, dachten sie. Mit Kleist, Büchner, Hölderlin kam der Sohn nicht auf die richtige Bahn, die mochte er später lesen. Goethe und Schiller, Stifter und Keller versprachen da größere Sicherheit.

Die deutschen Klassiker vor den französischen oder den englischen oder gar den russischen zu lesen, wäre ihnen nie als nationale Idiotie erschienen. Wenn schon die Griechen auf allen Feldern die Ersten waren, dann sollten wenigstens die Deutschen die Zweiten sein, die immerhin in der Sprache schrieben, die ihre Muttersprache war, und zu der Tradition gehörten, in die sie von Geburt und Abstammung gestellt worden waren. Goethe hatte zwar von Weltliteratur gesprochen, aber auf Deutsch geschrieben, in der Sprache, die er am besten konnte, die ihm am vertrautesten war. Anders erging es auch ihnen nicht. Die erste Sprache, die sie gelernt hatten, war die Ursprache ihres Paradieses, die für alle Dinge einen Namen hatte, zum Beispiel Heimweh für das Gefühl, sich nach Hause zu sehnen. Das englische Wort *homesickness* kam da nicht mit, es weckte in ihnen keine Gefühle, keine Stimmung. Erst wenn sie sich dazu überredeten, dass ein Wort dafür da war, etwas zu bezeichnen und nicht auch dazu, etwas zu bewirken, fanden sie sich damit ab, dass alle Synonyme gleichrangig waren, und wenn das so war, dann war es egal, ob sie Goethe auf Deutsch oder auf Englisch lasen, so wie sie ja auch Shakespeare, Tolstoi und Victor Hugo nur auf Deutsch gelesen hatten, weil ihr Englisch schlecht war und sie weder Französisch noch Russisch sprachen, und dennoch behaupteten, Shakespeare, Tolstoi und Victor Hugo gelesen zu haben, was im strengen Sinne, den sie geltend machten, wenn sie die deutschen Klassiker den französischen, englischen und russischen vorzogen, eben nicht stimmte. Auf genauso wackeligen Füßen stand ihre Behauptung, Deutschland sei ihre Heimat, weil sie Deutsche und hier auf die Welt gekommen seien, ohne zu wissen, was es bedeuten könnte, Franzose, Engländer oder Russe und in Frankreich, England oder Russland geboren zu sein, ohne sich der Unterschiede bewusst zu sein. Sie wiederholten damit nur die Tautologie, dass ein Russe in Russland geboren worden sein musste und ein Deutscher in Deutschland, um ein Russe oder ein Deutscher zu sein.

Nachdem der junge Albrecht, mein Vater war damals vierzehn Jahre alt, die Erzählungen gelesen hatte, kaufte er sich von seinem Taschengeld Stifters Romane *Der Nachsommer* und *Wittiko* sowie *Die Mappe meines Urgroßvaters*. Der Band mit den Erzählungen war, im Hinblick auf den Umfang der Romane und die Langsamkeit des Erzählens, eine gute Wahl gewesen. Das Buchgeschenk war als eine Art Erbe gemeint, der Sohn wurde in die Tradition eingebunden. Wären sie noch in

Deutschland gewesen, der Vater wäre mit dem Sohn, um ein ähnliches Traditionsbewusstsein bei ihm zu wecken, durch die Gegend gefahren und hätte ihm Burgen und Schlösser, Kirchen und Klöster gezeigt. Sie gingen in die Kirche, sie beteten bei Tisch und vor dem Zubettgehen, sie ließen ihn Klavierunterricht nehmen und Mozart und Beethoven, Schubert und Brahms hören. Gedichte von Goethe, Uhland, Mörike, Schiller konnte der Junge auswendig aufsagen, Hauffs *Lichtenstein* hatte er schon früh gelesen. Aber jetzt, mit Stifter, wurde die Tür zur deutschen Literatur geöffnet, das Portal, durch das er in ein Reich eintreten sollte, zu dem er gehörte, ohne dass er es wusste, es genügte, dass die Eltern es wussten. Das Reich würde ihn, wenn er gelehrig, wissbegierig und fleißig war, aufnehmen. Die Eltern hatten ihn durch die Erziehung, die sie ihm gaben, darauf vorbereitet, Pflichten zu erfüllen, Aufgaben zu erledigen, Verantwortung zu übernehmen und sich nicht Spinnereien hinzugeben, die ihn aus der Wirklichkeit trieben.

In Buenos Aires ist es im Dezember heiß, Lieder wie *Leise rieselt der Schnee* erübrigen sich von selbst. Die Deutschen stellten auch keinen Tannenbaum auf wie in ihrer Heimat. Woher sollten in Buenos Aires die Tannen kommen? Sie suchten sich einen Ersatz, ohne Baum und Weihnachtsschmuck konnte das Fest nicht beginnen. Die Mütter schwitzten und backten Plätzchen, in der Küche war es fast so warm wie draußen, wo die Sonne und der blaue Himmel den Gedanken an Weihnachten nicht aufkommen ließen. Sie vermissten die Dunkelheit, in der die Kerzen umso heller leuchteten, sie vermissten die Kälte, vor der sie sich im Haus umso geborgener fühlten, und sie vermissten den Schnee, der die Welt in ein weißes Tuch hüllte, als gäbe es einen neuen Anfang. Das war die Zeit, in der sie sich, um jeden Zweifel zu zerstreuen, wiederholt versicherten, dass es richtig gewesen war, auszuwandern, und sie zählten die Gründe auf, die sie dazu getrieben hatten, die Heimat zu verlassen, und redeten sich gut zu. In den ersten Jahren in Argentinien, bevor Hitler an die Macht kam, sagten die Deutschen, die in den Augen der Nationalsozialisten keine guten Deutschen waren: Es wird mit Deutschland schlimm enden, wir können von Glück sagen, dass wir nicht mehr dort sind. Dann bauten sie die Krippe auf. Nachdem Hitler an die Macht gekommen war, sagten sie: Das wird das Ende von Deutschland sein. Danken wir dem Herrn, dass wir nicht drüben sind, dass wir rechtzeitig weg gingen. Dann schmückten sie ihre behelfsmäßigen Weihnachtsbäume mit Kugeln und Kerzen. Als der Krieg verloren war und Hitler sich erschossen hatte, sagten sie: Er hat Deutschland in den Untergang getrieben. Dann sahen sie die Krippe an und den Weihnachtsbaum und schwiegen. Die einen wussten, dass eine Rückkehr schwierig werden würde, die anderen ahnten, dass es kein Zurück mehr gab. In den ersten Jahren war das Heimweh an Weihnachten stark. Die alten deutschen Lieder blieben ihnen vor Traurigkeit im Hals stecken, und aus Trotz sangen sie umso lauter. Im Ausland trug jeder Auswanderer, im Exil trug jeder Emigrant selbst die Verantwortung dafür, dass er nicht vergaß, woher er kam, und dass die Verbindung dorthin nicht abbrach. Sie mussten aus eigenen Kräften versuchen, die Entfernung zur Heimat, die sich in Kilometern zählen ließ, durch eine imaginäre Nähe zu überwinden, indem sie sich etwas von dort vor Augen führten und das Andenken daran wachhielten. Wer kein Gedächtnis hatte, dem blieb nichts anders übrig, als sich auf die Gegenwart zu verlassen, und wem die Gegenwart abhandengekommen war, der musste sich auf sein Gedächtnis stützen.

Zum Abitur überreichte ihm der Vater die Werke Friedrich Schillers, mehrere Bände, in weiches dunkelrotes Leder gebunden, gesetzt in der neuen deutschen Schrift, gedruckt auf feinem, dünnem Papier, mit Goldschnitt, eine Ausstattung, die Katholiken von ihren Messbüchern gewohnt waren. Schiller hat ihn durch die Jugend begleitet. Dass er eine Ausgabe der Werke in Händen hielt, verstand Albrecht als Lob für die schulischen Leistungen und als Hinweis darauf, dass er sich seinen Schiller verdient hatte. Er war erwachsen, und ein neuer Abschnitt des Lebens hatte begonnen. Schiller hatte in dem Alter, das Albrecht jetzt erreicht hatte, schon Medizin studiert und erste Ideen für die *Räuber* entwickelt. Fünf Jahre später wurde das Drama mit großem Erfolg im Hof- und Nationaltheater in Mannheim aufgeführt. Als er erneut nach Mannheim fuhr, obwohl Herzog Carl Eugen es ihm verboten hatte, wurde der Regimentsarzt, der ein Dichter sein wollte, eingesperrt. Der junge Schiller floh aus Stuttgart, aus dem Herrschaftsgebiet des Herzogs, erst nach Frankfurt am Main, dann nach Mannheim, Oggersheim, bis er nach Bauernbach in Thüringen kam. Albrecht blieb mit seinen achtzehn Jahren zu Hause, Schiller im Kopf.

Noch als alter Mann ließ er auf ihn nichts kommen, wollte aber nicht über seine Liebe zu Schiller reden, er hätte nicht erklären können, was Schiller ihm bedeutete, und deswegen schwieg er, als gelte es, ein Geheimnis zu bewahren, das jeder für sich selbst entdecken müsste. Die Erfahrung, Schiller zu lesen, ließ sich nicht in Worte übersetzen, so wenig wie ein Mensch in den Worten aufging, mit denen er sich beschrieb oder die andere für ihn fanden, wie ja das Leben, dachte er, sich nicht in Worte fassen ließ. Es blieb ein Rest, ein Überschuss, in dem etwas verborgen lag, Wahrheit, Erfüllung, Heimat, eine Ankunft im Anfang. Es war besser, nüchtern zu bleiben, statt ins Schwärmen zu kommen, der Schwärmer hob ab, er verrannte sich. Der Philosoph Immanuel Kant hatte gesagt, dass der Mensch nicht imstande sei, das Ding an sich zu erkennen, der Verstand war dafür nicht gemacht und auch nicht die Vernunft, es gab Grenzen. Insofern war Heimweh auch eine Grenzüberschreitung, dass einer sich nicht damit abfinden mochte, nicht dort sein zu können, wohin er sich sehnte, dass er die Sehnsucht über die Einsicht regieren ließ, das Gefühl über die Rationalität.

Schiller war ein Lyriker, ein Dramatiker, ein Historiker und ein philosophischer Kopf, voll jugendlicher Unruhe, der sich mit Kant um begriffliche Ordnung bemühte, um die Hoheit der Gedanken, der Vernunft, der Ideale, der Kunst. Mit Schiller denken hieß, sich gegen die Wirklichkeit wappnen, dass sie einen nicht überrollte und einem den Idealismus der Seele raubte, es gab Höheres im Leben als die Notwendigkeiten der Existenz, Geld, Geschäft, Daseinsfürsorge aller Art. Glück war dort, wo Ideal und Realität, Seele und Welt zusammenfanden. Wie das gelingen konnte, wusste Albrecht nicht, und Schiller verriet es ihm nicht. Er musste es ausprobieren, und das hieß, Träume nicht aufzugeben, sie in die Welt zu schmuggeln. Einen besseren Gefährten als Schiller fand er in diesen Jahren nicht, um ein unbestimmtes Heimweh zu genießen und darüber nicht wehleidig zu werden. »Ein schönes Herz hat bald sich heim gefunden,/Es schafft sich selbst, still wirkend, seine Welt«, schrieb Schiller 1804 in seinem lyrischen Spiel *Die Huldigung der Künste*. Unter allen Dramen Schillers schätzte er den *Wallenstein* am meisten. Oft sagte er nur: Schiller, der *Wallenstein*, mehr nicht, als wäre damit alles über Schiller gesagt, und ich schwieg, weil ich den *Wallenstein* nicht gelesen hatte. Der Wallenstein interessierte mich nicht, so wie mich die deutsche und europäische Kriegsgeschichte nicht interessierte, weder Kaiser und König noch die Päpste. Der Vorbehalt löste sich auf, als ich den *Wallenstein* gelesen hatte, und wenn mein Vater dann sagte: Schiller, der *Wallenstein*, stimmte ich ein: Ja, der *Wallenstein*. Mehr war nicht zu sagen. Der *Wallenstein* stand für etwas, über das zu reden zu weit geführt hätte. Wir haben nie über ihn gesprochen, und ich habe nie herausgefunden, was ihm daran gefiel, und es war gut, dass wir kein Wort darüber verloren, wir hätten nur die Welt, für die der *Wallen-*

stein stand, durch unsere Suche nach den richtigen Wörtern zerstört. Diese Welt war da, wir spürten sie ja, wir mochten sie, wir lebten teilweise in ihr. Wenn wir sagten, der *Wallenstein*, dann war das ein Zeichen, mit dem wir uns verständigten, ohne miteinander darüber reden zu müssen. Schillers *Wallenstein* war die Linde der deutschen Literatur. Hier trafen wir uns, setzten uns nebeneinander auf die Bank und schwiegen, das Alter und die Jugend, das Ideal und das Leben, und wenn wir nicht schweigen mochten, sagte der eine, Schiller, und der andere sagte, der *Wallenstein*. Wir waren einer Meinung, was selten vorkam.

11

Die Sturheit der Erinnerung

Ich begann mit der ersten Erzählung, dem *Hochwald,* tief über das Buch gebeugt, weil ich in dem schwachen Licht der Nachtbeleuchtung kaum die Buchstaben erkennen konnte, und erleichtert, dass eine Geschichte, die nicht irgendeine war, mir helfen würde, die Stunden zu füllen, bis er eingeschlafen war und es Tag wurde und ich wieder gehen würde. Besser als stumm dasitzen, als stumm in Erinnerungen stochern oder Dinge sagen, die nicht gesagt werden mussten, weil die Dinge, die hätten gesagt werden müssen, nicht zu greifen waren. Die Erzählung spielte im Böhmerwald, wo er nie gewesen war, im österreichisch-tschechischen Grenzgebiet, in der Landschaft um den Berg Plöckenstein herum, Hunderte von Kilometern von dem Krankenzimmer entfernt, in dem ich ihm vorlas, weil ich dem Tod nicht das Feld überlassen, weil ich dem Leben Terrain zurückgewinnen wollte. Solange Zeit zum Vorlesen war, konnte seine Zeit noch nicht abgelaufen sein. Die Rollen waren vertauscht, als wäre ich der Erwachsene, der Ältere, der wusste, was guttat, reden, erzählen, eine Geschichte von früher, in der Heimat war, für ihn.

Böhmen, das war der Prager Fenstersturz, der Dreißigjährige Krieg und die Verwüstung Deutschlands, Schillers *Wallenstein* und der von Alfred Döblin und der von Golo Mann, das Heilige Römische Reich Deutscher Nation von Ricarda Huch, die Reformation und die protestantischen Pfarrhäuser, in denen Dichter und Philosophen aufwuchsen, Lessing, Wieland, Mörike, Jean Paul, die Brüder Schlegel, Nietzsche und Gottfried Benn, das alles kam und ging von selbst, ohne mein Mittun, tauchte auf und verschwand, Erinnerungen, aneinandergeheftet wie eine Zahlenreihe, 2, 4, 6, 8, 10.

Erst als die unmittelbaren Reflexe des Gedächtnisses nachließen, tauchte das Gesicht einer alten Frau auf, die Mutter eines Schulfreundes, und verdrängte Wallenstein, den Dreißigjährigen Krieg und das Heilige Römische Reich Deutscher Nation. Es war weiß und teigig, als hätte nie ein Sonnenstrahl darauf gelegen, zerfurcht von Falten, von Kummer und Wehmut und den tausend Sorgen, die sich Menschen machten, wenn sie sich nicht zu helfen wussten und dann in der Not die Hände rangen und falteten, als wollten sie beten. Sie wirkte immer noch fremd in dem Dorf, in dem sie mit ihrer Familie wohnte und früher wie eine Fremde behandelt worden war, weil sie hier nicht geboren und nicht aufgewachsen war, auch nicht in der näheren Umgebung. Wie viele andere kam sie aus einer Gegend, in der einmal Deutsche gelebt hatten und die jetzt, nach dem Ende des Zweiten Weltkrieges, nicht mehr zu Deutschland gehörte. Sie war eine der Vertriebenen aus dem Osten, die Deutsch sprachen und sagten, sie wären Deutsche, doch dort, wo sie ein neues Leben beginnen sollten, in Deutschland, da lag ihre Heimat nicht. Sie gehörten zu den Millionen von Flüchtlingen, Staatenlosen, Heimatlosen und Rechtlosen, die seit dem Ende des Ersten Weltkrieges durch Europa zogen, von einem Staat in den anderen geschoben, gelitten, integriert, assimiliert, verfolgt, interniert, ausgewiesen, deportiert.

Den Einheimischen war es nicht recht, dass die Deutschen aus dem Osten zu ihnen kamen, sie hätten nach dem Krieg und der Niederlage genug mit sich selbst zu tun, zum Teilen gebe es zu wenig, dass Überleben sei für sie nicht leicht. Im Dritten Reich hatten sich die Deutschen auf eine deutsche Abstammung, die bis zu den Großeltern reichte, viel einbilden können. Der Arier-Nachweis diente den Nazis dazu, Juden von Deutschen zu trennen, ihnen Bürgerrechte abzuerkennen und sie systematisch aus der deutschen Gesellschaft auszuschließen. Nach dem Untergang des rassistischen Reichs wurden die Deutschen Bürger eines neuen Staates und damit war es für viele von ihnen nicht mehr selbstverständlich, dass all die Deutschen, die aus anderen Ländern vertrieben wurden, nach Deutschland kamen, um hier zu bleiben, auch wenn sie der Abstammung nach Deutsche waren wie sie. Die ehemalige Volksgemeinschaft musste die Vertriebenen aufnehmen und sie dabei unterstützen, einen neuen Anfang zu finden, eine neue Heimat.

Die Mutter meines Schulfreundes sah älter aus, als sie war, schwer von Statur, mit grauen, wirr um den Kopf hängenden Haaren, die sie immer wieder mit einer fahrigen Handbewegung aus der Stirn strich, und müden braunen Augen, die schimmerten, als kämen ihr sogleich die Tränen, und schon bei dem kleinsten Anlass, eine flüchtige Erinnerung an die verlorene Heimat, ein beiläufiges Wort über Krankheit, Sterben und Tod oder eine nur aufflackernde Freude und Aufregung, konnten sie hervorquellen. Sie saß stumm da, ließ die Tränen über die Wangen laufen und tat nichts, um sich zu fassen, sie wartete einfach, bis sie versiegten, so wie einer sich unterstellt und wartet, bis der Regen vorbei ist, und dann geht er weiter. Ihre Rede war ein schleppender Gesang, kein ruhiges Sprechen, leise ziehende und klagende Laute, von einem fremdartigen Dialekt geprägt, durch den sie verriet, dass sie nicht von hier war. Dann verstummte sie und verlor sich in einer Ferne, die nur ihr zugänglich war, völlig in Gedanken versunken, nicht ansprechbar, wie in Trance. Das Heimweh packte sie, und sie gab sich ihm hin. Aber andererseits, als klopfte ihr Herz zu schnell und wollte aus ihr heraus zu den Menschen, war sie sofort bereit, einen in die Arme zu schließen, sie wurde warmherzig und überschwänglich, und sie sah einen mit wässerigen suchenden Augen an und mit einem vor Rührung und Ergriffenheit flatternden, zuckenden Lächeln.

Geboren in einer böhmischen Kleinstadt, in der keiner die Ambition hatte, dass aus ihm etwas Besonderes werde und dass ihm etwas Besonderes von der Welt zustände. Von daheim wollte sie nie weggehen. Was sollte sie in einem anderen Land? Sie war sesshaft, gewohnt an die Arbeit, bescheiden und zufrieden mit Träumereien, die sich nicht aufschwangen. Kein Wunsch, keine Leidenschaft und kein Interesse rissen sie von dem Stück Erde weg, auf dem sie aufgewachsen war. Dass sie als junge Frau deswegen kein erfülltes Leben hatte, wird nur derjenige behaupten, der meint, dass zu einem erfüllten Leben gehöre, die Welt gesehen zu haben, ein Wahn, der auch nicht davor zurückschreckt, in Länder zu reisen, in denen eine Diktatur herrscht. Sie las nicht, keine Philosophie und keine Literatur, und die Gedanken, die sie sich machte, hatten nicht den Drang und das Format, die Welt zu verstehen. Sie wuchs weder im Sein noch im Denken über sich und das Bestehende hinaus und wahrte auf diese schüchterne Weise die Tradition.

Nachdem Herzog Ottokar I. im Jahr 1198 König von Böhmen geworden war, rief er Fremde in sein Land, und es kamen Bauern, Handwerker und Kaufleute aus Bayern, Franken, Österreich, Sachsen und Schlesien, sie suchten Arbeit, Vorteil und Gewinn und bildeten einen Strom von Siedlern unter tausend anderen Siedlerströmen, die im Laufe der Jahrhunderte Menschen aus ihrer Heimat in die Fremde trugen, wo sie sich nützlich zu machen und auf ihre Kosten zu kommen versuchten. Im 19. Jahrhundert kämpften die Deutschen und die Tschechen darum, selbstständig zu werden. Sie wollten ihren eigenen Staat, ihr eigenes Territorium haben. Unmittelbar nach dem

Ersten Weltkrieg triumphierten die Tschechen und die erste Tschechoslowakische Republik wurde ausgerufen. Die Deutschen mussten ihre Hoffnung auf Unabhängigkeit begraben. Die beiden standen sich jetzt wie Sieger und Besiegte gegenüber. Vor dem Zweiten Weltkrieg lebten auf dem Gebiet der späteren Tschechoslowakei rund 3,25 Millionen Deutsche und rund 6,25 Millionen Tschechen. Die Verlierer im Kampf um die staatliche Selbstständigkeit gruben sich an Ort und Stelle ein, dort, wo ihre Verwandten, Freunde und Bekannten lebten, sie versanken in der Erde und klammerten sich an Sprache, Bräuche, Sitten und Traditionen. Weder ließen sie sich von Hunger, Armut und Krieg vertreiben noch von Handel, Geld und Profit weglocken.

Hitler kam an die Macht, und die Mutter meines Schulfreundes jubelte ihm zu, genauso wie ihre Eltern es taten. Wenn die Nazis den Krieg gewonnen hätten, und alle, die sie kannte, hatten gehofft, dass sie siegen würden, wäre sie in Böhmen geblieben, die Juden waren weg, deportiert, und die Tschechen hätten sich dem Dritten Reich fügen müssen. Hitler hatte Pläne ausarbeiten lassen für die Besiedlung des Ostens mit Deutschen. Die deutsche Heimat würde mit den deutschen Siedlern in die Ferne wandern und sich dort niederlassen und die fremde Landschaft wäre im Laufe der Jahre als typisch deutsch kolonialisiert worden.

Als sie nach Deutschland kam, wohnte sie zuerst in Baracken und lebte am Rande des Existenzminimums, bis sie bei Fremden einquartiert wurde, die, wie sie selbst, Deutsche waren. Die Gastfamilie unterwarf sich widerwillig dem Zwang der Behörden, die Aussiedlerin bei sich aufzunehmen, sie wollten die junge Frau nicht in der Wohnung haben. Dann hatte sie Glück, sie fand einen Mann und heiratete ihn, und alles würde jetzt anders werden, sie hätte wieder ein Zuhause und eine Familie, das waren keine maßlosen Wünsche, und doch, sie zu erfüllen gelang nicht jedem, aber die Hoffnung war da, und es war nicht zu viel verlangt. Von der Flucht und von ihrem früheren Leben erzählte sie ihm kaum etwas. Ach, lass, und sie winkte ab, es ist vorbei, jetzt bin ich hier. Ach zu sagen und mit der Hand abzuwinken wurde zu einer Gewohnheit, weil alles, was sie erlebt hatte, sich nicht ändern ließ. Die Deutschen hier waren anders als die Deutschen dort, aber warum das so war, darüber dachte sie nicht nach, es hätte sich doch nichts geändert, wenn sie es gewusst hätte. Es fand ja einer nicht deswegen eine neue Heimat, weil er verstand, worin sich die alte von der neuen unterschied. Das Wissen hatte keinen Einfluss auf das Gefühl, und das Einzige, was sie tun konnte, war, zu hoffen, dass das alte Gefühl verschwand, sich auflöste und ein neues Gefühl entstand, dass es so, wie es war, gut war und dass ihr neues Zuhause ihre neue Heimat werden würde, auch wenn zwischen beiden immer eine Lücke blieb. Besser als Deutsche unter Deutschen eine neue Heimat suchen als in der Fremde.

Sie bekam einen Sohn, und erst Jahre später, als hätte sie etwas davon abgehalten, sofort noch ein Kind in die Welt zu setzen, Armut, eine unsichere Zukunft, Traurigkeit, Lebensmüdigkeit, den zweiten. Dann war Schluss, mehr Kinder hätten die finanziellen Möglichkeiten der Eltern überfordert. Die Siedlung, in der sie wohnten, bestand aus einfachen Häusern, gebaut nach dem Krieg, unter dem Druck, Wohnungen zu schaffen. Sie sah aus wie eine Zeltstadt aus Beton, dass einer ein Dach über dem Kopf hat, seine eigenen vier Wände, schlafen, essen, sich ausruhen von der Arbeit und wohnen, und das hieß, dass einer das Gefühl hatte, sesshaft geworden zu sein, Boden unter den Füßen zu haben, dass das Leben im Lot war und weiterging, normal, unauffällig, still, und keiner, der ausscherte, der anders war als die anderen. Im Erdgeschoss ein Wohnzimmer, alles mit ein, zwei Schritten zu erreichen, und eine Küche, groß genug für zwei. Die Söhne hatten im ersten Stock jeder ein Zimmer, neben dem Schlafzimmer der Eltern. Hinten hinaus war ein Garten mit Beeten, Gurken, Tomaten, Salat. Auf dem Haus lagen lange Zeit Schulden, die mussten abbezahlt werden, mit Überstunden. Die Möbel waren abgenutzt, die Teppiche zerschlissen, der Tisch nie üppig gedeckt.

Die Mutter war den ganzen Tag zu Hause, räumte auf, kochte, wartete auf die Söhne, dass sie von der Schule kämen, und wartete auf den Mann, dass er von der Arbeit käme, schaute die Söhne mit hoffnungsvollen traurigen Blicken an und den Mann mit sorgenvollen traurigen Blicken. Sie lief von der Küche zum Esstisch, deckte und räumte ab, ging ins Wohnzimmer, saß im Sessel und ruhte sich aus, abends setzte sie sich vor den Fernseher, und dann stieg sie die Treppe nach oben und legte sich ins Bett. Wenn das Wetter schön war, kümmerte sie sich um den Garten. Die Armut saß überall im Haus, aber zwischen den Blumen und dem Gemüse hatte sie nichts zu suchen. Der Blick sprang über die Zäune, hinter denen wieder Blumen und Gemüse wuchsen, und darüber stand der Himmel. Vom Garten aus gesehen, war die Armut ein Wicht, mit dem jeder fertigwerden konnte.

Die Nachbarn waren freundlich, aber Freunde, denen sie ihr Herz hätte ausschütten können, fand sie nicht. Sie kam aus dem Osten, und wer ihren Dialekt hörte, der erinnerte sich an das, woran er sich nicht erinnern wollte, an das Ende, die Niederlage, den Untergang des Dritten Reiches, und die Klage lag auf den Lippen, dass sie es schwer gehabt und alles verloren hatten, sie standen vor dem Nichts und mussten schweigen, als träfe sie die ganze Schuld und als wären sie zurecht bestraft worden, Besiegte im eigenen Land, unter Besatzern. Vor ihnen mochte sie nicht sagen, dass sie ihre Heimat vermisste, eine Deutsche, die sich aus Deutschland wegsehnte, aus der Gegenwart in die Vergangenheit, von der keiner reden wollte.

Ihr Mann arbeitete beim Straßenbau. Abends saß er auf dem Sofa vor dem Fernseher, die Arme vor der Brust verschränkt, und rauchte. Seine Kräfte waren verbraucht. Er starb, kaum älter als sechzig Jahre, an Lungenkrebs.

Keiner hatte ihn jemals klagen hören, dass aus ihm nichts anderes geworden war als ein Straßenarbeiter und dass er mit dem wenigen Geld, das er verdiente, ein Leben lang auskommen musste, ohne Hoffnung, dass sich etwas ändern würde, ein einfacher Arbeiter, den die Arbeit zu dem gemacht hatte, der er war, und der Krieg. Über Deutschland sagte er nichts. Über Deutschland und die Deutschen hatten schon zu viele gesprochen, gefährliche Dinge. Die Söhne hingen an ihm. Er stand aufrecht, mit geraden kräftigen Schultern und einem kleinen Bauch, der gut zu dem nachsichtigen Blick passte. Ein eindrucksvoller Kopf, eine hohe, runde Stirn, das Haar an den Seiten grau und gelockt. Er hielt sein Wort. Meine Heimat, dachte er und sagte dann, die sei hier, und er lächelte und wies mit dem Arm in die Runde, damit jeder sah, was er meinte, ein Fenster und eine Glastür zum Garten mit Gardinen, ein durchgesessenes Sofa und zwei Sessel aus braunem Kunstleder, ein niedriger Tisch, ein Wandschrank, ein Fernseher, kein Buch, ein Esstisch mit Stühlen, ein Schrank mit Geschirr, einfache Dinge, damit die Familie sich hinsetzen konnte zum Essen und zum Ausruhen. Das alles gehörte ihm, er hatte die Dinge gekauft und in das Haus hineingetragen, er hatte das Haus gebaut, andere hatten ihm geholfen, alleine hätte er es nicht geschafft, aber alle wussten, dass das sein Haus sein würde, und wenn er zur Baustelle fuhr, dachte er, ich baue mir ein Haus und da werde ich bleiben. Und auf der Straße, sagte er. Ich habe das halbe Leben auf der Straße verbracht. Erst der Krieg und dann der Straßenbau. Dass er nicht mehr lange durchhalten würde, ahnte er.

Seine Frau legte den Kopf schief und sang leise, ach, ja, ja, ach, ja, ja, und schaute versonnen drein. Ein Stichwort nur, und Erinnerungen rissen sie mit sich fort. Sie seufzte auf und stieß hohe Jammerlaute aus, ai ja, ai ja, ai ja. Die Söhne machten sich über die Anfälle von Wehmut lustig. Sie behandelten ihre Mutter wie ein Kind, fuhren ihr begütigend über den Kopf, schüttelten sie an den Schultern und lachten, als hofften sie, dass das Lachen ansteckend sein würde, es war aufgesetzt, doch ehrlich gemeint. Die Berührung half, sie fand dadurch aus einem Traum in die Wirklichkeit zurück, sie fing an zu kichern und tat so, als würde sie sich der Söhne und des Andrangs des Lebens erwehren, dabei genoss sie die Ausgelassenheit, die sie durchrieselte.

Wenn sie tagsüber allein zu Hause war, schlich sie durch die Zimmer, ein von Erinnerungen verfolgter wehleidiger Geist, der sich in das eigene Schicksal verbiss, unflexibel und stur wie alle, die sich von der Gegenwart abkehrten und die Vergangenheit ausschließlich im Licht des eigenen, verlorenen Lebens sahen. Sie verließ das Haus nur, um die nötigen Dinge zu erledigen, Einkäufe, Arztbesuche, die meiste Zeit war sie im Haus, und das Heimweh nagte in ihr. Erst zog der ältere Sohn aus, und dann starb der Mann, und der Sohn, der ihr noch blieb, sprach kein Wort mehr mit ihr, weil sie in seinen Augen schuld am frühen Tod des Vaters war. Mit ihren Klagen und ihrer Unzufriedenheit hätte sie ihm das schwere Leben noch schwerer gemacht. Er schloss sich in seinem Zimmer ein und ging ihr aus dem Weg, er weigerte sich, mit ihr an einem Tisch zu sitzen und zu essen, was sie gekocht hatte. Er kam von der Schule und ging in sein Zimmer hoch, hörte Musik, las und verschwand wortlos aus dem Haus, er trieb sich draußen herum, im Wald. Nachts schlief der Sohn mit Hassgefühlen ein und dem Vorsatz, dass er weggehen werde, sobald er alt genug war, weg von der Mutter, die im Zimmer nebenan auf dem Bett lag, verzweifelt, verstört, schlaflos. Unter ihren Augen breiteten sich braunlila Ringe aus, sie sah aus wie eine hundertjährige Schildkröte, die sich nicht mehr vom Fleck bewegen würde, bis der Tod sie holte. Sie wusch sich kaum und wechselte selten die Kleider, saß allein am Mittagstisch und allein vor dem Fernseher, lag allein im Bett und starrte Stunden in sich hinein. Wenn sie morgens erwachte, war der Sohn schon in die Schule gegangen. Sie blieb im Bett liegen, zerschlagen von der Nacht, den Träumen, dem Alleinsein, lauschte auf die Stille, die sich im Wohnzimmer sammelte und, sobald sie groß, schwer und mächtig war, die Treppe hochstieg, durch die Tür des Schlafzimmers kam und sich auf sie legte wie eine Sargplatte. Sie rang nach Luft, das Herz begann zu rasen, und Tränen liefen. Die Stille blieb auf ihr liegen, und erst als die alte Frau sich geschlagen gab und dachte, sie würde lieber sterben als so weiterzuleben, rutschte die Stille von ihr herunter, und sie hörte ein Auto am Haus vorbeifahren und Vögel im Garten zwitschern. Sie wälzte sich aus dem Bett, ihr war schwindelig, ging die Treppe hinunter und ins Wohnzimmer, stellte sich ans Fenster und sah in den Garten hinaus, als wäre er ein Stück von früher, als ihr Mann noch lebte. Ach, ai ja, ai ja, ai ja, sang sie, und dann sagte sie, zieh dich an, es ist spät, wenn der Junge aus der Schule kommt, muss er etwas essen.

Die Söhne verstanden das Heimweh nach Böhmen nicht, sie interessierten sich nicht dafür, woher die Mutter gekommen war. Du und dein Böhmen, sagten sie, ohne eine genaue Vorstellung von Böhmen zu haben, dort sind jetzt die Russen, die Sowjets, da kommst du nicht mehr hin. Hitler, der Krieg und sechs Millionen ermordete Juden waren wie eine Wand. Dahinter lagen die alten Geschichten von Deutschland und dem Deutschen Reich und Wörter, die sie nicht benutzten, Heimat, Volk, Rasse, Vaterland. Die Väter und Mütter standen mit dem Rücken an der Wand, und die Söhne und Töchter sahen Deutsche und hinter ihnen Konzentrationslager, die sich bis zum Horizont hin ausdehnten, Territorien der radikalen Heimatlosigkeit, der totalen Leere, wo jede Erinnerung und jede Geschichte verendete, wo Menschen lebten, die weder Menschen sein noch leben durften und vor deren Blicken alles zu nichts zerfiel, was nicht der Hilfe des Nächsten diente, dem nackten Überleben. Wenn die Söhne und Töchter das Wort Heimat hörten, überschütteten sie das Wort mit Verachtung, sie nahmen es nicht in den Mund, sie wollten von ihr nichts wissen. Sie sagten Bundesrepublik Deutschland, froh, nicht Deutschland sagen zu müssen. Die Nazis hatten ständig von Deutschland, dem deutschen Volk und der Heimat gesprochen. Nach dem Krieg wurde das Land geteilt, als sollte mit den Deutschen ein Versuch angestellt werden, was aus ihnen würde, im freien Westen und im sozialistischen Osten. Das Dritte Reich war untergegangen, aber verschwunden war es nicht, aus den alten Nazis wurden Politiker, Richter, Ärzte, Polizisten, Lehrer, Professoren und Verwaltungsbeamte. Die Söhne und Töchter, die über Auschwitz mehr wussten als ihre Eltern, schauten sich keine Burgen, Schlösser und Kirchen an, sie fuhren nicht auf dem Rhein und auf dem Neckar, sie wanderten nicht im Spessart und im Odenwald, sie lasen nicht die Nibelungen, sondern Faulkner, Hemingway und Steinbeck, sie waren die erste deutsche Generation, die sich für die amerikanische Kultur entschied, deren Einfluss keiner mehr entkommen würde. Deutsch war, was die Eltern dachten, machten und mochten, Gewohnheiten, Vorlieben, Ansichten, die ihre Unschuld, falls sie unschuldig gewesen waren, 1933 verloren hatten.

Am 29. September 1938 schlossen Großbritannien, Italien und Frankreich mit Deutschland in München ein Abkommen, woraufhin Hitler die sudetendeutschen Gebiete der Tschechoslowakei in das Dritte Reich eingliederte. Im März 1939 rückten die deutsche Wehrmacht und die Gestapo in Prag ein, und die Nazis riefen das Protektorat Böhmen und Mähren aus. Hitler ernannte Konstantin Freiherr von Neurath zum ersten Reichsprotektor. Der Freiherr blieb bis 1941 im Amt, dann wurde er ausgewechselt. Sein Nachfolger war Reinhard Heydrich, Chef des Reichssicherheitshauptamtes in Berlin, betraut mit der Endlösung der Judenfrage. Er berief am 20. Januar 1942 die Berliner Wannsee-Konferenz ein, auf der die Einzelheiten der Ausrottung erörtert wurden. Am 27. Mai 1942 fand seine Karriere ein jähes Ende, als er in Prag Opfer eines Attentats wurde. Verantwortlich für die Tat waren tschechoslowakische Widerstandskämpfer, sie handelten im Auftrag der tschechoslowakischen Exilregierung, die in London saß. Heydrich starb wenige Tage später an den Verletzungen. Die Nazis rächten sich, sie zerstörten das Dorf Lidice, in dem sie einige der Attentäter vermuteten, sie erschossen alle männlichen Einwohner, die über fünfzehn Jahre alt waren, deportierten die Frauen in das Konzentrationslager Ravensbrück im Landkreis Templin und schickten die meisten der Kinder in das Lager Kulmhof/Chelmno in Polen, in dem sie vergast wurden.

Vierzehn Millionen Deutsche verloren nach dem Ende des Zweiten Weltkrieges ihre Heimat, sie wurden aus dem Osten vertrieben, ließen Hof, Haus, Arbeit, Freunde und Gewohnheiten zurück. Die Flüchtlinge kamen aus Ostpreußen, Pommern, Schlesien, aus Polen, Ungarn und der Tschechoslowakei, aus der Sowjetunion, Rumänien und Jugoslawien. Zwei Millionen Deutsche sollen bei der Vertreibung ums Leben gekommen sein. Die Mutter meines Schulfreundes war im Tross, sie ging zu Fuß, saß auf einem Karren, in einem Waggon. Die Flucht hat sie bis in die Träume hinein verfolgt.

An die ermordeten Juden dachten sie nie. Sie hatten gesehen, dass Juden abgeholt wurden, aber sie hatten nicht darüber nachdenken wollen, was mit ihnen geschah. Wer weiß, wohin sie gehen, sie tragen Koffer, sie haben ihre Kinder dabei, es wird so schlimm nicht sein. Wenn sie Juden weinen sahen, sagten sie, was gehen uns die Juden an. So war es doch, dachten die Söhne und

Töchter, die in dem Land lebten, von dem das Unglück ausgegangen war, Deutsche, die wussten, was Deutsche gemacht hatten, und sich fragten, warum Deutsche die Vernichtung der europäischen Juden geplant, organisiert und durchgeführt hatten, und sie dachten, dass es besser sei, kein Deutscher zu sein in dem Sinne, wie ihre Eltern Deutsche gewesen waren, gesetzestreue Staatsbürger, willige Konsumenten einer deutschen Ideologie von deutscher Kunst und Kultur, Bewohner eines Landes, zu dem sie eine besondere Beziehung zu haben behaupteten, die sie ihr Heimatgefühl nannten, so wie umgekehrt alles, was ihr Heimatgefühl weckte, auf irgendeine Art und Weise Deutsch sein musste und mit Deutschland zusammenhing, ja eine Idee von Deutschland, was es sei, erst entstehen ließ. Die Idee blieb immer hinter der Wirklichkeit zurück, das Gefühl hinter den Realitäten. Die einen sagten Goethe, Schiller, Herder, aber was hatten sie von den Klassikern gelesen und was verstanden? Und mit Fichte, Kant und Hegel ging es genauso. Die anderen dachten an die deutsche Geschichte und hatten nur eine Abfolge von Kaisern, Königen und Kriegen im Kopf. Die dritten schwärmten von der Landschaft und der regionalen Küche und kannten nur Norddeutschland und seine Spezialitäten. Heimweh nach Deutschland war ein Reflex von Bürgern auf die nationale Selbstbehauptung. Die Grenzen der Heimat wurden vom Staat gezogen.

Der sudetendeutsche Witikobund gehörte zu den Verbänden und Gruppen der Vertriebenen, die sich im Westen zusammenfanden, um der verlorenen Heimat zu gedenken und daran zu erinnern, dass ihnen ein Unrecht geschehen sei, das nach Wiedergutmachung verlangte. Der Name des Witikobundes ging zurück auf Stifters Roman *Witiko*, der im böhmischen Mittelalter spielte. Die Mutter meines Schulfreundes hätte viel Freude und Lebensmut aus dem Roman ziehen können, wenn sie das Buch gekannt hätte. Alles ging in dieser Geschichte langsam vor sich, sogar die Vögel flogen langsam und die Blätter fielen langsam von den Bäumen, und der Bach rauschte langsam den Berg hinab. Der Held Witiko tat so, als hätte er alle Zeit der Welt, er stand morgens auf von seinem Lager, schaute sich lange um, als käme er von weither und müsste sich erst einmal orientieren, wo und wer er war, und überlegen, was seine Aufgabe sei, und dann, seiner Sache gewiss, holte er sein Pferd, saß auf und ritt los, durch die Wälder, ganz in Ruhe, er preschte nicht in Eile davon, er zwang das Pferd nicht zum Galopp. Er wandte sich, wie von unsichtbaren Fäden gezogen, erst nach links, dann nach rechts, ritt einen Bergkamm hinauf und einen anderen hinunter, er schaute in ein Tal und blickte auf Lichtungen, er kreuzte Wege und verließ andere, folgte Flussläufen, wandte sich nach links und darauf nach rechts, zog an diesem, dann an jenem Waldessaum entlang, blickte versonnen in ein letztes Tal und sah, Stunden waren vergangen seit seinem Aufbruch, die Sonne sinken. Da stieg er vom Pferd ab und bereitete sich ein Nachtlager. Noch war er nicht dort angekommen, wohin zu gehen er aufgebrochen war. Die Zeit lief ihm nicht davon, es war eher so, als wäre er selbst die Zeit, als würde er sie machen, mit großen gemächlichen Schritten.

Er kam aus der Natur, wo alles ein Werden, Blühen und Vergehen war und ein Gleichgewicht, und ging in die Geschichte, wo ein Wollen, Drängen und Streiten war und alles auf ein Ziel, auf eine Erfüllung, eine Stabilität oder auf Zerstörung und Chaos hinauslief. Er mischte sich ein in die Wirren um die böhmische Herrschaft, erfüllte seine Aufgabe und zog sich dann aus der Geschichte wieder zurück in die Natur, auf sein Gut in Oberplan, und schöpfte Kraft und Sinn aus dem Werden, Blühen und Vergehen und dem Ausgleich, den die Natur schaffte. Als die Zeit reif war, ging er erneut in die Geschichte hinein, die mit seiner Hilfe zu einem Ziel, einer Ordnung kam. Darauf baute er sich eine Burg und heiratete. Später zog er zwei Mal nach Italien, um Mailand zu unterwerfen.

12

Das junge Leben auf dem Land

Auch aus dem *Witiko* hätte ich meinem Vater vorlesen können, ich wusste ja, dass er dieses Buch mehr als die anderen Werke Stifters schätzte und mochte. Aber ich dachte, dass ich diese Geschichte in den wenigen Tagen und Nächten, die uns blieben, niemals bis zum Ende würde vorlesen können, und entschied mich deswegen für eine Erzählung, als hätte ich, vor seinem Sterbebett sitzend, mir Sorgen darüber machen müssen, ob ich noch eine andere Geschichte als die, die sich vor mir abspielte und deren Teil ich war, zu ihrem Ende bringen würde. Für das Ende von Romanen und Erzählungen konnte sich nur der interessieren, der den eigenen Tod nicht unmittelbar vor Augen hatte. Wiederum hatte er auf die Innenseite des Einbandes seinen vollen Namen geschrieben und dazu das Jahr vermerkt, in dem er in den Besitz des Buches gekommen war, 1938. Diese Angaben dienten einer Art von Inventur, von Historisierung des eigenen geistigen Lebens. Auf Tische und Stühle, Anzüge und Schuhe werden die Angaben nicht gesetzt. Der Geist war eine Ansammlung von Eindrücken und Erfahrungen, die sich bewahren ließen. Der eine legte sich ein privates Fotoalbum an oder führte sporadisch Tagebuch, der andere ging systematischer vor und katalogisierte Dokumente. Der Kunsthistoriker Jacob Burckhardt hat auf seinen Reisen viel Geld ausgegeben, um Stiche und Fotografien von den Kunstwerken mitzubringen, die er gesehen hatte. Was auf diese Weise entstand, war eine Tradition, die im kleinen Maßstab der großen Tradition eines Landes entsprach. Das Gedächtnis bekam Stützen, auf denen der Bau des Bekannten ruhte. Diese Art Pflege des eigenen Geistes korrespondierte mit dem Gefühl, in bestimmten Gegenden heimisch zu sein, als würde eine Landkarte angelegt, auf der nicht die Straßen verzeichnet waren, sondern der Ort und der Tag, an denen einer in besonderem Maße auf die Welt reagierte, weil sie schön und bedeutsam war.

Die Generation junger Deutscher, die nicht als Soldaten im Ersten Weltkrieg gekämpft hatte, konnte sich 1933 an der Vorstellung berauschen, dass Deutschland von einer politischen, sozialen, kulturellen und moralischen Revolution erfasst würde und sie dabei eine Rolle spielen könnten. Sie würden Teil eines Ganzen sein, ob sie in Deutschland lebten oder im Ausland. Die Geschichte bewies eine solche Kraft und Dynamik, dass keiner so tun konnte, als existierte sie nicht. Jeder Deutsche wurde von ihr erfasst und dazu gezwungen, historisch zu denken und zu fühlen, sie verband ihn mit der deutschen Heimat, mit einem Land, das auf eine tausendjährige Vergangenheit zurückblicken konnte und dabei war, in ein tausendjähriges Reich einzutreten. Im *Witiko* war der Sog der Geschichte sofort zu spüren, sie erwachte wie aus einem langen Schlaf und riss alle mit sich fort. Sie war die ganze Zeit da gewesen, ohne sich bemerkbar zu machen, aber jetzt stand sie auf, reckte sich zu voller Größe und schritt, ein Ziel vor Augen, dahin. Ein Jahr, nachdem mein Vater sich den Roman gekauft hatte, am 1. September 1939, begann Deutschland den Zweiten Weltkrieg, durch den sechzig Millionen Menschen starben.

Mein Vater wurde kurz nach dem Ende des Ersten Weltkrieges in einem Dorf in Süddeutschland geboren. Er lebte dort, bis die Familie nach Südamerika auswanderte. In dem Dorf und in der unmittelbaren Umgebung gewann er die ersten Eindrücke davon, was es hieß, auf der Welt zu sein. Die Jahre verliefen glücklich, weder ihm noch den Eltern, Geschwistern und Großeltern stieß ein Unheil zu, das ihn aus der Geborgenheit geworfen hätte. Der Ausschnitt von Welt, den er überblickte, war winzig, er fühlte sich dort sicher und aufgehoben. Nie wäre er auf die Idee gekommen, woanders hinzugehen. Wie es war, so war es gut und hätte für immer so bleiben sollen.

Subjekt und Objekt, sagten die Philosophen, und nach diesem Modell sähe es so aus, als wäre ein Kind auf der einen und die Welt auf der anderen Seite, und ein Fluss würde die beiden trennen, und das Kind schwämme hinüber, um die Welt zu entdecken, zu erforschen und sie sich anzueignen, und im Laufe der Jahre würde es immer mehr von der Welt mit sich herumtragen, wie in einem Sack. Die Welt aber stand nicht still am anderen Ufer und wartete auf Albrecht, dass er zu ihr käme, sondern sie setzte sich in Bewegung und ging auf ihn zu und drang in ihn hinein. So einfach war es eben nicht, dort der Junge und hier die Welt, dort ein junges Bewusstsein und hier die Dinge, obwohl der Augenschein diese Annahme nahelegte. Albrecht ging hierhin und dorthin, er nahm Dinge in die Hand, betrachtete sie, erwog ihre Bedeutung, ihren Nutzen. Schon von der ersten Sekunde an ließen sich die beiden, Subjekt und Objekt, nicht trennen. Sie waren nicht ein und dasselbe, Albrecht blieb Albrecht, aber die beiden bildeten eine Einheit.

Da die Dinge sich anfassen, hören, riechen und schmecken ließen und einen Namen bekamen und sich den Wünschen und Zwecken beugten, setzte sich auch bei dem Jungen der Eindruck durch, die Welt sei das, was draußen ist, außerhalb von ihm selbst, Haus, Baum, Wald, Tisch, Bett, Himmel, und er sei das, was drinnen ist, in ihm selbst, Gedanke, Gefühl, Wille, Lust, Traum. Der Eindruck verfestigte sich, je älter Albrecht wurde, er entsprach der Erfahrung, die er täglich machte, und wurde von den Menschen geteilt, mit denen er zusammen war.

Am Anfang, als er zum ersten Mal Luft holte und die Augen aufschlug und am ganzen Körper spürte, dass sich etwas Grundlegendes bei ihm geändert hatte, wurde er von den Eindrücken, heiß und kalt, hell und dunkel, lustvoll und schmerzvoll, so überwältigt, dass er, hätte er reden und seinen Zustand beschreiben können, nicht die Ansicht vertreten hätte, die Welt wäre alles, was da draußen war. Es war offensichtlich, dass die Welt all das war, was er war, und dass er all das war, was die Welt war. Ihm war unheimlich zumute, weil etwas mit ihm geschah, das er nicht kannte. Das Kind kam sich verloren und ausgeliefert vor, nicht einem Dritten, sondern sich selbst. Dann wieder schien alles in Ordnung zu sein, es fühlte sich von sich selbst eingehüllt, in Sicherheit, ein sanftes Dahindämmern, das nicht von Schmerzen oder anderen auftrumpfenden Reizen gestört wurde, eine heimelige Symbiose, die dem Kind vertraut war, seine erste Erfahrung, ein ungetrübtes, umfassendes Gefühl, ohne die Last einer Individuation, als wäre die Welt nur eine Form und das Selbst füllte sie lückenlos aus, und umgekehrt, als wäre das Selbst nur eine Form und die Welt füllte sie aus, sodass sich ein Unterschied zwischen Form und Inhalt nicht bemerkbar machte, embryonale All-Einheit, Hegels Identität von Identität und Differenz, grenzenlose Heimat, ein absolutes Gefühl. Wenn so das ganze Leben verlaufen würde, es wäre reines Glück.

Der Junge wurde von fremden Mächten, die es gut mit ihm meinten, in den Arm genommen, geherzt, geküsst, genährt und gewickelt. Die Mächte hatten einen besonderen Geruch, Duft und Atem, sie waren von eigenartiger Plastizität und Wärme, hatten einen bestimmten Klang, waren Melodie, Stimme, Dialekt im Sprechen, Singen und Summen, hatten Energie, Kraft und Festigkeit in den Händen, in Brust und Lippen und besaßen eine besondere Materialität, Haut, Fleisch, Knochen, Haare und Stoffe. In der Welt zu sein bedeutete, sich als Unterschiedenes wahrzunehmen, als einen Teil, der zufrieden und glücklich, und einen anderen, der unzufrieden und unglücklich war. Die Erfahrung, die den Unterschied machte, setzte das Kind zu sich selbst in ein Verhältnis. Aus der All-Einheit wurden zwei Zustände, gut und schlecht, Lust und Leid, Glück und Unglück, Himmel und Hölle. Das Kind gewöhnte sich an die Anwesenheit einer Macht, die das Gute brachte, es spürte, dass es besser für sein Befinden war, wenn sie da war, als wenn sie nicht da war. Es wünschte sie herbei, es verlangte nach ihr und schrie, und sie kam zu dem Kleinen und erlöste ihn von den schlechten Empfindungen, Blähungen, Hunger, Durst, Schmerz. In den Armen der guten Macht, verschwand die böse Macht, und es gluckste und schlief, bis das Übel wieder auftauchte und das Kind quälte und es dazu brachte, zu jammern und zu schreien.

Als ihm bewusst wurde, dass das Gute und das Böse, das Angenehme und das Unangenehme kamen und gingen, wie es ihnen gefiel, dass es nicht in seiner Hand lag, über sie zu gebieten, dass es das Böse nicht vertreiben konnte und das Gute nur rufen und auf es warten musste, schlossen sich die beiden Mächte zu einer Welt zusammen, die außerhalb seiner war. Das Kind war Erwartung, Reaktion, es empfing, nahm auf, sträubte und wehrte sich, gab sich hin und gab nach. Wenn diese Reaktionen nicht geweckt wurden, lag die Welt im Gleichgewicht, herrschte ein Gleichstand der Kräfte, weder das Gute noch das Böse überwog, und der Frieden, die Ruhe und der Stillstand wurden nur unterbrochen von Lauten, Türen gingen auf und schlugen zu, Schritte kamen und entfernten sich, Stimmen waren zu hören und verstummten, Töpfe klapperten, Regen fiel, Vögel zwitscherten, Melodien erklangen, von Gerüchen, die er nicht zuordnen konnte, und von den Gefühlen für die Dinge, die er ergreifen konnte, Decke, Stofftier, Rassel und die Haut, die er selbst war.

Die Welt, in der Gutes und Böses und er selbst waren, wurde im Laufe der Jahre größer, die Gewichte verschoben sich, der Junge gewann an Kraft und Einfluss, war nicht mehr nur Reaktion, er agierte, schuf sich selbst Lust und Unlust, er fand den Willen, etwas zu tun, zu bewirken. Die gute und die böse Macht ließen ihn gewähren, sie traten in den Hintergrund zurück und gewannen ein Gesicht, Vater, Mutter, Unbekannte, eine Form, der Tisch, an dem er sich stoßen konnte, eine Abfolge, auf einen Baum klettern und fallen, eine Bezeichnung für Dinge und Vorgänge, Bett und schlafen, Hose und anziehen, Teller und essen. In ihm war das Vertrauen, dass die Welt gut sei, und wenn sie ihm wehtat, sollte der Schmerz rasch vorübergehen und Hilfe und Trost nahe sein.

In den wenigen Jahren, die er in einem Dorf in Süddeutschland lebte, wuchs er in die Welt hinein. Die Eindrücke und Erfahrungen, die er gewann, die Erlebnisse, die er hatte, schmolzen zu einem Gefühl von Geborgenheit und Zugehörigkeit zusammen, das er später Heimat nannte und wie ein Andenken an die Kindheit in sich trug, noch jetzt, da er im Krankenbett auf dem Rücken lag, die Augen geschlossen, den Kopf gerade auf dem Kissen ausgerichtet, die Hände auf der Brust übereinandergelegt, fast so, als wollte er sie zu einem letzten Gebet falten. Der Himmel im Fenster hinter ihm war grau, wie meistens in den Städten. Er würde ihn nicht mehr sehen, auch kein Gras, keinen Baum, nicht den Mond, nicht die Sonne. Ihm blieben nur wenige Dinge, Betttuch, Wand, Schlauch und die Haut, die seine eigene war, er selbst, alt, trocken, schlaff, ein Rest.

Der erste Ort der Heimat, der innerste Kreis, um den sich andere bildeten, war das Elternhaus, wo einer sich heimisch fühlte, solange er die Nähe der Eltern und der Geschwister suchte, solange er sich ihnen verbunden fühlte wie keinen anderen Menschen sonst. Bevor er wusste, was Eltern waren, hatte er es erfahren, gespürt. Sie waren die ersten Menschen, mit denen er zu tun hatte, sie halfen ihm, er konnte sich auf sie verlassen, sie beschützten ihn, er spiegelte sich in ihnen, durch sie lernte er, ohne dass er sich dessen bewusst war, zu laufen und zu sprechen, sie erklärten ihm, was ihm unverständlich war, sie besaßen das Wissen, mit dem sich Probleme lösen ließen, und sie stellten eine Macht und eine Ordnung dar, der er sich fügte, so wie er später die Gesetze des Staates einhielt, den Ratschlägen von Ärzten folgte und sich den statischen Berechnungen eines Architekten unterwarf, als es darum ging, ein Haus zu errichten. Im Bann und Schutz der Eltern erkundete Albrecht das Haus und den Garten, sah Blitze und hörte Donner, sah Mond und Sterne, lernte Tiere kennen, Vögel, Insekten, Hunde und Katzen und die ersten fremden Menschen. Er zog Kreise um sein Reich, vergrößerte seine Welt, sah den Wald, den Weg über die Felder, den Fluss, den Horizont. Lust und Neugier auf das Unbekannte, Neue und Geheimnisvolle lockten den Jungen, und er genoss den Schauer und die Freude, die sie weckten. Was er erfuhr und erlebte, ob es ihm vor Augen lag und sich in die Hand nehmen ließ, ob es einen Namen hatte oder ihn sprachlos machte, es rief Gefühle hervor, war warm oder kalt, weich oder hart, gewann für ihn eine Bedeutung und ging ihm zu Herzen oder blieb davon ausgeschlossen. Die Eindrücke, die die Welt in ihm hinterließ, waren besondere, es waren seine Eindrücke, die er sammelte. Jede Erscheinung hatte für ihn eine Form und eine Farbe, besaß einen eigenen Geruch, eine spezifische Dichte und Schwere. Das Leben auf dem Land schenkte dem Jungen Ansichten der Natur, die dem kindlichen Gemüt, dem Bedürfnis nach Freundschaft mit den Dingen, nach einer überschaubaren und zugänglichen Welt entsprachen. Die beiden klangen wie in einem harmonischen Akkord zusammen, sie fügten sich ineinander, wie Wiese und Bach, Wolke und Himmel, Reh und Wald, Hase und Feld. Kein schriller Reiz des Fremdartigen, Störenden fuhr dazwischen. Das Kind zog mit dem Naturrecht eines Eingeborenen, als der es sich verstand, eine Grenze um das Ensemble der vertrauten Dinge, es entschied, ob etwas, das neu, unbekannt war, dazugehören durfte oder nicht, und es prüfte, ob alles an seinem Platz war und was sich veränderte. Täglich schaute es in die Runde und lief durch sein Reich, auch wenn es nicht größer als ein mit den Geschwistern geteiltes Zimmer, eine Wohnung in einem Mietshaus, ein Hinterhof, eine Straße gewesen wäre.

Theodor Heuss, der erste Präsident der Bundesrepublik Deutschland, hat in einer Reiseskizze über den Bodensee und die Insel Reichenau aus dem Jahr 1927 erzählt, wie das Licht eines einsamen Autos den Reiz einer besinnlichen Nacht zerstören und ihn aus dem Gleichgewicht seiner Träumereien werfen konnte. Das Licht überschritt eine Linie, die Heuss um ein imaginäres Refugium gezogen hatte. »Man schmeißt ihm wie ein Gassenbube einen himmellangen und schrecklich steigenden Fluch nach; das ist aber nur halbe Befreiung der Seele und darf eigentlich an diesem Ort nicht geschehen. Denn wenn man, glücklicherer Laune und alle herrliche Hitze der Luft und dieses atmenden Bodens in sich saugend, auf schmalen Pfaden über die sanften Rebhügel wandert, spricht man, zufällig und doch fast etwas andächtig, die zwei kleinen Worte vor sich hin: fromme Welt, fromme Welt, und hängt dem Sinn der Silben nach, die von ungefähr kamen und nun die Schritte, die Stunden, die Tage begleiten.« Eine fromme Welt ist im Gebet versammelt, sie glaubt an Gott, sie ist erfüllt von göttlichem Sinn, eine in sich ruhende Einheit, zu der sich der Wanderer zugehörig fühlt. Er vertraut sich ihr an. Darin liegt seine Frömmigkeit, dass er an sie glaubt, an ihre Unschuld, welche Geschichte sich auch auf ihrem Boden abspielte, an ihre Gottgegebenheit.

Wer dort mit diesem Gefühl wanderte, der ging wie durch ein Bad, das ihn von den Schlacken der Zeit reinigte, der lief nicht nur durch die Gegend und schaute sich etwas an, erfrischt, müde, gelangweilt. Die fromme Welt zeigte sich nicht jedem, es musste einer dafür bereit sein, eine Erinnerung, ein Wiedererkennen mussten sein Gemüt und seine Seele berührt und geweckt haben. Die fromme Welt war ein Nachglanz aus den Kindertagen.

Von Naturfrömmigkeit, vom Glauben an eine natürliche Ordnung, war auch ein Kind erfüllt, wenn es über den elterlichen Garten hinausstrebte, über Weide und Feld, einen Hügel und in einen Wald. Im Geviert der geographischen Breiten- und Längengrade des Ortes, an dem es auf die Welt kam, wanderten seine Sinne mit den Jahreszeiten, dem Kreislauf von Frühling, Sommer, Herbst und Winter. Blühende Obstbäume und Blumenwiesen, Störche, im Wind wogende goldene Getreidefelder, Füchse, gelb und rot leuchtende Herbstblätter, Raubvögel und Schnee, der die ganze Erde bedeckte, bis kein Laut mehr zu hören war. Schlitten fahren und auf einem zugefrorenen Teich über das Eis schlittern, neben Bauern auf einem Heuwagen sitzen, Äpfel und Birnen aufsammeln, Kirschen und Erdbeeren pflücken, mit anderen Kindern im Fluss schwimmen und auf dem Rücken schwerer Pferde schaukeln, Milch holen bei der Bäuerin, Wasser aus dem Dorfbrunnen pumpen. Morgens krähte der Hahn und riss alle aus dem Schlaf. Albrecht lernte Bäume zu unterscheiden, Birke, Eiche, Linde, Pappel, Buche, er lernte die Namen der Vögel, Spatz, Amsel, Rotkelchen, Blaumeise, Schwalbe, Habicht, Bussard, Eule, er ging in die Kirche, zum Bäcker, zum Schmied, stand vor einem Rathaus, vor einem Stadttor, rannte eine Straße aus Kopfsteinpflaster entlang und lief einen Berg hinauf zu einer Burg, er besuchte ein Kloster und ein Schloss, sah von einer Brücke herab Schiffe auf einem breiten Fluss fahren, dem Neckar. Um den Garten, in dem er saß und an einem Holzzweig schnitzte, lief eine unsichtbare Mauer, die er sein Leben lang nicht würde abtragen können, ob er nun mehrere Sprachen sprechen oder in vielen Ländern wohnen würde, sie blieb um ihn stehen, so wie sie um alle anderen stand und jeden daran erinnerte, dass keiner seiner Zeit entkommen und keiner sich aussuchen konnte, wo er als Kind lebte und aufwuchs, der eine im Plattenbau, der andere im Waisenheim, der dritte im Sozialbau, der vierte unter Trümmern, der fünfte im Kinderzimmer eines Einfamilienhauses, einer in der Stadt, einer auf dem Dorf, der eine im Norden, der andere im Süden, oder im Westen oder im Osten – und beschwörend murmelte Albrecht vor sich hin:

Jung Siegfried war ein stolzer Knab',
Ging von des Vaters Burg herab.

Wollt' rasten nicht in Vaters Haus,
Wollt' wandern in alle Welt hinaus.

Begegnet' ihm manch' Ritter wert
Mit festem Schild und breiten Schwert.

Er stockte, dachte nach, ob ihm der Rest einfiele, schaute auf seine Socken, auf das Taschenmesser und das frische Stück Holz, dann wusste er wieder, wie das Gedicht weiterging, lange seit diesem Tag vergessen, von keinem mehr erinnert, versunkenes Gut:

Siegfried nur einen Stecken trug,
Das war ihm bitter und leid genug.

Und als er ging im finstern Wald,
Kam er zu einer Schmiede bald.

Da sah er Eisen und Stahl genug,
Ein lustig Feuer Flammen schlug.

»O Meister, liebster Meister mein!
Laß du mich deinen Gesellen sein!

Und lehr' du mich mit Fleiß und Acht,
Wie man die guten Schwerter macht!«

Sein Herz begann lauter zu klopfen, er hielt kurz inne, betrachtete, was er mit dem Messer angerichtet hatte, ob aus dem langen Stück Holz ein Pfeil wurde, spitz genug, einen Drachen zu
töten, und fuhr fort:

Siegfried den Hammer wohl schwingen kunnt,
Er schlug' den Amboß in den Grund.

Er schlug, daß weit der Wald erklang,
Und alles Eisen in Stücke sprang.

Und von der letzten Eisenstang'
Macht er ein Schwert so breit und lang.

Er lächelte, zufrieden mit sich und dass ihn das Gedächtnis nicht
im Stich ließ, dass ihm eine Geschichte einfiel zu dem, was er
tat, nicht eine ausgedachte, sondern eine, die er gelernt hatte,
die ein anderer gemacht hatte, den er nicht kannte, und die von
früher kam, er wusste nicht von wo, und die ihn über diese
Unwissenheit hinweg mit etwas verband, das hinter ihm im
Dunkeln lag und doch mit ihm etwas gemein hatte, sonst
würde ihm das Gedicht nicht gefallen, sonst hätte er es vergessen oder würde es nicht für sich aufsagen. Das war wie
eine unausgesprochene Nähe, eine Art stille Zuneigung, eine

Attraktion durch die Ferne, wie bei einem alten Volkslied oder einem Gebet, eine Beziehung zwischen Anwesenden und Abwesenden.

»Nun hab' ich geschmiedet ein gutes Schwert,
Nun bin ich wie and're Ritter wert.

Nun schlag' ich wie and'rer Held
Die Riesen und Drachen in Wald und Feld.«

Die Ballade *Siegfrieds Schwert* hatte Ludwig Uhland 1812 geschrieben. Albrecht lernte sie von seinem Vater, dem das Gedicht Wort für Wort wieder einfiel, als er seinem Sohn die Geschichte von Siegfried erzählte. Die Drachen auf den Feldern und in den Wäldern sind Maschinen, sie holen die Ernte ein, Kartoffeln, Gurken, Rüben, Getreide und gefällte Bäume, auch noch spät in der Nacht, wenn die Zeit drängt, mit glühenden Scheinwerfern. Siegfried hat gegen sie nichts ausrichten können, er tauchte unter, und ein zahmer Opernheld für Erwachsene rückte an seine Stelle. Die Phantasie der Kinder bevölkern andere, namenlose Soldaten, mit Schnellfeuerwaffen und Granaten, die in namenlosen Gegenden kämpfen. Aus Geschichten wurden Spielanleitungen, Einsatzpläne, Strategien. Es geht um das nackte Überleben.

Der Vater hatte ihm die Burg Lichtenstein auf einem ihrer Ausflüge gezeigt und reichte ihm Wilhelm Hauffs Roman *Lichtenstein*, damit er etwas über die Geschichte der Heimat lernte. Der Roman war 1826 erschienen und er gefiel Herzog Wilhelm von Urach, Graf von Württemberg, so gut, dass er wenige Hundert Meter von der zerfallenen mittelalterlichen Burg Lichtenstein entfernt eine neue bauen ließ. Die Geschichte handelte von Herzog Ulrich von Württemberg, der vom Schwäbischen Bund aus dem Land vertrieben wurde und im Bauerkrieg vergeblich darum kämpfte zurückzukehren. Der Heerführer des Schwäbischen Bundes war Georg Truchsess von Waldburg-Zeil, der viele Jahre im Dienst des Herzogs gestanden hatte und jetzt gegen ihn ins Feld zog. Er war es auch, der die aufständischen Bauern vor Würzburg schlug. Im Jahr 1534 kam Herzog Ulrich wieder in den Besitz seines Landes. Er stellte sich auf die Seite der Reformation und legte damit den Grundstein für zahlreiche protestantische Pfarrhäuser, deren große Zeit, als in ihnen Dichter und Denker geboren wurden, längst abgelaufen ist. Von ihnen wird die Erinnerung bleiben, dass sie, wie Kirchen, Fachwerkhäuser, Burgen und Schlösser, einmal mehr waren als Gebäude, die in die Gegenwart ragen wie stumme Zeugen, Attraktionen für Touristen aus Deutschland und anderen Ländern, Fälle für die Denkmalpflege, eine Last, die das unternehmerische Traditionsbewusstsein schultert, weil mit ihr auf einfache Weise Heimatkunde betrieben werden kann. Sie gleichen Attrappen, Hüllen, die ihre Leere dadurch kaschieren, dass sie darauf beharren, sie würden regionale und nationale kulturelle Eigenarten mit dem bloßen Auge erkennen lassen, für Einheimische und Touristen, die sich wie Kinder von etwas am besten davon überzeugen lassen, wenn sie es sehen.

Deutsch war die erste Sprache, die Albrecht beherrschte und mit der er die Magie der Wörter auskostete. Die Wörter hoben die Dinge hervor: Sieh, der Vogel, oder stellten Verbindungen her: Das ist deine Tante, oder lüfteten Geheimnisse: Die Erde dreht sich um die Sonne, oder sie errichteten Ordnungen: Der König stand über den Fürsten, oder schufen Vertrauen: Morgen ist auch noch ein Tag. Das Kind lernte, sich mit der Sprache selbst zu beschreiben: Sei mutig, wenn du ängstlich bist, es sah sich in ihrem Spiegel: Du bist ein gutes Kind, und es hielt anderen ihren Spiegel vor: Du bist nicht mehr mein Freund. Der Junge kam mit Wörtern den Tieren nahe: Ein braver Hund, er vertrieb mit ihnen Gespenster: Es war der Wind, der den Vorhang bewegte, es war ein Zweig, der gegen das Fenster schlug, und erklärte mit ihnen Unerklärliches: Vater unser, der du bist im Himmel. Die Wörter schufen Welten, in die er sich vor dem Schlafengehen verlor, wenn ihm vorgelesen wurde, sie ließen ihn ahnen, wie unbekannt er sich selber war, wenn ihn Gefühle, Freude, Trauer, Liebe, Hass, verwirrten und er nicht zu sagen vermochte, wie ihm geschah. Sie setzten ihm Grenzen, wenn er über etwas nachzudenken versuchte, aber mit den Gedanken nicht weiterkam als bis zu der Stelle, an der er zuvor schon gewesen war. Er versuchte, mit den Wörtern zu zaubern, wenn er seine Wünsche ein ums andere Mal wiederholte: Schnee soll fallen, Tag soll es sein. Der lebendige Wortschatz war die Welt. Wenn Wörter nicht mehr oder nur selten gebraucht wurden, dann waren die Dinge, die sie bezeichneten, in weite Entfernung gerückt oder verschwunden, sie gehörten nicht mehr zum Bestand der Gegenwart, so wie umgekehrt mit neuen Dingen neue Wörter nachrückten und den Unterschied zur Vergangenheit deutlich machten. Aus einem Kaiser mit Rechten und Pflichten, Vorgängern und Nachfolgern wurde ein blasser Herrschaftstitel, von den zahlreichen Apfelsorten blieb der biologisch angebaute Apfel übrig, von der deutschen Dichtung die Schullektüre der gymnasialen Oberstufe, von vergangenen architektonischen Stilen der Sammelbegriff eines alten Gebäudes. Stattdessen gab es Namen für technische Neuerungen, die irgendwo entstanden, kamen und gingen und keine Grenzen kannten, Waren, global hergestellt und vertrieben, eine Weltkultur der Diplomatie und Geschäfte, der Verwaltung und Abwicklung sowie der Präsenz von Armut, Krieg, Not und Ausbeutung, von denen sich die Heimat der Ideale, Menschenrechte, Demokratie und Gerechtigkeit, bedroht fühlte.

Die Eltern packten die Koffer, und die Familie verließ das Haus, das Dorf und das Land. Wir fahren mit einem großen

Schiff über das Meer, sagte der Vater, um die Abenteuerlust des Sohnes zu wecken. Wir fahren in ein Land, in dem es viele Pferde gibt. Ich werde dir Indianer zeigen. Wir fahren in eine Stadt mit vielen Autos. Es wird dir gefallen, du bist ein großer Junge. Freu dich. Er wollte den Vater nicht enttäuschen, er würde ein großer Junge sein, der keine Angst kannte und bereit war, in die Welt zu ziehen. Pfeil und Bogen nahm er mit.

Das Kind drehte sich nach dem Haus und dem Dorf um und schluckte die Tränen hinunter, dann blickte es nach vorne, weil es nicht weinen wollte, dorthin, wo das Meer liegen sollte und das neue Land. Sie fuhren viele Stunden mit einem Zug durch Deutschland. Das war die erste große Reise, die sie zusammen machten, und der Junge schaute aus dem Fenster und was er sah, war neu und passte doch zu dem, was er kannte und schon gesehen hatte, so dass er das Gefühl hatte, er könnte einfach wieder umkehren. Sein Zuhause konnte nicht weit weg liegen, zur Not würde er allein zurückgehen, an den Schienen entlang, er konnte sich nicht verlaufen, und wenn er jemanden nach dem Weg fragen müsste oder ob er etwas zu essen und zu trinken haben könnte, die anderen würden verstehen, was er sagte, und ihm helfen. Der Zug trug ihn nach vorne, und seine Träume trugen ihn zurück. Das Land wurde flacher, nicht einmal ein Hügel war zu sehen, keine Burg und kein Schloss, der Himmel sah, je näher sie der Küste und dem Meer kamen, weit und verloren aus, und die Menschen sprachen einen Dialekt den er schlecht verstand. Das Meer kannte Albrecht nur von Bildern. Als es vor ihm lag, rissen sich die Träume von der Vergangenheit los und richteten sich auf die Zukunft, die grau und blau war und von Wellen zerfurcht, sie glitzerte und erstreckte sich bis zum Horizont. Sie gingen mit den Koffern zum Hafen und bestiegen ein Schiff, das größer war, als er es sich hätte ausmalen können. Angst mischte sich mit Neugier. Größer als ein Drache, dachte er. Das Schiff legte ab und fuhr aus dem

Hafen, und er winkte den Menschen zu, die zurückblieben, und rannte nach vorne, um zu sehen, wohin die Reise ging. Die Menschen an Bord waren aufgeregt. Sie standen an der Reling, manche weinten. Möwen kreisten über den Köpfen. Der Wind fuhr in die Jacken und Mäntel. Siegfried stand ihm zur Seite und Odysseus. Das war sein erstes großes Abenteuer.

Die Küste war bald nicht mehr zu sehen, nur noch das Meer. Sie standen vor den Betten, beteten und legten sich hin. Kurz vor dem Einschlafen, als die Aufregung der Erschöpfung gewichen und er sicher war, dass ihn keiner sah und hörte, begann er zu weinen, und er dachte an das Haus, das Zimmer, den Garten, die Freunde, das Dorf, die Wiesen und Weiden, die Obstbäume, den Wald, an den Blick aus dem Fenster, wenn er morgens im Bett lag und vor sich hinträumte, an den Weg zum Bauern, die Kühe, die Pferde, das Heu, den Schatz, den er vergraben hatte, die geheimen Orte, wohin er sich zurückzog, tausend Winkel und Verstecke, an die Nachtigall und wie es duftete, und er schwor, eines Tages zurückzukehren. Er konnte nicht wissen, dass das Deutschland, das er verließ, nicht mehr existieren würde, wenn er eines Tages dorthin zurückginge, dass die Heimat, die er in sich trug, nicht die Heimat war, die andere in dem Land finden würden.

Die Eltern starrten in die Dunkelheit, hoffend, dass alles gut gehen werde, und versuchten sich in dem Bauch des Schiffes geborgen zu fühlen. Das Meer war schwarz.

13

DEUTSCHER GEIST

Der Gast

Heidegger war nicht der einzige Philosoph in der ersten Hälfte des 20. Jahrhunderts, der sich in eine Hütte zurückzog, um zu philosophieren. Der andere Philosoph hieß Ludwig Wittgenstein, und was er in der Hütte machte, war das Gegenteil von dem, was Heidegger dort trieb. Er versuchte darzulegen, ob und wie sich in der Philosophie sinnvolle Sätze von unsinnigen unterscheiden ließen. Ihm ging es darum zu klären, ob und wie sich etwas Sinnvolles aussagen ließ, was dann zur Folge haben konnte herauszufinden, ob sich sinnvoll über den Sinn des Lebens reden ließ.

Der Österreicher Ludwig Wittgenstein hatte die Universität in Cambridge besucht und ging 1913 in jungen Jahren nach Norwegen an einen Fjord, wo er sich eine Hütte hatte bauen lassen. Dort begann er mit den Vorarbeiten für den *Tractatus*, ein Buch über Sprache und Welt, das Sagbare und das Unsagbare, das ihn berühmt machte.

Im Jahr 1936 richtete er sich erneut für mehrere Monate in der Blockhütte ein und schrieb Teile der *Philosophischen Untersuchungen*, in denen es wiederum um die Grenzen ging, die der Erkenntnis der Welt durch die Sprache gezogen wurden. Wittgenstein war der Ansicht, dass die Bedeutung eines Wortes in den meisten Fällen dadurch festgelegt ist, dass Menschen, die miteinander reden, wissen, wie sie es verwenden sollen. Sie haben eine Sprache gelernt, die sie einsetzen, um sich untereinander zu verständigen, sie wissen, wozu ein Satz taugt, den sie äußern. Die Gesamtheit der Situationen, in denen geredet wird, nennt Wittgenstein Sprachspiele, sie sind Ausdruck einer bestimmten Lebensform, einer Kultur. Der *Tractatus* hatte seine strenge logische Kohärenz und Geschlossenheit äußerlich schon dadurch gezeigt, dass die Behauptungen, Stein für Stein, aufeinandergesetzt wurden und durchnummeriert waren, ganz so, als hätte Wittgenstein dem ausgefeilt gegliederten intellektuellen Kirchenbau der *Summa theologica* des Thomas von Aquin Konkurrenz machen wollen. Die *Philosophischen Untersuchungen* wiederum ließen schon dadurch, dass sie kein in sich geschlossener durchgehender Text, sondern eine Folge von kurzen Bemerkungen waren, erkennen, dass das Problem, um das es ihnen ging, darin bestand, wie sich darüber reden ließ, dass sich immer nur in einer bestimmten Weise über etwas reden ließ, eine Einschränkung, die auch gelten musste, wenn die Rede davon war, wie es gelingen konnte, sinnvoll über das Reden zu sprechen.

Es existiert von der Hütte in Norwegen eine Fotografie, die vom See aus aufgenommen zu sein scheint, als wäre einer mit einem Boot auf den Fjord hinausgerudert, um von dort aus die abgeschiedene Lage besser einfangen zu können. Aus dieser Perspektive sieht die Hütte unzugänglich und abweisend aus, und im Vergleich dazu wirkt Heideggers kleiner Bau so einladend, als wäre jeder Wanderer willkommen. Wittgensteins Hütte steht auf einem felsigen Abhang, links und rechts sind Bäume zu sehen, und nach hinten hin zieht sich ein Gebirge in die Höhe. Das Haus macht den Eindruck, als würde jemand, der hier länger alleine wohnt, Gefahr laufen, verrückt zu werden über sich selbst, insbesondere, wenn er darüber nachdachte, was Sprache sei und wie es möglich sein konnte, mit Sprache über Sprache nachzudenken. Wenn Heidegger in seiner Hütte über die Existenz nachdachte, über Angst, Sorge, Zeit und Sein, sah es aus, als hätten seine Gedanken einen Gegenstand, der nicht sie selbst war, sodass, wer da drinnen saß, nicht verrückt werden konnte. Da aber die Existenz wiederum Verstehen war, lösten sich die Gegenstände des Nachdenkens auf in Gedanken über das Verstehen, und die geistige Situation in der Hütte wurde für den, der verstehen wollte, was Verstehen ist, gefährlich. Heidegger hat deswegen, als eine Art Geländer, an dem er sich festhalten konnte, für das, was er sagen wollte, neue Wörter erfunden, die er aus alten zusammensetzte, sodass die Verbindung zur Welt nicht unterbrochen war. Die Leitung funktionierte, und immer, wenn sie drohte zusammenzubrechen, hat er sich entweder mit den Gedanken auseinandergesetzt, die andere vorgetragen haben, oder sich auf Erfahrungen gestützt, die alltäglich waren, wie die Veränderung des Lebens durch die Technik.

Dass sich keine Privatsprache für das Sein erfinden und verwenden ließ, hat er damals sofort eingesehen, ohne sich, wie Wittgenstein, explizit über die Möglichkeit beziehungsweise die Unmöglichkeit von Privatsprachen Gedanken gemacht zu haben. Das Nachdenken über das, über was die beiden nachdenken wollten, war für sie eine Art Spiel mit Spiegeln, das sich selbst in keinem Spiegel spiegeln sollte und das sie im Spiegel einer Spielanweisung sahen, die sie nicht aufgestellt hatten.

Wittgenstein war kein sesshafter Mensch, er hat sich nicht früh in eine Fähigkeit und in einen Beruf verkrochen, in die Anstellung als Universitätsphilosoph zum Beispiel, ganz so als würde das Talent, das einer besitzt, ihn nur dazu treiben, eine bestimmte Richtung einzuschlagen, einen bestimmten Platz in der Welt einzunehmen, als wäre das Vermögen, über das er verfügt, mehr ein Hemmnis der eigenen Entwicklung als ein Mittel zu ihrer Beförderung, als würde es sich dem Leben in den Weg stellen statt ihm einen Weg zu öffnen. Von all seinen Werken wurde zu seinen Lebzeiten nur der *Tractatus* publiziert.

Er wurde 1889 in Wien geboren, sein Vater war ein jüdischer Industrieller, der im Stahlgeschäft erfolgreich war und sich als Kunstmäzen einen Namen machte. Stefan Zweig, sieben Jahre älter, hatte ähnlich privilegierte Voraussetzungen für einen an Genüssen reichen Lebenslauf durch die Welt und die Kultur. Wien um 1900 war eine europäische Metropole der Künstler und Dichter, und wer das Glück hatte, in den Vierteln der Reichen und in der Obhut wohlwollender Eltern geboren zu werden, der fand in dem großstädtischen Ambiente die geistigen Anregungen, die ihn wach und nervös werden ließen und ihm das Gefühl gaben, mitten im intellektuellen Kräftefeld seiner Zeit zu stehen. Ganz anders war das Erwachen in Meßkirch gewesen, Welten lagen dazwischen, deren tiefe Gemeinsamkeiten erst zutage traten, als die Lebensformen zu einem philosophischen Problem wurden. Stefan Zweig war kein philosophischer Kopf, er verließ die großbürgerlichen Wohnungen weder in der Realität noch im Geiste freiwillig, um den Stuck der Zeit abzuschlagen, ihrer Erbschaft auf die Schliche zu kommen und herauszufinden, was die Grundlagen waren, auf denen das Leben stand, das er führte.

Heidegger und Wittgenstein waren Aussteiger, Exzentriker, sie hoben sich aus den Bahnen, in die sie gesetzt worden waren, und zogen sich in ihre Hütten zurück, der junge Mann aus Meßkirch, der sich nicht damit zufriedengeben wollte, das Wissen zu verwalten, das er sich in Bibliotheken angeeignet hatte und das ganz offensichtlich die Welt nicht war, die er spürte, und der junge Mann aus Wien, der sich einer Kultur, bestimmten Lebens- und Denkformen, nicht anpassen wollte, in der er als jüdischer Homosexueller ein Außenseiter war, obwohl sich diese Kultur weltläufig gab und so tat, als sei sie für alle Fragen offen, sogar, mit Sigmund Freud, für Fragen der Sexualität.

Wittgenstein studierte in Berlin Ingenieurswissenschaften und wechselte nach wenigen Semestern an die Universität in Manchester, wo er versuchte, einen Flugmotor zu bauen und sich mit Mathematik beschäftigte. Im Jahr 1911 reiste er nach Jena, um dort den Logiker und Sprachphilosophen Gottlob Frege zu treffen, und ging darauf an das Trinity College in Cambridge und studierte Philosophie bei Bertrand Russell. Er kämpfte als Soldat im Ersten Weltkrieg an der Ostfront und in Italien, nicht aus Patriotismus, sondern, wie er sagte, um seine Demut und Opferbereitschaft zu prüfen und um herauszufinden, was der Krieg aus ihm machen würde, und wurde für seine Tapferkeit ausgezeichnet. In diesen Jahren beendete er den *Tractatus*. Als er 1919 aus der Gefangenschaft kam, verschenkte er seinen Anteil am millionenschweren Erbe des Vaters, der 1913 gestorben war, an die Geschwister und ließ sich zum Volksschullehrer ausbilden. Er war Lehrer in Dörfern, die im Gebirge südlich von Wien lagen. Auf einer Fotografie steht er in Kniebundhosen im Kreis seiner Schüler, Mädchen und Jungen, die nicht zum Unterricht erschienen, wenn sie den Eltern bei der Ernte helfen mussten. Nach sechs Jahren und der Erfahrung, dass eine Ohrfeige einen Schüler nicht lernbereiter und klüger machte, quittierte er den Schuldienst und wurde Gärtner in einem Kloster bei Wien. Beim Rechen ließ sich besser nachdenken. Im Jahr 1930 nahm er einen Lehrauftrag für Philosophie in Cambridge an, 1939 wurde er Professor und britischer Staatsbürger. Als der Zweite Weltkrieg ausbrach, arbeitete er in mehreren Krankenhäusern. Der Gemeinschaft in der Not zu helfen war sinnvoller, als über Büchern zu sitzen und Probleme zu wälzen, deren Lösung ungewiss und nicht von ausschlaggebender Bedeutung für das Überleben war. 1947 legte er seine Professur nieder, zog nach Irland und reiste in die Vereinigten Staaten. Er starb mit zweiundsechzig Jahren an Krebs und soll am Ende gesagt haben, er hätte ein wunderbares Leben gehabt, von dem sich behaupten lässt, dass es unkonventionell und modern war, es hielt sich nicht an die Vorgaben, die von Geburt an mitgegeben werden, Familie, Sprache, soziale Anforderungen, kulturelle Gewohnheiten, ganz so, als ließe sich darüber frei verfügen und als würden die Bindungen, die andere auf einem Fleck zurückhalten, sich auflösen, wenn die Maßstäbe verändert werden und aus einem vielversprechenden Sohn reicher Wiener Eltern sich ein Mensch herausschäle, der sich vor allem mit Dingen beschäftigte, Logik, Sprache, Ethik, die sein und der Menschen Dasein auf der Welt betrafen und die nicht nur durch Studieren und Nachdenken, sondern auch durch eigene Erfahrungen verstanden werden mussten. Wittgenstein ging in einem strikten und radikalen Sinne aus sich heraus, und wenn er eine Heimat hatte, dann trug er sie mit sich wie einen Rucksack, weil ein Mensch auf Erden sowieso nur ein Gast war, der hier lieber sein konnte als dort, aber im Grunde unterwegs war. Als Gast glücklich zu werden, war eine Aufgabe, die angenommen und gemeistert zu haben, einen Menschen glücklich machen konnte.

Der Einzelne

Heidegger war Katholik und als Junge Messdiener in der Kirche gewesen, womit schon die Grundlage für den Glauben gelegt war, dass die Welt mehr sei als »Faktizität«, und noch Jahrzehnte später zog er sich immer wieder zum Nachdenken in das Kloster Beuron zurück, als wollte er sich der Gemeinschaft strenger Brüder im Geiste versichern, die ihr Leben dem Gebet widmeten, das nur der verstand, der einräumte, dass es sich nicht wie Sätze, die der normalen Verständigung dienten, verstehen ließ, doch an jemanden gerichtet war, dem sofort klar war, worum es ging. Er studierte Theologie, fand aber im Kirchenbau der christlichen Dogmatik keine Ruhe und wechselte deshalb zur Philosophie. Das Bedürfnis nach einer Antwort auf letzte Fragen hatte sich damit für ihn nicht erledigt. Die religiöse Erfahrung war eine persönliche Grenzerfahrung, sie konnte in Kirchenräumen entstehen, die anders waren als die Räume, in denen sich das alltägliche Leben abspielte, oder in der Natur, die so mächtig und so groß war, dass ein Mensch sie nicht erfassen konnte, oder in den mystischen Momenten, wenn ein Geist in sich selbst schaute und sich zu ergründen versuchte. Wie weit einer auch kam, wie weit er sich vorwagte, an der letzten Ecke stand Gott, das Sein, das Leben, die schöpferische Kraft oder der Tod. Kant sah die Straße hinauf und sagte, die Grenzen der Vernunft seien erreicht, Nietzsche packte der Übermut, rannte los und rempelte Gott zur Seite, Hegel schluckte Gott mit der Logik der Vernunft, Schelling machte kehrt und wurde katholisch, und Goethe winkte Gott zu und verneigte sich vor der Natur. Wie kurz die Gedanken an die letzten Dinge auch sein mochten, ohne sie war die Vorstellung vom Leben lückenhaft. Mit einem Loch im Reifen lässt sich nicht gut Fahrrad fahren, und durch ein kaputtes Fenster pfeift der kalte Wind die Wärme aus dem Haus. Der Glaube an Gott, Natur, Leben, Wahrheit, höhere Welten ist wie ein Fels in der Brandung des Denkens und Zweifelns, Anfang und Ende, ein geschütztes Gebiet, von dem aus die Erkundungen gemacht werden, Heimat als eine Art Grenzstation. Wer sehr weit lief, ohne Kontakt zum Basislager zu halten, der fiel aus der Welt. Einer muss Vertrauen schenken wollen, um Vertrauen zu erhalten. So ist das auch mit der geistigen Heimat. Sie musste als Gefühl bei einem schon da sein, um sie in Gedanken suchen zu können.

Der dänische Philosoph Søren Kierkegaard verbrachte fast sein ganzes kurzes Leben in Kopenhagen. Einmal ging er nach

Berlin und hörte dort Schelling, weiter weg fuhr er nicht, weder nach Italien noch nach Frankreich, weder nach England noch nach Spanien. Seine Hütte, in der er philosophierte, war eine großzügige bürgerliche Wohnung mit mehreren Zimmern, die an einem zentralen Platz in Kopenhagen lag. Tagsüber lief er durch die Straßen der Stadt und abends durch die Zimmer seiner Wohnung, weil er im Gehen gut nachdenken konnte. Sein Werk umfasst viele Bände, er muss also viele Kilometer gelaufen sein. Heidegger ging die Feldwege rauf und runter, zum Spazierengehen war seine Hütte zu klein, und er fuhr Ski, wobei er auf der Piste nicht über philosophische Probleme hat nachdenken können, dafür war er zu schnell, höchstens dass er dabei das Gefühl aufgesogen hat, Meister aller Klassen zu sein. Er war ein guter Skifahrer. Kierkegaard lebte auf sehr viel größerem Fuße als der Philosoph aus Meßkirch, wenn er auch keine Professur hatte und zu Lebzeiten nicht so berühmt war. Wie Heidegger hatte auch er Theologie studiert, mochte aber nicht Pfarrer werden, weil er nicht auf der Kanzel stehen und predigen wollte. Sorgen um sein Auskommen machte er sich nicht, er musste keinen Beruf ergreifen, da er genügend Geld von seinem Vater geerbt hatte, der Kaufmann war und ihn im religiösen Sinne streng erzogen hatte.

Dänemark grenzt an Deutschland, und Teile von Schleswig-Holstein gehörten einmal zum dänischen Königreich. Der Geist machte nicht vor den Einflusssphären von Nationen halt, und er musste schon der Zensur zum Opfer fallen, damit er nicht seinen Weg von einem Land ins andere fand. Kierkegaard war Protestant und Philosoph, ohne dass er aus einem protestantischen Pfarrhaus gekommen wäre, er ist der Begründer des Existentialismus, dem nicht nur Heidegger und Karl Jaspers viel zu verdanken haben, sondern auch Sartre und Camus, mit denen der Existentialismus jede Erinnerung an den christlichen Glauben verlor. Von Kierkegaard konnte Heidegger lernen, was es mit der Existenz auf sich hat, die sich nicht dem Monstrum der Hegelschen Logik beugte, mit dem Selbst, das bei Kierkegaard die Größe und Macht einer Lutherschen Glaubensburg annahm, mit der Sorge, die sich nicht in der Frage erschöpfte, wie der Lohn zum Leben reichen sollte, mit der Angst im Gegensatz zur Furcht, mit der Idee der Wiederholung und mit der Krankheit zum Tode, womit nicht gemeint ist, dass einer sterbenskrank darniederliegt und nicht mehr aufstehen wird, sondern die Verzweiflung, dass einer verzweifelt er selbst sein will oder verzweifelt nicht er selbst sein will oder verzweifelt ist, weil ihm nicht bewusst ist, ein Selbst zu haben. Es war bei dem Zusammentreffen der beiden Denker, die ein halbes Jahrhundert trennte, nicht entscheidend, dass der Däne ein gläubiger protestantischer Christ war, der sich mit der dänischen Amtskirche anlegte, weil sie das Christentum wie Papier im Wasser aufweichen würde. Wichtig war für Heidegger nur, dass Kierkegaard das Denken über den Menschen aus Hegels System befreite und den radikalen Ansprüchen der Logik Grenzen im Leben setzte. Die Wahrheit der Existenz, sagte Kierkegaard, liege nicht darin, objektiv zu werden, wie Hegel forderte, sondern subjektiv. Hegel baute mit seiner Vernunft einen Palast, in dem die ganze Welt und sogar Gott untergebracht waren, was Kierkegaard nicht gefiel, der neben dem Palast die Hütte sah, worin Hegel als Mensch lebte, die nackte Existenz. Hegel hätte sich, wenn ihm dies zu Ohren gekommen wäre, nur falsch verstanden gefühlt.

Der wahrhaft wahnsinnige Witz, den Hegel sich gegenüber der Schöpfung erlaubte, bestand ja darin, dass er die Welt und alles, was sich denken ließ, aus dem Kopf und der Logik entwickelte, für jeden, der im Kopf mithalten konnte, nachvollziehbar. Es gab nichts, was nicht gedacht wurde, weil etwas für den Geist nur da war, insofern er es wahrnahm und erkannte, wenn er es logisch durchdacht hatte. Die Logik war nicht eine

Methode oder eine Masche des Denkens, sondern der Spiegel des Geistes, in dem die Welt sich sah, weil die Welt der Spiegel des Geistes war. Eine verzwickte Situation, ähnlich jener, in der Wittgenstein sich befand, als er das zweite Mal in der norwegischen Hütte war. Nur ließ sich Hegel nicht beirren, warf die Tür hinter sich zu und stiefelte drauf los, er schaute sich alles an, Geschichte, Religion, Recht, Kunst, Ethik, Mathematik, Chemie, Physik, Wort, Bedeutung, Satzbau, Grammatik, Schluss, Zweck, Wesen, Urteil, Sein und Nichts und dann auch noch Gott. Keine Lücke, dachte er, als er die *Wissenschaft der Logik* abgeschlossen hatte.

Mit der Erkenntnis vom Vorrang der Existenz, aus welchem Antrieb geboren, wie auch immer begründet, rückte die Literatur in die Philosophie ein, so wie bei den deutschen Romantikern Friedrich Schlegel und Novalis die Philosophie ihren Weg in die Literatur gefunden hatte, eine Vermischung der Genres und des Zugangs zur Welt, die die französischen Aufklärer Voltaire, Diderot und Rousseau, ja schon Montesquieu mit den *Perserbriefen* den beiden Romantikern vorgemacht hatten. Kierkegaard war ein begnadeter religiöser Schriftsteller, und Heidegger, der hin und wieder Gelegenheitsgedichte schrieb, musste bei der Begegnung mit ihm gespürt haben, dass die Poesie, wenn es um den Menschen und existentielle Fragen ging, weiterkommen konnte als die Philosophie gerade seiner Zeit, die sich darum bemühte, den Anschluss an die Wissenschaften nicht zu verlieren. Noch die Phänomenologie seines Lehrers Edmund Husserl zeigt die Sprödigkeit empirischer Wissenschaft, der jeder poetische Hauch und Zugang fehlte. Erzählungen, Metaphern und Vergleiche konnten tiefer in die Abgründe der Existenz reichen als Definitionen, Ableitungen und Zuschreibungen, mit denen sich Wissenschaften begründen, voneinander abheben und ausbauen ließen, in Hinblick auf ihre gesellschaftliche Nützlichkeit, auf die Verwertbarkeit ihrer Forschungen. Geisteswissenschaftliche Erkenntnis sollte objektiv im Sinne der Empirie sein. Sinn, schrieb der Soziologe Max Weber in der Einleitung seines Grundlagenwerks *Wirtschaft und Gesellschaft*, das 1922 erschien, »ist hier entweder a) der tatsächlich α in einem historisch gegebenen Fall von einem Handelnden oder β durchschnittlich und annähernd in einer gegebenen Masse von Fällen von den Handelnden oder b) in einem begrifflich konstruierten *reinen* Typus von dem oder den als Typus *gedachten* Handelnden subjektiv *gemeinte* Sinn. Nicht etwa irgendein objektiv ›richtiger‹ oder ein metaphysisch ergründeter ›wahrer‹ Sinn. Darin liegt der Unterschied der empirischen Wissenschaften vom Handeln: der Soziologie und der Geschichte, gegenüber allen dogmatischen: Jurisprudenz, Logik, Ethik, Aesthetik, welche an ihren Objekten den ›richtigen‹, ›gültigen‹ Sinn erforschen wollen.«

Heidegger suchte einen umfassenderen Sinn, so wie sich auch das Sein nicht in wissenschaftliche Gebiete zerlegen ließ. In den Kalendergeschichten des 1760 in Basel geborenen Dichters Johann Peter Hebel, den er sehr schätzte, fand er aus Einzelfällen, nicht aus dem Abstrakten und Allgemeinen, aus Begebenheiten, Erlebnissen, Erfahrungen und Ereignissen geschöpfte Erkenntnisse über Menschen, über ihr Verhältnis zu sich selbst und zur Welt, die in ihrer zurückhaltenden Provinzialität erhellender, reicher und eindringlicher waren als entsprechende wissenschaftliche Analysen, die mit dem Durchschnitt hantierten und mit Begriffen auftrumpften, denen die Einbindung ins Leben fehlte. Kierkegaard und Heidegger waren Romantiker in dem Sinne, dass sie das Nachdenken über die Existenz romantisierten, es aus der Klammer der Begriffe lösten und durch den poetischen Geist erweiterten, der sich nicht vor der Wissenschaft verbeugte. Das Buch, in dem Kierkegaard seine Kritik an Hegel ausführte, trug den Titel *Unwissenschaftliche Nachschrift*. Schon Friedrich Schlegel hatte gehofft, dass er mit einer »progressiven Universalpoesie« das Leben und die

Gesellschaft durchdringen könnte. »Was sich tun läßt, so lange Philosophie und Poesie getrennt sind, ist getan und vollendet. Also ist die Zeit nun da, beide zu vereinen.« Die Existenz war eine Art philosophisches Kunstwerk, das sich nicht in Wissenschaft und Logik auflösen ließ und dessen Sinn sich nicht darin erschöpfte, dass ein Gedanke oder eine Handlung vernünftig waren, weil sie ihren Zweck erreichten, oder lebensdienlich, weil sie nicht dazu führten, sich selbst und anderen, an deren Glück einem gelegen war, zu schaden. Schon Johann Gottfried Herder hatte einen höheren Sinn darin gefunden, dass ein Individuum zu einer Gemeinschaft gehörte und insofern zu einem Geist, der sie beseelte. Diesen umfassenden Sinn verstehen zu wollen, in Hinblick auf diesen weiten Horizont zu denken hieß, eine Heimat finden, Geborgenheit. Gott stopfte jede Lücke bei Kierkegaard und forderte dafür Glauben, das Sein stopfte jede Lücke bei Heidegger und forderte dafür Gefolgschaft. Kierkegaard war ein religiöser Schriftsteller, er handelte im himmlischen Auftrag, er war ein Spion Gottes, sein Untermieter. Für Heidegger war der Dichter im exponierten Falle ein Vertrauter des Seins, ein Künder von Zusammenhängen, die sich dem Blick und dem Ohr der normalen Sterblichen entzogen und die der wachsame Philosoph auszulegen versuchte.

Der Seher

Zu einem poetischen Seher wurde zu Beginn der 20. Jahrhunderts der Schwabe Friedrich Hölderlin erklärt, nachdem der klassische Philologe Norbert Hellingrath und der Dichter Stefan George aus Büdesheim am Rhein sich seiner angenommen hatten. Hölderlin, 1770 in Lauffen geboren, träumte, bevor der Wahnsinn ihn packte, von einer neuen deutschen Dichtung, die höre, was der Gott der modernen Zeit sage, so wie die antiken

Griechen ein Ohr für ihre Götter hatten. Er wollte, wie er sagte, »Vaterländische Gesänge« anstimmen, die etwas ganz anderes waren als patriotische Lieder und über deren geschichtsphilosophische Poetik und poetische Weltauslegung er sich seine Gedanken machte, in Auseinandersetzung nicht nur mit den griechischen Dichtern und Philosophen, sondern auch mit den Zeitgenossen Hegel, Kant, Schiller, Schelling und Fichte.

Stefan George zählte sich selbst zu den Auserwählten, die behaupteten, weiter, tiefer und gründlicher als andere in historische und geistige Zusammenhänge zu sehen, und verkündete in dichterischen Worten selbstbewusst den Aufgang eines neuen Reichs. Sein früher Bewunderer und später Verächter Rudolf Borchardt, der sein halbes Leben, dichtend, schreibend, schimpfend, in Italien verbrachte und dort, weil er in finanziellen Nöten steckte, in heruntergekommenen Villen wohnte, tat es ihm in Größenwahrnehmung und herrischem Gestus gleich und rechtfertigte seine eigene künstlerische Schau in die deutsche und europäische Geschichte mit einem besonderen geistigen Vermögen, über das er als Dichter verfügen würde. Er nannte die engagierte Souveränität, mit der er sich die geschichtliche und kulturelle Tradition aneignete und zu beleben versuchte, »schöpferische Restauration«. Im März 1927 hielt er darüber in der Münchener Universität eine Rede. Zwei Monate zuvor hatte der österreichische Dichter Hugo von Hofmannsthal an eben diesem Ort über *Das Schrifttum als geistiger Raum der Nation* gesprochen. Der Vortrag gipfelte in der Hoffnung, dass eine geistige, »konservative Revolution« sich ereignen werde, deren Ziel es sei, »eine neue deutsche Wirklichkeit« zu erschaffen, »an der die ganze Nation teilnehmen könne«.

Borchardt trat vor das Publikum, er stand jetzt gleichsam am äußersten Rand einer Klippe, unter ihm das brausende Meer der historischen Gestalten und Kräfte, am Horizont die Sonne einer neuen Morgenstunde, ein Ausblick, wie gemacht für kommende Götter und ihresgleichen. Er hatte sich vorgenommen, »dadurch, daß er den Geist der deutschen Geschichte und die Geschichte des deutschen Geistes in sich wieder erlebt und wieder erbaut, bewahrt, selber zu einem lebenden Stücke deutscher Geschichte und deutschen Geistes, deutscher Art« zu werden. Er beugte sich nach vorne, stieß sich vom Felsen ab und schwebte, groß und schlaksig wie er war, durch die Luft, die langen Arme ausgebreitet, als würde er Deutschland, Europa, ja die Welt umfassen wollen, von der sich nicht einmal sagen ließ, dass sie über diesen lauten Annäherungsversuch hätte erstaunt sein müssen, da Borchardt nicht der Einzige war, der ihr nachstellte. Noch in der Luft verwandelte er sich in einen Raubvogel, der auf sein nichts Böses ahnendes Opfer, ob Hase oder Maus oder sonst eine in den Niederungen nistende Existenz, herabstoßen würde, um es zu vernichten.

Die deutsche Geschichte, das alte Reich, das wahre deutsche Volk, waren eine letzte Instanz, ein nationaler Gott, der auftauchte, wenn die Grenzen der Vernunft, wie sich was erkennen ließ, und der Wirklichkeit, was sich wo erkennen ließ, erreicht waren und die Einbildungskraft und der Furor der Gegenrevolution, Borchardts Sendung, helfen mussten, aus der geistigen Not der Zeit herauszuführen, zu deren größten Nöten gehörte, blind sich selbst gegenüber zu sein: »… wir haben in Deutschland fünfundvierzig Großstädte, von denen dreiundvierzig zur Zeit der Romantik nicht bestanden, und sie sind ausnahmslos auf das Proletariat gegründet, das der Romantik unbekannt war und das im Sinne nicht etwa einer dünkelhaften Ästheten-Kultur, sondern im Sinne der alten deutschen Kultur von zwei Jahrtausenden, eine Abfallsmenschheit und ein Menschheitsabfall ist, angesogen durch das aufzehrende Vakuum des großstädtischen Arbeiterbedarfs und in diesem Vakuum in kürzester

Zeit auf die Beute des Kapitalismus, der Sensation und der Reklame reduziert, auf ein Halbmenschen- und ein Viertelsmenschenwesen ohne Nationalität, ohne Erinnerung an eine Vorzeit, ja fast ohne Väter, und in nichts anderem als dem Wahlrecht und der Steuerpflicht dazu befähigt, Teil eines Volkes zu sein, von der Fähigkeit zur Nation zu gehören, außer durch heroische Einzelanstrengungen, abgeschnitten.« Der Hase war tot, die Maus erledigt.

Die Alternative für Deutschland, die Borchardt vorschwebte, war ein Produkt der Bildung, der Bindung an die große deutsche Literatur und Kultur, die ihm, dem Juden, der kein Jude sein wollte, ein unverbrüchliches Heimatrecht unter den Deutschen verschafft hatte. Er war sich sicher, dass er Deutschland besser als andere verstand, dass er wusste, was es im Innersten sei, er fühlte sich als intimer Wahlverwandter, Schöpfer und Geschöpf eines Landes, in dem er aufgewachsen war, und zwar als Teil einer Bevölkerungsschicht, die zwischen Assimilation und Ausschluss, zwischen Anerkennung und Ghetto hin und her geworfen wurde. *Rudolf Borchardts Leben von ihm selbst erzählt* ist die vom Wunsch, dazuzugehören, nachgebesserte Autobiographie eines jüdischen Schriftstellers in Deutschland, der sich das Recht, ein Deutscher zu sein, dadurch erkämpfte, dass er sein Judentum verleugnete und sich zum legitimen Bewahrer und Deuter des deutschen Geistes ernannte. Die Eroberung Deutschlands, seiner Geschichte, Kultur und Kunst als einer geistigen Heimat war ein verzweifelter und hochfahrender Einbürgerungsversuch von einem, der einsehen musste, dass er als Jude nicht davon ausgehen konnte, anerkannter gleichberechtigter Bürger einer offen und latent antisemitischen Gesellschaft zu sein.

Borchardt warf grimmige Blicke in die Runde, die jeden Widerspruch ersticken sollten, und fragte sich, wer wenn nicht er, der dem Gott der Heimat als Idee und Vergangenheit so nahe gerückt war wie kaum ein anderer, das Recht hätte, sich einen Deutschen zu nennen. Er saß an seinem großen Schreibtisch in Italien, dass deutsche Reich im Geiste vor sich ausgebreitet, ein König im selbstgewählten Exil, dessen Zeit kommen würde, und ballte die Faust, als hielte er das Zepter fest umschlossen und ließe es nicht mehr los. Keiner widersprach, keiner hatte zugehört, keiner war da. Nacht senkte sich über die stoisch ausharrenden Villen und die italienischen Landschaften. Seine Zeit kam nicht, er hätte noch lange dort sitzen können, sinnierend, beschwörend und Reden schwingend. Stattdessen triumphierte Hitler, der auch eine Idee von Deutschland hatte und davon, wie aus den Deutschen wieder ein Volk werden könnte, aus einer Nation eine Heimat. Nach anfänglichem Zögern verfolgte Borchardt die Worte und Taten der Nationalsozialisten nur noch mit Grausen.

Der Stil

Der Philosoph Theodor W. Adorno, der 1938 aus Deutschland in die Vereinigten Staaten emigrierte, hatte den Zusammenhang von Poesie und Philosophie und nicht die Paradoxien des christlichen Glaubens im Visier, als er sich 1931 mit einer Untersuchung über *Kierkegaard – Die Konstruktion des Ästhetischen* habilitierte. Wie Heidegger hat sich Adorno den Anforderungen der Geschichte, der Zeitgenossenschaft nicht entziehen wollen und einen Weg gesucht, sich vor der Gegenwart als eigenständiger Philosoph zu behaupten und dem subjektiven Denken sein Recht zu verschaffen.

In Hegels Philosophie hatte Karl Marx die erkenntnistheoretischen Grundlagen für seine Kritik der kapitalistischen Ökonomie gefunden, *Die Wissenschaft der Logik* garantierte die Erkennbarkeit der Welt. Hegels absoluter Zugriff auf die Realität bewies in den Augen von Marx und der späteren Marxisten, dass es möglich war, ein endgültiges, richtiges, wahres Urteil über den Kapitalismus zu fällen und auf Grund dieses Wissens zu handeln. Die marxistische Kritik war nicht nur eine Meinung, die sich gegen andere Meinungen durchzusetzen versuchte, nicht nur eine interessierte Theorie, die mit anderen um Akzeptanz wetteiferte, sondern eine objektive Wissenschaft, eine begriffliche Ableitung, die von der Analyse der Ware ausging und der sich keiner, der bei Verstand war und der Logik und nicht seinen Ansichten und Vorurteilen folgte, entziehen konnte. Die Welt der marxistischen Kritik war, wie diejenige Hegels, in sich geschlossen, lückenlos. Aus der Kritik der politischen Ökonomie folgte der Klassenkampf, aus der Theorie die Praxis. War Hegels *Wissenschaft der Logik* die letzte Totale der philosophischen Vernunft, die aus Deutschland kam, so war die Kritik der kapitalistischen Ökonomie von Marx die letzte deutsche Totale der sozialen Vernunft. Um 1900 würde es mit der Anthroposophie Rudolf Steiners noch eine dritte Totale der geistigen und sozialen Sphären geben, der allerletzte deutsche Versuch vor Hitler, die Welt im Ganzen zu erfassen.

Adorno war ein behütetes Kind aus einem gebildeten bürgerlichen Haushalt in Frankfurt am Main. Der Vater war Jude und Weingroßhändler, die Mutter Katholikin und Sängerin. Die Interieurs des Bürgertums, die er bei Kierkegaard fand, waren sein Zuhause. Er gehörte zu den geisteswissenschaftlichen Marxisten, die aus der Kritik des Kapitalismus keinen praktischen, sondern nur einen theoretischen Schluss ziehen mochten. Das war der Tribut, den er bereit war, der Realität und der Geschichte zu entrichten. Bei Kierkegaard stieß er auf Argumente gegen Hegel, mit denen er erklären konnte, warum seine Kritik an der kapitalistischen Gesellschaft nicht praktisch wurde und warum er glaubte, dass die Idee eines geglückten Lebens in der Kunst zu finden sei und sich nicht durch die Diktatur des Proletariats verwirklichen würde. Die Kunst war das Schlupfloch, durch das er sich der Logik Hegels und der marxistischen Kritik entzog, ein Park im Häusergewirr einer Großstadt, unter dessen Bäumen er sich zum Anwalt des Individuellen und Einzigartigen ausrief, das dem Allgemeinen, der Vernunft, der Geschichte oder dem Klassenkampf, nicht geopfert werden dürfe. Er las Kierkegaard nicht als religiösen Schriftsteller, was vorausgesetzt hätte, dass es möglich sei, über Gott zu reden und über die Wirklichkeit zu schweigen, sondern als Philosophen, der, um als ein religiöser Schriftsteller in Erscheinung treten zu können, sein Denken aus der Geschichte hob und es auf eine Bühne setzte, die er selbst erbaut hatte, in abgeschlossene Räume, in denen sich die existentiellen Fragen behandeln ließen, ohne dass ein Blick auf die Straße fiel. Adorno nahm Kierkegaard die Kategorie des Ästhetischen weg, er behauptete, Kierkegaard würde sie wie den Fundus des Kopenhagener Theaters nur dazu benutzen, die Welt zu verkleiden und zu verklären und sich auf diese Weise vor der Erkenntnis der sozialen Wirklichkeit drücken. Das Ästhetische wurde bei Adorno zu einer Art Schutzhülle des Individuellen, und er selbst wurde ihr Wächter. Dieses Amt erlaubte ihm, zu rechtfertigen, wieso er sich aus dem Lauf der Geschichte praktisch heraushielt. Die Kunst widerstand der Realität. Wenn Adorno die Muschel der Kunst ans Ohr hielt, dann bedeutete das nicht, dass er sich taub vor den Stimmen der sozialen Wirklichkeit stellte, im Gegenteil, der raue Wind der Geschichte blies ihm ins Gesicht, unzählige winzige Tropfen der Gischt, aber wie er so dastand, die Muschel ans Ohr gepresst, lächelnd, machte er einen seligen Eindruck, entrückt, für sich, ein Kind mit einer Spieluhr. Kunst war eine Art Heimat, flüchtig, aber unangreifbar.

Adornos Buch über Kierkegaard enthielt im Kern seine ganze spätere Philosophie. Nach dem Krieg, als er wieder in Deutschland war, schrieb er eine *Ästhetische Theorie* und eine

Negative Dialektik, in denen er zu begründen versuchte, wie es möglich und warum es gut, wahr und schön sei, dass die Kunst und das geglückte Leben sich der Lückenlosigkeit der Hegelschen Logik und dem Geist des Warentauschs entzögen. Die Freiheit vom Systemzwang der Vernunft, die Kierkegaard in Absprache mit Gott durchsetzen wollte, nannte Adorno das Nichtidentische, die Authentizität, ein anonymer und schwer zu fassender Verwandter der Subjektivität, des Einzelnen aus Kopenhagen.

Adorno hat, wie Martin Heidegger und Rudolf Borchardt, einen eigenwilligen, auffallenden Sprachstil entwickelt, als hätten die drei nicht mit einfachen Worten sagen können, um was es ihnen ging. Kierkegaard und Wittgenstein haben das vermocht. Der etwas künstlich aufgesetzte Stil war eine Art Gerüst für die hoch hinaufschießende und deshalb etwas wackelige Botschaft, er schottete sie vor den handfesten Einwänden der Wirklichkeit und des pragmatischen Verstandes ab. Den drei Baumeistern ging es darum, etwas zu zeigen, das auf den ersten Blick nicht zu sehen war, weil es von der Gegenwart verdeckt wurde, das Sein, das Nichtidentische, Deutschlands geistige Zukunft. Verglichen mit ihnen war Hegel ein Realist, er beschäftigte sich nicht mit Zeichen, Ahnungen, Hoffnungen, Visionen und Versprechen und überschüttete die Realität nicht mit Klagen und Vorwürfen, dass sie nicht so sei, wie sie sein sollte. Adorno hielt daran fest, dass individuelles Glück im allgemeinen Unglück, Borchardt daran, dass europäischer Geist im deutschen Volk, und Heidegger daran, dass wahres Sein in der verhüllten Welt zu finden sei.

Jeder von ihnen hatte eine Idee. Keine Idee in dem Sinne, wie eine mathematische Aufgabe zu lösen sei, wohin sich die moderne Malerei entwickeln könnte oder was es mit dem Ideal der Gerechtigkeit auf sich habe, sondern eine, die daraus entsprang, dass sie mit der Gegenwart keinen Frieden schließen konnten. Von ihrem privaten Fluchtpunkt aus, Tradition, Kunst, Sein, entwarfen sie eine Deutung der Welt, die aus den Fugen geraten war, nachdem der Kapitalismus, die Industrialisierung und das ökonomische Denken gesiegt hatten. Der Verfall, den sie bemerkten, schien unaufhaltsam und schränkte die Möglichkeiten von Umkehr und Glück immer mehr ein, und die ganze Hoffnung auf Rettung, an die sie sich klammerten, lastete auf der Idee eines philosophisch-poetischen Denkens, einer reanimierten geistigen Kultur und einer autonomen Kunst, die sich dem Zugriff einer nivellierenden Gegenwart entzogen, so wie die drei Hüter eines unsichtbaren Reichs für sich selbst in Anspruch nahmen, den Blick über den Horizont ihrer Zeit erheben zu können. Was für Heidegger das Geschick des Seins war, das war für Adorno der universale Verblendungszusammenhang und für Rudolf Borchardt der Verlust der Tradition.

Im Jahr 1953 kehrte Adorno aus dem amerikanischen Exil nach Deutschland zurück. Heidegger hielt damals wieder Vorlesungen und Vorträge und gab Interviews. Der Emigrant aus den Vereinigten Staaten fand für die Sprache und die Gedanken des ehemaligen deutschen Nationalsozialisten aus dem Schwarzwald die Formulierung »Jargon der Eigentlichkeit«, als würden sich bei Heidegger intellektuelle Anmaßung mit anrüchiger Bodenständigkeit zu einer Art heruntergekommener Daseinsfolklore und Heimatkunde verbinden. Dabei hatte Adorno in der *Negativen Dialektik* eingeräumt, dass es eine Metaphysik der Herkunftsgegend gebe, eine durch Klänge, Bilder und Erlebnisse sich herstellende Verbundenheit mit dem Flecken Erde, auf dem ein Mensch geboren wurde: »Was metaphysische Erfahrung sei, wird, wer es verschmäht, sie auf angebliche religiöse Urerlebnisse abzuziehen, am ehesten wie Proust sich vergegenwärtigen, an dem Glück etwa, das Namen von Dörfern verheißen wie Otterbach, Watterbach, Reuenthal, Monbrunn. Man glaubt, wenn man hingeht, so wäre man in dem Erfüllten, als ob es wäre.« Diese Erfahrung wird nicht jeder gemacht haben. Die Gebirgsdörfer südlich von Wien, in die Wittgenstein ging, um als Volksschullehrer zu arbeiten, hießen Otterthal, Puchberg und Trattenbach. Erfüllung fand er dort nicht.

Nach seiner Rückkehr lebte Adorno wieder in Frankfurt am Main, er war Professor und förderte unter den Studenten einen moderaten antikapitalistischen Geist, der ihm schließlich über den Kopf wuchs. Die Studenten gaben sich mit Theorien nicht zufrieden, sie wollten Politik machen, die Gesellschaft verändern. Adornos Idee vom Glück hing an vielen theoretischen Fäden und war filigran, flüchtig und kompliziert wie ein Kunstwerk, das den Moden widerstand, es sah anders aus als das Glück, das sich die meisten Menschen versprachen, die ihre Tage damit verbrachten zu arbeiten, und die sich darum bemühten, irgendwie über die Runden zu kommen, durchzuhalten, genügend Kraft für die nächste Woche zu sammeln und die Zuversicht und Hoffnung zu bewahren, dass das anstrengende und wenig erfüllte Leben einen Sinn habe, wie das der Vater meines Schulfreundes tat, der sich durch den Straßenbau den Tod holte. Wenn du Glück hast, überlebst du den Krieg, hatte er sich gesagt, als er in den Krieg ziehen musste. Wenn du Glück hast, findest du eine Arbeit, hatte er gehofft, als der Krieg zu Ende war. Wenn du Glück hast, bekommst du eine Frau, hatte er sich gesagt und an seine Eltern gedacht, die ihr Leben lang aneinander festgehalten hatten. Adorno hatte Glück, er überlebte den Krieg im Exil und erhielt eine Professur in Frankfurt am Main, wo er 1903 geboren worden war. Bürgerlich gesehen, verlief sein Leben vor 1933 und nach dem Krieg in geordneten Bahnen, wenn auch nicht mit der Zufriedenheit, die sich einstellt, sobald das Denken nichts Grundlegendes an der Wirklichkeit auszusetzen hat.

Er fuhr gerne mit dem Auto von Frankfurt zu einer barocken

Stadt im bayerischen Odenwald, die er aus glücklichen Kindertagen kannte. Amorbach war sein Meßkirch. Die Reise über die Dörfer dauerte zwei bis drei Stunden. War er erst einmal auf der Landstraße, atmete er auf. Die ganze Welt war noch nicht an die Industriegesellschaft und den Kapitalismus verloren, es gab Schlupfwinkel, er konnte sich auf abgelegenen, wenn auch geteerten Wegen aus der allgemeinen Entfremdung in seine Kindheit zurückschlängeln. Auch der Vater meines Schulfreundes fuhr sonntags, nachdem er sich von der Arbeit erholt hatte, mit dem Auto über die Landstraßen im Odenwald. Links und rechts standen Bäume, lagen Wiesen und Felder. Er rauchte eine Zigarette nach der anderen und hatte das Gefühl, er könnte, wenn er weit genug führe, irgendwo ein neues Leben beginnen, so leicht war ihm zumute, wenn er dem Alltag entkam und spüren konnte, dass er mehr war als ein Arbeiter beim Straßenbau. Was er machen würde, wenn er neu beginnen könnte, wusste er nicht, auch nicht, wo das sein würde. Die Vorstellung war Glück genug. Auf diese seltenen Ausflüge nahm er weder seine Frau noch seine Söhne mit, als ginge das, was er da machte, keinen etwas an, er hatte ein Leben, das ihm gehörte, für die Familie und die Arbeit war er immer da, jetzt wollte er für sich sein, das war nicht zu viel verlangt, er fuhr auf einer Landstraße, einen Nachmittag lang, bevor die Arbeit wieder begann, die Tretmühle, die Maloche.

Mein Vater, der wusste, wie Straßen und Brücken gebaut wurden, aber nie mit eigenen Händen eine Straße oder eine Brücke hatte bauen müssen, sah sich auf den Reisen durch die Heimat auch Amorbach an, und Miltenberg, Erbach und Michelstadt. Er dachte nicht daran, dass er auf diesen Ausflügen in die Provinz der rationalisierten Welt den Rücken zukehren würde, aber die Namen der Orte klangen auch in seinen Ohren wie ein Versprechen auf Erfüllung, auf Heimkehr und Weltanfang, ohne dass er hätte sagen können, was erfüllt, wohin er heimkehren und welche Welt neu anfangen würde. Ihn bewegte eine unbestimmte Sehnsucht, die ihn nicht, wie die Romantiker, aus dem Vertrauten in die Ferne trieb, sondern zu bestimmten Orten führte, die verstreut in der Landschaft lagen, zu Gefühlen, an die sich Erinnerungen hefteten. Er fotografierte Rathäuser, Kirchen, Burgen und Fachwerkhäuser, so wie andere Reisende auch, und klebte die Aufnahmen in ein Album. Die Fotografie ersetzte für ihn die schriftliche Aufzeichnung, was er erlebte, blieb in der Sphäre der Bilder, er kam nicht einmal in Versuchung, seine Gefühle in Gedanken zu übersetzen. Adorno hatte keine Mühe, Amorbach eine kleine Studie zu widmen: »Dennoch lässt einzig an einem bestimmten Ort die Erfahrung des Glücks sich machen, die des Unaustauschbaren, selbst wenn es sich erweist, dass es nicht einzig war. Zu Unrecht und zu Recht ist mir Amorbach das Urbild aller Städtchen geblieben, die anderen nichts als seine Imitation.« Wenn die Erfahrung des Glücks darin bestand, dass bestimmte Dinge und Menschen nicht durch andere Dinge und Menschen ersetzt werden konnten, dann lag die Garantie für die Einzigartigkeit dieser Dinge und Menschen darin, dass sich in frühen Jahren Bindungen zu ihnen entwickelten, wie sie zwischen Mutter, Vater und Kind entstanden. In einer glücklichen Kindheit häufte sich ein Schatz von Urbildern an, von ursprünglichen Lauten und Gerüchen, die in späteren Jahren, wenn sie wieder, wie flüchtig auch immer, auftauchten, Heimatgefühle wachriefen. Die Sinne wurden von den ersten Eindrücken geprägt, durch die sich die Welt einem Kind zu erkennen gab.

Die deutsche Sprache

Adorno war aus Amerika nach Deutschland zurückgekehrt, weil ihn, wie er sagte, das Heimweh trieb und weil er nur in der deutschen Sprache philosophieren könne. Daran lag es nicht, dass er nicht in der Lage gewesen wäre, die Grammatik und die Wörter einer anderen Sprache zu lernen, mit denen er hätte ausdrücken können, was er sagen wollte. Aber für ihn fehlten den Wörtern und dem Satzbau einer fremder Sprache all die Besonderheiten und Eigenschaften, die nur seine Muttersprache besaß, die Vertrautheit und die Intimität der Klänge und Bedeutungen, das Gewicht der Tradition und die Nuancen der Stimmungen und des Sinns, die den Philosophen an die Herkunft der Wörter und an ihr erstes Aufklingen in seinem Ohr erinnerten. Deutsch war die Sprache, die ihn als Kind mit der Umgebung vertraut gemacht und mit der er einen Weg in die Philosophie gefunden hatte. Mit der deutschen Sprache versuchte er, sich die Welt und sich selbst zu erklären. Deutsch habe, sagte er, »eine besondere Verwandtschaft zur Philosophie, und zwar zu deren spekulativem Moment, das im Westen so leicht als gefährlich unklar – keineswegs ohne allen Grund – beargwöhnt wird. Geschichtlich ist die deutsche Sprache, in einem Prozess, der erst einmal wirklich zu analysieren wäre, fähig dazu geworden, etwas an den Phänomenen auszudrücken, was in ihrem bloßen Sosein, ihrer Positivität und Gegebenheit nicht sich erschöpft ... Wer aber dessen versichert sich hält, dass der Philosophie, im Gegensatz zu den Einzelwissenschaften, die Darstellung wesentlich sei ... der wird auf das Deutsche verwiesen. Zumindest der geborene Deutsche wird fühlen, dass er das essentielle Moment der Darstellung, oder des Ausdrucks, in der fremden Sprache nicht voll sich erwerben kann.«

Wer in Deutschland geboren wurde und als erste Sprache Deutsch lernte und, wie Adam im Paradies, mit den Wörtern der Ursprache den Dingen einen Namen gab, musste nicht unbedingt das Gefühl haben, dass er das Wesen eines Ausdrucks in einer anderen Sprache nicht traf. Er hatte dann eben kein besonderes Verhältnis zu den Wörtern, er unterschied nicht zwischen dem, was ein Wort im landläufigen Sinne bedeutete, und dem, was sein Gehalt, sein tieferer Sinn war, und gab sich damit zufrieden, so zu reden, wie alle redeten. Er war ein Deutscher, aber kein geborener Deutscher im Sinne Adornos, der merkte, dass er in einer anderen Sprache nicht sagen konnte, was ihm auf Deutsch zu sagen gelungen wäre. Wittgenstein, der auf Englisch philosophierte, hätte folglich nicht mit Wittgenstein, der auf Deutsch philosophierte, gleichgesetzt werden dürfen.

Die Muttersprache war für die hellhörigen Deutschen ein Gefängnis, aus dem sie nicht fliehen konnten, weil sie um die tiefen Bedeutungsschichten der Sprache wussten. Nur der war in ihr Zuhause, der von Geburt an so in sie hineinwuchs, dass er im Boden eines fremden Idioms nicht gedieh, nicht die Blüten trieb, die ihm daheim gelungen wären. Der Heimat der Sprache entkam nicht, wer die Heimat verstanden hatte, wem sie ihr Geheimnis preisgegeben hatte. Der geborene Deutsche im Sinne Adornos blieb ein Leben lang Deutscher, der deutschen Sprache und dem deutschen Geist verbunden, er fand in ihnen eine Heimat, die Möglichkeit, sich selbst und die Welt auf einzigartige Weise auszudrücken. Der Nationalismus der Sprache zog eine Grenze zwischen den Menschen, die unterschiedliche Muttersprachen hatten, so wie das Verständnis für eine Sprache, das über das Verstehen im Alltag hinausging, eine Sprachgemeinschaft trennte. Wittgenstein, der sich an dem alltäglichen Gebrauch einer Sprache orientierte, blieb in England, Adorno, der an das exklusive Wissen um das Geheimnis einer Sprache glaubte, kehrte nach Deutschland zurück. Der Österreicher, der sich in der Fremde einrichtete, schrieb philosophische Bemerkungen, der Heimkehrer, der ein geborener Deutscher war, machte sein Heimatrecht wieder geltend und trat in die Nachfolge der großen deutschen Philosophen und Weltdeuter Kant, Hegel und Marx.

Der Vater meines Schulfreundes sprach nur Deutsch und machte sich keine besonderen Gedanken darüber, wie er das, was ihn bewegte oder was er dachte, in Worte fassen konnte. Er redete, wenn er etwas zu sagen hatte, und schwieg, wenn er nichts zu sagen hatte. Für das weite Feld dazwischen, das er spürte wie etwas, das da und doch nicht da war, hatte er keine Worte. Für die Dinge, die ihm in der Welt begegneten, verwendete er die Wörter, die von allen anderen dafür verwendet wurden, ohne dass er sich in jedem einzelnen Fall Rechenschaft darüber gab oder sich ihre Bedeutung hätte erklären können. Das galt vor allem für Begriffe, die abstrakt und umfassend waren und ganz selbstverständlich verwendet wurden, wie die Wirtschaft, das Geld, der Staat oder die Seele, das Gefühl, das Denken.

Da er vor diesen Wörtern ähnlich ratlos war wie andere und nur vage Vorstellungen damit verband, fragte keiner nach, sie alle nahmen hin, dass diese Wörter eine Bedeutung hatten, die sie nur ungefähr erfassten. Sie stellen sich etwas unter diesen bekannten und doch unbekannten Wörtern vor, ohne sich darüber auszutauschen und sich auf einen Inhalt zu einigen, damit die Begriffe gleichsam fest würden wie die Bezeichnungen für die Dinge des Alltags. Je häufiger diese unhandlichen Wörter gebraucht wurden, umso glatter wurden sie, die semantischen Unebenheiten schliffen sich ab, die Lücken des Verstehens schlossen sich, die Unsicherheiten lösten sich auf, bis sie gar nicht mehr auf den Gedanken kamen, nachzufragen, was damit genau gemeint war, was dahinterstecken könnte. Der Staat war der Staat, Arbeit war Arbeit, Geld war Geld, Welt war Welt, Seele war Seele, und in dieser eintönigen Weise ging es weiter, sodass das Leben, das damit beschrieben wurde, einer riesigen Tautologie glich, die sich wie eine Mauer erhob und an der zu rütteln sich nicht lohnte. Die Mauer stand, weil sie seit jeher bestand, seit den Tagen, da die Wirklichkeit das Denken überrollt hatte, der Kopf nicht mehr mitkam mit den Zuständen und Ereignissen, die Informationen zu viel für den Geist waren. Diese Festigkeit im Nichtverstehen war nicht nur ein Affront gegenüber dem Glauben an die Selbstbestimmung, dem Glauben, dass die Gedanken frei seien, sie vermittelte auch ein Gefühl der Sicherheit. Die Dinge, für die ein Wort da war, ohne dass klar war, was genau mit diesem Wort gemeint und bezeichnet wurde, existierten und gaben eine Ordnung vor, eine Struktur, was besser war als das Nichts oder die Ungewissheit und Unstetigkeit, die beim Fühlen und Denken herrschte, bei den Erinnerungen und den Sehnsüchten, bei den Ängsten und den Wünschen, bei den großen Fragen, die nicht zu beantworten waren, was ist der Tod, was ist der Sinn des Lebens, gibt es Gott, wer bin ich und dergleichen, und die zu stellen und über die nachzudenken irritierte und nervös machte, es brachte nichts außer Verwirrung, Leere und Trostlosigkeit.

Das Denken war dem einen in die Wiege gelegt worden, dem anderen nicht, es wollte gelernt sein und es führte häufig zu nichts, praktisch gesehen, es reichte zu wissen, wie etwas funktionierte, wozu etwas da war, was einer damit anstellen konnte, wie etwas sich reparieren oder verbessern ließ, so wie keiner das ganze Leben verstand, aber mit ihm fertigwerden musste. In das Denken ließen sich Böden einziehen, auf denen gut und fest zu stehen war, weiter hinauf musste keiner steigen, so wie auch keiner tiefer in sich hineinschauen musste als notwendig war. Grenzen waren gut, und sich mit den Grenzen abzufinden, bei sich zu bleiben, das war auch gut. Heimat war eine Art Selbstbeschränkung, sich abfinden, sich einrichten.

Der Vater meines Freundes las wenig, nicht nur weil er abends und am Wochenende von der Arbeit beim Straßenbau zu müde war. Nichts drängte ihn, ein Buch in die Hand zu nehmen und etwas zu suchen, Ablenkung oder Erfüllung, er hatte keine Erfahrungen mit Büchern gemacht, mit Wörtern, dass sie ein Objektiv waren, durch das er Dinge näher zu sich heranholen oder weiter von sich weg und in einen größeren Zusammenhang stellen konnte. Die Welt war alles, was der Fall war, mehr war seiner Ansicht nach nicht zu sagen und zu erwarten, und er zuckte mit den Schultern und zog an der Zigarette. Alles war so, wie es war, als wäre es nicht geworden und würde sich nicht verändern können, und er stieß den Rauch aus, sah auf die alten Möbel, den zerschlissenen Teppich, den Fernseher, dachte an das Haus, wie viel Arbeit und Geld ihn das alles gekostet hatte, keiner sollte kommen und große Worte und große Versprechen machen, am Monatsende war der Lohn aufgebraucht, da blieb nichts übrig, um mehr zu suchen und zu verlangen.

Als Schüler las Adorno mit dem vierzehn Jahre älteren Siegfried Kracauer, der als Redakteur bei einer Zeitung arbeitete und als Soziologe und Filmtheoretiker berühmt wurde, an Samstagnachmittagen Kants *Kritik der reinen Vernunft*, ein Erlebnis, über das er schrieb: »Nicht im leisesten übertreibe ich, wenn ich sage, dass ich dieser Lektüre mehr verdanke als meinen akademischen Lehrern. Pädagogisch ausnehmend begabt, hat er mir Kant zum Sprechen gebracht. Von Anbeginn erfuhr ich, unter seiner Anleitung, das Werk nicht als eine bloße Erkenntnistheorie, als Analyse der Bedingungen wissenschaftlich gültiger Urteile, sondern als eine Art chiffrierter Schrift, aus der der geschichtliche Stand des Geistes herauszulesen war, mit der vagen Erwartung, daß dabei etwas von der Wahrheit selber zu gewinnen sei ... Ohne daß ich mir davon hätte volle Rechenschaft geben können, gewahrte ich durch Kracauer erstmals das Ausdrucksmoment der Philosophie: sagen, was einem aufgeht.« Wer früh und unter kompetenter Betreuung in die Kultur und in das Denken eingewiesen wurde, der fand Zutrauen in seine intellektuellen Fähigkeiten, dass er sich geistige Welten aneignen und sich in ihnen wie in einem Spiegel wiederfinden konnte. Auch der junge Wittgenstein war in seinem Elternhaus mit den deutschen Klassikern bekannt geworden, Goethe, Lessing, Schiller, Gottfried Keller, Mörike, Schopenhauer, Lichtenberg und Johann Peter Hebel.

Die erste Annäherung an eine geistige Tradition ähnelte in ihrer Wirkung der Wanderung durch eine unbekannte Landschaft, auf den Wegen wurde das ästhetische Empfinden geweckt, und die landschaftlichen Umrisse und Eigenarten prägten sich ein, so wie durch die frühen Lektüren das intellektuelle Verstehen angeregt wurde und die Vertrautheit mit Gedanken und Denkbewegungen wuchs. Sich an einem bestimmten Ort oder mit einer bestimmten Art des Nachdenkens auszukennen bedeutete, sich hier und nicht anderswo heimisch zu fühlen. Von diesem durch erste Erfahrungen gewonnenen Mittelpunkt zog der Geist seine Kreise, ging auf Erkundungen, machte Entdeckungen und verglich das Neue mit dem Alten, das Unbekannte mit dem Bekannten, er stellte Ähnlichkeiten fest und registrierte Grenzen, zog an, was sich integrieren, und stieß ab, was ein Fremdköper bleiben würde, vereinnahmte, was auf ihn zukam, und ließ am Wegesrand liegen, was ihn nicht ansprach.

Heidegger hat neue Wörter und Wortverbindungen erfunden, um sein Denken in der deutschen Sprache heimisch zu machen, um ausdrücken, was er dachte, oder um dem Gedanken eine Richtung vorzugeben. »In-der-Welt-Sein« bedeutete mehr, als in der Welt zu sein im Sinne von auf der Welt zu sein und ihr gegenüberzustehen, die Wortverbindung zog Subjekt und Objekt, Ich und Welt zu einer Einheit zusammen, weil beide ohne einander nie waren, so wenig wie es eine Figur ohne Kontext, eine Gestalt ohne Umfeld, einen Menschen ohne Herkunft gab. Zu dieser Herkunft gehörte die Sprache, in die er hineingeboren wurde und durch die er sich und die Welt zu sehen lernte, die größer und mächtiger war als er selbst, so wie die Natur größer und mächtiger war als die Bewohner der

Dörfer, der Städte, der Erde. Die Sprache zeigte sich dem Menschen nie in ihrer ganzen Fülle, häufig auch im Alltagsgewand der Rede, durch die eine Gemeinschaft gebildet wurde. Sich der Sprache zu nähern hieß, auf die Wörter zu hören, dass sie einem verrieten, welche Bedeutung sie mit sich trugen, die sich im Laufe des Gebrauchs abgeschliffen hatte. So wurde aus Dasein für Heidegger ein Da-Sein, und im Gedanken klang das Gedenken nach, und im Wesen der Sprache lag nicht nur der Kern der Sprache, sondern der Mensch, der durch die Sprache bestimmt, zu ihrem Wesen wurde. Wer so dachte, ging auf vertrauten Wegen und ließ sich nicht von Neuem ablenken, er drehte die alten bekannten Dinge solange hin und her, bis sie preisgaben, was sie dem flüchtigen Blick nicht zeigten. Heideggers Kindheitserinnerungen finden sich als Gefühl und Hoffnung in der Art und Gestalt der Wörter wieder, die er wie ein Gatter zusammensetzte, um ein Gebiet, eine Bedeutung abzustecken, oder die er öffnete, indem er ihre Silben entkoppelte, damit sich ihr tieferer Sinn zeigte. Den philosophischen Feldwegen entsprach die Einsilbigkeit, Bodenständigkeit und Geradlinigkeit des Landlebens, dem festen, schweren, gleichmäßigen Schritt, mit dem ein Landmann über einen Acker ging, die Zuversicht, dass da etwas war, das gesagt werden konnte, es brauchte dafür nur Ruhe und Stille, um sich dem Anwesenden hinzugeben. Auf dem Land waren die Menschen der Erde und den Dingen nahe und verwandt, die Wörter reichten so weit wie die Hand, die etwas formte. Die traditionelle philosophische Terminologie und die wissenschaftliche Sprache haben aus dem jungen Heidegger einen Flüchtling gemacht, der sich auf die Suche nach einer neuen Heimat begab und sich die alte zurückeroberte.

Wittgenstein ließ sich weder, wie Heidegger, von den griechischen Philosophen noch, wie Adorno, von den Philosophen des deutschen Idealismus so stark beeindrucken, dass sie für ihn zu einem intellektuellen Resonanzraum geworden wären, ein Chor, vor dem er sich als Solist hätte abheben können. Adorno und Heidegger dachten mit der philosophischen Tradition, und gegen sie, wo Schlupflöcher wären im Grenzzaun einer allmächtigen Vernunft. Aus der semantischen, grammatikalischen und philosophischen Klammer der Tradition kam heraus, wer die Schätze der Sprache zu heben verstand oder sich der souveränen Einbildungskraft der Kunst anvertraute. Die beiden deutschen Philosophen, die sich für Antipoden hielten, waren sich darin einig, dass sie nur an der Seite von großen Dichtern und großen Denkern weiterkämen. Die einen waren für sie Verwandte im Geiste, Parmenides, Nietzsche, Kant, Hegel, die anderen verehrte Gäste, Hölderlin, Beckett, Kafka, Proust.

Wittgenstein betrachtete die meisten Probleme der philosophischen Tradition als eine Art Geistesstörung, als fixe Ideen, die durch den unüberlegten Gebrauch von Wörtern entstanden seien. Er zog daraus den Schluss, sich mit der Alltagssprache und Sprachspielen zu befassen und auf diese Weise Sinn von Unsinn zu unterscheiden. Mit seiner Abkehr vom philosophischen Absolutismus, die auch eine Abkehr vom hohen Ton, von den allmächtigen Worten war, forcierte er den Beginn einer neuen Art des Philosophierens, die keine Heimat mehr brauchte, kein Meßkirch und kein Amorbach, sie entstand dort, wo Probleme der Verständigung zu lösen waren, ganz so als wäre die Provinz durch Urbanität ersetzt worden, sie bot keinen begrifflichen Unterschlupf, kein sprachlich ausgefeiltes Gehäuse, keinen Gegenentwurf zur Gegenwart und keine Rückzugsmöglichkeit, nur einen nüchternen analytischen Blick auf das, was, und darauf, wie es gesagt werden konnte.

Die Stimmung

Der Vater meines Schulfreundes war nicht der Einzige, der mit den drei Philosophen nichts hätte anfangen können, er hätte nicht verstanden, was sie schrieben, was sie herausfinden wollten und warum er sich für sie interessieren sollte. Diese grundlegende Differenz war eine Folge von Überzeugungen, der Abstraktion, der Argumentation, der Sprache und der Einstellung zur Welt, der Haltung und der grundlegenden Stimmung gegenüber sich selbst, der Welt und dem Leben. Die Stimmung stand nicht, wie ein Gefühl, im Gegensatz zum abstrakten Denken, als würde sie das Denken nicht beeinflussen können, und sie war nicht, wie eine Laune, leicht und flüchtig, so als würde sie ständig wechseln. Sie stellte sich immer und überall ein, keiner konnte ihr entkommen, sie war da, bevor die Sinne etwas Neues aufnahmen und das Nachdenken darüber beginnen konnte, und war da, nachdem ein Schluss gezogen, ein Urteil gefällt, eine Erfahrung gemacht worden war, und sie blieb erhalten, wenn Einzelheiten vergessen worden waren und Gedanken sich aufgelöst hatten. Je nach dem Neigungswinkel, in dem eine Seele in der Welt stand, je nach ihrer Reizbarkeit und Hellhörigkeit war sie für bestimmte Stimmungen empfänglicher als für andere.

Wenn es eine geistige Heimat gibt, dann existiert auch eine Heimat aus Stimmung, aus einem Grundgefühl des Daseins, ganz so als müsste das, was dunkel, unverstanden in einem aufbewahrt, das heißt nicht in Gedanken gefasst und auf Begriffe gebracht ist, sondern als Befindlichkeit und Seelenregung existiert, mit dem sich zusammenfinden, was von draußen kommt, und dann werden, hier oder dort, in einer Landschaft oder in einer Stadt, ob von diesem oder jenem Bild oder Musikstück, Heimatgefühle geweckt. Wem das gefällt und wer weiß, wo und wie ihm dies geschieht, der sucht die entsprechenden Orte und Gelegenheiten auf. Das Gespür und der Genuss lassen sich üben und verfeinern, daraus fließt Lebensvertrauen, gerade dann, wenn sowohl der Geist als auch das Herz sich verlieren in einen Anblick, eine Nähe, eine Melodie und eine Stimme. Aus einem Gemisch von ersten Eindrücken entwickelt sich ein Stimmungsdickicht, Ahnung und Gegenwart, aus dem, wie Nebel am Morgen aus den Wiesen, die Vorstellung von einer nahen Welt emporsteigt, der einer sich in stärkerem Maße zugehörig fühlt als dem Rest der Welt. Geborgenheit stellt sich ein, auch wenn die Blicke sich an Himmel und Sterne oder an den Horizont heften, auch sie sind nicht überall gleich.

Angst ist eine Stimmung, sagte Kierkegaard, der den Begriff der Stimmung in die Philosophie einführte. Die Angst wird durch die Nähe der Sünde heraufbeschworen, durch die Gier der Möglichkeit, die Verlockungen der Freiheit zu nutzen und sich von Gott loszusagen. Für den Gläubigen liegt im Vertrauen zu Gott die größte, umfassende Heimat und im Gebet deren Vergewisserung, als würde er die Heimat sehen und ablaufen. Wem dieses Gottvertrauen fremd ist, der muss sich mit dem, was die Erde, die Existenz und die Menschen ihm geben können, behelfen und zusehen, wie er, in all seiner Freiheit, eine Heimat, ein Zuhause, Geborgenheit findet in Liebe, Freundschaft, Interessen, Tätigkeiten und Neigungen.

Theodor Heuss hat in seinen Jugenderinnerungen beschrieben, wie sein Vater ihn und seinen Bruder in die Geschichte der Region, in der ihr Elternhaus stand, einführte, indem er die Söhne bei der Hand nahm und mit ihnen durch die Gegend reiste. Auch reichte er ihnen Bücher, aus denen sie etwas über die Vergangenheit des Landes und der Menschen, die hier einst gelebt hatten, lernen konnten. Wissen entfremdet nicht von Nähe. Heimatkunde konnte, wie Naturkunde, Sozialkunde, Ökologie, Geologie, dazu dienen, dass einer verstand, wo er lebte, dass die Gegend um einen herum nicht nur da war, sondern geworden war, sie bewegte sich. Alles, auch und gerade das, was einer seine Heimat nennt, hat Geschichte, ist in der

Zeit, verändert sich. Woanders als im Werden, in der Geschichte, im Versuch, ohne Geländer zu denken, wie Hannah Arendt sagte, wird keiner mehr auf Dauer und mit offenen Augen und auf öffentlich einsehbarem Grund heimisch werden können. Wer mit Geländer denkt und fühlt, der fällt aus der Zeit, der lebt in einer Gegenwelt.

Die Esoterik

Von der Wende zum 20. Jahrhundert an reiste ein nicht mehr ganz junger Mann durch Deutschland und hielt Vorträge, erst sporadisch, dann konsequent und mit großer Ausdauer, als müsse er sich beeilen, ein Pensum zu erfüllen, als drohe ihm die Zeit davonzurennen und ihn wie einen Verlierer zurückzulassen. Im Jahr 1905 hielt er 42 Vorträge in Berlin, acht in Hamburg, wohin er fünf Mal fuhr, zwei in Bremen, wohin er einmal, zwei in Hannover und zwei in Leipzig, wohin er jeweils zwei Mal fuhr. Er hielt je einen Vortrag in Bonn, Godesberg, Elberfeld, Jena und Straßburg. Er fuhr vier Mal nach Düsseldorf und Köln für jeweils 16 Vorträge. Er war drei Mal in Weimar und trat drei Mal vor sein Publikum, zwei Mal in Frankfurt am Main für zwei Reden, das Gleiche galt für Heidelberg. Einmal nach Karlsruhe für zwei, vier Mal nach Stuttgart für zehn, drei Mal nach Nürnberg für drei Vorträge. Zwei Mal in Regensburg für zwei Vorträge, fünf Mal in München für insgesamt 17 Reden und zwei Mal in St. Gallen für drei Vorträge. Zwei Mal in Zürich, und drei Mal das Wort ergriffen. Zwei Mal in Basel für drei, in Kolmar ein Mal für zwei, in Freiburg drei Mal für drei Vorträge. Der unermüdlich Reisende hieß Rudolf Steiner.

Steiner war nicht von Gott gesandt und er handelte auch nicht im höheren Auftrag als Abgesandter einer politischen

Partei oder des deutschen Staates, aber er war von einer Mission erfüllt, Ideen trieben ihn, die er gesehen, erfahren, erkannt oder studiert hatte und unter die Menschen bringen wollte, ein Heilskünder, einer, der den richtigen Weg wusste. Er hatte keine Professur an einer staatlichen Universität inne, wie Adorno oder Heidegger, für die Philosophie auch eine Profession war, mit der sie Geld verdienten, wollte aber auch kein Privatgelehrter sein, der sich mit dem Gedanken zufriedengab, dass es reiche, herausgefunden zu haben, was wahr, gut und richtig sei. Sein Wissen sollte wirken, und zwar unter Menschen aller sozialen Schichten, Unternehmer, Lehrer, Ärzte, Politiker, Künstler, Bauern und Arbeiter. Ein neuer Geist sollte die Gesellschaft und das Leben revolutionieren, er sollte wie zum Pfingstfest auf jeden herniederfahren, der willens war, die Botschaft zu hören. Die Zeit, die historischen Umstände drängten, wenn das moderne, vom Materialismus bedrohte Leben noch zum Guten, Lichten, Geistigen gewendet werden sollte. Das Wissen, um das es Steiner ging, war darauf angelegt, sich in der Praxis unmittelbar zu erfüllen, es sollte Weichen stellen, Neues hervorbringen.

Steiner wurde 1861 in einem Dorf im heutigen Kroatien geboren. Er ging in Wien auf eine Realschule und begann dann an der Technischen Universität ein Studium für das Lehramt in den Fächern Physik, Mathematik, Biologie und Chemie. Die Ausbildung brach er nach einigen Semestern ab, um Philosophie und deutsche Literatur zu studieren. Er war noch jung, als er Herausgeber der naturwissenschaftlichen Schriften Goethes wurde. Das gewonnene Wissen floss in ein Buch über die *Grundlinien der Erkenntnistheorie der Goetheschen Weltanschauung*. Geld verdiente er sich auch als Hauslehrer. Er promovierte mit einer Abhandlung über *Die Philosophie der Freiheit*, besuchte den kranken und verrückten Nietzsche in Naumburg und gab eine Auswahl von dessen Schriften heraus. In Berlin wurde er Redakteur eines Literaturmagazins und Dozent an der Arbeiter-Bildungsschule von Wilhelm Liebknecht. Zufrieden war er nicht, er war auf der Suche. Das Jahr 1902 brachte die Wende, er schloss sich der Theosophischen Gesellschaft an, die 1875 in New York gegründet worden war. Gründungsmitglied Helena Petrovna Blavatsky, deren Familie väterlicherseits aus Mecklenburg stammte, war durch die halbe Welt gereist und hatte ein wild bewegtes Leben geführt, bevor sie eine mehrbändige *Geheimlehre* schrieb, die für die esoterische Bewegung wichtig wurde.

Mit dem Anschluss an die Theosophische Gesellschaft erreichte Steiner das Ziel seiner Wanderjahre durch die moderne bürgerliche Kultur. Seine Lehrjahre begannen. Er schloss sich einer Gemeinschaft an, deren Ideen weder zu den Wissenschaften, wie sie an den staatlichen Universitäten gelehrt wurden, noch zu der christlichen Religion, wie sie in der katholischen und protestantischen Kirche gepredigt wurde, noch zu dem ökonomischen und rationalistischen Denken passten, das die westliche Gesellschaft beherrschte. Die Theosophen glaubten im Besitz von Wahrheiten über das Zusammenwirken von Geist, Leben und Kosmos zu sein, die weder einer empirischen noch logischen Überprüfung unterworfen wurden, sie gingen auf die persönlichen Eingebungen von Auserwählten zurück sowie auf ein Schrifttum, das vor allem aus fernöstlichen Quellen stammte und mit der westlichen Rationalität, der Rationalisierung aller Lebensbereiche kollidierte, die der Soziologe Max Weber in seiner Studie *Der Geist des Kapitalismus und die protestantische Ethik* beschrieben hatte, die Anfang des 20. Jahrhunderts erschien. Auch Heidegger und Adorno haben sich dieser Rationalisierung widersetzt.

Als Steiner 1925 starb, hatte er mehr als sechstausend Vorträge gehalten, auch im Ausland. 1909 redete er zum ersten Mal öffentlich über die Anthroposophie, die er zu einer Weltanschauung ausbaute, nachdem er sich mit der Theosophischen

Gesellschaft überworfen hatte. Durch Intuition, Eingebung, Schau gewann auch er einen exquisiten Zugang zur Erkenntnis höherer Welten, in denen er ein Abbild der materiellen Welt zu sehen lernte. Das Jenseits spiegelte sich im Diesseits, der Makrokosmos im Mikrokosmos, geistige Kräfte formten und durchdrangen die Materie und den Menschen und lösten ihn aus der Enge der modernen sozialen und ökonomischen Verhältnisse und aus den Grenzen rationalen, logischen Verstehens. Jeder war von diesen Kräften affiziert und geformt, und jeder konnte einen Weg zu ihnen finden, durch Einweisung, Meditation, Glaube, keiner, der willig und folgsam war, sah sich ausgeschlossen, anders als beim gängigen wissenschaftlichen Verfahren der Forschung und Wahrheitsfindung, zu dem all jene keinen Zugang fanden, die ihren Verstand nicht in der vorgeschriebenen Weise gebrauchen konnten, mangels Übung, Schulbildung oder Intelligenz. Vor den Auserwählten waren alle Menschen gleich.

Steiner sah sich mit seinen Ideen in einer langen christlich-mystischen Tradition stehen, die von der Benediktinerin Hildegard von Bingen, gestorben 1179 im Kloster Rupertsberg bei Bingen am Rhein, über Meister Eckhart, geboren um 1260 in Hochheim bei Gotha, den Arzt Paracelsus, gestorben 1541 in Salzburg, und den 1575 in der Nähe von Görlitz geborenen Jakob Böhme bis zu dem 1841 in München gestorbenen Philosophen und Bergbauingenieur Franz von Baader reichte und deren Erbe bei Goethe, Schelling und Hegel zu finden ist. »Goethe«, sagte er in einem Vortrag über *Goethes Evangelium*, den er am 26. Januar 1905 in Berlin hielt, »war seiner ganzen Natur, dem innersten Sinn seines Lebens nach Theosoph, weil er niemals eine Grenze seines Erkennens, Wissens und Wirkens angenommen hat ... Er war überzeugt, daß der Mensch in tiefen Zusammenhang stehe mit der Welt, und daß diese Welt nichts Stoffliches ist, sondern wirkender, schaffender Geist; nicht nur

Pantheismus mit unbestimmter, nicht zu fassender Wesenheit, sondern daß wir hinaufsteigen können zu einem lebendigen Verhältnis zum großen Gott.« Das Wissen über das Wirken von geistigen Kräften, über die Geheimnisse in der Natur und über das Wesen und die Entwicklung des Menschen, über die Entstehung von Sonne und Planeten und über die Geschichte der Menschheit, ihrer Rassen und Kulturen, über den Aufbau der geistigen Welten und das Fortleben der Seele nach dem Tod und ihre Wiedergeburt nannte Steiner Geisteswissenschaft, als wollte er der spirituellen Weltdeutung, die den Materialismus vertreiben sollte, eine moderne gefestigte Gestalt geben, die den Bestand und Erfolg seiner Lehre befördern und bei den Zeitgenossen mehr Vertrauen in die Revolutionierung der Gedanken und Vorstellungen wecken würde.

Mystik und Praxis

Der mystische Geist hat auch Wittgenstein und Heidegger erreicht, den einen beim Ablaufen der Grenzen des Sagbaren, den anderen auf der Suche nach dem Sein. Bei Adorno schlug er um in ein nahezu religiöses Verhältnis zur Kunst, dass dort etwas aufscheine, flüchtig, wie eine Epiphanie. Mystik durchdrang Nietzsches Idee von der ewigen Wiederkehr, Wilhelm Diltheys Vision von den Weltanschauungen und seine Lehre von den Objektivationen des Geistes, die eine Epoche wie ein Netz voller Dokumente aus dem Fluss der Zeit hob, und sogar die Lebensphilosophie Georg Simmels, seine großen letzten Worte am Ende einer langen Laufbahn als Wissenschaftler und Essayist, Philosoph und Soziologe, der die Grenzen der Fachdisziplinen nicht achtete und sich mit Wirtschaft, Gesellschaft, Ethik, Geschichtsphilosophie, Mode, Kunst und Kultur beschäftigte. »Hier nun ist der Versuch gemacht«, schrieb er 1922 in der *Lebensan-*

schauung, »das Leben als ein solches zu begreifen, welches die Grenze gegen sein Jenseits stetig übergreift und in diesem Übergreifen sein eigenes Wesen hat, der Versuch, an diesem Transzendieren die Definition des Lebens überhaupt zu finden, die Geschlossenheit seiner Individualitätsform zwar festzuhalten, aber nur, damit sie in kontinuierlichem Prozess durchbrochen werde. Das Leben findet sein Wesen, seinen Prozess darin, Mehr-Leben und Mehr-als-Leben zu sein, sein Positiv ist als solcher schon sein Komparativ. Ich weiß sehr wohl, welche logischen Schwierigkeiten dem begrifflichen Ausdruck dieser Art, das Leben zu schauen, entgegenstehen. Ich habe sie, in voller Gegenwart der logischen Gefahr, zu formulieren versucht, da doch immerhin möglicherweise die Schicht hier erreicht ist, in der logische Schwierigkeiten nicht ohne weiteres Schweigen gebieten – weil sie diejenige ist, aus der sich die metaphysische Wurzel der Logik selbst erst nährt.«

Wenige Deutsche nach dem Zweiten Weltkrieg kannten diese mystische Tradition, die meisten hatten nie den Namen Rudolf Steiner gehört und hätten sich mit der Anthroposophie auch nicht angefreundet. Sie machten sich über das Leben die üblichen Gedanken, dass es schwer und nicht zu ändern sei und dass sein Sinn darin bestehe, sein Glück zu suchen, und sie hatten sich auf diese Weise in der bürgerlichen Welt eingerichtet. Hätten sie Goethe oder die deutschen Romantiker, Novalis, Brentano, E.T.A. Hoffmann, gelesen, wären ihnen die deutschen Mystiker näher gerückt und sie hätten etwas mit Rudolf Steiners Ideen anzufangen gewusst. Aber die Mystik war ihnen fremd, sie kannten weder Jakob Böhmes *Aurora oder Morgenröte im Aufgang* noch die Predigten von Meister Eckhart. Sie mussten arbeiten, sie sagten, es sei schon schwierig genug, sich im wirklichen Leben zurechtzufinden.

Adorno verstand nichts vom Maschinenbau und vom Straßenbau, er konnte kein Auto und keinen Fernseher reparieren, er hatte keine Ahnung, wie ein Telefon, eine Waschmaschine oder ein Flugzeug funktionierte, er wusste, dass es diese Dinge gab und wofür sie zu gebrauchen waren. Die Deutschen lächelten nachsichtig. Sie hatten sich mit den technischen Geräten im Haus vertraut gemacht, sie versuchten selbst, sie zu reparieren, um Geld zu sparen. Die Not macht erfinderisch und schlau. Die Verbindung von Schauen, Nachdenken und Handgriffen hielt auch den Vater meines Schulfreundes bei den Arbeiten im Haushalt wach, er konnte sich vor ihnen nach Feierabend oder am Wochenende nicht drücken, er musste eine Lösung finden, wenn Probleme auftauchten, die Heizung sprang nicht an, der Rollladen ließ sich nicht hochziehen, die Toilettenspülung war kaputt, der Abfluss war verstopft, eine elektrische Leitung war defekt. Nachdem er das Auto repariert hatte, packte er das Werkzeug zusammen und war zufrieden. Etwas, das nicht tat, was es tun sollte, funktionierte wieder. Darum ging es meistens, nicht nur bei ihm, die Welt, in der er lebte, so wie sie war, am Laufen zu halten, keine Unterbrechungen, kein Versagen, kein Ausfall, kein Verlust. Je kleiner, enger und vertrauter die Welt war, umso besser gelang es, mit den eigenen Fähigkeiten die Lücken zu schließen, die Fehler zu beseitigen und die Probleme zu lösen.

Die meisten Deutschen hatten nichts gegen die Technik einzuwenden, im Gegenteil, sie war ihnen willkommen, und sie hätten nicht verstanden, was Heidegger an ihr auszusetzen hatte. Sie teilten die Vorbehalte derer, die körperlich oder mechanisch arbeiteten, gegenüber denen, die in ihren Augen nicht wirklich arbeiteten, sondern nur redeten und sich Gedanken machten, die Skepsis der Praktiker vor den Theoretikern, die Aversion derer, die zu wissen meinten, wie das Leben wirklich war, gegen jene, die ihre Tage über Büchern und mit Ideen verbrachten. Die Kluft zwischen den Kopfarbeitern und den Handarbeitern war im Zuge der Industrialisierung und der Verstädterung entstanden. Die übliche Verachtung des Geistes, der Kunst und der Kultur, das Ressentiment der Realisten gegenüber dem Ideellen wurde mit dem Hinweis begründet, der Sinn einer Sache, zu der auch das Leben verkam, liege in ihrem Nutzen, und das hieß, in ihrer Anwendung zum eigenen Vorteil. Die drei Philosophen, Wittgenstein, Heidegger und Adorno, taten jeder auf seine Weise alles in ihrer Macht Stehende, die Vorstellung vom reibungslosen Ablauf der Dinge und des Denkens theoretisch zu zerstören. Steiner wollte mehr als eine philosophische Korrektur des Geistes, er wollte etwas Neues aufbauen, etwas Umfassendes, Einheitliches, eine bessere Welt, und er sorgte sich um entsprechende praktische Lösungen, er gründete die Waldorfschule und das Lehrerseminar, er führte die biodynamische Landwirtschaft ein, legte die Grundlagen für eine neue Heilkunde und Heilpädagogik und entwarf einen Plan für eine zukünftige Dreigliederung der Gesellschaft. Ähnlich konsequent hatten deutsche Pietisten im 18. und 19. Jahrhundert Theorie und Praxis miteinander verbunden, als sie sich zu Gemeinschaften zusammenschlossen, nicht nur in Deutschland, sondern auch in den Vereinigten Staaten und im Südkaukasus, um ein Leben nach ihren christlichen Vorstellungen zu führen.

Die Logik der Welt

Die christliche Idee, dass die Alternative zur Welt, wie sie war, das Reich Gottes sei und dass der Tag kommen werde, an dem Gericht gehalten würde über die Lebenden und Toten, die Guten und Bösen, tauchte bei den Anarchisten und Kommunisten Karl Marx, Rosa Luxemburg, Karl Liebknecht, Gustav Landauer als Idee einer gerechten Welt auf Erden auf. Sie dachten in sozialen, nicht in religiösen Kategorien und mochten sich in der Praxis nicht mit alternativen Lebensgemeinschaften begnügen. Das christliche Unbehagen an der materiellen Knechtschaft der Welt schlug bei ihnen um in die Kritik an der materiellen Ungerechtigkeit der Gesellschaft. Die einen hofften und handelten nach dem Wort Gottes, die anderen hofften und handelten nach den Theorien, die sie sich von der Wirklichkeit machten. Sie brauchten Bücher, Überlieferung, Auslegung, Verstehen, Vergewisserung, Predigt und Propaganda, wenn sie herausfinden wollten, ob sie auf dem richtigen Weg waren, ob sie in der Wahrheit lebten oder nicht. Dem geoffenbarten und dem kritischen Wort streng zu folgen hieß, vor der Macht der Welt gewappnet zu sein, ihren Versuchungen, Glück, Geld, Kriecherei, trotzen zu können, ihren Tücken, Kultur, Kompromiss, Gewohnheit, nicht zu verfallen.

Wissen und Glauben verbanden sich in der erlösenden Kraft des Wortes. Die einen vertrauten der religiösen Wahrheit, die in die Welt kam und die Gläubigen durchfuhr, die anderen der logischen Wahrheit, die in der Welt war und die Gedanken der Kritiker lenkte. Von Paulus an hatte jeder, der das biblische Wort verkündete, auslegte und gegen heidnische griechische Philosophen wie Platon, Aristoteles und Plotin verteidigte, einsehen müssen, dass nicht nur Wunder, sondern auch Argumente zum Glauben an die Offenbarung führten. Noch die mittelalterlichen Theologen und Philosophen gerieten durch die Nähe von Glauben und Wissen, Dogma und Vernunft auf Abwege, worauf die katholische Kirche sie zwang, die Sätze zu widerrufen, die zwar den Argumenten der Logik folgten, aber der offiziellen Lehrmeinung widersprachen. Solange es nur an Universitäten und in Klöstern zu diesen absichtlichen oder unverhofften Abfällen vom richtigen Glauben kam, konnte die Kirche einschreiten, sie verwarf, verdammte, verbrannte. Mit der Reformation wurde das Problem von Logik und Dogma zu einem Problem für alle Christen, die die Bibel lasen und sich dabei ihre eigenen Gedanken machten. Luther band die Autorität des biblischen Wortes an die intellektuelle Freiheit des

Einzelnen. Was einer verstand, wenn er die Bibel las, das sollte er glauben, kein anderer sollte ihm vorschreiben, wie er das biblische Wort zu verstehen habe.

Die protestantischen Philosophen erklärten im Sinne dieser Freiheit, jeder sollte der Vernunft, der Autorität des Arguments, der Einsicht folgen, die aus dem Vermögen des eigenen Denkens kam. Der Glaube hing am Gefühl für das Unerklärliche, dass mehr da war, als da zu sein schien, so wie das Denken am Gefühl für das Erklärbare, dass die Vernunft keinen Unsinn machte und erkannte, was da, logisch und wirklich war. Das Gefühl war wie ein Vorgriff auf die Sicherheit, die sich mit einer Erfahrung herstellte, wenn ein Wunder geschah, ein Zeichen sich zeigte, eine Erleuchtung jemanden erschütterte, oder ein logischer Schluss gelang, ein Urteil sich bestätigte, eine Aussage zutraf. Auf dieser Grundlage begannen der Glaube und das Denken damit, die Wahrheit und die Wirklichkeit von Religion und Logik abzuleiten.

Hegel hatte den Revolutionären vorgemacht, dass in einem denkenden Kopf Platz für eine Welt war, dass ein Geist mächtig genug war, die Wirklichkeit zu schlucken. Vertrauten sie Hegel, folgten sie der Vernunft und der Logik, dann konnten sie die Wahrheit der Realität erkennen und damit, unabhängig von jeder Moral, von Mitleid und Empörung, die Notwendigkeit einsehen und die Sicherheit finden für das, was sie tun wollten. Die Logik zu verstehen bedeutete, dass der subjektive Geist jedes Einzelnen in der Lage war, den objektiven Geist zu erfassen, die Einheit von Denken und Sein, Wahrheit und Wirklichkeit. Die Aussicht war ungeheuerlich, vor allem für Revolutionäre, die Anhänger suchten und überzeugen wollten.

Dass Hegel über der Niederschrift der *Wissenschaft der Logik*, die zwischen 1812 und 1816 in Nürnberg erschien, nicht verrückt wurde, hat er seinem ruhigen Gemüt und seinem wenig romantischen Naturell zu verdanken, seinem kritischen neugierigen Geist. Die *Wissenschaft der Logik* war nichts anderes als der auf den ersten Blick größenwahnsinnige Versuch, das Denken zu denken und damit die ganze Welt, da Welt nur sei, wenn sie erfahren und gedacht wird, das heißt, wenn der Geist ihrer bewusst ist. Da Denken, das die Wahrheit sucht, logisch ist, folgt daraus, dass die Logik die Wahrheit der bewussten Welt ist. Alles, was ist, muss vernünftig sein, weil die Wahrheit von allem nur ist, das heißt bewusst wird, wenn die Vernunft sie erkennt. Hegel war kein Schwärmer, der sich aus der Wirklichkeit in einen abgelegenen Winkel zurückzog und sich dort seine eigenen Gedanken machte. Im Gegenteil, er war an der Realität, an dem, was sie zu bieten hatte, in umfassendem Maße interessiert. Sein Wissensdrang war unersättlich und scheute vor keinen intellektuellen und fachlichen Grenzen zurück. Schon vor Hegel hatte es Universalgelehrte gegeben, Aristoteles und Leibniz zum Beispiel, die sich mit vielen Dingen und in vielen Wissensbereichen auskannten und zu allem Möglichen etwas zu sagen hatten, Mathematik, Ethik, Staat, Gott. Aber keiner ging so weit wie Hegel und erklärte, alles verstanden zu haben, Leben, Welt, Geist und Gott.

Hegel sah, wie sein Geist sich in die Totale ausdehnte, und dass er dabei den Kopf nicht verlor, dass er nicht in den Wahnsinn gerissen wurde, in eine Art Psychose, hing an dem Faden, den er nicht aus der Hand gab, er dachte logisch, für jeden nachvollziehbar, jeder, der seinen Geist anstrengte, dachte er, könne ihm hinterhergehen, sehen, was er machte, er selbst würde also nicht im Irgendwo des Geistes verschwinden. Die Erfahrung des totalen Geistes konnte nach ihm jeder machen, der zur Vernunft käme, was nicht einfach war, das immerhin räumte Hegel ein. Die *Wissenschaft der Logik* war ein schwieriges Buch. Der Herr schenkt es nur den Seinen im Schlaf, die anderen müssen ihren Kopf anstrengen.

Die *Phänomenologie des Geistes* schrieb er in Jena, wo er seit 1805 als außerordentlicher Professor Vorlesungen hielt, auch über Mathematik. Im Oktober 1806 besetzten französische Truppen die Stadt, und Soldaten drangen in seine Wohnung ein. Im März 1807, der Universitätsbetrieb war wegen der Besatzung eingestellt worden, packte Hegel seine Sachen und ging nach Bamberg, wo er als Chefredakteur der *Bamberger Zeitung* arbeitete, bis er 1808 zum Rektor des Egidien-Gymnasiums in Nürnberg ernannt wurde. Er unterrichtete Philosophie, Griechisch, Literatur und Mathematik. Drei Jahre später heiratete er Marie von Tucher, die zwanzig Jahre jünger war als er und drei Kinder auf die Welt brachte, eine Tochter, die früh starb, und zwei Söhne. In der jungen Familie lebte auch ein unehelicher Sohn Hegels, der dem Vater keine Freude machte, weshalb der Vater ihm seinen Namen entzog, und der Sohn sich fortan nach seiner Mutter nennen musste.

Hegel lebte ein normales bürgerliches Leben, er brach zu keiner Reise um die Welt auf, er wurde kein Revolutionär, er folgte dem Gesetzbuch und erfüllte seine beruflichen Pflichten, er verfiel nicht dem Alkohol oder anderen Drogen und tauschte den Sinn für die Realität nicht gegen Phantasmen und Illusionen ein. Seine Zufriedenheit, sein grundlegendes Einverständnis mit der Welt verdankte sich der Idee von der Wirklichkeit der Vernunft und von der Logik des Wissens und wurde durch keinen Gedanken daran, dass sein System einen irreparablen Riss, eine abgrundtiefe Lücke haben könnte, getrübt. Wie hätte ein Riss, eine Lücke entstanden sein können? Das System erschuf sich ja nicht dadurch, dass es einen bestimmten Anfang setzte, Ich, Wirklichkeit, Hunger, Verlust, Wille, und von dort aus sich ausdehnte. Es war der Geist selbst, der es dachte, die Totalität, die sich ihrer bewusst wurde. Was immer Hegel tat und worüber er sich Gedanken machte, er ging in geraden Bahnen, kein Sturm des Zweifels an allem brach über ihn herein, keine Erschütterung des Gefühls zermürbte seine intellektuelle Sicherheit, er wurde nicht schizophren und nicht obdachlos, er hielt sich sozial und psychisch in einer stabilen Lage, er fiel nicht aus dem vorgegebenen Rahmen und kam sich selbst nicht abhanden, weder durch eine traumatische Erfahrung noch durch einen psychotischen Schub. Nur ein Gehirnschaden hätte ihn um die Vernunft bringen können. Aber so wie er war, bei Kräften und Besinnung, konnte er Vertrauen in sich haben. Das ruhige sesshafte Leben, das er führte, war nicht nur eine gute, sondern eine notwendige Voraussetzung dafür, auf die ihm eigene gründliche Art und Weise über den Geist und die Welt nachzudenken. Was er wusste, hatte er sich aus Büchern angeeignet, durch Selbstbesinnung und Nachdenken, er war nicht wie Alexander von Humboldt oder Georg Forster eines Tages aufgebrochen und über die Meere gefahren, um die Fremde zu erkunden. Wenn es darum ging, etwas zu entdecken, schlug er ein Buch auf, auch Reiseberichte, oder dachte nach.

Die Grundvoraussetzung für die *Phänomenologie des Geistes* und die *Wissenschaft der Logik* war der Glaube an die Logik der Vernunft, an die Souveränität des Denkens, an die Freiheit des Geistes, sich selbst, und das hieß auch die Welt, zu erkennen. Daran hätte eine Fahrt nach Südamerika oder nach Neuseeland nichts geändert. Dank der Macht und Ausdauer der Vernunft, die nicht über die Stränge schlug und alles, was ihr begegnete, zermalmte und schluckte, entstand zwischen der Existenz und dem Denken keine Differenz, die ihn dazu gebracht hätte, das eine zu ändern und das andere infrage zu stellen. Wenn der Geist im Vollbesitz seiner Fähigkeiten war und das Leben gesichert, sodass dem Denken genug Ruhe und Muße für seine Erkundungen blieb, dann konnte sich die Vernunft überall dort zeigen und beweisen, wo der Geist die Welt nach seinem Ebenbild erschuf und erkannte. Das System, einmal zum Laufen gebracht, kam von sich aus nicht zum Halten, es blieb sich treu, wiederholte, reproduzierte sich. Am 14. November 1831 starb Hegel an Cholera.

Goethe stand hoch oben am kulturellen Himmel der Deutschen, weil er die Dichtung mit dem Leben versöhnte, den subjektiven Wahn mit der objektiven Macht der Verhältnisse und weil er die praktische Seite der Kunst bewies, indem er Kulturpolitik im kleinen Maßstab betrieb. Er war Dichter und Minister, kein Außenseiter, nicht verzweifelt oder mit der Welt zerfallen. In Weimar hatte er sich sein Kunstreich geschaffen, er musste nicht mehr hinaus in die Welt, in Paris ist er nicht gewesen, nicht in London, Amsterdam, Moskau, New York, Kairo, er war in der Schweiz und in Italien, das hat ihm gereicht, und was er dann noch brauchte, scharte und sammelte er um sich, Menschen, Bücher, Kunstwerke, jahrelang beschäftigte er sich mit naturwissenschaftlichen Fragen. Er hielt Hof, ein autonomer Fürst, der Bewunderer an sich zog. Seine Kunst war Lebenskultur, das rechte Maß in allen Dingen, ein Sinn für die Realitäten, klug, besonnen, sich selbst vertrauend und erfolgreich, ein Deutscher, der nichts davon hielt, darauf zu pochen, dass er ein Deutscher war, einer, der von der Weltliteratur sprach, ein Mittelpunkt, um den er Kreise legte, im Grunde ein Gärtner, der zu säen, zu pflegen und zu ernten verstand, ein Landwirt im Geiste, der seinen Sinnen vertraute und sich nicht in Spekulationen verstieg, bei sich war, dem es um die harmonische Bildung des Menschen ging, um einfache, klassische Ziele. Er machte allen vor, wie das gehen konnte und wie das aussah, wenn das Vorbild eines erfüllten Lebens nicht der Berufsmensch war, der Spezialist, der Experte, sondern ein Mensch mit vielen Fähigkeiten, der sich nicht aus sich vertreiben ließ, von ihm fremden Anforderungen, übertriebenen und vermessenen Vorstellungen, sondern der bei sich wohnte, sich selbst und die Welt erfassend, soweit dass dem eigenen Leben diente. Hegel stand neben ihm, weil er die Vernunft mit dem Leben versöhnte und weil die praktische Macht der Logik, der Wissenschaft, der Theorie bewies, dass der Geist der König war vor der andrängenden Materie, dass das Denken der Welt nicht unterlag, dass es sie erkannte und erschuf.

Die Revolution der Welt

Die *Wissenschaft der Logik* gehört zu den philosophischen Werken, deren unmittelbare praktische Wirkung historisch dokumentiert ist. Der englische Mathematiker und Philosoph Alfred North Whitehead hat 1929 in seinem Buch *Prozess und Realität* behauptet, die westliche Philosophiegeschichte sei eine Ansammlung von Fußnoten zu Platon. Die Versuche, die soziale Revolution, die den Kapitalismus und die bürgerliche Gesellschaft abschaffen sollte, wissenschaftlich zu begründen, waren Fußnoten zu Hegel. Bei ihm lernten Karl Marx und Lenin, dass die Logik dazu taugte, die Wahrheit der Wirklichkeit in Worte zu fassen und mit ihr Politik zu machen. Sie waren davon überzeugt, dass sie auf diese wissenschaftliche Weise eine feste Grundlage für ihr praktisches Handeln gewonnen hätten. Karl Marx entwickelte im *Kapital* die Kritik der kapitalistischen Ökonomie aus der logischen Analyse der Ware, und Lenin empfahl den russischen Revolutionären, die beiden Bände der *Wissenschaft der Logik* zu studieren. Wenn Hegel selbst aber eine Fußnote zu Platon war, dann lag, wie viele Umwege sich auch dazwischengeschoben haben mochten, der Ursprung der Vorstellung, dass der Geist, das Denken, die Logik in der Lage wären, die Wirklichkeit zu erfassen, indem sie aus dem Schein der Dinge die Wahrheit ihres Wesens lösten, bei Platon, der glaubte, die Ideen existierten in einer eigenen Welt als Urbilder all der Dinge, die von den Sinnen wahrgenommen werden können.

In den Jahrzehnten nach dem Zweiten Weltkrieg wusste die Hälfte der Deutschen, wer Karl Marx und Friedrich Engels waren. Sie lebten in der Deutschen Demokratischen Republik, die von sich behauptete, ein sozialistischer Arbeiter- und Bauernstaat zu sein, und durften sie in Richtung Westen nicht verlassen. Damit keiner in Versuchung käme, in den anderen Teil Deutschlands zu wechseln, hatte der sozialistische Staat eine Mauer bauen und eine bewachte Grenze ziehen lassen, ein Abschnitt des Grenzverlaufs, der durch ganz Mitteleuropa verlief und die sozialistische von der kapitalistischen Welt trennte, die Einflusssphäre der Sowjetunion von dem Machtbereich der Vereinigten Staaten von Amerika. Die letzten Erinnerungen der Deutschen aus einem gemeinsam verbrachten Leben, bevor ihr Land kapitulierte und in zwei Teile zerfiel, waren der Kampf zwischen Nationalsozialisten und Kommunisten, Hitler, das Dritte Reich, der Zweite Weltkrieg und die Vernichtung der Juden. Auch die Deutschen unter Hitler hatten Ideen angehangen: der Überlegenheit der arischen Rasse, der Minderwertigkeit der Juden und Slawen, der Reinheit des Blutes, der Volksgemeinschaft und der Souveränität des Führers.

In der westlichen Hälfte Deutschlands wurde nach dem Krieg nur von jungen Leuten, vor allem von Studenten, über Marx, Engels, Lenin und über eine gewaltsame Veränderung der Gesellschaft gesprochen. Die meisten Deutschen waren gegen eine Revolution, jeder glaubte zu wissen, was dabei herauskommen würde, er musste nur über die Mauer in den sozialistischen Teil schauen und sich ansehen, wie es dort zuging. Mit Ideen, die über die Gegenwart und die erfolgreiche Bewältigung des bürgerlichen Alltags hinausreichten, wollten sie nichts mehr zu tun haben, ihnen reichten als Ideale Demokratie, soziale Marktwirtschaft und der freie Westen. Adorno schaffte es ins Fernsehen und in Rundfunksendungen, weil er zu den Kritikern der kapitalistischen Gesellschaft gehörte. Heidegger beklagte vor Publikum, dass der Gegenwart, die der Macht der Technik blind verfallen war, das Gefühl für das Sein fehle, und versuchte zu rechtfertigen, dass er 1934 als Rektor der Universität Freiburg für Hitler eingetreten war. Zu den öffentlichen Philosophen gehörten auch Karl Jaspers und Karl Popper, der eine schrieb nach dem Ende des Krieges über die Kollektivschuld der Deutschen und über die Atombombe, der andere, der 1937 nach England emigriert war, über die offene Gesellschaft und ihre Feinde, Platon, Hegel und Marx. Poppers Kritik am Absolutismus von Ideen, die über die Wirklichkeit herrschen, ließ die großen Gebäude des deutschen Geistes, die es mit der ganzen Welt aufnahmen, zusammensinken, und die Architekten der Paläste standen mit einem Mal in der kalten Luft und zitterten, so wie sich das Kierkegaard gewünscht hatte. Den Deutschen im Westen war der Abschied von den weltumspannenden Entwürfen recht. Sie hatten unter Hitler am eigenen Leib erfahren, wohin große Wörter und Reden führten. Kant, der Philosoph, der in Königsberg jeden Nachmittag im Kreis herumlief, nichts von der Welt sah und die Grenzen der Vernunft ausmaß, war der Einzige der klassischen Alten, den sie akzeptiert hätten, wenn sie ihn gekannt hätten. Sie glaubten nur noch an das, was ihnen als Vorteil oder Nachteil vor Augen lag oder sich zu einem Problem verdichtete, welches sie mit ihren eigenen intellektuellen Möglichkeiten lösen konnten.

Der wahre deutsche Geist

Im Jahr 1940 gaben Peter Suhrkamp und Oskar Loerke im S. Fischer Verlag die Anthologie *Deutscher Geist. Ein Lesebuch aus zwei Jahrhunderten* heraus, 1953 folgte im Suhrkamp Verlag eine erweiterte Neuauflage. »Es sind heute andere Gründe als vor fünfzehn Jahren, welche uns drängen, das Lesebuch ›Deutscher Geist‹ jetzt neu herauszugeben. Vor fünfzehn Jahren waren starke Mächte am Werk, das Bild zu verfälschen – heute bergen die Sorgen der Gegenwart, ihre Flüchtigkeit und ihre nivellierenden Tendenzen die Gefahr, die musische Kraft, ihre Formen und ihre Ordnung vergessen zu machen oder gar zu zerstören«, schrieb Peter Suhrkamp im Vorwort zur zweiten erweiterten Auflage, ohne genauer zu sagen, was er damit meinte und an was er dachte, wenn er von »unserer gefahrvollen Gegenwart« sprach. Der Geist sollte deutsch sein können. Was aber deutsch an dem deutschen Geist war, der sich auf über zweitausend Seiten ausbreitete, das erfuhr der Leser von den Herausgebern der Texte nicht, deren chronologische Abfolge mit Johann Joachim Winckelmanns *Von dem Ursprung der Kunst* aus dem Jahr 1764 begann und mit Werner Heisenbergs *Das Plancksche Wirkungsquantum* aus dem Jahr 1944 endete.

Die nationalsozialistische deutsche Studentenschaft hatte sich sieben Jahre vor der ersten Auflage der Anthologie darum gekümmert, wie der deutsche Geist vor dem undeutschen Geist zu schützen sei. Aus der deutschen Universität, und nicht aus der Gosse des Unverstandes, kam die Idee, die Bibliotheken von jüdischem und undeutschem Geist zu säubern und die indizierten Bücher zu verbrennen. Am 12. April 1933 wurden in roter Frakturschrift zwölf Thesen wider den undeutschen Geist in den Universitäten ausgehängt. Die Deutsche Studentenschaft forderte die Mitglieder der Universitäten auf, den jüdischen und undeutschen Geist aus den Bibliotheken auszumerzen und »Studenten und Professoren nach der Sicherheit des Denkens im deutschen Geiste« auszuwählen. Sie erwartete von den Kommilitonen, dass sie willens und fähig seien »zur selbständigen Erkenntnis und Entscheidung«, »zur Reinerhaltung der deutschen Sprache« und »zur Überwindung jüdischen Intellektualismus und der damit verbundenen liberalen Verfallserscheinungen im deutschen Geistesleben«. Am 10. Mai 1933 wurden auf dem Bebelplatz in Berlin die Dokumente jüdischen und undeutschen Geistes verbrannt, die Werke von Karl Marx, Sigmund Freud, Heinrich Mann, Erich Kästner, Kurt Tucholsky, Erich Maria Remarque und anderen. Auf Lastwagen waren die Bücher herbeigeschafft worden. Tausende von Deutschen sahen der Reinigung des Geistes zu. Auch in einundzwanzig anderen Städten, in denen Hochschulen sich säubern wollten, wurden an jenem Tag Bücher im Feuer vernichtet.

Als die erste Ausgabe der Anthologie über den deutschen Geist von Loerke und Suhrkamp erschien, hatte Deutschland den Zweiten Weltkrieg schon begonnen. Wer in der Lage war, sich als Deutscher zu fühlen, aber kein Nationalsozialist war, musste die geistige Vergangenheit mobilisieren, den wahren deutschen Geist, um nicht am Land und an der eigenen Herkunft und Zugehörigkeit zu verzweifeln. Martin Heidegger und Rudolf Steiner fehlen in der ersten Auflage von 1940, in der Auflage von 1953, in die Autoren aufgenommen wurden, die »seinerzeit ausgelassen wurden«, wie Peter Suhrkamp im Vorwort schrieb, »weil sie ein Verbot des Lesebuchs provoziert hätten«, fehlen immer noch Ludwig Wittgenstein, Theodor W. Adorno, Hermann Broch, Siegried Kracauer und Erwin Panofsky, Franz Kafka, Rahel Varnhagen und Hannah Arendt. Der deutsche Geist hatte, auch wenn zwei versuchten, es ihm recht zu machen, seine Lücken und Tücken.

Die Deutsche Studentenschaft versuchte, das Problem auf andere, einfache Weise zu lösen: Sie verband den Geist mit dem Volk, eine Art umfassender, ganzheitlicher Rückversicherung, durch die der Einzelne ohne große intellektuelle Anstrengung an seine Herkunft gebunden wurde, an Geschichte und Tradition, Blut und Rasse. Der deutsche Geist sollte völkisch sein, von fremden, ausländischen Einflüssen geschützt, dem Eigenen treu, Region, Sitte, Brauch, Überlieferung. Das deutsche Volk bekam, als wäre es ein Mensch, eine Seele und war damit eine Einheit von Körper und Geist. Die Volksseele spürte, wer dem Volk nahe war, ein Ausdruck einer Vermählungsphantasie, die den Vorstellungen von einer gesunden Nähe zur Natur glich, wie sie in den Jugendbewegungen um die Jahrhundertwende kursierten. Die körperliche Reinheit ließ sich zuerst und vor allem durch rassenbiologische Eingriffe herstellen und bewahren. Dafür sorgten Vorschriften und Gesetze, die eine Vermischung der Rassen verhinderten, und die Gesetze zur Eugenik, die den kranken und beschädigten von dem gesunden Körper trennten. Die Juden und die Behinderten wurden aus dem Volkskörper entfernt und vernichtet.

Rassengesetze für den deutschen Geist ließen sich schwieriger aufstellen und befolgen. Der Geist war ungebunden, grenzenlos, nur die Sprache machte aus ihm eine beschränkte, nationale, dem einsprachigen Volk verbundene Angelegenheit. Was in und mit ihm verhandelt wurde, ließ sich auch mit Argumenten stützen oder kritisieren, die zum ersten Mal in einer anderen Sprachen vorgebracht worden waren. In dieser Not wurde der Geist dem Körper unterworfen, seine weltläufigen Fähigkeiten wurden begrenzt, sein übernationaler Expansionstrieb wurde eingeschränkt, ihm wurde eine Heimat zugewiesen, die ihn an sich band, eine Herkunft, die sein Korrektiv wurde, damit er wusste, bis wohin er gehen konnte. So wie im einzelnen Fall ein gesunder Körper einen Geist entwickelte, der insofern gesund war, als er sich an die Gemeinschaft, die das Leben trug, gebunden wusste, so musste ein von fremdem Blut und schlechten Erbanlagen gereinigtes Volk wieder deutsch und völkisch denken, insofern es jeden Gedanke, der danach aussah, als könnte er die Homogenität, die Einheit und den Wert des Volkes zersetzen, als Ausdruck eines falschen, nicht organisch aus dem Gemeinschaftsboden gewachsenen Geistes erkannte und denunzierte. Was die Juden dachten, war unrein, intellektualistisch, volksfremd, ebenso was Deutsche dachten, deren Gedanken sich nicht daran orientierten, ob sie dem Wohl, der geistigen Gesundheit und der moralischen Stabilität der Deutschen dienten. Der völkische Geist, erfüllt von dem Gefühl, dass die deutsche Heimat von fremden Mächten bedroht sei, unterwarf sich freiwillig den Vorstellungen von Gemeinschaft, Rasse, Reinheit, Tradition, Zucht. Deutsch denken hieß, für das Volk, die Rassengemeinschaft und das Dritte Reich zu lügen und zu fälschen. Deutscher Geist war der Wille zum Betrug im Auftrag der Idee von der Besonderheit und Überlegenheit des deutschen Volk.

Die deutsche Seele

Thomas Mann gehörte zu denen, die völkerpsychologisch dachten. Friedrich Nietzsche hatte ihm vorgemacht, wie aus Millionen Franzosen, Deutschen und Engländern, Männern, Frauen, Kindern, Reichen und Armen, Handwerkern und Professoren, Lehrern und Soldaten, nationale Geschöpfe wurden, der Franzose, der Deutsche, der Engländer. Jede Nation bekam bestimmte Eigenschaften zugeteilt, als liefen die Bewohner Frankreichs, Deutschlands und Englands jeweils auf einem Platz zusammen und würden sich dort in einen einzelnen Menschen verwandeln, dessen Verhalten auf einen Charakter zurückgeführt werden konnte, auf ein Grundmuster der Seele, das sich erkennen, beschreiben und deuten ließ. Die großzügige Unterscheidung von psychologischen Typen auf nationaler Ebene brachte den Vorteil mit sich, nicht von den Staaten und ihren Interessen reden zu müssen, sondern freihändig Studien über den Volkscharakter und die Kultur, in der er sich zeigte, betreiben zu können. In den *Betrachtungen eines Unpolitischen*, geschrieben in den Jahren des Ersten Weltkriegs, hatte Thomas Mann den Krieg, den der deutsche Staat am 3. August 1914 dem französischen

Staat erklärt hatte, als eine Schlacht zwischen dem deutschen und dem französischen Volk, zwischen der deutschen Kultur und der französischen Zivilisation begrüßt. Er machte im Geist mobil, was ihm umso einfacher gelang, als seine deutschen Truppen, die er ins Feld schickte, dazu dienten, eine Kultur zu verteidigen, als deren Repräsentant er sich fühlte, mit der er innig vertraut zu sein behauptete und die für ihn, der aus seinen intimen Erfahrungen mit der deutschen Dichtung, Philosophie und Musik sprach, Ausdruck der deutschen Seele war.

»Wir denken heute in Erdteilen«, schrieb der Historiker Oswald Spengler in seinem Buch *Untergang des Abendlandes*, das unmittelbar nach dem Ersten Krieg, in dem mehr als siebzehn Millionen Menschen starben, erschien. Ihn interessierte das Schicksal der »westeuropäisch-amerikanischen« Kultur, nicht das Schicksal der deutschen, französischen oder englischen Kultur, er dachte in größeren Einheiten und Verläufen. Die Weltgeschichte war eine Abfolge von dominanten Kulturen, aus deren Aufstieg, Blüte und Niedergang, wenn einer sie zu deuten verstand, sich Gesetze gewinnen ließen, die erlaubten, einen Blick in die Zukunft zu werfen. »Will man erfahren«, schrieb Spengler, »in welcher Gestalt sich das Schicksal der abendländischen Kultur erfüllen wird, so muß man zuvor erkannt haben, was Kultur *ist*, in welchem Verhältnis sie zur sichtbaren Geschichte, zum Leben, zur Seele, zur Natur, zum Geiste steht, unter welchen Formen sie in Erscheinung tritt und inwiefern diese Formen – Völker, Sprachen und Epochen, Schlachten und Ideen, Staaten und Götter, Künste und Kunstwerke, Wissenschaften, Rechte, Wirtschaftsformen und Weltanschauungen, große Menschen und große Ereignisse – Symbole und als solche zu deuten sind.« Die Geschichte war der Ausdruck von etwas Lebendigem, das dem Werden und Vergehen ebenso unterworfen war wie die Erscheinungen, die Formen der Natur, für deren Gesetzmäßigkeit sich Goethe interessierte und die er mit seinem anschauenden, ganzheitlichen Denken zu verstehen versucht hatte. Kulturen waren für Spengler, der sich zu Goethe als dem Fluchtpunkt seiner philosophischen Gedanken bekannte, »Lebewesen höchsten Ranges«, die sich auf eine bestimmte Art und Weise entwickelten. Die Geschichte morphologisch zu betrachten bedeutete, ein Formengesetz in ihr zu suchen und, wenn es gefunden worden war, für die Zukunft geltend zu machen. Der Historiker, der dieses Gesetz kannte, dechiffrierte aus der Weltgeschichte eine universelle Symbolsprache, mit der sich die Zukunft buchstabieren ließ. Die deutsche Seele, für die Thomas Mann an seinem Schreibtisch in München in den Krieg gegen Frankreich, gegen die Demokratie und die Übermacht der Politik gezogen war, hatte sich bei Spengler in die westlich-amerikanische Kultur aufgelöst.

Mitten im Krieg sprach auch Rudolf Steiner von der deutschen Seele, vom deutschen Wesen und vom deutschen Geist. Die Schlacht bei Tannenberg und die erste Schlacht an der Marne waren geschlagen. Im Oktober 1914 hatten Wissenschaftler, Schriftsteller und Künstler einem *Aufruf an die Kulturwelt* erlassen, in dem sie sich empört gegen die Vorwürfe zur Wehr setzten, deutsche Soldaten würden Gräueltaten verüben und Kunstwerke vernichten. Einhellig stellten sie sich hinter das deutsche Heer. Zu denen, die unterschrieben hatten, gehörten die Dichter Richard Dehmel und Gerhart Hauptmann, der Direktor des Deutschen Theaters in Berlin Max Reinhardt, der Generaldirektor der königlichen Museen in Berlin Wilhelm von Bode, der Kirchenhistoriker Professor Adolf von Harnack, die Professoren für Philosophie Alois Riehl, Rudolf Eucken, Wilhelm Windelband und Wilhelm Wundt, der Komponist Engelbert Humperdinck, die Maler Max Klinger und Max Liebermann, die Professoren für Geschichte Karl Lamprecht und Eduard Meyer, der Professor für Nationalökonomie Gustav von Schmoller und der Professor für romanische Philologien

Karl Voßler. So viele deutsche Geister, die Geist genug hatten, über den Geist, der deutsch war und deutsch sein sollte, sich Gedanken zu machen, dachten deutsch und nicht pazifistisch, antimilitaristisch, sozialistisch, kommunistisch, international, antimonarchistisch, anarchistisch oder christlich.

Steiners Augen weiteten sich, und er hob die Hände, als würde eine Rauchsäule vor ihm aufsteigen, und dann beschwor er eine geistige Tradition, die von Meister Eckhart, Johannes Tauler und Angelus Silesius über Johann Gottfried Herder und dessen *Ideen zu einer Geschichte der Philosophie der Menschheit* über Goethe, Fichte und Schelling bis zu ihm und seinen Vorstellungen reichte. »Mit Hegels Philosophie«, erklärte er in einem Vortrag über *Die germanische Seele und den deutschen Geist*, den er am 14. Januar 1915 in Berlin hielt, »ist etwas erreicht, von dem man sagen muss: kann man sich in sie vertiefen und die Seele zu einem innerlichen Werkzeug der Ideen machen, dann entwickelt sich die Seele weiter. Es muss also der deutschen Seele die Weltmission übertragen sein, von der abstrakten Idee, von dem Erfassen der Gedanken und Ideen, die Natur und Menschenwesen in der Natur durchwallen, wiederum hinaufzusteigen zu dem unmittelbaren lebendigen Erfassen und Erfahren im Geiste und in der geistigen Welt.« Nicht nur der Geist, vor allem der deutsche Geist kannte keine Grenzen, er zog die Seele des Volkes mit sich, das auf diese Weise seinen geschichtlichen Auftrag erfüllen konnte, der darin bestand, die geistige Welt zu erobern und in ihr ein Heimatrecht geltend zu machen, die dem deutschen Geist zustanden dank der Tradition, aus der seine Seele kam. Er bahnte sich einen Weg zu den Ideen, und die deutsche Seele, die ihm folgte, lebte auf in einer höheren Welt, mit der sie, vor allen anderen Völkerseelen, durch verwandtschaftliche Nähe verbunden war, als wäre sie ihr zugehörig, ein Kind von ihr. Die Hegelsche Totale ließ sich erfühlen, und die Seelenregung, die ihr entsprach, griff hinaus auf die ganze Welt und zog sie zu sich her und machte sich in ihr heimisch. »Und der Glaube an die Sieghaftigkeit des deutschen Lebens«, sagte Steiner, »er braucht nicht ein bloßer blinder Glaube zu sein; er kann hervorgehen aus der lebendigen Erkenntnis des deutschen Wesens, aus jener lebendigen Erkenntnis, welche da zu der Anschauung kommt, dass das deutsche Leben fortleben muss, weil das deutsche Wesen in der Weltenentwickelung seine Mission erfüllen muss, weil nichts da sein würde, was die rein äußere materialistische Weltanschauung erheben würde zu jener ideellsten spirituellen Höhe, deren Intention im deutschen Wesen liegt. Wahrhaftig: in diesem deutschen Geistesleben liegt das, was einstmals die bloße materialistische Weltanschauung herausführen wird zur Anschauung der spirituellen Welt. Und dass die besten Geister es geahnt haben, dass ein Anfang und nicht ein Ende des deutschen Geisteslebens gegeben ist, das sehen wir bei allen großen Geistern, wie sie die Impulse dieses Geisteslebens ausgesprochen haben.« Steiner schwieg, er sah, was er sagte, genau vor sich. Die Wörter zogen den Blick weg von der Erde und belebten ein Reich hoch über der Wirklichkeit, sie führten ein eigenes Leben, hatten Vorfahren und zeugten Nachkommen. Wer sich ihnen anvertraute, der fand aus der Enge des Körpers heraus, aus den Bedrückungen des Daseins, der überwand historische, soziale und ökonomische Grenzen. Die Wörter lösten die Bande zur sichtbaren und materiellen Welt, sie mussten nicht etwas Bestimmtes bezeichnen, sie trugen undeutliche Vorstellungen mit sich, Stimmungen, sie weckten Resonanzen, Vertrauen, Skepsis, Neugierde, Wärme, sie zogen an und stießen ab. Wer suchte schon immer nach den passenden Wörtern, prüfte ihren Gehalt, wog ihre Bedeutung, sie boten sich von selber an, sie drängelten sich vor, sie verbreiteten Unschärfe, was und wie etwas gemeint sein könnte. Die Wörter waren da, sie mussten nur gefunden und verwendet werden, sie waren

Repräsentanten einer unsichtbaren Welt, sie garantierten, dass es mehr gab, als mit den Händen zu fassen war, Ideen, von denen keiner wusste, wie sie entstanden waren, woher sie kamen, sie waren unheimlich wie das Denken.

Esoterik war eine Art Gedankendichtung, eine Form von geistiger Heimat, in die jeder aufgenommen werden konnte, der sich den Gesetzen der Gedankendichtung fügte. Eingeweihte nahmen den Neuankömmling an der Hand und zeigten ihm eine höhere Welt ohne Widerspruch und Riss, alles und jeder war mit allem verbunden, eine erlebte Gemeinschaft, erfahrene Einheit, ein ganz anderes Gefühl als im Alltag, in der Fremde zwischen den Unerlösten, die vom Materiellen wie vom Teufel verführt wurden und sich von diesen niederdrückenden Kräften nicht losmachen konnten.

In dem literarisch berühmten Jahr 1857, als Stifters *Nachsommer*, Flauberts *Madame Bovary* und Baudelaires *Les Fleurs du Mal* erschienen, schwärmte der Dichter Joseph von Eichendorff vom »Weltbürgertum« der Deutschen, das er mit der Nähe und Liebe der Deutschen zur Wahrheit und zu Ideen erklärte, die sich nicht nach Provinzen und Nationen aufteilen ließen, sondern zum »Gemeingut der Menschheit« gehören würden. »Die deutsche Nation«, schrieb er in seiner *Geschichte der poetischen Literatur Deutschlands,* »ist die gründlichste, innerlichste, folglich auch beschaulichste unter den europäischen Nationen, mehr ein Volk der Gedanken, als der Tat. Wenn aber die Tat nichts ist ohne den zeugenden Gedanken und nur erst durch den Gedanken ihre welthistorische Bedeutung erhält, so dürfen wir wohl sagen, dass diese beschauliche Nation dennoch eigentlich Weltgeschichte gemacht hat. Dieser Hang, die Dinge in ihrer ganzen Tiefe zu nehmen, scheint von jeher der eigentümliche Beruf der germanischen Stämme zu sein.« Der deutsche Geist kommt an der Hand von Eichendorff aus der Tiefe der Gedanken, die mehr sind als »Erdwinkelgedanken«, aus einer Welt, die hinter den Erscheinungen beginnt, »aus dem Wunderlande, das jeder echte Dichter immer wieder neu entdeckt«, aus dem dunklen Wald der Ahnungen, Eingebungen und höheren Erkenntnisse, des Dings an sich und des Wesens der Dinge, der Poesie und der Nähe zur Natur, der Schau des Ewigen und des religiösen Gefühls, dass mehr da ist, als zutage liegt, ein Licht, das erfüllt und erlöst, und sei es nur für Augenblicke. Wie heimelig das in seinen Ohren klang, als zögen die Wörter durch Berg und Tal, über Wiesen und Felder, Schmetterlinge tanzten um die Blumen, und Eichendorff kühlte die vom langen und nicht immer lustigen Wandern wunden Füße in einem Bach und lauschte in den blauen Himmel hinein, ob da oder dort hinten nicht der Anfang eines Gedichtes lag, ein Reim, den die Dinge gefunden hatten und der sich seinem schläfrigen Ohr noch verbarg, und ließ den Blick durch die Gegend schweifen, ob da wäre ein Bild, vom Horizont gerahmt, das auf ein Wort wartete, ein Wehen und Weben der Lüfte und Gräser, das wie ein tiefer Sinn aussah und vom Glück der Stille sprach, in der sich die Zeichen formten, die erleuchteten.

In dem Jahrhundert, das dann kam, ließ das beschauliche Denken alle Beschaulichkeit hinter sich, schnürte die Stiefel, packte den Tornister, ergriff das Gewehr und machte Weltgeschichte mit zwei Weltkriegen und weltkriegstauglichen Ideen von deutscher Kultur und arischer Rasse. Dabei hatte gerade der deutsche Geist sich so viel eingebildet auf seine humanistische Bildung, deren Vorbild tief in die Vergangenheit zurückreichte, zu antiken Griechen, die Geschöpfe der Gelehrsamkeit waren, der Phantasie, aus Büchern, Architektur und Kunst gezogen wie Topfpflanzen.

Die deutsche Bildung

Wilhelm von Humboldt dachte am Anfang des 19. Jahrhunderts im Auftrag des preußischen Staates über die Verbesserung von Schule und Universität nach. Er entwarf Lehrpläne für die Lehrerausbildung und öffnete die Türen von Elementarschule, Gymnasium und Universität für jeden, der Zeit, Geld und Verstand hatte. Den Schülern und Studenten sollte nicht nur berufsbezogenes Wissen vermittelt werden, sondern griechische Sprache und Kultur, um die humanistische Bildung zu fördern, damit aus den Deutschen Menschen würden mit Herz, Seele und Geist, kunstsinnig und tiefsinnig, und keine Technokraten, Manager, CEOs, Experten für operative Geschäfte, Fachautomaten, Funktionsträger, Erfüllungsgehilfen, ausführende Organe, Karrieristen, Ignoranten, also Leute von heute. Wilhelm von Humboldts Herz bebte, als er die neuen Deutschen, die in ihrer Seele Griechen sein würden, vor sich sah. Im griechischen Charakter zeige sich der ursprüngliche Charakter der Menschheit, schrieb er 1793 in seiner Schrift *Über das Studium des Alterthums, und des Griechischen insbesondere.* Diesen Charakter zu studieren müsse »in jeder Lage und jedem Zeitalter allgemein heilsam auf die menschliche Bildung wirken, da derselbe gleichsam die Grundlage des menschlichen Charakters überhaupt ausmacht. Vorzüglich aber muss es in einem Zeitalter, wo durch unzählige vereinte Umstände die Aufmerksamkeit mehr auf Sachen, als auf Menschen, und mehr auf Massen von Menschen, als auf Individuen, mehr auf äussren Werth und Nuzen, als auf innere Schönheit und Genuss gerichtet ist, und wo hohe und mannigfaltige Kultur sehr weit von der ersten Einfachheit abgeführt hat, heilsam sein, auf Nationen zurückzublicken, bei welchen diess alles beinah gerade umgekehrt war.«

Im Zuge der napoleonischen Kriege begann der deutsche Nationalismus die Germanen mehr in den Vordergrund zu rücken, die Verwandtschaftsgrade waren andere, die Germanen waren wie Tante und Onkel ersten Grades, sie gehörten zur näheren Familie, einfache Leute, die weniger philosophierten als die bewunderten alten Griechen. In Hegels Vorlesungen über die Philosophie der Geschichte tauchten die Germanen am Ende einer langen Reise auf, und der Geist der Weltgeschichte näherte sich endlich seinem Ziel, der Freiheit des sich selbst bewussten Denkens, dessen Höhepunkt mit Hegel in Jena erreicht wurde. Der Weltgeist muss in dem Augenblick, als ihm bewusst wurde, dass er von Hegel erkannt worden war, ins Stocken geraten sein und sich überlegt haben, ob und wie die ganze Geschichte, die er Jahrtausende lang mehr oder weniger unerkannt gemacht hatte, weitergehen könnte.

Im preußischen Staat fand der freie Geist auf Anordnung Hegels eine Art Stütze in der Wirklichkeit, und insofern war es, weltgeschichtlich gesehen, konsequent, dass Hegel eine Professur an der Berliner Universität erhielt. Er trug die Vorlesungen über die Philosophie der Geschichte 1805/06 in Jena zum ersten Mal vor, dann noch zwei Mal in Heidelberg und darauf neun Mal in Berlin, sodass es bald für alle, die in ihm den Philosophen des preußischen Staates erkennen wollten, so aussah, als könnte der Geist der Weltgeschichte gar nicht anders, als das zu tun, was Hegel ihm sagte. Die beiden schienen ein und dieselbe Person zu sein, wodurch die Faszination, die von Hegel ausging, nur umso größer wurde. Karl Marx hat dreißig Jahre später dem Geist der Weltgeschichte ein neues Ziel gesteckt, das weit in der Zukunft lag, die klassenlose Gesellschaft des Kommunismus, und aus dem Volksgeist, der in den Vorlesungen Hegels überall auftauchte, ob bei den Chinesen, den Indern, Griechen oder bei den Germanen, das Klassenbewusstsein von Proletariat und Bourgeoisie gemacht.

Die Berliner Universität war 1809 gegründet worden. Wilhelm von Humboldt griff aus diesem Anlass tief in die Tasche des Geistes und berief den Theologen Friedrich Schleiermacher, den Rechtshistoriker Friedrich Carl von Savigny, den Althistoriker Barthold Georg Niebuhr und den Philosophen Johann Gottlieb Fichte an die Universität. Hegel wurde 1818 Fichtes Nachfolger. Mit diesem Schritt in die preußische Hauptstadt erreichte der ehemalige Student der evangelischen Theologie aus dem Tübinger Stift den Gipfel seiner Karriere. Dieser Aufstieg war nicht nur ein Sieg des souveränen Geistes über Kollegen und Mitbewerber, sondern auch des philosophischen Realismus, der sich nicht über die Wirklichkeit hinwegsetzte und deren Erkenntnis nicht Wünschen, Hoffnungen und Meinungen opferte oder Ideen von der Art, wie sie Arthur Schopenhauer 1819 vortrug, als er erklärte, die Welt sei Wille und Vorstellung. Im Herbst jenes Jahres wurden unter dem Vorsitz des österreichischen Außenministers und späteren Staatskanzlers Fürst von Metternich die Karlsbader Beschlüsse gefasst, die den Regierungen, denen es darum ging, ihre Macht zu erhalten, das Recht einräumten, die liberalen und nationalen Bewegungen zu unterdrücken, die Universitäten zu überwachen und Bücher, Zeitungen und Zeitschriften zu zensieren. Wilhelm von Humboldt hatte in seiner Schrift über die *Ideen zu einem Versuch, die Grenzen der Wirksamkeit des Staates zu bestimmen* aus dem Jahr 1792 erklärt, dass ein Staat, der sich in das Leben der Gesellschaft allzu sehr einmische, aus den Mitgliedern einer Nation Untertanen, aus Menschen Maschinen mache. Am 31. Dezember 1819 quittierte er den Staatsdienst, er mochte sich mit den Karlsbader Beschlüssen nicht abfinden.

Hegel hielt sich im Sattel, er wurde 1820 zum Dekan der Philosophischen Fakultät ernannt, und 1829 zum Rektor und Regierungsbevollmächtigten. Es sah so aus, als gelänge ihm, was eine notwendige Voraussetzung für die Absicherung des bürgerlichen Fortkommens war, die Einheit von Geist und Leben, Denken und Existenz, Vernunft und Wirklichkeit. Ein staatliches Amt, eine Professur auszufüllen bedeutete, sich dem Staat zu unterwerfen. Hegel hat diese Konsequenz bürgerlicher Selbsterhaltung mit der Notwendigkeit erklärt, die wirkliche Freiheit bestehe darin, der Vernunft zu folgen. »Das *was ist* zu begreifen, ist die Aufgabe der Philosophie, denn das *was ist*, ist die Vernunft«, schrieb er in der Vorrede zu den *Grundlinien der Philosophie des Rechts,* die 1820 erschienen. Das hieß erst einmal nur: Bevor einer an der Wirklichkeit dies oder jenes auszusetzen hatte, sollte er sich einen Begriff von dem machen, was war, also die Logik einer Sache, ihren Grund und Zweck verstanden haben. »Die weitere Schwierigkeit aber kommt von der Seite, daß der Mensch *denkt* und im Denken seine Freiheit und den Grund der Sittlichkeit sucht. Dieses Recht, so hoch, so göttlich es ist, wird aber in Unrecht verkehrt, wenn nur dies für Denken gilt und das Denken nur dann sich frei weiß, insofern es vom *Allgemein-Anerkannten und Gültigen abweiche* und sich etwas *Besonderes* zu erfinden gewußt habe.« Die Kritik an der Wirklichkeit war mehr als ein Reflex der Unzufriedenheit, die sich einstellte, wenn einer die Realität an den eigenen beliebigen Vorstellungen maß, als müsste sich die Wirklichkeit nach ihnen richten. Der Weltgeist tat, was er wollte, er ließ sich erkennen, aber nicht in diese oder jene Richtung treiben. Die Erkenntnis dessen, was war, führte dazu, abzuwarten, dass die Wirklichkeit eines Tages ganz und gar zur Vernunft kommen würde. Bis dahin war der preußische Staat in seinem weltgeschichtlichen Recht. Hegel war zufrieden, er sagte, was er dachte, und behielt sein Amt. Die Totalität konnte auf individuelle Wünsche und Eigenarten keine Rücksicht nehmen.

Unter den Studenten, die Hegels Vorlesungen hörten, saß Anfang der Zwanzigerjahre der junge Dichter Heinrich Heine. Er war Jude. In der Hoffnung, seine beruflichen Chancen als Jurist zu verbessern, ließ er sich 1825 protestantisch taufen, musste dann aber einsehen, dass er sich getäuscht hatte, auch ein getaufter Jude blieb in Deutschland immer noch ein Jude. Im Jahr 1831 verließ er seine Heimat und ging nach Frankreich, aus politischen Gründen, da zensiert wurde, was er schrieb, und weil er nicht mehr ertrug, dass ihm, weil er Jude war, in Deutschland das Leben schwer gemacht wurde. In Paris ist er 1856 nach langer Krankheit gestorben.

Er wurde wie die Jüdin Rahel Varnhagen, deren Salon in Berlin er und Hegel besuchten, vom »Allgemein-Anerkannten und Gültigen« des Antisemitismus in das soziale Abseits, in das Exil der Außenseiter getrieben. Es war müßig, sich darüber Gedanken zu machen, ob und was der Weltgeist in Preußen und in den anderen deutschen Ländern sich dabei dachte, Juden wie unerwünschte Gäste behandeln zu lassen. Der Antisemitismus mochte Gründe haben und Zwecke verfolgen, leben ließ sich in solcher Gesellschaft als Jude nur schwer oder gar nicht.

Hundert Jahre später erklärte Adolf Hitler den Deutschen, dass er in der Lage sein werde, das Judenproblem zu lösen. Tausende von Juden nahmen ihn glücklicherweise beim Wort und verließen ihre deutsche Heimat, in der mit der Gründung des Deutschen Reiches 1871 der Antisemitismus an Fahrt gewonnen hatte. Seit den Befreiungskriegen gegen Napoleon trat er zusammen mit der Sorge um die Zukunft Deutschlands auf, die auf schwachen Beinen stand. Erst fehlte ein deutscher Staat, der alle deutschen Länder bündelte, und dann, als es einen deutschen Staat gab, war er, verglichen mit den mächtigen europäischen Nachbarn, England und Frankreich, sehr jung und unerfahren. Die Kultur, das Volk, die Germanen mussten die staatliche Einheit stärken, und je reiner das Volk, die Kultur und der Glaube daran waren, umso heller strahlte die deutsche Zukunft.

In Frankreich tat Heine, was auch andere deutsche Schriftsteller und Journalisten machten, die in Paris Geld verdienen mussten, er schrieb über französische und deutsche Zustände, über Politik, Alltag, Philosophie, Literatur und Kunst. In seinen Schriften mischte sich eine romantische Sehnsucht, die nachts ihren Träumen nachhing, mit den politischen Forderungen des Tages, die Poesie mit der Wirklichkeit, die Reime eines liebenden Herzens mit den Argumenten eines ironischen Geistes, die Analyse der öffentlichen Ereignisse mit der Subversion des stillen Zweifels. Mit ihm, sagte er über sich selbst, sei die Kunstperiode Goethes zu Ende gegangen sei. Die drei klassischen Grazien, das Schöne, Wahre und Gute, sprangen, als sie ihn kommen hörten, von den Sockeln, auf denen sie in Weimar gestanden hatten, und gingen nach Paris, mischten sich unter das Leben, liefen durch die Straßen, setzen sich in die Gasthäuser und amüsierten sich, und nachdem sie getrunken, gegessen und gelacht hatten, legten sie sich in die Betten ganz normaler Menschen und die Liebenden zeugten in lauen Nächten die Leichtigkeit des Lebens und die Lust am widersprüchlichen Denken. Schon Aristoteles hatte in der *Nikomachischen Ethik* behauptet, dass Glück nur dem gelingen könne, der sich von der Vernunft führen ließ und die äußeren Güter der Welt, Gesundheit, Schönheit, Reichtum und Freundschaft, nicht vergaß. Wer Dichter oder Philosoph sei, habe die beste Voraussetzung dafür, dieses Glück auf Erden zu erreichen.

Goethe und Schiller stellten große Ideen, Ideale und Symbole auf und lebten selbst an Orten in der deutschen Provinz, die aus der Geschichte in die Vergessenheit gefallen waren, auch wenn Napoleon eines Tages dort auftauchte. Die Romantiker überhäuften die Gegenwart, als sei sie leer, schal und ohne Gewicht, mit Einbildungen und Phantastereien, bis sie verzweifelt und ihrer selbst müde waren, worauf sie in den Staatsdienst eilten und dort alt wurden wie Eichendorff, sich das Leben nahmen wie Kleist, sich dem Alkohol ergaben wie E. T. A. Hoffmann oder zum katholischen Glauben überliefen wie Clemens Brentano und Friedrich Schlegel. Heine wollte nicht als Junggeselle sterben, der Idealen hinterherrannte und vor lauter Sehnsucht vergaß, dass die Gegenwart zum Greifen nahe war. Er erklärte die Zeit, in der er lebte, zur besten aller Wirklichkeiten, weil eine andere nicht zu haben war. Einen Heiratsantrag, der darauf hinausgelaufen wäre, sie nicht mit Träumen vom besseren Leben zu betrügen, machte er ihr nicht, es sollte eine lockere Verbindung bleiben und keine Vernunftehe daraus werden, die aus der Hegelschen Einsicht in die Notwendigkeit erwuchs.

Der Dichter und die Zeit wurden glücklich miteinander, er umgarnte sie zu seinem Vorteil und vergaß an trüben Tagen nicht, dass sie als Lebenszeit schön und einmalig war, und sie bemühte sich, ihn spüren zu lassen, dass kein Tag dem anderen glich, und sei es dadurch, dass sie ihm zeigte, dass die Zeitung von heute nicht die Zeitung von morgen war. Es ist nicht ausgeschlossen, dass die beiden nur deswegen ein glückliches Paar wurden, weil Heine nicht in Deutschland, sondern in Frankreich lebte, wo die Revolutionen, wie er, Hegel und andere wussten, nicht nur in den philosophischen Köpfen, sondern auf den Straßen stattfanden und wo er als Deutscher unter Franzosen sich vorkam wie ein junger Liebhaber, der bei der Geliebten immer etwas Neues entdeckte, unter alten Eheleuten, die einander auswendig kannten und sich alles gesagt hatten. »Was das Individuum betrifft«, schrieb Hegel in den *Grundlinien der Philosophie des Rechts*, »so ist ohnehin jedes ein *Sohn seiner Zeit*, so ist auch die Philosophie *ihre Zeit in Gedanken erfaßt.* Es ist ebenso töricht zu wähnen, irgendeine Philosophie gehe über ihre gegenwärtige Welt hinaus, als, ein Individuum überspringe seine

Zeit, springe über Rhodus hinaus.« Der Student Heine hatte gesehen, wie Hegel die Gegenwart in die Schachtel der Philosophie hatte springen lassen und sich darauf wie auf einen Thron setzte. Draußen schien die Sonne so unbekümmert und selbstgewiss, als wäre nichts passiert. Kein Begriff, dachte Heine, würde die Erlebnisse und Erfahrungen, die der Tag versprach, bündeln können, keiner intellektuellen Anstrengung würde es gelingen, aus ihnen, deren Reiz in ihrer einmaligen Erscheinung und in ihrer einnehmenden Wirkung lag, ein braves, blasses Wesen zu machen. Mit der Poesie dagegen ließ sich ihnen gerecht werden, mit Bildern und Wortspielen, mit Reimen, Vergleichen und Andeutungen. Was das Geschäft der Politik betraf, da half kein abgeklärter Blick vom Posten eines unbeteiligten Beobachters, sondern nur die Verbrüderung mit dem Handeln, die Parteinahme im Geschehen, der Gang auf die Straße und ins Getümmel, das Gespräch unter Freunden, der Streit mit Gegnern, die Wahl der Kombattanten. Wer sich auf dem Laufenden hielt und mittendrin in den Ereignissen stand, der erstarrte nicht, wer am Leben in möglichst vielen seiner Facetten teilnahm, der überforderte, strapazierte und beengte das Denken nicht, das sich am wohlsten fühlte, wenn es locker war und nicht streng. Es schläft ein Lied in allen Dingen, hatte Eichendorff gesagt, und in Heines Ohren war dieses Lied die Melodie des Neuen, des Werdens. Mit Begriffen ließ sich das Werden nicht fassen, nur das, was schon geworden war.

Das wirkliche Leben

Hegel packte die Papiere zusammen, die er für seine Vorlesungen brauchte, und schaute in den leeren Saal. Die Studenten waren gegangen, und er horchte in die Stille, die ihr Aufbruch zurückgelassen hatte. Er wusste nicht, ob die Studenten ihn wirklich verstanden hatten, aber er konnte nicht mehr tun, als ihnen immer wieder einzubläuen, was er sich gedacht hatte. Das Denken fiel den meisten Menschen schwer, er konnte das nicht ändern, aber er mochte deswegen in seinen Forderungen, die er an sie stellte, nicht nachgeben. Der Geist war kein Knecht, der dem Leben, was immer sie darunter verstehen mochten, zu gehorchen hatte, er musste sich nicht mit der alltäglichen Einsicht in die Dinge zufriedengeben, mit dem Schein des Geläufigen, den Gewohnheiten des Verstandes. Die Erkenntnis der Wahrheit sollte ihnen Lohn für ihre Mühe sein.

In der abgestandenen Luft hingen die Gedanken, die er vorgetragen hatte, und langsam, wie Sommerfäden, schwebten sie zur Decke hin. Er sah ihnen nach, mit dem Interesse eines Naturforschers, der einen Vogel, den er groß gezogen hatte, aus dem Käfig in die Freiheit schickte. Ihr entkommt mir nicht, dachte er. Dann fiel ihm ein, dass er sich ein Buch ausleihen wollte, er nahm ein Blatt Papier und schrieb eine Notiz an die Königliche Bibliothek Berlin: »Beispiele des Guten, mit Vorrede von Ewald« – hier machte er eine Pause, sah erneut die Sommerfäden der Gedanken zur Decke schweben, ohne den Kopf zu heben und den Blick vom Blatt zu wenden, und dann ließ er, als hätte dieses Bild ihn auf eine ihm unbekannte Weise angerührt, die Ahnung zu, dass das Leben noch Wunder berge, ungerade Brüche, die sich nicht auflösten, Kräfte, die sich nicht an das Licht der Vernunft ziehen ließen, sondern im Verborgenen, Unzugänglichen walteten, im Bergwerk des Seins, wo aus Kohle Diamanten gepresst wurden, und mit einem Mal, als wäre ihm etwas Unverhofftes eingefallen, als hätte ihn eine Idee überrascht, gab er sich einen Ruck und fuhr auf aus seinen Träumereien. Er freute sich, als wäre jetzt alles wieder im Lot, und er setzte auf das Blatt Papier hinzu »Hebels *Schatzkästlein*«, dann machte er einen Absatz und schrieb: »bitte mir zur Einsicht aus. Prof. Hegel 7/6 22«.

Johann Peter Hebels Buch *Schatzkästlein des rheinischen Hausfreundes* war 1811 bei Cotta in Tübingen erschienen. Es war eine Sammlung von Anekdoten und Kurzgeschichten über Entdeckungen, Erfindungen, Eigenartigkeiten und Vorfälle aller Art, die Hebel in den Jahren von 1803 bis 1811 in dem von ihm herausgegebenen *Badischen Landkalender* veröffentlicht hatte. Die Erzählungen waren komisch, märchenhaft, verwirrend, rührend, sinnreich, belehrend und volkstümlich, sie wirkten so, als würde einer, der dank eines guten Herzens und eines weisen Verstandes das Leben besser begriff als manch anderer, sich neben den Leser setzen, ihm einen Arm um die Schulter legen und in einfachen Worten zu erzählen beginnen. Hebel hob den Leser nicht aus dem Alltag hinaus, er lockte ihn nicht von Zuhause weg, sondern er machte ihn mit den gewöhnlichen Erscheinungen und den Merkwürdigkeiten der Welt vertraut. Der Leser kam sich vor wie ein Kind, das dem Großvater zuhörte, ein einfaches Gemüt, das seine Grenzen kannte und neugierig war, mehr vom Leben kennenzulernen und mehr von ihm zu verstehen, auch wenn es unerschöpflich war und mit Eigenartigkeiten aufwartete, vor denen der Verstand kapitulierte oder das Staunen begann. Der Drang, das Unbekannte, Unerklärliche, Fremde, Eigentümliche zu verstehen war da, auch weil das eigene Leben immer wieder Überraschungen und Rätsel bot, Übersinnliches, Schicksalsschläge, Kriege, und weil die Natur hinter ihrer schönen Seite, hinter Wiese, Feld, Wald und Bach, übermächtig und unheimlich war, da schlugen Blitze ein, Berge grollten, Stürme überzogen das Land, Sterne verglühten, Kometen rasten dahin und der Mond und die Sonne verfinsterten sich. Das Leben war leicht und zerbrechlich, es tauchte ein in den Fluss des Werdens und Vergehens, der nicht nur ein Bild für die große Zeit der Geschichte war, deren Teil ein jeder war, wie Hegel sagte.

Der Fluss des Werdens und Vergehens ging mitten durch

einen selbst hindurch, es erübrigte sich, darüber nachzudenken, ob man in ihn hineinspringen sollte oder nicht, der Fluss war immer da und zog einen mit sich, mal stärker, mal schwächer, je nachdem, ob das Alltägliche oder das Nichtalltägliche die treibende Kraft war. In diesem Fluss spiegelte sich der Himmel, der unverrückbar schien, wie ein ehernes Gesetz, wie Gott, wie die Vernunft. Kaum dass ein Mensch auf die Welt kam, die Augen aufschlug und sich zu orientieren begann, zerfiel die Einheit, in der er zuvor gewesen war, in lauter Gegensatzpaare, in drinnen und draußen, dunkel und hell, oben und unten, heiß und kalt, links und rechts, vorne und hinten, und auf seltsame Weise entsprach diese Dualität seinem Körperbau – zwei Augen, zwei Arme, zwei Beine, zwei Hände und zwei Füße, Herz und Kopf. Je älter das Kind wurde, um so mehr Gegensätze kamen auf es zu und nahmen von ihm Besitz, Lust und Pflicht, Gott und Mensch, Gut und Böse, Lob und Tadel, Sünde und Reue, Schicksal und Zufall, Denken und Sein, Vernunft und Sinnlichkeit, Strafe und Belohnung, Freiheit und Notwendigkeit, und der mit diesen Gegensatzwörtern vollgestopfte Mensch verwandelte sich, wie Gregor Samsa in einer Erzählung Franz Kafkas, in einen Käfer auf Erden, er trieb mehr im Leben dahin, als dass er schwamm, und er versuchte mit allen Kräften, sich in der Mitte des Flusses zu halten, um das hinzubekommen, was ein geordnetes, erfülltes, glückliches und gutes Leben genannt wurde. Auf der einen Seite des Ufers war die Landschaft lieblich, da standen Linden und Ulmen, wuchsen auf den Wiesen Blumen, der Himmel war blau, mit einigen weißen Schäfchenwolken, Kühe grasten auf der Weide, ein Mühlrad klapperte, ein Leiterwagen mit Heu rollte über den Feldweg, die Glocke des Kirchturmes schlug zur vollen Stunde, und die Menschen gingen einträchtig ihrer Arbeit nach. Auf der anderen Seite herrschten Chaos, Krieg und Verfall, alle Laster trieben dort ihr böses Spiel, es war Nacht, Hexen und

Trolle tanzten, und die Sünde und die Triebe triumphierten, die Häuser hatten keine Dächer mehr, die Bäume waren entwurzelt und die Felder zerstört.

Das Herz des Käfers schlug immer schneller, und um sich zu beruhigen, steckte er den Kopf in das Wasser wie in ein Buch, schaute sich mit großen Augen um in der stillen Unterwasserwelt, wo die Spiegelbilder der Dinge wie Wörter leicht und geschmeidig dahinzogen, und er versuchte, sich einen Reim auf seine Erlebnisse und Erfahrungen in der Welt zu machen, und sei es dadurch, dass er sich ein ganzes System zusammenzimmerte. Die Dinge wurden jetzt durch die Wörter kontrolliert, die Wörter schlossen sich nach einer Grammatik zusammen, und so wie viele Bäume, die in einer Reihe gepflanzt waren, eine Allee entstehen ließen, die von einem Dorf zum anderen reichte, führten die Sätze von einem Kapitel zum nächsten. Die Landschaften aus Geschichten und Ideen, die sich auf solche Weise ergaben, machten einen vertrauten Eindruck, nur dass alles friedlich war und keine Hand hervorschnellte und einem an den Kragen ging oder einem ein anderes Unglück zustieß.

Zufrieden und glücklich krabbelte der Käfer von einer Seite zur nächsten, immer an den Buchstaben entlang, in deren Gegenwart er sich auch dann geborgen fühlte, wenn er die Wörter und Sätze nicht ganz verstand, wenn er die Bedeutung, die in ihnen schlummerte, nicht erfasste. Die Wörter und Bilder waren ihm nicht fremd, sie zeigten sich nur hin und wieder von einer ihm unbekannten Seite, ganz so, als führe ihn jemand hinter ein Haus, das er von der Straße zu sehen gewohnt war, und entdeckte ihm einen verwunschenen Garten. Aus der Ordnung, die sich daraus ergab, dass alles, was in einem Satz, auf einer Seite stand, einen Sinn ergeben sollte, entstand in ihm eine tiefe Ruhe, und dann konnte es passieren, dass der Käfer über den Büchern einschlief und erst die Atemnot, der

Lebensdrang, ihn dazu zwang, den Kopf aus dem Wasser zu heben und sich umzusehen, um herauszufinden, wo er war.

Der Elan, der die deutschen Wissenschaftler, Historiker, Philologen, Soziologen und Philosophen in den hundert Jahren nach Hegels Tod erfasste, war ein Reflex auf die Erkenntnis, dass die Empirie größer und vielfältiger war, als ein genialer Kopf in einem System fassen konnte, eine Reaktion auf die Vermutung, dass in den Archiven ungeahnte Schätze und in der Wirklichkeit knifflige Fragen und Probleme ruhten, die jeden Begriffsdeckel anhoben. Die Geschichte rollte mit aller Macht herbei und drückte die Logik zur Seite, die Zeit als Prozess und Entwicklung unterwarf sich die steife statische Wahrheit, unter dem aufquellenden Reichtum der Erscheinungen verschwand das logische Wesen, ganz so, als habe der Sammler Aristoteles den Ideenspender Platon endgültig in den Schatten gedrängt. Deutschlands Ansehen als Wissenschaftsmacht wuchs. Von den Schreibtischen aus wurde mit philologischer Gründlichkeit und methodischem Selbstbewusstsein die reale Welt erobert, mochte sie vergangen oder gegenwärtig sein.

Hegels Naturphilosophie hatte die Physiker, Chemiker, Biologen und Geologen nicht überzeugt, und weder mein Vater noch mein Großvater brauchten, obwohl sie Goethe gelesen hatten, eine Idee von der Natur, wenn sie mathematische oder technische Probleme zu lösen versuchten, so wenig wie sie eine Philosophie der Geschichte benötigten, wenn sie sich mit der deutschen Vergangenheit beschäftigten. Zur Natur gehörte alles, was draußen existierte und nicht von Menschen hergestellt war, sie bildete ein unlösbares Rätsel, ein unbegrenztes Feld, dem sich das Denken nur teilweise nähern konnte. Ebenso parzelliert waren Alberts und Albrechts Ansichten über die Probleme, die sich die Menschen selber machten oder zu machen schienen, alles, was mit Gesellschaft, Politik, Wirtschaft, Geist und Seele zusammenhing. Sie hatten für diese Phänomene keine umfassende Theorie parat und gingen nicht davon aus, dass es eine Theorie von dieser Größe gebe. Im Rückblick auf die Geschichte der Wissenschaften, von der sie nur einen geringen Teil erfassten, machten ihnen die Naturwissenschaften, verglichen mit den Geisteswissenschaften, einen sympathischen Eindruck, sie verstiegen sich nicht zu Phantasmen, die für das Zusammenleben der Menschen gefährlich werden konnten, wie die marxistische Vorstellung einer Gesellschaft von Gleichen oder die Rassenkunde im Wilhelminischen Kaiserreich oder die Völkerpsychologie und Geschichtsphilosophien. Dass Physiker die Atombombe bauten, lag in der Logik der Forschung, aber der Einsatz der Waffen lag in den Händen der Politik. Auf diese nüchterne und pragmatische Weise richteten sie sich in der Welt der Gedanken ein.

Zwischen diesem sich selbst beschränkenden Denken und den geistigen Ansprüchen Hegels, Adornos, Heideggers und Steiners klafften Abgründe. Wem solche architektonischen Großbauten fremd und unheimlich waren, die von Ferne an die Kathedralen christlicher Dogmatik und die Tempel antiker Kulte erinnerten, der musste sich mit einem lockeren Denken zufrieden geben und letzte Worte und Urteile meiden.

Nach der Kapitulation des Dritten Reichs wurde Deutschland geteilt, und alle Bemühungen um eine deutsche Kultur, die zwei Weltkriege nach sich gezogen hatten, schienen umsonst gewesen zu sein. Der Westen wurde demokratisch, der Osten sozialistisch. Die Kultur der einen Seite war amerikanisch pragmatisch, die Kultur der anderen deutsch klassenkämpferisch. Als die Mauer fiel und die beiden Teile Deutschlands wieder vereint wurden, siegte die Idee vom Glück, das jeder zu suchen das Recht haben sollte, über die Pflicht zum Unglück, der jeder nachkommen sollte, solange es Ungerechtigkeit gab. Die Glücklichen und solche, die es werden wollen, reisen durch die ganze Welt. Sie sind Besucher, Gäste, Emissäre, Eindringlinge, in eigenem oder fremdem Auftrag unterwegs, Botschafter und Produkte eines globalen Lebensstils, zu dem Heimat als jener Ort gehört, von dem einer aufbricht und zu dem einer zurückkehrt und dessen Geist sich von dem Gefühl tragen lässt, ein Recht auf die Welt zu haben, auf die totale Anwesenheit, überall.

14

HEIMATPFLEGE

Mit dem Gefühl, mich gleich von der Welt zu verabschieden und in einen tiefen See zu springen und dort unterzutauchen, holte ich tief Luft, weil für Stifters Sätze ein langer Atem notwendig war und ich nicht mittendrin, nach Luft ringend, eine Pause machen wollte, was dem sanften Fließen der Sätze widersprochen hätte. Versprich dich nicht, dachte ich, sonst ist der ganze Zauber dahin.

»An der Mitternachtseite des Ländchens Österreich zieht ein Wald an die dreißig Meilen lang seinen Dämmerstreifen westwärts, beginnend an den Quellen des Flusses Thaia, und fortstrebend bis zu jenem Gränzknoten, wo das böhmische Land mit Oesterreich und Baiern zusammenstößt«, so beginnt die Erzählung *Der Hochwald,* so begann ich vorzulesen, ohne zu wissen, ob mein Vater mir zuhörte. Er hatte die Augen geschlossen und atmete ruhig, er schlief nicht, er zupfte mit einer Hand hin und wieder an der Bettdecke oder rieb Daumen und Zeigefinger aneinander, als wollte er sich seiner selbst vergewissern, dass er noch da war. Die Bewegungen unterlagen einer Art Automatismus des Lebens, sie waren eine Regung des Instinktes, wie bei einem kleinen Kind, das sich selbst kennenlernt und sich staunend anfasst, als könnte es nicht verstehen, dass die Hand zu ihm gehört, ein agierender, nach außen gekehrter, aber fester Bestandteil dessen, was es in sich drinnen und undeutlich war, Verlangen und Gefühl.

Die eine Hälfte seines Lebens hatte mein Vater in Argentinien, die andere Hälfte in Deutschland verbracht, er war hier geboren worden und würde hier sterben, insofern schloss sich in diesem Krankenzimmer ein Lebenslauf, das Ende lag am Anfang, als wäre er um die Welt gegangen und wieder dort angekommen, wo er losgelaufen war. Dass er nicht in der süddeutschen Heimat auf den Tod wartete, hat er hingenommen, wissend, dass er nicht mehr würde dort sein können, wo er einst gewesen war. Eine Rückkehr war ausgeschlossen, all die Jahre an anderen Orten hatten sich dazwischengeschoben, die Zeit hatte die Dinge von ihren gewohnten Plätzen gerückt. Der Vorstellung, dass es möglich sein sollte, heimzukehren in einem strengen Sinne, widersprach das Leben, das sich im Vorwärtsschreiten erfüllte. Den letzten Schritt musste er jetzt noch machen, ohne zu wissen, was ihn erwartete.

Er war katholisch getauft worden und hatte in der *Summa theologica* des Thomas von Aquin gelesen, nicht wie ein gläubiger Schüler, sondern mehr wie ein Naturwissenschaftler, der sich für die Konstruktion eines Systems interessierte, für die Statik eines Gedankengebäudes, das über Gott und den Menschen, Engel und Dämonen, Taufe und letzte Ölung, Tod und Auferstehung Auskunft gab. Die *Summa* war eine Vermessung der Welt mit Wörtern, und wer ihr folgte und nicht die Geduld verlor, der sah sich an die Hand genommen, vergleichbar dem Gefühl der Ruhe und der Sicherheit, das sich ausbreitete, wenn es einem gelang, mathematische Gleichungen oder physikalische Berechnungen zu lösen. Ein Schritt resultierte aus dem anderen, ein Wanderer musste nur dem Weg folgen, der sich aus dem Gelände, wie es ihm vor Augen lag, ergab, er musste nur genau hinsehen und sich nicht auf Abwege locken lassen, die durch Nachlässigkeit und Müdigkeit entstanden. Die Selbstgewissheit eines Geistes wuchs mit den Erfahrungen im Denken, sie stützte sich auf Gesetzmäßigkeiten der Natur, Zusammenhänge der Logik, Wiederholungen des Lebens und auf Offenbarungen Gottes, Deuten und Verstehen.

Überall waltete ein sanftes Gesetz, wie die Abfolge von Ebbe und Flut, von Tag und Nacht, nicht nur bei Thomas von Aquin, sondern auch in der Sprache und in der Welt des Katholiken Adalbert Stifter, der sich am 28. Januar 1868, krank im Bett liegend, mit einem Rasiermesser den Hals durchschnitt. Er litt an Leberzirrhose, Schwermut, Angst, Einsamkeit. Zwei Tage später starb er, keine dreiundsechzig Jahre alt, unerfüllt und unerlöst, Mangel an Sein, zerstörtes Werden, hoffnungslose Sehnsucht, die, je größer sie wurden, je länger sie in ihm hausten, ihn umso schwerfälliger machten, einer, der sich als Last trug, mit Mühe und Gewalt sich zusammenhielt, strikte Ordnung brauchte, um nicht zu zerfallen. Die Kunst war ein Heilmittel, ein archaisches Ritual, um Dämonen zu bannen und gute Geister zu beschwören, Heimat in der Einöde zu schaffen.

Sechs Jahre vor seinem Tod, im Sommer 1857, war er nach Triest und Udine gereist und hatte zum ersten Mal in seinem Leben das Meer gesehen. »Ich wusste nicht«, schrieb er seinem Verleger am 20. Juli 1857, »wie mir geschah. Ich hatte eine so tiefe Empfindung, wie ich sie nie in meinem Leben gegenüber von Naturdingen gehabt hatte. Jetzt, da ich es gesehen, glaube ich, ich könnte gar nicht mehr leben, wenn ich es nicht gesehen hätte … Goethe ist erst durch Italien ein großer Dichter geworden, wäre ich vor zwanzig bis fünfundzwanzig Jahren zum ersten Male, dann öfter nach Italien gekommen, so wäre auch aus mir etwas geworden. Das Herz möchte einem brechen bei Betrachtung gewisser Unmöglichkeiten … Selbst den ›Nachsommer‹, so deutsch er ist, hätte ich anders gemacht, wenn ich ihn nach dieser Reise geschrieben hätte.« Der Roman wäre, hieß das, auch nach einem längeren Aufenthalt in Italien deutsch geworden, nur anders, was nicht bedeuten musste, dass er weniger deutsch geworden wäre.

Es lag nicht nur an Italien, dass Stifter Zweifel überkamen, ob sein Leben und seine Kunst nicht eine andere Wendung genommen hätten, wenn er sich schon früher dazu hätte entschließen können, den Kreis des Gewohnten zu durchbrechen und sich der Fremde auszusetzen, insbesondere dem Süden, von dem noch andere deutsche Schriftsteller schwärmten. Weder Bilder noch Reiseberichte, noch Romane verlockten oder affizierten ihn, aus der Enge der österreichischen Verhältnisse, in die er sich verloren und vergraben hatte, aus den »Unmöglichkeiten«, in denen er verharrte, zu flüchten. In Italien wäre aus ihm »etwas« geworden, als sei er ein Nichts, als dehnte sich eine Leere in ihm aus, die im Süden mit noch anderem als mit Kunst gefüllt worden wäre, als hätte aus ihm ein Stoff, eine Materie sich entwickeln können, formbar, sinnvoll, nützlich, lebensvoll, und dann wäre der deutsche Roman, den er geschrieben hatte, nicht genau so geworden, wie er wurde.

Mein Vater kannte den Atlantik, als er den *Nachsommer* zum ersten Mal las, er verbrachte die Sommer am Strand von Mar del Plata, wohin die Bewohner von Buenos Aires pilgerten, um sich zu erholen und abzukühlen. Der Roman ließ ihn andächtig werden und begeisterte ihn, hier herrschten eine Stimmung und eine Geschlossenheit, die in kleinerem Maßstab, wie in einer Miniatur, auch seine Erinnerungen an seine Kindheit in Deutschland prägten. So ähnlich wie in dieser Geschichte war es auch dort gewesen. Ohne sich darüber Gedanken zu machen, wie es kam, dass Ähnlichkeiten bestanden zwischen der Geschichte, die Stifter erzählte, und dem Bild, das er von seiner Heimat hatte, genoss er das Gefühl, das der Roman in ihm weckte und das durch das Zusammenspiel von Lebensweise und sprachlicher Form, Wahrheit des sanften Werdens und Besinnlichkeit der Anschauung, Demut vor der Natur und Wehmut vor dem Kosmos, irdischem Eigensinn und himmlischer Entsagung hervorgerufen wurde und das Stifter gemeint haben konnte, als er schrieb, der Roman sei deutsch.

Der *Nachsommer* war, in der Tradition von Goethes *Wilhelm Meister,* ein Bildungsroman. Die Erziehung zum guten Menschen folgte der Einsicht, wenn jeder um »seiner selbst willen auf die beste Art da sei, so sei er es auch für die Gesellschaft. Wen Gott zum besten Maler dieser Welt geschaffen hätte, der würde der Menschheit einen schlechten Dienst tun, wenn er etwa ein Gerichtsmann werden wollte: wenn er der größter Maler wird, so tut er auch der Welt den größten Dienst, wozu ihn Gott geschaffen hat. Dies zeige sich immer durch einen innern Drang an, der einen zu einem Dinge führt, und dem man folgen soll.« Diese Maxime aus dem *Nachsommer* ging meinem Vater zu Herzen und sie hat ihn sein Leben lang begleitet. Sie machte ihn resistent gegen Entwürfe zur politischen Verbesserung der Gesellschaft, die sich nicht auf die Seite des Einzelnen stellten, sondern über ihn hinweggingen. Das Ganze im Großen gelang, wenn das Ganze im Kleinen sich vollendete. Das war das Motto des Provinzialismus einer Heimat, die nicht mit der Nation identisch war, die in sich ruhte. Das individuelle Gesetz, dem einer zu seinen Gunsten folgte, widersprach nicht dem Wohl der Gemeinschaft, im Gegenteil, es garantierte, wenn es willkommenes Schicksal, Einsicht in das Glück der Notwendigkeit war, das Gelingen des Allgemeinen.

Mein Vater leitete aus der Pflicht, sich selbst auszubilden, zur Blüte zu treiben, was als Samen in einem angelegt war, das Recht ab, die Erinnerungen an die frühe Heimat unter eine ähnliche Art von sozialem Schutz zu stellen, sie durften gepflegt und in ihrem Wachstum gefördert werden. Sich ihnen zuzuwenden bedeutete nicht, sich von der Gegenwart abzukehren. Sie bildeten einen Garten, der in frühen Jahren angelegt worden war und um den er sich kümmern durfte, mit der gleichen Sorgfalt und Inbrunst, die in Stifters Roman der Besitzer eines weitläufigen und abgeschiedenen Anwesens für seine Rosen und die Instandhaltung der Gebäude aufwandte. Glücklich konnte nur werden, wem es gelang, das Eigene, von der Natur, der Geburt, dem Sein in der Welt Vorgegebene, die individuelle Anlage zu erfüllen, wer ohne Hochmut und Vermessenheit war und sich dem Kreislauf des geduldigen Werdens fügte, dem kreatürlichen, organischen Wachstum. Die Erziehung zum gesellschaftlichen Fortschritt und Nutzen riss den Menschen aus seinem Kern, von sich selbst weg. Wer bei sich war, der blieb nicht bei sich stehen, er nahm nur auf, was ihm entsprach, er suchte nach Ähnlichkeiten und ließ sich von Affinitäten anrühren, er verschwendete sich an das, was ihm entgegenkam, ein Wechselspiel in Harmonie, ohne Entfremdung, Zwang, Zucht, Zerstörung.

Stifter sah auf das Meer hinaus und hätte weinen können. Am Horizont zog die Möglichkeit eines anderen Lebens dahin, weiche, nahezu unsichtbare Schemen, nur ein Gefühl, groß, unfassbar, es drehte ihm das Herz um. Die Weite lockte ihn von sich weg, als käme er aus sich heraus, könnte sich verlassen, eine späte Geburt unter Schmerzen, er würde woanders heimisch werden, ohne Furcht und Zittern zu sich finden, getragen von Wärme, Zuspruch, Vertrauen, ins Leben ausgreifend, willkommen sein, umfangen werden, schmelzen. Ein Ruf, hinter seinem Rücken, der ihm nicht galt, riss ihn zu sich zurück, in das innere Massiv. Er kannte die Berge, er hatte die Mühsal erlebt, die es bedeutete, sie zu besteigen, er wusste, welche Ausdauer nötig, wie groß die Anstrengung war, um hinaufzukommen, Hindernisse zu überwinden, die Schwerkraft, die ins Tal zog, das eigene Gewicht, den Panzer, den er um sich trug. Die Berge versprachen demjenigen Lohn, der die Gipfel erkletterte, sie lockten mit ungetrübter Einsamkeit, menschenleerer Himmelsnähe und einer Aussicht wie am ersten Tag. Doch hielt sich dort oben keiner lange, es regte sich die Sehnsucht nach erfüllter Gemeinschaft, nach Berührung, und er machte kehrt, stieg hinab, wie reumütig, weil er es gewagt hatte, sich davonzustehlen, ein Mensch ohne Menschen zu sein, obwohl doch keiner ohne einen anderen sein konnte, Heimat nur dort war, wo auch andere waren, sich umeinander sorgten, sich zulächelten, einander beistanden.

Das Meer, wenn er sich nicht am Horizont wie an einem Balken erhängte, sondern den Wellen folgte, war anders, es zog ihn weg und warf ihn wieder zurück ans Land, es wiegte ihn ein in leere Träumereien, in ein Gleiten und Loslassen, in einen Rhythmus, der ihm fremd und doch von Urzeiten an vertraut war, es machte ihn leicht, holte weg, was schwer in ihm lag, und ließ es untergehen, als wäre ein neuer Anfang möglich, es hob ihn vom Boden, den er an seinen Füßen mit sich trug, wohin er auch ging, sein Herkommen, seine Wurzeln, sein sich langsam öffnendes Grab. Er war traurig und fühlte sich doch für Augenblicke wie befreit.

Die Erinnerungen an die Heimat, die sich mein Vater in Argentinien aufbewahrt hatte, lagen im Licht eines biographischen Nachsommers, als er in Deutschland, auf der Suche nach den realen Vorbildern, über die Dörfer fuhr, eine halbe Geisterfahrt, da er mit dem einen Auge in der realen Gegenwart, mit dem anderen in der vorgestellten Vergangenheit war. Die Bilder von hier und dort wurden übereinandergelegt, miteinander verglichen und dann wieder an ihr jeweiliges Ressort übergeben. Stifters Roman war so etwas wie eine erzählte Philosophie der Heimat, die sich nur in der Geschichte, wie insgeheim, zu erkennen gab. Sie bestätigte meinem Vater, dass es gut und richtig gewesen war, und nicht etwa kindlich und verstockt, das Vergangene gegenwärtig und lebendig zu halten, das alte Reich, dessen Grundriss nicht größer war als ein Kinderzimmer, das Elternhaus, ein Garten, ein Dorf und eine Landschaft, die sich so weit erstreckte, wie der Blick in die Ferne schweifen konnte. Das waren großartige Voraussetzungen für

Heimatgefühle, um die ihn, wer im Hinterhof einer Siedlung irgendwo in einer Stadt heranwuchs, hätte beneiden können. Jedes Heimatmuseum setzt sich über den Vergleich von Stadt und Land hinweg und zieht noch aus den Vierteln der Armen den Charme einer Region. Heimat ist das Zuhause, und dort wird nicht gestritten und gezankt, damit die Einheit und die Harmonie nicht zerfallen, und je weiter die Heimat über das erste enge Terrain hinauswächst und gleichsam erwachsen wird, umso stiller wird sie, bis sie ein leerer Ort geworden ist, in dem nichts geschieht, was einen irritiert.

Als die Nazis die Macht übernahmen und die Juden, Kommunisten, Homosexuellen und sogenannte Arbeitsscheue und Verräter am deutschen Volk zu verfolgen begannen, definierten sie die Heimat, die in Deutschland zu finden war, neu, und wer bis dahin geglaubt hatte, in Deutschland seine Heimat zu haben, und nichts mit den Nazis zu schaffen haben wollte, der sah sich vor die Alternative gestellt, unterzutauchen, das Land zu verlassen oder im Konzentrationslager zu enden, das mit der alten Heimat nichts zu tun haben konnte, auch wenn es direkt neben der Stadt lag, in der einer sein ganzes Leben verbracht und sich wohlgefühlt hatte, so wie auch mit den Bewohnern der Stadt, mit denen er zuvor gut ausgekommen war, nicht mehr einträglich zu leben war, seitdem sie ihrem Führer folgten. Heimat wird einem durch Geburt und Glück geschenkt, aber von Menschen weggenommen und zerstört. Wer heute durch Deutschland läuft und sich über die ganze Wegstrecke einzureden versucht, er ginge durch die Heimat, wird ins Stocken geraten, wenn er Sozialbauten sieht, Flüchtlingsheime und heruntergekommene Industrieviertel, wo er nicht wohnen und arbeiten muss, die Gebiete der Ausgegrenzten, Armen, Aussichtslosen, und er wird das Wort Heimat nicht zu buchstabieren wagen, wenn er vor einem ehemaligen Konzentrationslager steht. Und doch sind Deutsche, die von den Nazis in die Emigration getrieben wurden, nach dem Untergang des Dritten Reiches zurückgekehrt, und Juden, die das Konzentrationslager überlebten, blieben unter den Deutschen, statt ins Ausland zu flüchten, weit weg, nach Amerika oder Israel.

Äußerlich betrachtet, hatten die beiden wenig gemein, Stifter war dick und massig, mein Vater schlank und sehnig. Aber innerlich muss zwischen ihnen eine Nähe gewesen sein, sonst hätte sich der eine nicht in den Romanen und Erzählungen des anderen verlieren, und das hieß woanders zu sich kommen können. Er glaubte, in dem Erzähler Stifter eine Art Seelenverwandten gefunden zu haben, der sich mit den Innenwelten, Gefühlen, Rührungen und Stimmungen, und mit den Grundgesetzen einer erfüllten Lebensführung auskannte und dafür Worte fand. Dass Stifter sich umgebracht hatte, wusste er in jungen Jahren nicht. Die Geschichten, die Bilder, Szenerien, Gedanken, der Ton, der Stil, das Ambiente bildeten ein Ganzes, dessen Teil er beim Lesen wurde, das ihn aufnahm und trug, ein souveränes Reich, nicht von dieser Welt der Entscheidungen, Prüfungen, Berufe und Geschäfte, und doch ihr zugefügt als eine Art sanfter Gegenentwurf, ein sich anschmiegendes Korrektiv.

Es war Nacht, und Stifter lag im Bett und atmete schwer. Er hatte geschlafen und war dann aus einem Albtraum aufgeschreckt. Die Angst saß ihm noch in den Gliedern, er schaute in die Dunkelheit und versuchte die Dinge zu erkennen. Er wollte kein Licht anmachen. Die Furien ließen von ihm ab und zogen sich in irgendeinen Winkel seines Bewusstseins zurück, um dort auf ihren nächsten Auftritt zu warten. Er fuhr sich mit schwerer Hand über die Augen, roch den Schweiß, das Elend, ein Berg aus weißem Fleisch, auf dem die schwarzen Vögel der Schwermut, der Sinnlosigkeit und des Schmerzes hüpften. Scham und Schuld quälten ihn, er wusste nicht, was und wann und wie es geschah, ein Unglück, der Riss durch die frühe heile Welt, er konnte sich nicht erinnern und forschte nicht lange nach, als scheute er die Entdeckungen. Früh hatte er sich ins

Verzichten verkrochen, die Schüchternheit und Unsicherheit von Verletzten, als dürfte er nicht mehr verlangen, als wären die Wünsche und die Lust vermessen, ungehörig. Eine große Liebe war ihm zwischen den Händen zerronnen. Ihm blieben die Einbildungen, entfernte Verwandte der verdrängten Erinnerungen, die von dieser Verwandtschaft nichts zu wissen schienen. Was Sehnsucht war und Qual, verwandelte sich in Dichtung, in das Glück von Wörtern, mit denen er sich an das Leben band, an die anderen, die mit sich im Reinen waren, mit dem Wünschen, Wollen und dem Sein. Die Wörter gaben ihm die Kraft, sich aufzurichten und sich selbst die Stirn zu bieten.

Stifter war Privatlehrer, er unterrichtete auch den Sohn des Staatskanzlers Fürst von Metternich in Physik und Mathematik. Im Jahr 1850 wurde er Schulrat, ging auf Inspektionsreisen und beschäftigte sich mit der Reform von Erziehung und Unterricht, drei Jahre später ernannte ihn die »Kaiser- und Königliche Central-Commission zur Erforschung und Erhaltung der Baudenkmale« zum Konservator für Oberösterreich. Die Heimat ließ ihn nicht los, ebenso wenig die Versprechen der Kindheit und das verlorene Glück der Vergangenheit. Erst sorgte er sich um die Ausbildung des Nachwuchses, dann übernahm er die Pflichten der Bewahrung und führte beruflich ein rückwärtsgewandtes Leben, das aus Ausgraben, Restaurieren und Archivieren bestand. Die Gegenwart zerrieb sich zwischen dem, was war, und dem, was werden sollte. Im Jahr 1865 wurde er auf seine Bitte hin vorzeitig in den Ruhestand versetzt, er war krank, von dunklem Sinn, verbittert, vom Gram zerfressen, wer hätte ihm helfen können, an wen hätte er sich wenden sollen, es gab weder Psychoanalytiker noch Psychotherapeuten. Er versuchte sein Überleben durch großen seelischen und körperlichen Einsatz zu sichern, er arbeitete an seinem Werk wie ein Besessener und hat, als könnte der Körper dadurch das Gleichgewicht mit der dichterischen Anstrengung halten, über die Maßen gegessen und getrunken.

Am 21. September 1845 schrieb er seinem Verleger, dass er gerne für drei Jahre nach Italien, nach Rom und Neapel, gehen würde, »um recht viel Geschichte, Landschaft, Meer, Himmel und Leute zu sehen und zu verarbeiten«. Aus diesem Wunsch ist nichts geworden, Stifter blieb in seinem gewohnten »Hochgebirgsleben« hocken. Er hat sich aus sich selbst nicht befreien, sich nicht neu entwerfen können. Goethes *Italienische Reise* wurde 1816 und 1817 gedruckt. Der von Stifter bewunderte Dichter war am 3. September 1786 heimlich nach Italien aufgebrochen, sein Bericht über die Flucht in den Süden beginnt mit den Worten: »Früh drei Uhr stahl ich mich aus dem Carlsbad, weil man mich sonst nicht fortgelassen hätte.« Er hatte geschafft, was ihm, Stifter, nie gelingen würde, ein Auslandsaufenthalt, *work and travel* fern der Heimat. Hätte Goethe nur das Meer sehen wollen, er hätte auch an die Nordsee oder an die Ostsee fahren können, die lagen näher. Es war auch nicht allein die Fremde, die ihn nach Italien lockte, sie hätte ihn auch nach Paris oder Moskau führen können.

Im Süden Italiens lag das Reich der alten Kunst, bewegte Goethe sich zwischen Griechen, Römern und ihren italienischen Nachfolgern, und von hier zog er eine Luftlinie nach Weimar, um die deutsche Provinz mit den Metropolen der humanistischen Ideale zu verbinden, eine ideelle Route der Weltgeschichte, die bei ihm Station machte, eine kleine Stadt in den eigenen Wänden, in der sich Politik, Kunst und Leben sichtbar vereinten, wie in Florenz unter der Herrschaft der Medicis, ein Ort, der nicht nur Goethes Verbindungen zur Welt bezeugte, sondern auch die Zufriedenheit des Dichters mit sich. Er hatte sich mit seinen Wünschen, Ideen und Plänen einrichten können in der Welt, ohne Schaden zu erleiden. Davon konnte Stifter nur träumen. Am 3. November 1823 sagte Goethe zu seinem Sekretär Eckermann: »Alle diese vortrefflichen Menschen, zu denen Sie nun ein angenehmes Verhältnis haben, das ist es, was ich eine Heimat nenne, zu der man immer gerne zurückkehrt.« Heimat war ein Beziehungsgeflecht, das geknüpft und gepflegt werden musste, sie war nicht an Begriffe gebunden, nicht an Volk, Nation, Reich, Staat, sondern an das Leben, das sich suchte und aus sich herauskam.

Ein Jahr nachdem Stifter zum Inspektor der oberösterreichischen Volksschulen ernannt worden war, machte sich der Arzt und Naturwissenschaftler Adolf Bastian, 1826 in Bremen geboren, als Schiffsarzt auf die erste seiner zwei langjährigen Forschungsreisen um die Welt, die ihn nach Australien, Ozeanien, Amerika, Ägypten, Afrika und Asien führten. Als er zurückkam, habilitierte er sich in Ethnologie, gründete das Völkerkundemuseum in Berlin und schrieb viele Bücher, die teilweise noch zu Lebzeiten Stifters erschienen, der sie sicher nicht gelesen hat, er saß am *Witiko* und steckte tief in den Studien zur böhmischen Geschichte. Zu Adolf Bastians Schriften aus einer Welt, die sich die christlichen europäischen Mächte als Märkte für Rohstoffe, Arbeiter und Sklaven untereinander aufteilten und ausplünderten, gehörten *Der Mensch in der Geschichte* in drei Bänden, *Die Völker des östlichen Asien* in sechs Bänden, *Beiträge zur vergleichenden Psychologie, Die Rechtsverhältnisse bei verschiedenen Völkern der Erde, Der Buddhismus in seiner Psychologie, Ueber Clima und Acclimatisation nach ethnischen Gesichtspunkten, Die Culturländer des alten America* in drei Bänden, Bücher über den *Völkergedanken im Aufbau einer Wissenschaft vom Menschen,* Studien über Indonesien und über den Fetisch an der Küste Guineas, zwei Bände über den *Menschheitsgedanken durch Raum und Zeit* und drei Bände über eine *Lehre vom Denken.* So weit weg konnte einer gehen, wenn sein Sinn nicht verdunkelt, beschränkt, zu Boden gedrückt war.

Stifter blieb zu Hause und zog um sich Grenzen, baute Dämme, richtete sich ein in dem Ausschnitt von Sein, den er ertrug. Dass er auch Maler war, die Fläche seines Tuns sich in einem kleinen Rahmen halten ließ, den er vorgab, muss ihm auch als ein Fluchtweg vor sich selbst und der Welt willkommen gewesen sein. Er hat 1823 ein Bild gemalt, in warmen, zarten, lichten gelben, braunen und blauen Farben, 35 mal 45 Zentimeter groß, darauf sind Felder und Hügel zu sehen, die in sanft gewellte Berge übergehen, ein Fluss schlängelt sich im Hintergrund, einige Wolken schweben am hellen Himmel und ein Dorf mit einer Kirche liegt lang hingestreckt in der Landschaft, als würde der Menschen einfaches Werk, und darum handelte es sich, nicht um Produkte der Fabriken, aus und mit der Erde entstehen und sich dem Gang der Natur und nicht dem Lauf der Verwertung anpassen. Der Maler war trunken von der Idylle, dem Frieden, der Harmonie, dem Stillstand, ausgeschlossen, dass sich in dem Dorf Eheleute stritten, kein Mord, kein Totschlag und keine Prügeleien unter den Bauern, keine heimlichen Abtreibungen und nirgendwo Krüppel, die Kinder wuchsen lachend auf, wurden nicht geschlagen und zur Arbeit auf die Felder geschickt. Je enger der Rahmen um die Heimat gezogen wird, umso besser lässt sie sich kontrollieren. Stifter malte mit der Naivität und dem Trotz der Schwermütigen, die sich gegen die Welt stellen und verzweifelt auf sich beharren, dass sie ein Recht haben, da zu sein, und niemand etwas anderes von ihnen verlangen dürfe. Kein Forschen, kein Zweifel, keine Frage bewegte die Dinge auf dem Bild. Der Blick kam von oben und von weit her, wie herausgelöst aus allen Zusammenhängen. Zu sehen war eine Ansicht von Oberplan, dem Dorf, in dem Stifter geboren worden war und aufwuchs. Aufbau, Stimmung und Ausdruck des Bildes glichen den retuschierten Erinnerungen, Projektionen, mit denen einer in seinem Unglück sich vor der Wahrheit der Lebensgeschichte schützte. Heimat war Stille aus Trug und Illusion, Selbsttäuschung und Trauer, sie wurde durch keinen Laut, keine Bewegung, keine Begegnung und Berührung, durch keinen Schmerz gestört, wie auf alten Familienfotos, auf denen alle zum Schweigen versammelt sind, oder beim letzten Blick zurück, der die Wunde schließen soll.

Das Krankenhaus, in dem ich meinem Vater vorlas, hätte den Maler Stifter nicht angezogen, auch wenn der Dichter dort im Kreissaal geboren worden wäre. Das Gebäude glich in seiner Hässlichkeit den meisten anderen Gebäuden der Stadt, die im Krieg völlig zerstört worden war. Nur wenige Häuser erinnerten an Deutschland, wie es vor 1933 ausgesehen hatte. Die Planer des Wiederaufbaus standen unter Zeitnot, der Bedarf an Wohnungen war groß und die Gelegenheit, Anschluss an die Moderne zu finden, günstig, und so schlugen sie Kompromisse mit der Vergangenheit in den Wind. Die neue Architektur machte den Eindruck, als wollte sie ihren Teil dazu beitragen, die Jahre unter Hitler zu vergessen und sich der neuen staatlichen Ordnung anzupassen, und gab sich mit einfachen, pragmatischen Lösungen zufrieden, die wie eine Versicherung aussahen, dass kein Anlass zur Sorge bestehe, es würde noch einmal auf deutschem Boden die Idee heranwachsen, die Welt zu erobern. Die Bauweise der Nachkriegszeit überschwemmte die Großstädte und sickerte in die Kleinstädte und Dörfer.

DAS ALTE REICH

Mein Vater hat nie darüber geklagt, dass die Alliierten gegen Ende des Krieges das alte Deutschland zerstörten. Die historischen Fotografien in einem Bildband, den er besaß, hätten ihm den Verlust vor Augen führen können, aber sie dienten ihm mehr dazu, die Erinnerungen an seine Kindheit in ein zeitgeschichtliches Umfeld zu stellen. Er wollte nicht alten Gebäuden nachtrauern, sondern wissen, wie es anderswo in Deutschland ausgesehen hatte.

Einer der Bände der von Wilhelm Pinder mitbegründeten *Blauen Bücher* trug den Titel *Die schöne Heimat* und war 1915 zum ersten Mal erschienen, nachdem der Vormarsch der deutschen Truppen in Frankreich ins Stocken geraten war und der Krieg zum Stellungskampf wurde. Im Vorwort hieß es: »Wir müssen wissen: unser Land ist nicht das größte, nicht das fruchtbarste, nicht das sonnig heiterste Europas. Aber es ist groß genug für ein Volk, das entschlossen ist, nichts davon zu verlieren; es ist reich genug, ausdauernde Arbeit zu lohnen; es ist schön genug, Liebe und treuerste Anhänglichkeit zu verdienen; es ist mit einem Worte ein Land, worin ein tüchtiges Volk große und glückliche Geschicke vollenden kann, vorausgesetzt, dass es sich und sein Land zusammenhält.« Gewidmet war das Buch »denen, die ihre und unsere Heimat verteidigt haben«, den Tausenden von gefallenen und verwundeten deutschen Soldaten.

Die deutsche Heimat, die in diesem Buch gezeigt wurde, glich dem Bild, das Stifter von seinem Geburtsort gemalt hatte, sie strahlte Harmonie und Frieden aus, obwohl das Deutsche Reich ein Jahr zuvor Frankreich und Russland den Krieg erklärt hatte, und machte den Eindruck, als sei Heimat eine Form, in der sich Erde und Menschen verbanden, nicht gemacht für Besucher, die aus anderen Gegenden stammten, sondern entstanden mit jenen, die hier geboren waren, die hier wohnten und arbeiteten und empfänglich waren für die Physiognomie der Landstriche und Städte. Ein Fluss war ihnen kein Graben, in dem Wasser floss, sondern eine Ader, durch die das Leben quoll, ein Berg war ihnen kein Hindernis, das ihnen im Wege stand, sondern ein Thron für die Winde, ein Wald kein Gebiet, auf dem Bäumen standen, sondern Lockung ins Innerste, eine Wiese keine Fläche, die mit Gras bedeckt war, sondern Spiel und Atem, ein Feld kein Versprechen auf Nutzen und Gewinn, sondern Andacht und Arbeit, eine Stadt keine Anhäufung von Häusern, sondern eine Gemeinschaft Gleichgesinnter und der Himmel kein Wetterbericht, sondern eine Hand, die ihnen Schutz gewährte.

Jahrzehnte später fand sich dieses Gefühl für Heimat verwandelt in den Vorstellungen wieder, die sich das ökologische, umweltbewusste Denken in der nach der Wiedervereinigung umso mächtigeren deutschen Industrienation von der Natur und von der Einheit der Welt machte, die dem Menschen übergeben worden sei, um sie zu schützen und zu pflegen, damit er gut in ihr und nicht noch besser als in den Wohlstandszonen für viele Bewohner üblich von ihr lebe. Fürsorge und Pflegeverhalten schaffen Heimat, auch eine, die über die nationalen Grenzen hinausgeht. Die Bewahrer dieser regionalen und globalen Heimat genießen die Rechte und Vorteile, die Staaten denen bieten, die ihre Bürger sein dürfen, unter anderem das Recht, eine nationale Heimat zu haben, bleiben zu dürfen und nicht in ein anderes Land abgeschoben zu werden.

Unter den Fotografien von der Mosel, dem Rheingau und der Eifel, von Augsburg, Lübeck, Bamberg, Salzburg, Wien, Linz, Heidelberg und Ulm, von Ostpreußen, Pommern und Oberschlesien war auch ein Bild vom Plöckensteiner See im Böhmerwald, wo Stifters Roman *Witiko* und die Erzählung *Der Hochwald* spielen, aufgenommen nicht vom Ufer des Sees, sondern von irgendwo ganz weit oben, aus der Luft, von einem Flugzeug, wodurch der Eindruck verstärkt wurde, dass die Gegend dort unten menschenleer war und nur der sie betreten sollte, der ein mutiges Herz und ein frohes Gemüt und eine gute Kondition hatte, die ihm helfen würden, der Einsamkeit und der Unheimlichkeit der Wälder, die sich um den See herum ausbreiteten, zu trotzen und sich in dem Dickicht nicht zu verlaufen und zu verhungern. Lieblich war Deutschland nicht überall, sondern auch dunkel und gefährlich, ein Land der Germanen. Nicht nur für die Mutter meines Schulfreundes wäre ein Ausflug in dieses vorzeitliche Dickicht ein Graus gewesen, sie war ängstlich, und wenn sie im Fernsehen einen Krimi schaute, machte sie immer wieder die Augen zu und jammerte: Ach nein, ach nein, ach du liebe Güte.

In den deutschen Wäldern lebten vor vielen Jahren Riesen und Drachen, Unholde mit zwei oder vier Beinen, von denen Mythen, Sagen und Märchen erzählten. Die Brüder Grimm gehörten zu denen, die sich um diesen Bestand kümmerten, der in ihren Augen Volksdichtung war und deswegen Auskunft gab über die Seele, die Ängste und die Lebensansichten der alten Deutschen, und sie sammelten und schrieben die Funde solange um, bis die Sagen und Märchen eine griffige, zeitgemäße Form gefunden hatten und alle Zoten gestrichen waren, sodass sie Kindern vorgelesen werden konnten. Die Geschichten des Volkes sollten nicht verloren gehen, und so wie im 20. Jahrhundert überall Orte einer gemeinsamen Erinnerung entstanden, Denkmäler und Friedhöfe für die Soldaten, die ihr Leben für die Heimat und die Regierung ließen, Hinweise auf Schlachtfelder, wo Nationen um ihre Macht kämpften, so gehörten, als noch kein Staat das Land einte, die Grimmschen Märchen zum Volksschatz von Geschichten für alle Deutsche.

Sollte in der böhmischen Abgeschiedenheit um den Plöckensteiner See jemals ein Mensch einem anderen über den Weg gelaufen sein, dann war das Treffen kein Zufall, sondern ein Akt des Schicksals. Die Begegnung hatte eine höhere Bewandtnis, warum sonst hätten sich die beiden treffen sollen. Ein Leben, das unscheinbar dahingegangen wäre, so wie das Leben der meisten, die aus ihrem Existenzgewusel nicht herauskamen und genug damit zu tun hatten, sich von den täglichen Sorgen und den schlechten Weltprognosen nicht unterkriegen zu lassen, wurde mit einem Mal bedeutungsschwer, es ging um mehr. Mitten im Wald ereilte ein Ruf von irgendwo einen Menschen. Er konnte sich ihm nicht entziehen und stellte dann fest, dass er nicht mehr allein war. Eine Aufgabe erwartete ihn, die zu lösen er vorgesehen war, und die Wege seines Daseins verschlangen sich mit denen eines Fremden. Die beiden wussten nicht, wie ihnen geschah, warum sie einander in die Arme gerannt waren und was jetzt aus ihnen werden sollte. In tiefster Abgeschiedenheit liefen die Fäden zusammen, die Gott, oder Stifter, in der Hand hielt und an denen er zwei Menschen oder einen Menschen und einen Auftrag zusammenführte. In dem Moment begann eine Geschichte, die dem Urbild aller Geschichten glich, erst das Paradies, dann der Sündenfall, also die Erkenntnis, dass es so wie bisher nicht weitergehen konnte, eine Begegnung, die einen aufrüttelte, darauf folgten die Vertreibung, im Wissen, dass jeder seinen eigenen, und sei es den ihm zugedachten Weg finden musste, und schließlich die Erlösung, häufig Liebe, ein Haus, Lebensabend und ein Blick über die Wälder und den See, Heimat.

Mein Vater war Ingenieur. Seine Arbeit bestand darin, Länder zu modernisieren, neue technische Errungenschaften einzuführen. Wo immer er beruflich unterwegs war, er kam zu einer Baustelle, auch wenn sie nur erst auf dem Papier existierte. Er machte mit bei der Umwälzung der Erde, die, einmal in Gang geraten, nicht aufzuhalten war, weder von Heidegger noch von Adorno, und die Bedürfnisse und Gewohnheiten der Menschen, ihr Aussehen, ihr Denken und Fühlen veränderte. Sie urbanisierten sich, was erst einmal nichts anderes bedeutete, als dass sie sich in einem Netz von Verbindungen wiederfanden, durch die sie, direkt oder indirekt, in Berührung mit so vielen Dingen und Menschen kamen, dass sich tatsächlich ihr Horizont erweiterte, sie nahmen mehr von der Welt auf oder von dem, was sich als Welt ausgab, was auf die Dauer keinen Unterschied mehr machte, durch Radio, Fernsehen, Internet. Reichtum war jetzt nicht mehr nur eine Frage des Geldes, sondern auch der Kontakte, und die Heimat, aus der früher nicht so einfach zu entkommen gewesen war, da musste einer schon das Land verlassen, um mehr und anderes zu sehen, wurde bedrückend, öde und langweilig, im besten Fall war sie ein Ort der einfallslosen Erholung, Wandern im Schwarzwald, Radfahren an der Elbe. Die Riesen, Parzival, der Gral, der Drachentöter Siegfried und das ganze Königtum von Gottes Gnaden waren Zwerge vor der Technik, die Wunder vollbrachte, von denen kein Zauberer und kein Kirchenvater zu träumen gewagt hätte. Mein Vater packte seinen Koffer und fuhr zum Flughafen, und wenn er wiederkam, schüttete er seltsame Münzen vor uns aus.

Am Abend des 14. November 1940 flogen Einheiten der deutschen Luftwaffe nach England und zerstörten dort große Teile der britischen Industriestadt Coventry. Der Angriff trug den Namen »Operation Mondscheinsonate«, was nicht nur ein Hinweis auf die musikalische Kultur der Deutschen war, sondern auch eine Referenz auf den Vollmond, der für den 15. November erwartet wurde. Am 14. Februar 1942 erließ das britische Militär die »Area Bombing Directive«, mit der die gezielte Zerstörung deutscher Städte begann. Die Briten rechneten mit Hunderttausenden von toten und verletzten deutschen Zivilisten. Im Zuge dieser Vernichtungsstrategie machten sich in der Nacht vom 28. auf den 29. März 1942 mehr als zweihundert Flugzeuge der Royal Air Force auf den Weg nach Lübeck, wo die Geschichte von Thomas Manns erfolgreichem Roman *Buddenbrooks* spielte, der 1901 erschienen war und für den der Schriftsteller 1929 den Nobelpreis für Literatur erhalten hatte. Der Mond kümmerte sich nicht darum, wer was in seinem Licht tat. In voller Pracht stand er am sternenklaren Himmel und bescherte den Piloten eine Aussicht, wie sie für ihr Vorhaben besser nicht hätte sein können. Unter ihnen lag die alte Hansestadt und mittendrin das Buddenbrook-Haus. Die Bewohner Lübecks waren für die englischen Piloten Deutsche, Nazis, Feinde. Es war Krieg, und sie wollten ihn gewinnen. Deutschland hatte ihre Heimat angegriffen, und sie trugen jetzt den Krieg nach Deutschland hinein. Sie brauchten nur zwei Stunden, um einen Großteil der Altstadt zu vernichten. Dann zogen sie ab und flogen zurück, zwölf von ihnen waren nicht mehr dabei. Unten in der Stadt wütete ein Feuersturm.

In einer Sondersendung im April 1942 erklärte Thomas Mann seinen deutschen Hörern, wie er die Ereignisse sah: »Beim jüngsten britischen Raid über Hitlerdeutschland hat das alte *Lübeck* zu leiden gehabt. Das geht mich an, es ist meine Vaterstadt. Die Angriffe galten dem Hafen, den kriegsindustriellen Anlagen, aber es hat Brände gegeben in der Stadt, und lieb ist es mir nicht, zu denken, daß die Marienkirche, das herrliche Renaissance-Rathaus oder das Haus der Schiffer-Gesellschaft sollten Schaden gelitten haben. Aber ich denke an Coventry – und habe nichts einzuwenden gegen die Lehre, daß alles bezahlt werden muß.« So weit konnte sich einer, der sich im Exil zum Repräsentanten der deutschen Kultur erklärt hatte, von seiner realen Heimat entfernen, von der ihm nichts blieb als eine Vergangenheit, die er bewahrte, und eine Zukunft, die er erhoffte, und eine Sprache, in der er sich Zuhause fühlte und die zu Manierismen zu formen ihm lieb war, wenn es galt, die deutsche Kultur, das, was er darunter verstand, als seine wahre Heimat in Anspruch zu nehmen und über sie zu befinden mit dem Recht dessen, der sie besaß, weil er sie nicht nur kannte, sondern aus ihr gemacht war, ihr Kind und ihr Hüter.

Geisterbeschwörung

Lübeck gehörte zu den 69 Porträts, die die Schriftstellerin und Historikerin Ricarda Huch in ihrem Buch *Im alten Reich. Lebensbilder deutscher Städte* versammelte, deren einzelne Bände Ende der Zwanzigerjahre des letzten Jahrhunderts veröffentlicht wurden. Sie blieb nicht die Einzige, die sich noch einmal zu einer Reise durch Deutschland aufmachte, um darüber zu erzählen, als hätte sie geahnt, dass sich bald keine Gelegenheit mehr dazu ergeben würde. Im Sommer 1933, als Hitler schon an der Macht war, setzte sich der in Riga geborene Schriftsteller Werner Bergengruen auf sein Fahrrad, fuhr durch das Land und schrieb über Deutschlands Geschichte und Kultur ein Reisebuch, das ein Jahr später, als drängte die Zeit, erschien.

Ricarda Huch, 1864 in Braunschweig geboren, hatte in den Achtzigerjahren des 19. Jahrhunderts in Zürich Geschichte studiert und in diesem Fach promoviert. Neben traditionellen Romanen und Gedichten schrieb sie auch historische Bücher, die mehr Erzählungen als wissenschaftlichen Abhandlungen glichen, was dem Erfolg und dem Ansehen der Bücher nur zugutekam. Unter dem Formwillen einer am Roman geschulten

275

Phantasie gewannen die früheren Zeiten, vor allem die Geschichte Deutschlands, an physiognomischer Kontur, menschlicher Plausibilität und dramatischer Notwendigkeit. Die Vergangenheit, wenn Ricarda Huch sich ihrer annahm, trat plastisch hervor wie Figuren auf einem Relief, die durch Interessen, Gefühle, Zwecke, Absichten, Leidenschaften zu einem Ganzen verbunden waren, das sich erzählen ließ. Die Zeitgenossen, wenn sie sich nicht in ideologisch fest gefügten Gebäuden verschanzt hatten, fanden in diesen Büchern, was sie in der Gegenwart vermissten, eine erhellende Dichte und von Zweifeln erlösende Geschlossenheit, die immer entstand, wenn etwas in seinen Zusammenhängen verstanden worden war oder sich wenigstens der Eindruck einstellte, eine Sache in den Griff des Verstehens bekommen zu haben. Die Gegenwart und ihr Leben hingen von Mächten ab, die sie zu durchschauen versuchten, wenn sie die Zeitung aufschlugen, aber intellektuell nicht erobert hatten und beherrschten, wenn sie die Zeitung weglegten, Mächte wie Wirtschaft, Staat und Politik, die zu Krisen und Kriegen führten und für die Menschen, deren Namen in den Zeitungen auftauchten, die Verantwortung zu übernehmen vorgaben, nur um dann zu erklären, dass sie die Verantwortung für dieses oder jenes Ereignis, diese oder jene Entwicklung nicht übernehmen könnten. Was geschah, wuchs nicht nur den Zeitungslesern, sondern auch den Akteuren über den Kopf.

Das historische Erzählen, wie es Ricarda Huch praktizierte und gelang, tat so, als gäbe es eine Einheit der Seelen über die Jahrhunderte hinweg. Offenbar war es Bürgern, Beamten, Angestellten und Arbeitern des 20. Jahrhunderts möglich, wenigstens die Handlungen und Regungen eines Kaisers oder Feldherrn aus dem 15. Jahrhundert zu verstehen, wenn ihnen schon die aktuellen Schachzüge der Diplomatie, die Abkommen der Politik und die Geschäfte der Börsen und Banken, deren Folgen jeder am eigenen Leib spüren konnte, letztlich verschlossen blieben. Wer Geschichte erzählte wie Ricarda Huch, der behauptete ein Recht auf die Verstorbenen zu haben, er löste sie aus ihren faktischen Verankerungen, aus Daten und Belegen, und zog sie aus der privaten Dunkelheit, in der sie, als sie noch am Leben waren, mit ihren persönlichen Geheimnissen verharrten, zu denen Motive, Wünsche, Begierden und Träume gehörten. Er machte aus ihnen künstlerisch geformte Figuren, deren Herzen, der Beweis ihrer Überschaubarkeit, offen zutage lagen. Die Geschichte ließ sich verstehen, sie verschloss sich nicht dem emphatischen Nachforschen der Nachgeborenen. Empathie war der Schlüssel zur Vergangenheit, und die Voraussetzung war die Annahme, dass es möglich sei, ein Gefühl für die Lage der Dinge, wie sie einmal gewesen war, zu entwickeln. Ähnlich funktioniert die persönliche Erinnerung, wenn sie Vergangenes verklärt und in der Rückschau die irritierenden Details, Störungen und schwarzen Flecken übersieht und so tut, als könne sie sich noch einmal der Stimmung eines bestimmten sommerlichen Tages überlassen, der wie ein Bild aus einem Kinderbuch aufgeschlagen vor einem läge, und für ihr Tun die Idee in Anspruch nimmt, was geschehen war, sei nicht verloren, nur vergangen und wieder zurückzuholen. Auf diese Weise schafft einer sich persönliche und nationale Identitäten, nicht aus dem Wissen über die Gegenwart, sondern aus einem Gefühl für die Vergangenheit. Die Vorstellung, die einer dadurch von sich selbst gewinnt, lässt ihn annehmen, er ruhe in sich, er sei bei sich. Sie ist das kleine Pendant zu der großen Idee, Geschichte biete Heimat.

Als der Erste Weltkrieg ausbrach, wurde Ricarda Huch von der allgemeinen nationalen Aufregung erfasst und wäre am liebsten für das Vaterland in die Schlacht gezogen. An ihre Freundin Marie Baum schrieb sie aus München am 9. August 1914: »Ich dachte mir wohl, daß Ihr dort den Krieg noch ganz anders spüren würdet als wir hier. Hier kann man fast sagen, daß man mehr das Erhebende von einem allgemeinen Gefühls-

aufschwung merkt … Ich rege mich einstweilen noch nicht sehr
auf, weil ich mir denke, es kann und wird nicht sehr lange dauern,
und weil ich von der Überlegenheit der deutschen Kraft und Kultur wirklich überzeugt bin … Wenn ich ein Mann wäre, ginge ich
gerne mit, aktiv sein ist immer schön.« Dann verlor Deutschland
den Krieg und musste die Kriegsschuld auf sich nehmen, Gebiete
abtreten und Reparationen zahlen. Ricarda Huch litt unter der
Schmach, die der Versailler Vertrag für sie bedeutete, es wäre ihr
lieber gewesen, wenn das deutsche Volk bis zum letzten Mann
gekämpft hätte, um eines fernen Tages wiederaufzuerstehen.
»Wir haben die Probe im Weltkriege schlecht bestanden«,
schrieb sie 1921 in ihrem Buch *Entpersönlichung,* das von den
Grundlagen des Lebens und der deutschen Kultur handelte.
»Gott gab uns die Gelegenheit, glorreich unterzugehen, und wir
haben sie schmählich verloren, um das feige Leben zu retten.
Ein großer Genius rief uns einst zu: ›Nichtswürdig ist die Nation, die nicht ihr alles freudig setzt an ihre Ehre.‹ Daß dieser
Geist nicht mehr in uns lebendig ist, daß hat weit schlimmere
Folgen für uns als unsere Verarmung und unsere Verluste an
Land und Volk. Was taten wir? Wir warfen unsere Waffen fort,
nicht um uns abschlachten zu lassen, sondern in der Hoffnung
weiterzuleben, bereit, jede Schande zu trinken, um nur ein
glanzloses Leben weiterzuführen … wer hätte uns hindern können, in Ruhm zu sterben, wenn wir nicht siegen konnten?«
    Die Niederlage von 1918 war für Ricarda Huch das Ergebnis
einer langen Verfallsgeschichte, die mit dem Untergang des
alten Reiches im Jahr 1806 begonnen hatte. Die deutschen Kaiser, die dem großen Reich mehr oder weniger glücklich gedient
hatten, hatten noch an eine Balance der Kräfte geglaubt, die
aufrechtzuerhalten ihre Aufgabe war, an die Idee einer Freiheit
in Verbundenheit, die alle beflügelte und an einem gemeinsamen Ziel, dem Erhalt des Reiches, festhalten ließ. Von diesem
Geist war in der modernen Zeit nichts mehr übrig geblieben.

Die bürgerlichen Berufspolitiker waren Handlanger eines staatlichen Zentralismus geworden, der das Land im Innersten, in seiner Seele aushöhlte. Das alte Reich hatte mit unterschiedlichen Namen, Römisches Reich, Heiliges Römisches Reich und, seit Ende des 15. Jahrhunderts, Heiliges Römisches Reich Deutscher Nation, achthundert Jahre bestanden, ein territorial lockerer Verbund von mehr oder weniger selbständigen Einheiten, freien Reichsstädten und Fürstentümern, zusammengehalten von Rechten, Regeln und Ausnahmeregelungen sowie von einem Kaiser, der eine von Gott gegebene weltliche Macht repräsentierte. Übrig geblieben war davon, zum Leidwesen Ricarda Huchs, die Herrschaft von politischem Kalkül und wirtschaftlichen Interessen.

Das Buch *Entpersönlichung* war ein weltanschauliches Bekenntnis und keine wissenschaftliche Studie, und obwohl Ricarda Huch vor allem etwas über die Gegenwart sagen wollte, kam weniger die Gegenwart zu Wort als das, was sie dafür hielt. Sie schien mehr über sie zu wissen, als der Gegenwart selbst bewusst war, Geschichten, die vergangen waren und an die sie sich nicht mehr erinnerte, so wie es einem Patienten beim Psychotherapeuten ergehen konnte, er erzählte etwas, und der Therapeut hörte darin den Nachhall von etwas Vergangenem, das verdrängt und vergessen worden war und das zu erinnern wichtig sein sollte. Ricarda Huch sah ihre Hauptaufgabe darin, Zeichen und Ereignisse zu deuten, in ihnen zu sehen, was dem bloßen Auge entging, wofür es einen geübten Blick brauchte, ein besonderes Verständnis, das aus Annahmen und Übungen sich entwickelte, aus der Nähe zur Geschichte. Schreiben war für Ricarda Huch eine Art Geisterbeschwörung, es fiel ihr leicht, die Wörter flossen dahin, geschmeidig wie Wasser, das in seinem Lauf ungehemmt ist. Der Stil half ihr dabei, eine eigene Welt zu erschaffen. Das Buch *Entpersönlichung* handelte von allem, von den Kräften des Lebens, Gott und Teufel, Mensch und Kosmos, Mann und Frau, Wille und Macht, Glauben und Wissen, Natur und Geist, von deutscher Tradition und deutscher Geschichte, vom modernen Staat und der Entfaltung der Persönlichkeit. Die Zeit, die sich in diesem Spiegel wiedererkennen sollte, trat verwirrt und pikiert zur Seite. Die Autorin interessierte sich nicht für das moderne Leben, wie Wirtschaft, Politik und Gesellschaft funktionierten, und redete lieber von Luther und Goethe als von den Soziologen Georg Simmel und Max Weber, die versuchten, der Gegenwart auf die Schliche zu kommen. »Zwei Welten«, schrieb sie, als wäre ihr gegeben, größere geistige Zusammenhänge zu erkennen, »werden sich immer bekämpfen: die französisch-amerikanisch-westliche und die germanisch-orientalische, die des Aufgangs, die Welt des mechanisierten Verstandes und der Selbstbeziehung und die der schaffenden Phantasie und Liebe …«

Wenige Jahre später machte sich Ricarda Huch mit der Bahn und einem Auto, das von einer Freundin chauffiert wurde, auf eine Reise durch Deutschland. Sie wollte die Städte besuchen, in denen die alte, bessere Zeit noch zu sehen war. Die *Lebensbilder deutscher Städte* erschienen mitten in den politischen und wirtschaftlichen Nöten der Weimarer Republik. Der erste Band wurde 1927 veröffentlicht, in dem Jahr, als Heidegger *Sein und Zeit* vorlegte und Charles Lindbergh es schaffte, alleine den Atlantik zu überfliegen. In Bayern wurde das Redeverbot für Adolf Hitler, der im Dezember 1924 vorzeitig aus der Haft entlassen worden war, aufgehoben, er durfte dort wieder öffentlich auftreten. Kommunisten und Nationalsozialisten lieferten sich in Berlin Straßenschlachten.

In Bremen legte zwei Jahre später ein Schiff ab, das meinen Vater und seine Eltern nach Argentinien brachte. Die Heimat zu verlassen war schlimm. Sie dachten nicht, dass sie Deutschland für immer verlassen würden. Wenn sich die politischen und wirtschaftlichen Verhältnisse in Deutschland wieder gebessert hätten, würden sie zurückkehren, sie waren keine Flüchtlinge, sie wurden von ihren Landsleuten nicht mit Gewalt vertrieben, aber was sie von Hitler und über Deutschland lasen und hörten, beunruhigte sie, und eine Reise durch deutsche Städte hätte sie nicht umgestimmt. Als das Meer sich um sie ausbreitete, gingen die Bilder des alten Deutschland langsam unter, sie wurden von der unheimlichen Leere und Weite ausgelöscht, die sich um sie herum legte, und ihre Sinne wurden frei, etwas Neues aufzunehmen. Die Überfahrt war für sie ein Bruch. Vergesst, was ihr gesehen und erlebt habt, raunte das Meer ihnen zu, löst euch von euren Erinnerungen, von eurem früheren Leben. Tagelang wiederholte das Meer diese Worte. Die Überfahrt hatte etwas Mystisches, es war wie eine Initiation, eine Zeit außerhalb der Zeit, als gäbe es Geschichte nur auf dem Land, als herrsche auf dem Meer eine andere Macht, größer und mächtiger und von den Menschen nicht zu bezwingen. Die Trennung vom alten Deutschland begann mit einem Naturereignis, einer Art Revolution, eine Welt ging unter und eine neue sollte entstehen, von der sie kaum etwas wussten, sie hatten sich keine Filme über Argentinien anschauen können und mit niemandem gesprochen, der dort gewesen war, und sie kannten keinen, der dort wohnte und ihnen Fotografien von Buenos Aires hätte schicken können. Von der deutschen Geschichte, vom Bauernkrieg, dem Dreißigjährigen Krieg und dem Befreiungskrieg, hatte mein Großvater deutlichere Vorstellungen als von dort drüben, wie er sagte, und damit meinte er das Land am anderen Ende des Atlantiks.

Als sie sich auf ihre Tour durch Deutschland machte, war Ricarda Huch schon eine erfolgreiche Schriftstellerin, die auf ein umfangreiches literarisches und historisches Werk zurückblickte, sie hatte, neben Romanen und Gedichten, populäre Studien über die deutsche Romantik, Garibaldi und die Einigung Italiens geschrieben, über Luther, Wallenstein, den Dreißigjährigen Krieg und über den russischen Anarchisten Michail

Bakunin, und es sollten noch Bücher über die deutsche Revolution von 1848 und eine auf drei Bände angelegte Geschichte über das Heilige Römische Reich Deutscher Nation folgen, die ersten beiden Bände erschienen in den Jahren der Hitler-Diktatur, und der dritte wurde 1949, nach ihrem Tod, veröffentlicht. Die Vergangenheit war jene Zeit, deren Quellen zugänglich waren und deren Zukunft nicht verborgen war, und in ihr zu leben, indem sie wie eine Geschichte erzählt wurde, verschaffte einem das Gefühl, das es möglich war, sich der Gegenwart auf andere, indirekte Weise zu nähern, wie einer, der sie auskundschaftete, indem er sie mit der alten Zeit verglich, Linien von dort ins Jetzt zog, vom Bekannten ins Unbekannte, vom Vertrauten ins Ungewisse. In der deutschen Psychopathologie der Kultur war die Deutung der Vergangenheit manchmal das, was der Familienroman bei den Neurotikern war, eine kindliche Wunschvorstellung, die auch bei Nichthistorikern historische Züge annehmen konnte. Sigmund Freud behauptete am Ende seiner kleinen, im Jahr 1909 veröffentlichten Schrift über den *Familienroman des Neurotikers,* die Traumdeutung würde lehren, »daß auch noch in späteren Jahren in Träumen vom Kaiser oder von der Kaiserin diese erlauchten Persönlichkeiten Vater und Mutter bedeuten.« Der Kaiser, sagte Ricarda Huch in ihrer Rede über die *Deutsche Tradition,* die sie 1931 in Weimar bei der Verleihung des Goethe-Preises hielt, »stand an Gottes Stelle, und das Reich sollte ein Gottesreich sein, von dem sich Freiheit, Recht und Frieden über die ganze Erde verbreiten sollte. Die Reichsstädte haben den Reichsgedanken nach Kräften zu verwirklichen gesucht. Wirtschaftlich, politisch, kulturell waren sie die bedeutendsten Faktoren im Reich, Köln, Wien, Nürnberg, Augsburg, Ulm, Frankfurt, Straßburg, Regensburg hatten europäischen Ruf, wurden bewundert und beneidet, und mit ihnen wetteiferten viele andere, nicht ebenso reiche, aber ähnlich charaktervolle und unternehmende Stadtrepubliken.«

Die Grundlagen der *Lebensbilder* waren Chroniken, historische Schriften und die unmittelbaren Eindrücke, als Ricarda Huch vor den Zeugen einer alten Welt stand, vor dem architektonischen Vermächtnis, das keine zwanzig Jahre später im Zweiten Weltkrieg zu großen Teilen unterging wie ihre Geburtsstadt, deren mittelalterlicher Kern im Oktober 1944 bombardiert und vernichtet wurde. 1931 lächelte Braunschweig ihr noch zu, genau wie Münster, Wismar, Mainz, Breslau, Schwäbisch Hall, Regensburg und all die anderen Städte, die sie besuchte, ihr zulächelten. Der Kaiser und das Reich waren verschwunden, aber das Land war noch da. Die Reise war ein letzter Rundgang, angetreten von einer Historikerin, die wusste, dass deutsche Städte häufig Opfer von Feuer, Kriegen, Unwettern und Stadtplanungen geworden waren. Sie kam nicht, um Frieden zu stiften, Recht zu sprechen, Eide zu erneuern und Streit zu schlichten, sondern um die Biographien der Städte aufzuschreiben. Köln gefiel ihr auf den ersten Blick nicht, weil die mittelalterliche Stadt von der modernen Großstadt verdrängt worden war, das widersprach ihrem ästhetischen Empfinden, ihrer Vorstellung von gewachsenen historischen Einheiten. »Man begreift es heute nicht mehr, warum Köln von Einheimischen und Fremden als Krone deutscher Städte wegen der Menge seiner hochgiebeligen Wohnpaläste gepriesen wurde. Was vereinzelt noch an die Zeit erinnert, wo die Seele des Volkes sich kaum in einer anderen Kunst so ausprägte wie in der Architektur, geht in den charakter- und reizlosen Straßen unter, so dass man es kaum vermissen wird, wenn es schwindet … Und doch trägt man aus Köln den Eindruck überschwenglichen Reichtums an Schönheit mit sich fort; solchen Überfluss breiten Kirchen und Museen aus.« Handwerkern und Auftraggebern wird es ein Rätsel sein, dass es ihnen nur in bestimmten Jahrzehnten hat gelingen können, die Seele eines Volkes in sich zu bündeln und beim Hausbau auszudrücken, dem in Zeiten, in denen ihnen diese Fokussierung nicht möglich gewesen war, offenbar jeder Reiz und Charakter fehlte. In dem Wechsel von Aufstieg und Verfall des Ausdruckswillens spiegelten sich das Aufblühen und das Hinwelken eines Volkes wieder, und ein Kenner glaubte an den Gegenständen des Alltags sehen zu können, ob das Volk ganz bei sich war oder nicht, ob sich seine Seele aussprach oder ob sie verkümmerte, ob es zu sagen vermochte, was ihm eigen war, oder ob es stotterte oder verstummte. Ein Volk war ein lebendiger Organismus, dessen Einheit seine Seele, dessen Gestalt seine Kultur war und dessen Geschichte davon erzählte, wie die eine zur anderen fand, ein deutscher Bildungsroman.

Nationalgefühl

Mein Vater sah sich in Deutschland nicht so viele Städte an wie Ricarda Huch auf ihrer letzten Reise oder Amerikaner und Japaner auf ihrer Europatour, und ihn trieb auch nicht die Idee vom alten Reich durchs Land. Als er zurückkehrte, waren von dem Deutschland, das Ricarda Huch gesehen hatte, nur Trümmerberge übrig geblieben. Die *Deutsche Geschichte* von Hubertus Prinz zu Löwenstein, 1951 erschienen, war ein populäres Buch, das ihm, wie vielen anderen Deutschen, in die Hände fiel, als sein Interesse für den Werdegang des deutschen Volkes und der deutschen Nation groß genug war, um mehrere Hundert Seiten darüber zu lesen. Der Autor war vor den Nationalsozialisten ins amerikanische Exil geflohen und kehrte, kaum dass Hitler den Krieg verloren hatte, in die Heimat zurück. Er gehörte nicht zu dem Kreis von Jüngern und Anhängern, der sich um den Dichter Stefan George gebildet hatte, aber er stand der Idee eines geheimen Deutschland nahe, das sich historisch am Heiligen Römischen Reich Deutscher Nation orientierte, ein Gegenmodell zum preußisch-nationalen Staat Bismarcks. Der Prinz zog aus der reichen deutschen Vergangenheit die Zuversicht, dass das Land auch nach dem Zweiten Weltkrieg eine Zukunft haben werde. In der *Deutschen Geschichte* wird die Vernichtung der europäischen Juden mit keinem Wort erwähnt, Auschwitz kommt nicht vor, als dürfe dem deutschen Volk, nach all den Jahrhunderten und all den Königen und Kaisern, dieses Verbrechen nicht wie ein Schandfleck angeheftet werden. Wer bereit war, zwischen dem deutschen Volk und den Nationalsozialisten zu trennen, zwischen völkischer Substanz und politischer Akzidenz, für den lag die Annahme nahe, dass Deutschland das erste Land gewesen sei, das von den Nationalsozialisten besetzt worden war, und das hieß, das erste Land, das unter Hitler gelitten hatte, der erste Leidtragende. Das deutsche Volk war nicht Hitler, ein Blick in die *Deutsche Geschichte* sollte jeden darüber belehren, was es mit diesem Volk auf sich hatte und welchen Schatz es besaß, »gesalbte Herrscher, Heilige, Denker und Märtyrer, und die namenlosen Vielen«, und dass eine »Gnade« darin liegen musste, überlebt zu haben, »die nicht gegeben worden wäre, besäße es nicht eine zukünftige Sendung«, einen geheimen Auftrag. Sechs Jahre nach dem Ende des Zweiten Weltkriegs, fünf Jahre nach der Urteilsverkündung im Nürnberger Prozess gegen die Hauptkriegsverbrecher wurde »das Wissen um die Verheißung« beschworen: »Und in unvergänglichem Glanze schimmert heute noch die Krone, die Deutschland einst getragen hat, und die, als sich auf Erden keine Stätte mehr für sie fand, unter die Sterne versetzt wurde. Sie wird wiederkehren, wenn dieses Volk sich seiner Sendung erinnert und würdig wird, die Seelen von Helden in sich aufzunehmen.« Der einzige Held, der kam, war Bundeskanzler Willy Brandt, der am 7. Dezember 1970 in Warschau vor dem Ehrenmal der Helden des Ghettos in die Knie ging.

Als Mitglied der Preußischen Akademie der Künste hatte sich Ricarda Huch geweigert, am öffentlichen Bekenntnis zu Hitler teilzunehmen, und als der Schriftsteller Alfred Döblin seine Mitgliedschaft verlor, weil er Jude war, trat sie aus der Akademie aus. In die Emigration ging sie nicht, sie wurde von den Nationalsozialisten nicht verfolgt. Im März 1945 saß sie mit ihrer Tochter in Jena bei einer Nachbarin im Keller und hörte die Flugzeuge der Alliierten kommen und Bomben fallen. Als sie zurück ans Tageslicht gehen konnte, sah sie die Stadt in Flammen stehen, die, wie das nahegelegene Weimar, ein Zentrum deutscher Kultur gewesen war, eine der Hauptstädte im alten Reich der Dichtung und Philosophie. Gegen Ende des 18. Jahrhunderts lebten hier Schiller, Fichte, Schelling, Tieck, die Brüder Schlegel, Dorothea Schlegel, Sophie Mereau, Hölderlin und der Physiker Johann Wilhelm Ritter. Die Toten waren schon lange tot, aber für Ricarda Huch waren sie lebendig, mehr als nur Namen, ein Echo aus einer Bildungstradition. Sie hatte ihre Werke studiert, über ihr Leben, ihre Hoffnungen, Vorstellungen und Ideen nachgedacht. Jena war für sie mehr als eine Ansammlung von Häusern, attraktiv genug, um Touristen anzuziehen, die Stadt war ein magischer Ort. Dort lebten Menschen, die sich dem Denken und Dichten verschrieben hatten, Menschen wie sie, Vorfahren, deren Gedanken sie noch nach Jahrhunderten bewegte und ihr, auch wenn sie nicht mit allen Ideen, denen sie nachgingen, übereinstimmte, das Gefühl gaben, unter Freunden zu sein, Seelenverwandten, die zum Ausdruck brachten, was auch sie, was andere, was das deutsche Volk im Innersten empfanden. »Sind Goethe, Schiller, Beethoven, Schubert nicht als Deutsche kenntlich? Sprechen sie nicht die Sprache unseres Herzens inniger aus, als wir selbst es könnten?«, schrieb sie 1946 in einem Zeitungsartikel, der unter dem Titel *Loslösung vom Nationalgefühl?* erschien, Fragen, die sich nur dem stellen konnten, der vergessen wollte, woher er kam, der seine Herkunft zu ignorieren versuchte und dem nicht bewusst war, dass es keine Loslösung von den Ursprüngen, keinen Neuanfang gab, nur den Versuch zu vergessen, dass jeder einer von vielen war, Teil eines Volkes, einer Kultur und einer Sprache, die ein Schlüssel zur Welt und zur Seele war, von vielen in der Hand gehabt, viel mehr als ein Werkzeug zur Kommunikation. Auch dieses Reich, in dem Goethe, Schiller, Beethoven und Schubert die Sprache unseres Herzens gesprochen haben sollen, wäre schon untergegangen, wenn es existiert hätte, wenn es mehr gewesen wäre als Ahnung und Anmaßung in einem kleinen deutschen Fürstentum von Gebildeten, die sich mit dem Volk verwechselten, Abgesandte einer Nationalversammlung der Kultur, die keiner geschickt, Repräsentanten, die keiner gewählt hat, Vertreter einer Heimat, die sich nicht vertreten ließ, Politiker im aristokratischen Geiste der Selbstermächtigung.

Von der Sprache seines Herzens redete mein Vater nie, aber er hörte sie, wenn er Schiller las oder Stifter, und das waren nicht die einzigen Dichter, bei denen er das Gefühl hatte, zu Hause zu sein. Er mochte die Engländer, und was er sich unter dieser Bezeichnung vorstellte, war mehr, als ein Pass hergab und bestätigen konnte, es war eine Unterstellung, ein Vorurteil, eine Extrapolation von einzelnen Erfahrungen ins Allgemeine, wie sie der hilflose Alltagsverstand ständig macht, wenn er von den Frauen, den Männern, den Politikern, den Amerikanern, den Deutschen redet. Die Engländer waren für ihn eine in sich geschlossene Gruppe mit bestimmten Eigenarten, einer Lebensart und Denkweise, die aus dem Inseldasein, aus Klima, Geographie und Geschichte erwuchs, und nach einer Erklärung, in der Gründe und Ursachen geschmeidig wurden wie Seife, entstand und entwickelte sich ihre Weltläufigkeit, als Kaufleute, Bankiers, Seefahrer, Politiker und das Militär mit der Kolonialisierung fremder Länder begannen. Wer so massiv und zielstrebig auf die Meere hinausfuhr, der musste pragmatisch und nüchtern sein, und da passte es gut, dass die pragmatischen und nüchternen Philosophen Locke und Hume Bewohner der Insel waren, so wie zu Deutschland, das von einem eigenen Reich und eigenen Grenzen träumte, gut passte, dass Kant, der sich damit beschäftigte, der Vernunft Grenzen zu ziehen, und Hegel, der sie wieder aufhob und sie nicht einmal vor Gott gelten lassen wollte, Deutsche waren, und zu Frankreich, wo alle Augen auf Paris gerichtet waren, weil dort der König saß und regierte, die Aufklärer Rousseau, Diderot und Voltaire gehörten, die alles, was sie taten, im Bewusstsein machten, im Mittelpunkt der zivilisierten Welt zu stehen.

Mein Vater las vor allem englische Romane des 20. Jahrhunderts, die deutsche Literatur jener Jahrzehnte interessierte ihn nicht. Das kaiserlich-königliche Wien der Romane Heimito von Doderers war ihm ebenso fremd wie die stilisierte Bürgerwelt Thomas Manns. Sigmund Freud und Nietzsche waren Abweichungen von den trockenen Gewissheiten eines welterfahrenen Common Sense und eines mehr oder weniger gesunden, mehr oder weniger katholischen Menschenverstandes, den er bei Rudyard Kipling, Graham Greene, Evelyn Waugh und Somerset Maugham fand. Die letzten Jahre seines Lebens hätte er am liebsten in Schottland oder in Irland verbracht, in einem Dorf, weit weg vom Fortschritt, von der Technik und der Zivilisation, denen er fünfzig Jahre lang als Ingenieur seinen Tribut entrichtet hatte. Zu den ganz wenigen Büchern der deutschen Nachkriegsliteratur, die er mochte, gehörte Heinrich Bölls *Irisches Tagebuch* aus dem Jahr 1957, das auf ihn den Eindruck machte, als habe Böll Menschen und Verhältnisse gesucht, die vom Krieg der Nationalsozialisten verschont geblieben und vom Drang der Deutschen nach Glück und Wohlstand unberührt waren, der sich nach 1945 wieder heftig regte. Böll war 1917 in Köln geboren worden und hatte sechs Jahre als Soldat im Zweiten Weltkrieg gekämpft, und sein *Irisches Tagebuch* las sich so, als würde er sich in Irland von der Last der deutschen Geschichte und Gesellschaft erholen wollen. Als mein Vater nach Köln kam, war auch diese Stadt zu großen Teilen wieder aufgebaut worden. Am 18. Juni 1940 waren die ersten Bomben auf Köln gefallen. In der Nacht vom 30. auf den 31. Mai 1942 zogen mehr als 800 Flugzeuge der Royal Air Force über die Stadt hin und warfen Tonnen von Bomben ab. Zum letzten der 262 englischen und amerikanischen Luftangriffe auf die Stadt kam es am 2. März 1945. Nahezu die gesamte Innenstadt wurde durch die Bombardements zerstört. Köln war eine Geisterstadt, eine weiteres Mahnmal für die Katastrophen, für Tod, Leid und Unglück, die von deutschem Boden über die Welt verbreitet worden waren. Nur vier Jahre nach dem Untergang des Dritten Reichs besannen sich die Bewohner der Stadt auf ihre Traditionen und feierten wieder Rosenmontag. Auch von denen, die den Krieg an der Front erlebt oder Zuhause in der Rüstungsproduktion gearbeitet hatten, konnte keiner erwarten, dass sie den Rest ihrer Tage damit zubrachten, über die deutsche Niederlage zu trauern. Hitler war tot, sie waren das Volk und sie lebten. Unter ihnen heimisch zu werden konnte schwierig werden für all jene, die weder Nationalsozialisten noch Soldaten bei der Wehrmacht gewesen waren und vier Jahre nach der Befreiung des Konzentrationslagers Auschwitz nicht mit ihnen Karneval feiern mochten, so als ginge das Leben einfach weiter. Der Anspruch auf Glück macht robust.

Die Nazis hatten die Idee einer deutschen Nationalkultur durch den Wahn einer arischen Rassenkultur ersetzt, und die eine war mit der anderen untergegangen. An ihre Stelle trat nach dem Krieg die Kultur demokratisch regierter Staaten, mit länderspezifischen Schwerpunkten wie unterschiedlichen Sprachen, Varianten der Gesetzgebung und der Regierungsform, besondere Lehrpläne für die deutschen Schulen, in denen das Dritte Reich statt der englischen oder amerikanischen Revolution, Kafka statt Beckett besprochen wurden. Die Demokratie als Herrschaftsform definierte die Grenzen eines neuen Reichs, sie wurde die Grundlage für ein Heimatgefühl, das einer hat, wenn er sieht, dass er dort, wo er ist, weitgehend machen kann, was er möchte, um glücklich zu werden. Es gibt für ihn einen oder mehrere Orte, an denen er die Art und Weise, wie er sich mit der Welt verbunden weiß oder verbinden möchte, zu empfinden und auszudrücken vermag, Länder, in denen er sich deswegen aufgehoben und heimisch fühlt. Das Nationalgefühl moderner Herzen entsteht aus dem Vergleich der eigenen mit anderen Kulturen des Glücks und braucht, um den Vergleich ziehen zu können, anderen Zuspruch, Erfahrung und Wissen, als alte deutsche Dichter und Komponisten zu geben fähig sind.

Das Zimmer, in dem mein Vater lag, war kein angenehmer Ort, um zu sterben. Er musste sich fügen, er war auf ärztliche Hilfe, medizinische Versorgung und technische Unterstützung angewiesen. Eine Nachtschwester eilte den Flur entlang, weil ein Patient nach ihr rief, und dann fiel eine Tür ins Schloss, und es war wieder still, nur sein unregelmäßiger Atem war zu hören, er musste Angst vor dem Sterben haben, auch wenn er ruhig dalag und es so aussah, als würde er Frieden finden. Aber das, was kommen würde, war so ungeheuerlich, dass niemandes Herz darüber nicht schneller geschlagen hätte, auch wenn er sich wiederholt sagte, sein Reich komme, sein Wille geschehe. Er hat sich ja nicht aus dem Leben gewünscht, wie bei unerträglichen Schmerzen oder in größter Verzweiflung, seine Zeit war abgelaufen, das war alles. Was immer aber die Welt für ihn war, sie war noch in seinen letzten Augenblicken etwas Vertrautes, ein Sein bei sich, Heimat im umfassendsten Sinne.

16

DER SCHATZ DER RHEINTÖCHTER

Die Nibelungen

Siegfried war ein Königssohn vom Niederrhein, jung, schön und stark. Ihn kennen nur noch die Freunde der Opern von Richard Wagner, in den Köpfen derer, die mit Richard Wagner nichts anfangen können oder nicht wissen, dass es ihn gab, leben andere Helden, wie der Vampir Edward Cullen aus dem amerikanischen Film *Twilight,* der auf den amerikanischen Bestseller von Stephenie Meyer aus dem Jahr 2005 zurückgeht. Im Stummfilm von Fritz Lang, der 1924 entstand, hat Siegfried lange blonde Haare, die aus der Stirn nach hinten gekämmt sind, er sieht ein wenig so aus wie der junge Stefan George, nur fröhlicher und wagemutiger, er kam auch mehr und schneller vom Fleck als der Dichter, er ritt auf einem Schimmel, was auf jeden einen freundlichen und friedlichen Eindruck machte. George wirkte grimmig und hochfahrend. Der Jüngling Siegfried war auf dem Weg nach Worms, wo die junge und schöne Kriemhild lebte, die er sich zur Frau nehmen wollte, eine Wahl, gegen die sie nichts einzuwenden hatte, ein besserer Mann, dachte sie, würde ihr nicht in die Arme laufen, auch sie musste sehen, wo sie blieb. In *Twilight* heißt die junge Schöne, die sich in Edward verliebt, Bella Swan, und auch sie würde wie Kriemhild noch einmal Blut lecken.

Siegfried war im Besitz des berühmten Nibelungenschatzes, den er den Söhnen des toten König Nibelung gestohlen hatte, er erschlug sie kurzerhand mit dem Schwert, ohne sich deswegen ein schlechtes Gewissen zu machen, und ihm gehörte auch eine Tarnkappe, die er ebenso ungerührt und rabiat einem Zwerg weggenommen hatte. Wenn er sie trug, war er unsichtbar, und dann machte er, was ihm in den Sinn kam, und danach tat er so, als würde er sich nie in fremde Händel einmischen und als wäre er die Unschuld selbst. Unverwundbar war er auch, er hatte einen Drachen getötet und ein Bad in dessen Blut genommen, worauf er eine Haut aus Horn bekam. Dieser Schutz wäre für einen Draufgänger wie ihn perfekt gewesen, doch fiel ihm beim Baden unbemerkt ein Blatt von einem Lindenbaum auf den Rücken. Das war seine wunde Stelle, die ihm zum Verhängnis werden sollte. Unzählige deutsche Jungen vor 1945 lernten aus Siegfrieds Geschichte, dass das Vollkommene nicht vollkommen war und dass es ratsam war, einen Freund im Rücken zu haben, einen guten Kameraden, wie es im Krieg hieß.

Obwohl der Drachentöter ein Dieb und Mörder war, wurde er von den Jungen als ein großer Held verehrt, der tat, was auch sie eines Tages tun würden, er ging in die Welt hinaus, allein und ohne Furcht, wie der bewaffnete Mann auf Albrecht Dürers Stich *Ritter, Tod und Teufel*. Er war ein Ideal, das sich von der Wirklichkeit und den Gefahren, die sie barg, nicht einschüchtern ließ, ein Abenteurer, der alle Voraussetzungen mitbrachte, um zu siegen, er war reich, stark, unsichtbar und unverwundbar. Die Jungs nahmen in Gedanken Abschied von ihren Eltern und redeten sich Mut zu, ihren Weg zu gehen, was darauf hinauslief, dass Einbildung, Theorie, Idee und Wille sich gegenüber dem Leben durchsetzen mussten.

Von Siegfried, seinen Taten und Feinden berichtet das *Nibelungenlied*, das um 1200 entstanden ist. Er war nicht der einzige Held der mittelalterlichen Literatur, der nach dem Krieg vergessen wurde und so lange vergessen blieb, bis sich das Kino, das Fernsehen, der Comic oder eine andere Form der Unterhaltung seiner annahm. Wolfram von Eschenbach erzählte von Parzival, Hartmann von Aue von Erec.

Kriemhilds Bruder hieß König Gunther. Als er erfuhr, dass Siegfried gekommen war, um seine Schwester zur Frau zu nehmen, wollte er die Chance, sein Glück zu machen, nicht verstreichen lassen und vertraute sich dem Fremden an und sagte ihm, dass er gerne mit der starken und schönen Brunhild zusammen wäre. Er hätte von Brunhild lieber die Finger lassen sollen. Sie lebte als Königin in Island, und wer um sie freien wollte, der musste sie im Wettkampf besiegen, was noch keinem Mann gelungen war, und wer verlor, der büßte die Niederlage mit dem Leben ein. Die beiden Männer erkannten, dass sie sich gegenseitig von Nutzen sein konnten, und das Geschäft war besiegelt. Den jungen Lesern war die Vorstellung nicht geheuer, dass ein Mann schwächer als eine Frau sein sollte, sie dachten, es müsste sich um eine Hexe oder um eine Zauberin handeln und dass Siegfried gerade recht käme, um hier Ordnung zu schaffen. Was wäre ein Leben wert gewesen, wenn die Frau stärker als der Mann wäre, es wäre eine Schmach gewesen, und sie dachten daran, wie es wäre, wenn ein Mädchen sie auf den Boden werfen würde, und Schamesröte stieg ihnen ins Gesicht. Der Mutter zu gehorchen und sie zu ehren, war selbstverständlich. Ein Mädchen aber hatte ihnen nichts zu sagen. Alle ihre Hoffnungen lagen deswegen auf Siegfried, der voller Zuversicht war, Brunhild zu besiegen.

Statt König Gunther von dem Plan abzubringen, stachelte er ihn auf. Lass uns nach Island fahren und Brunhild zum Wettkampf herausfordern. Ich werde dir helfen. Und König Gunther war unmännlich genug, darauf einzugehen. Er wollte die Frau mit allen Mitteln bekommen. Jeder echte Freund, jeder Therapeut hätte versucht, ihm die Reise nach Island auszureden.

Das Unternehmen Brunhild konnte nicht gutgehen, die Liebe der beiden war auf Lug und Trug gebaut. Unzählige deutsche Väter, die ihren Söhnen die Geschichte vorlasen, zögerten nicht, sie mochten sich nicht auf die Seite Brunhilds stellen, auch wenn Siegfried und Gunther Unrecht taten. Das war eine Frage des männlichen Instinktes, der Selbsterhaltung, nicht der Gerechtigkeit, so wie Befehle des Kaisers und der Obersten Heeresleitung, des Führers oder des Oberkommandos der Wehrmacht zu erledigen für jeden Soldaten eine Frage der Pflicht war.

Die beiden Männer zogen mit ihrem Gefolge nach Island. Als sie bei Brunhild ankamen, tat Siegfried so, als sei er ein Untertan von König Gunther, und Brunhild ließ sich täuschen. Wie mächtig und stark musste König Gunther sein, wenn Siegfried ihm diente und ihm das Pferd hielt, dachte sie. Die Jungs lachten zum ersten Mal erleichtert auf, mit List und Tücke gewann die ganze Angelegenheit eine komische Seite. Als der Wettkampf zwischen Brunhild und Gunther begann, setzte sich Siegfried die Tarnkappe auf, jetzt kicherten die Jungs vor Schadenfreude, und er kämpfte an Gunthers Stelle und gewann, er warf die Lanze kräftiger, die Jungs staunten, und warf den Stein weiter, die Jungs klatschten, und sprang über den Stein hinaus, und die Jungs jubelten und vergaßen, dass Gunther ein Schwächling und Betrüger war und Siegfried ihm half, Brunhild hinters Licht zu führen. Die Königin merkte nicht, wie ihr mitgespielt wurde, sie gab klein bei und zog mit dem gemeinen Gunther nach Worms. Die Jungs waren mit dem Ausgang des Abenteuers zufrieden. Siegfried soll leben, riefen sie, ahnungslos, wie sie waren, kleine Onanisten, die nichts von den Vorlieben der geschlechtlichen Triebe wussten, von den Rangordnungen der Sexualität. Die letzte, entscheidende Schlacht zwischen der starken Frau und dem schwachen Mann war noch nicht geschlagen, noch hatten sie nicht das Bett miteinander geteilt.

Die Väter warfen ihren Söhnen einen verstohlenen Blick zu, sie standen jetzt vor der heikelsten Stelle der ganzen Geschichte, sie konnten nicht kneifen, sie überlegten sich, wie sie erklären könnten, was jetzt geschah, aber nicht geschehen durfte. Rosa Luxemburg war im Januar 1919 in Berlin von Soldaten gefangengenommen, misshandelt, bewusstlos geschlagen und erschossen worden. Ihre Leiche wurde in den Landwehrkanal geworfen. Selbst schuld, dachten sie, warum war sie eine Kommunisten gewesen. Mit Kommunistinnen durfte so verfahren werden, da brauchte keiner Rücksicht zu nehmen, nur weil sie Frauen waren. Sie setzten sich doch auch dafür ein, dass die Frauen mehr Rechte bekommen sollten. Wohin das führe, das sah einer ja.

Dass Brunhild sich weigern würde, mit ihm zu schlafen, dass sie Sex als eine Art Kampf verstand, bei dem ein Mann von ihr nur bekommen würde, was er sich erhoffte, wenn er sich als der Stärkere erwies, damit hatte Gunther nicht gerechnet. Aufgeregt und zuversichtlich ging er in der ersten Nacht in ihr Schlafgemach, legte sich neben sie ins Bett und wollte sich nehmen, was ihm seiner Ansicht nach zustand. Er dachte, die Frau an seiner Seite würde sich ihm hingeben, kampflos aufgeben. Die Väter lasen schneller als zuvor, um die Klippe hinter sich zu bringen, die Jungs wussten nicht, worum es ging, und dachten, das Bett sei für die beiden zu schmal, sie kämpften um ihren Platz, keiner mochte nachgeben und zur Seite rücken, damit bloß keiner aus dem Bett fiel. Sie schob ihn von sich weg und sagte, er solle sie nicht bedrängen, wenn er nicht aufhöre, werde es ihm schlimm ergehen. Den Jungs stockte der Atem, das klang nicht gut, sie wünschten sich Siegfried herbei, und die Väter eilten weiter und wünschten sich, dass die Nacht endlich vorüber sei. Der König aber hielt sein Begehren nicht im Zaum, obwohl er hätte wissen müssen, dass er nicht in der Lage war, Brunhild zu etwas zu zwingen, was sie nicht freiwillig tun mochte. Wenn ich sie jetzt nicht kriege, dann kriege ich sie nie, dachte Gunther und hörte nicht auf, sie zu bedrängen. Da verlor Brunhild die Geduld. Sie packte den verschmähten Mann, band ihm Hände und Füße zusammen und hängte ihn, verschnürt wie ein Wäschebündel, an einen Haken in der Wand. Den Vätern war ganz mulmig zumute und die Jungs trauten ihren Ohren nicht und mochten sich nicht vorstellen, wie es wäre, wenn ihnen dies geschähe, wenn ein Mädchen so mit ihnen verfahren würde.

Der König hing am Haken bis zum Morgengrauen, und erst, als er sie bat, ihn aus dieser Lage zu befreien, bevor die Dienstboten kämen und ihn sähen, löste Brunhild die Fesseln. Gunther war in seiner Mannesehre gekränkt, die Jungs fühlten mit ihm, die Väter auch. Er wollte nicht nachgeben, er war nach Island gefahren, er hatte mit Siegfrieds Hilfe die Königin besiegt, aber den Lohn der Mühe hatte er noch nicht erhalten. In der Not wandte er sich an Siegfried, den unbesiegten Helden auf den Schlachtfeldern und in den Betten, ein Mann, ein ganzer Kerl. Er hatte Gunthers Schwester zur Frau bekommen und sie sich genommen. Bei den beiden war die Welt in Ordnung, Kriemhild war schön und schwach, sie hatte von Emanzipation nie ein Wort gehört, sie forderte ihren Mann nicht zum Wettkampf heraus. Die Rollen von Mann und Frau waren zwischen den beiden eindeutig verteilt, sie mussten sich nicht anstrengen, sie auszufüllen, kein Muskelaufbau nach Feierabend, keine Reizwäsche, keine einstudierten Verführungen, kein Getue und kein Gehabe, sie hätten glücklich bis an ihr Lebensende sein können, und wohin sie kamen, alle staunten über sie und rühmten sie, ein ideales Paar, die Frauen beneideten Kriemhild wegen ihres schönen und starken Mannes, die Männer Siegfried wegen seiner schönen und ihm ergebenen Frau. Als Siegfried zu ihr ins Bett stieg, war ihm Kriemhild sofort zu Willen. Die Väter hatten ihren Jungs noch nicht erklärt, was im Bett geschah, und die Jungs hatten kein Internet und konnten sich nicht selbst kundig machen, ein paar Pornofilme, und schon hätten sie geglaubt, Bescheid zu wissen, und gesagt, so eine wie Brunhild, das geht gar nicht, außer bei Leuten mit eigenartigen Vorlieben.

Gunther, es tut mir leid, aber ich kann nicht alles für dich erledigen. Ich habe den Wettkampf für dich gewonnen, siehe jetzt zu, wie du mit deiner Frau im Bett zurechtkommst, jede Freundschaft hat ihre Grenzen. Das hätte Siegfried sagen können und er hätte auch an Kriemhild denken können, aber stattdessen ließ er sich etwas einfallen und erzählte dem König eilfertig, wie er ihm helfen könnte, ganz so, als sei es ihm eine Ehrensache oder ein großer Spaß, für seinen Freund einzuspringen. Es ging in diesem Fall ja um etwas, das einen Mann zum Mann machte, und da musste einer für den anderen einstehen und die Schlappe wieder ausbügeln. Gunther stimmte zu, ihm war, da es um seine und um die Ehre aller Männer und um die Ordnung der Geschlechter ging, jede Hilfe recht. Die Jungs verstanden nicht, worauf die Geschichte hinauslief, aber dass sie gut enden würde, das konnten sie annehmen. Die Väter schwitzten.

In der folgenden Nacht setzte sich Siegfried die Tarnkappe auf und verschwand von der Bildfläche, dann ging er in Brunhildes dunkles Schlafgemach, legte sich neben sie ins Bett und begann ihr zu zeigen, was er von ihr haben wollte. Brunhild dachte, es sei der schwache Gunther, und schob ihn von sich, aber Siegfried gab nicht nach. Das Gerangel zwischen den beiden ging eine Weile hin und her, bis sie schließlich miteinander zu kämpfen begannen, Mann gegen Frau, und es wäre nicht gerecht zu sagen, dass sie zu kämpfen verstand wie ein Mann. Die Jungs hofften, dass sie nie in ihrem Leben einem Mädchen begegnen würden, das so viel Kraft hatte, und da sie noch keine Filme gesehen hatten, in denen sich Männer mit Frauen prügelten, gingen sie davon aus, dass Brunhild eine Ausnahme sei. Für Siegfried war der Kampf kein leichtes Spiel, aber er gewann. Wer auch immer an der Abfassung der Geschichte beteiligt gewesen war, sie haben sich nicht dazu durchringen können, aus diesem stellvertretenden Kampf der Geschlechter die Frau als Siegerin hervorgehen zu lassen. Das hätte alle Erfahrungen und Erwartungen übertroffen, aber möglich wäre es gewesen, eine Ausnahme, die nach einer Regel rief, eine Revolution. Siegfried bezwang Brunhild und hatte mit ihr Sex, sie gab sich ihm hin, wie es in Fällen, die der Tradition nicht widersprechen, heißt, und aus der starken, widerspenstigen Frau wurde ein sanftes Lamm. Es sah so aus, als sei ein Wunder geschehen, doch jeder Mann bei Hofe, der die Geschichte hörte, machte sich sofort seinen Reim darauf, dass ein Mann eben einer Frau zeigen müsse, wer der Herr im Hause ist. König Gunther dankte seinem Freund und war froh, eine willige Frau in seinem Bett zu finden. Die Väter atmeten auf, die abgründige Stelle war, wie der Felsen am Rhein, auf dem die betörende Loreley saß und ihr Haar kämmte, glücklich umschifft.

Die Jungs begannen sich zu langweilen, sie wollten von neuen Abenteuern hören, von Kriegen und Schwertkämpfen unter Männern. Kriemhild hat Jahre später, in einem Anflug von Zorn, Vergeltungssucht und gekränkter Selbstliebe, Brunhild erzählt, dass ihr schöner Siegfried es war, und nicht etwa Gunther, der sie entjungferte. Sie war stolz auf ihren Mann und scheute als Bestätigung seiner Manneskraft nicht einmal einen Seitensprung. Brunhild tobte und schwor Rache. Den Jungs lief ein kalter Schauer über den Rücken, und wenn sie sich auch alle auf die Seite Siegfrieds stellten, es half ihm nicht, Hagen brachte ihn um, er stieß ihm einen Speer in den Rücken, genau dort hinein, wo einst das Lindenblatt gelegen hatte. Dass Kriemhild in ihrer Naivität Hagen diese Stelle verraten hatte, bestätigte ihnen nur alle Vorurteile, die sie gegen Mädchen hatten, dass sie ihnen nichts, was wichtig war, mitteilen durften, sie würden es ausplappern. Siegfrieds Tod war die schlimmste, bitterste Szene der Geschichte. Der Held wurde rücklings ermordet, das Ideal durch Lug und Heimtücke zerstört. Väter und Söhne waren vereint in Fassungslosigkeit. Was konnten sie tun, als Hagen ziehen zu lassen, sie waren verdammt, untätig zuzusehen, wie er den Nibelungenschatz holte und ihn im Rhein versenkte. Kriemhild raste, und sie rasten still mit ihr. Jahre später kamen alle in einem großen Gemetzel um, ein Weltkrieg im Kleinen, auf den die Erschöpfung folgte. Die Söhne waren müde, sie mussten jetzt schlafen, die Väter löschten das Licht und gingen, halb Siegfried, halb Gunther, halb Dichtung, halb Wahrheit zu ihren Frauen.

Keiner wusste, wo genau der Schatz lag, und der Rhein hüllte sich in Schweigen. Das Wasser schwappte, strudelte und rauschte, vom Rheinfall bei Schaffhausen bis zur Rheinmündung in Rotterdam, aber vom Schatz fiel kein Wort. Noch am Anfang des 19. Jahrhunderts, bevor der Rhein nach den Ideen des badischen Ingenieurs Johann Gottfried Tulla begradigt wurde, lockte der Fluss Männer an, die an seinen Gestaden nach Gold schürften und fündig wurden, als wollte er die Sage vom Nibelungenschatz am Leben erhalten. Richard Wagner schrieb den *Ring des Nibelungen,* aber der Schatz wurde nicht gehoben, er blieb für berauschte Gemüter wie Adolf Hitler ein Versprechen, das in den Tiefen Deutschlands lag, ein unsichtbarer Statthalter für eine sagenumwobene Welt, für historische Phantasie und mythische Kraft, für ein geheimnisvolles Land und für die Sendung eines Volkes, das lesen und schreiben konnte, in die Oper und ins Theater ging, das stolz auf seine humanistischen Gymnasien und seine Klassiker war und sich dazu bereitfand, einen Zweiten Weltkrieg zu beginnen und sechs Millionen Juden auszurotten.

Seitdem ist viel Wasser den Rhein hinuntergeflossen, Psychoanalytiker haben sich über die deutsche Psyche gebeugt,

Historiker erwogen einen deutschen Sonderweg zum Natio-
nalstaat, Geisteswissenschaftler suchten den dunklen Faden
des Irrationalen in der Geschichte deutscher Ideen von Luther
über Fichte bis ins Führerhauptquartier, und Soziologen wiesen auf einen autoritären Charakter hin. Der Schatten Hitlers
lag auf dem Land, aber die Sonne und der Mond spiegelten sich
im Rhein. Ganz normale Deutsche, die weder verrückt, verzaubert noch verführt gewesen waren, zogen die Uniform aus,
verbrannten das Parteibuch, hängten die Bilder vom Führer ab
und versteckten *Mein Kampf* im Wäscheschrank. Die Zwangs-
arbeiter aus dem Osten, die in Deutschland für die deutsche
Wirtschaft wie Sklaven hatten arbeiten müssen, wurden in
ihre Heimat zurückgeschickt. Der Plan vom Dritten Reich eines überlegenen arischen Volkes war gescheitert, ein deutscher
Traum, in dessen Rassismus sich die europäische Idee von der
Überlegenheit der weißen Rasse spiegelte, war untergegangen.
Auschwitz, da würde Gras drüber wachsen, und eines Tages
würde Auschwitz nur noch ein Name für eine Katastrophe
sein, wie Hiroschima und Tschernobyl, für die Hybris des
Menschen, ein Mahnzeichen und eine Art Extremwert, dass es
so weit nicht mehr kommen dürfe, und dann konnten die Herzen der Wohlmeinenden wieder laut für die deutsche Heimat
schlagen.

Die Sitten eines Volkes

Im Herbst 1803 stand eine junge Frau am linken Rheinufer und
wartete auf ein Boot, das sie nach Deutschland übersetzen würde.
Sie verließ Frankreich nicht freiwillig. Am liebsten wäre sie in
Paris wohnen geblieben, wo sie sich zuhause fühlte und wo sie
am 22. April 1766 geboren worden war. Sie hieß Germaine de
Staël und war die Tochter von Jacques Necker aus Genf, einem

Bankier, der mit Spekulationen ein Vermögen gemacht hatte. König Ludwig XVI. ernannte ihn 1776 zu seinem Finanzminister. Seine Frau führte in Paris einen Salon, unter dessen Gästen, zu denen die Aufklärer Diderot und d'Alembert gehörten, ihre minderjährige Tochter saß, die als Wunderkind, das Rede und Antwort stand, bestaunt wurde. Aus dem Mädchen sollte keine Frau werden, die sich damit beschied, an der Seite eines Mannes und im Kreis von Kindern ihr Glück zu suchen. Sie wurde eine berühmte Schriftstellerin, und dass sie heiratete, hielt sie nicht davon ab, im Liebesleben mit den Männern gleichzuziehen und illustre Liebhaber zu haben wie den Außenminister Talleyrand, den Kriegsminister Louis Narbonne und den Schriftsteller Benjamin Constant, und neben ehelichen auch uneheliche Kinder in eine Welt zu setzen, die sie so aufregend fand, dass sie von ihr mehr in Anspruch genommen wurde als von ihrem eignen Nachwuchs. Mit fünfzehn Jahren schrieb sie einen Aufsatz über Montesquieus berühmtes Buch *Vom Geist der Gesetze*, das 1748 in Genf erschienen war und sie darüber belehrte, dass in den Gesetzen eines Landes der Geist, der Charakter und die Lebensumstände eines Volkes zum Ausdruck kämen. Neben politischen, literaturtheoretischen und moralphilosophischen Abhandlungen veröffentlichte sie noch Romane. Goethe übersetzte 1794 ihren *Versuch über die Dichtung*, Schiller druckte Teile davon in seiner Zeitschrift *Die Horen* ab.

Die Tochter von Jacques Necker stand nicht im Abseits, in den Regionen, wo Macht nur erlitten wird als tägliche Not, Ratlosigkeit, Fatalismus, Unheil, Gewalt, Zwang, sondern im aktiven Zentrum der politischen Ereignisse, wo die eigene Tatkraft galt, das Argument, die Einsicht, der Plan, die Hoffnung, die Idee. Ihr Vater hatte sich um Frankreich verdient gemacht, das Volk jubelte ihm zu, als er erneut im August 1788 vom König nach Paris geholt wurde, um die Staatsfinanzen zu ordnen.

Germaine hatte Glück, und sie schlug aus dem Glück neues Glück, so wie aus Gold Münzen gemacht wurden. Ihre Herkunft und ihre intellektuellen Gaben schleusten sie in die Zirkulation der Ideen und in die Austauschprozesse von Leben, Liebe, Freund, Feind und Hass ein. Sie war eine erfolgreiche Schriftstellerin, und als sie nach Deutschland fuhr, eilten ihr Name und Ruf voraus wie Boten, die ihr Kommen ankündigten, Diener, die ihr die Zimmer richteten und das Bett machten. Freunde und Bewunderer unterhielten, liebten und ertrugen sie und kümmerten sich um ihr Wohlergehen. Mit sechsundzwanzig Jahren schrieb sie eine Abhandlung über den *Einfluss der Leidenschaften auf das Glück der Individuen und der Nationen*, die einen wie die anderen waren psychologische, geistige Einheiten, die sich wie Romanfiguren verstehen ließen, sie besaßen charakteristische Eigenschaften. Sie beherrschte die damals gebräuchliche Sprache der Politik, der gesellschaftlichen Selbstverständigung, des öffentlichen Herzens, sie verwendete Begriffe, die über das Konkrete weit hinausreichten und Macht über die Wirklichkeit beanspruchten, Ideen, die Ideale sein sollten. Das Gefühl, eine Außenseiterin zu sein, kannte sie nicht, sie hatte eine Heimat, ein Land, ein Volk, eine Kultur, Paris. Sie gehörte zu den maßgeblichen Intellektuellen, sie war ein Teil des Volkes, in dessen Sprache sie dachte und schrieb, ein Teil der besseren Gesellschaft, deren Lebenskultur sie mochte, und ein Teil der Nation, deren Schicksal ihr Leben bestimmte.

Als die Französische Revolution ausbrach, wurde die junge Frau vom Strudel der Geschichte, aus dem sie erst in ihren letzten Lebensjahren wieder auftauchen sollte, erfasst und aus den politischen und philosophischen Gesprächen in den Salons auf die Straße gerissen, wo sie merkte, dass sich die Aufständischen nicht mit Versprechen und Reformen zufriedengaben. Sie war ihres Lebens nicht mehr sicher und floh mit ihren Eltern auf deren Schloss in der Schweiz. Von dort aus half sie adeligen Emigranten, ins Ausland zu gelangen, wo sie vor der Rache und dem Säuberungswillen der Revolution geschützt waren. Die Revolutionäre machten aus dem Frankreich der Könige ein Vaterland des Volkes, dessen Fahne die Trikolore war. Die europäischen Nachbarn schauten gebannt, entsetzt und begeistert zu, die Herrscher rüsteten zum Widerstand, die Beherrschten erträumten, erwogen und verwarfen den Aufstand. Frankreich stand allein vor den Verbündeten der alten Welt. Das Herz von Madame de Staël schlug für ihr Land, auch dann noch, als Napoleon kam, den sie verachtete und hasste, ein Emporkömmling, ein Aufsteiger, der sie aus Paris verbannte, weil sie gegen ihn, sein Kaiserreich und seine Weltherrschaftspläne integrierte, weil er sich nicht von Ideen, sondern von der Macht leiten ließe und die großen Ideale Freiheit, Gleichheit und Brüderlichkeit zur Propaganda für seine Eroberungszüge benutze. Madame de Staël fehlte das Gefühl, die erhebende Begeisterung, die aus der Politik eine Sache des Herzens machte. Die Geschichte marschierte, aber es schlugen keine Glocken.

Sie schuf sich auf ihrem Schloss in der Schweiz einen Ersatz für die verlorene Pariser Heimat, umgab sich mit Freunden und Gästen. Hier, auf dem ruhigen Nebenschauplatz ihres Exils, begann sie Deutsch zu lernen, sie wollte sich ein Bild von den Nachbarn machen, die sich weniger durch Taten als durch Gedanken auszeichneten, deren Kühnheit und universeller Anspruch in keinem Verhältnis zur ihrer praktischen Wirkung standen. Die Deutschen, meinte Madame de Staël, seien ein Volk der Dichter und Denker, der Eigenbrötler und Gelehrten, die mit der Politik wenig zu tun hatten und sich lieber in ihre Ideen vergruben, mit einer Ernsthaftigkeit und Leidenschaft, die den Franzosen unter Napoleon fremd geworden waren. Idee und Leidenschaft bedingten einander, die eine weckte und förderte die andere. Was Ideen vermochten, das hatte sie selbst erfahren, an diese Kraft glaubte sie, auf diesem Feld fühlte sie sich heimisch. Eine Idee, wenn sie gut, wichtig und notwendig war, glich einer Kettenreaktion, die zu einer Umwälzung der Sicht auf die Dinge führen konnte. Der Hunger war mit Brot zu stillen, eine Idee nur mit ihrer Verwirklichung. So war das in Frankreich gewesen, als die Revolution das Land erfasste. Bei den Nachbarn auf der anderen Seite des Rheins war das anders, dort begnügten sich die Ideen damit, ein eigenständiges Reich zu bilden, sie erfüllten sich, wenn sie andere Ideen ergänzten oder ablösten, wenn sie in einem Gedankengebäude eine Lücke schlossen oder zeigten, wie es verlassen und ein anderes erreicht werden konnte. Wirklich zu werden kam den Ideen der Deutschen gar nicht in den Sinn. Madame de Staël fand das eigenartig.

Sie schaute über den Fluss zum anderen Ufer. Ein Boot würde kommen und sie übersetzen. Der Rhein schlief und träumte vor sich hin, die alten Geschichten. An den Ufern tauchten Gespenster auf, die im Morgengrauen verschwinden würden. Das schwarze Wasser funkelte im Mondlicht wie Gold, und es sah so aus, als würde es sich dort hinten, woher es kam, und dort hinten, wohin es zog, in den Himmel ergießen, Fluss, Ufer, Horizont waren eins. Es glitzerten die Rüstungen der Ritter, die von ihren Burgen herabgestiegen waren. Sie standen am rechten Ufer und bewachten den Fluss. Dichter verließen ihre Stuben, liefen herbei und sangen Lieder vom Rhein, Maler tauchten auf, die dem Rhein auf ihren Bildern huldigten, und Komponisten, die aus ihm Einfälle schöpften, Inspirationen, Götterfunken. Auf der linken Seite fuhren Kutschen vor, Männer mit Perücken und Bundhosen und Frauen mit turmhohen Haaraufbauten und in langen Kleidern stiegen aus und liefen Arm in Arm am Ufer auf und ab, redend, lachend, scherzend, sie lagerten sich auf Decken, hoben die Gläser und wünschten sich Glück.

Das Reisen war nicht bequem, wer sich nicht auf den Weg machen musste, weil er floh, Geschäfte ihn riefen oder Aufträge zu erfüllen waren, den trieben Interesse, Neugier, Sehnsucht in die Ferne, die Lust auf Berührung und Erfahrung, fremde Eindrücke, dass die Seele und der Geist nicht verhärteten, geschmeidig blieben, affizierbar, in Bewegung. Es war Anfang November, kalt und dunkel, die falsche Jahreszeit, um nach Deutschland zu fahren, wo es ständig regnen sollte, der Himmel war grau, wolkenverhangen, Nebel lag über den Wiesen, es war klamm, feucht, nass, ungastlich. Sie landete in der Provinz, meilenweit entfernt von Paris und den Vorzügen eines Stadtlebens, sah Weiler, Dörfer und Kleinstädte, Wälder und Felder, verbrachte Nächte in verrauchten Gasthöfen. Sie war von Metz gekommen und wollte nach Frankfurt am Main, wo Goethe 1749 geboren worden war, und darauf weiter nach Weimar reisen, wo er jetzt lebte. In Frankfurt ging sie mit ihrem Temperament, oder anders gesagt, mit ihrer egozentrischen Aufgeregtheit und ungebremsten Pariser Weltläufigkeit Goethes Mutter auf die Nerven. Dann lernte sie Goethe kennen und Schiller, Wieland, den Weimarer Herzog und die Herzogin, alle, die in dem Provinznest Weimar Rang und Namen hatten. Sie fuhr nach Berlin, wurde am preußischen Königshof empfangen und traf, einer unter vielen Berühmtheiten, den Philosophen Johann Gottlieb Fichte und ließ sich von ihm sein System erklären. Fünf Monate später, im April 1804, als sie vom Tod ihres Vaters erfuhr, reiste sie in die Schweiz zurück, zusammen mit dem Gelehrten und Schriftsteller August Wilhelm Schlegel, der sich ihr angeschlossen hatte und bis 1817 als Erzieher ihrer Kinder bei ihr blieb.

Schiller, Goethe, Lessing, Herder, Wieland, dachte sie. Hegel, Kant, Schelling, Fichte. Die Deutschen würden es ihr danken, dass sie ein Buch über Deutschland schrieb, dass sie der Welt zeigte, wer sie waren, was in ihnen steckte, zu was sie in der

Lage waren, wohin der Geist sie trug. August Schlegel lief im Garten vor dem Schloss in der Schweiz auf und ab, in Gedanken versunken. Auch so einer von diesen tiefen Denkern, dachte sie, einer von denen, die in ihrem Kopf Kontinente verschieben, Welten einreißen und aufbauen. »Die furchtbaren Begebenheiten, deren Zeuge wir gewesen sind«, resümierte sie in *De l'Allemagne,* ihrem Buch über Deutschland, »haben die Gemüter abgestumpft, und alles, was Gedanke heißt, verbleicht neben der Allmacht des Handelns.« Schlegel blieb stehen, sah zu ihrem Fenster hinüber, unentschlossen, ob er sie stören dürfe, unsicher, ob sie ihn beobachtete. Sie schrieb, schaute auf, und der Blick blieb an ihm hängen. Er wandte sich ab, fuhr sich mit der Hand über die Stirn, dann zog er ein Buch aus der Tasche und begann zu lesen, einen Fuß langsam vor den anderen setzend. Dass er nur nicht hinfällt, dachte sie. Immer hat er ein Buch dabei, als fände sich irgendwo darin der Schlüssel zur Wahrheit, die Erleuchtung, als warteten Geheimnisse auf ihn, die gelüftet werden wollten. »Mannigfaltige Umstände haben die Geister bestimmt, alle Seiten derselben Fragen zu verteidigen«, schrieb sie, »und hervorgegangen ist daraus, dass man nicht mehr an Ideen glaubt, oder dass man sie höchstens als Mittel zum Zweck betrachtet. Moralische Überzeugung scheint unserem Zeitalter nicht anzugehören; und wenn jemand sagt, er sei der oder der Meinung, so deutet man dies so, als zeige er auf eine zurückhaltende Weise an, daß er dies oder das Interesse habe.« Was war aus den Franzosen geworden. Überall regierten Interessen, kaum einer, der sich noch von Idealen leiten und verführen ließ.

Der Geist war einmal schnell gewesen, gewandt, souverän, er hatte über ein Reich geherrscht, und er forderte seine Rechte, an ihm wurde die Wirklichkeit gemessen, er schwang die Fahne und ließ sich auf seiner Entdeckungsreise nicht aufhalten, er machte keine Kompromisse. Der Geist war kein

Heuchler, kein Diener, sondern ein Garant der Freiheit. Unter Napoleon wurde die Inspiration durch Strategie ersetzt, der Austausch der Ideen durch Taktik. »Die ehrenwerten Menschen machen sich alsdann ein System, welches ihre Trägheit in Würde verwandelt; sie sagen, dass man gegen nichts nichts ausrichten kann; sie wiederholen mit dem Einsiedler von Prag im Shakespeare, dass ›das, was ist, ist‹, und dass die Theorien keinen Einfluss auf die Welt haben.« Der Geist war in die Knie gezwungen worden, er kapitulierte, und aus den Franzosen, dem Volk, das Idealen gefolgt war, wurden Realisten, die sich mit dem Gegebenen abfanden, die sich damit begnügten, wissen zu wollen, wie die Dinge liefen, wie etwas funktionierte, damit sie sich an die bestehenden Verhältnisse besser anpassen und sich ihnen besser zu ihrem Vorteil einfügen konnten. Sie unterwarfen sich freiwillig den Vorgaben der Welt, den Gesetzen der Regierung, den Tatsachen des Lebens unter Napoleon.

Als sein Name fiel, schaute sie sich hilfesuchend um, und dann eilte sie in Gedanken zurück an den Rhein und setzte Schiller, Goethe, Herder, Lessing, Wieland, Fichte, Schelling und Kant in ein Boot und trieb sie hinüber nach Frankreich, Dichter und Denker, die den Franzosen noch einmal zeigen würden, welche Wirkung Ideen auf das Gemüt haben konnten. Meine Deutschen, sagte sie und sah sie an Land gehen. Sie würden die Franzosen aus ihrem Schlaf aufwecken, die Herzen der Nachbarn, die zu einer Revolution fähig gewesen waren, wieder öffnen, den Stein der Realität ins Rollen bringen. Das Eigene ließ sich besser erkennen, wenn das Fremde ihm zur Seite gestellt wurde. Sie führte die Gruppe an, und der Marsch nach Paris begann. Die Bauern auf den Feldern hoben nur kurz die Köpfe, als die Truppe an ihnen vorbeilief, und wandten sich dann wieder ihrer Arbeit zu. Dörfer und Äcker auch hier, dachte sie. Aber sie sind nicht zu vergleichen mit den Dörfern und Äcker auf der anderen Seite. »Das in einem Land einmal angenommene philosophische System«, schrieb sie im Buch über Deutschland, »übt einen großen Einfluß auf die Richtung der Geister aus; es ist die allgemeine Form, in welcher sich alle Gedanken modeln; selbst diejenigen, welche dies System nicht studiert haben, fügen sich, ohne es zu wissen, der allgemeinen Stimmung, die es hervorbringt.« Sie wandte sich hin zu den Dichtern und Denkern und sagte, wartet, bis wir bei mir sind, in der Hauptstadt, und forcierte das Tempo.

Zuerst erzählte sie über Land und Leute, Institutionen, Klima und Geographie, dann kam sie dem Ziel der Reise näher, den deutschen Innenwelten, Magie, Religion, Kunst, Ideen. Die Abgesandten der Deutschen und Franzosen, die sie im Geiste zusammengerufen hatte, saßen sich im Salon von Madame de Staël gegenüber und warteten darauf, das Wort ergreifen zu können, aber sie redete ohne Unterbrechung bis zum Morgengrauen. Sie hatte sich in Weimar, Jena und Berlin Gedanken und Ideen erklären lassen, sie meinte zu wissen, worin die Eigenarten Deutschlands lagen. »Es dürfte anerkannt sein«, sagte sie und lächelte souverän den Gästen zu, »dass von allen Städten der Welt Paris *die* ist, wo der Geist und Geschmack der Unterhaltung am meisten verbreitet sind; und was man Heimweh nennt – diese unbestimmte Sehnsucht nach dem Vaterlande, die unabhängig ist selbst von Freunden, welche man daselbst zurückgelassen hat –, findet seine Anwendung vorzüglich auf das Vergnügen, miteinander zu plaudern; ein Vergnügen, das die Franzosen nirgends in demselben Grade antreffen als bei sich.« Sie lehnte sich im Sessel zurück und erinnerte sich an früher, als sie das Gespräch kennengelernt hatte, das die Menschen sind, wie der deutsche Dichter Friedrich Hölderlin sagte, der in ihrem Buch nicht vorkam. Sie war selbstbewusst genug, sich einzugestehen, dass sie nicht alles wissen, nicht jeden bedeutenden Kopf kennen konnte.

Die Deutschen waren eigensinnig, sie versteckten sich, sie lasen und studierten in einsamen Winkeln, die Franzosen dagegen schickten sich ihre Schriften gegenseitig zu und schrieben sich Briefe, sie trafen sich und redeten miteinander und sahen sich dabei an, sie maßen und umgarnten sich mit Blicken, mit bewundernden, leuchtenden, verächtlichen, gelangweilten und erregten. »Ein Franzose hat selbst dann noch was zu sagen, wenn er keine Ideen hat; ein Deutscher hat davon noch immer mehr, als er auszudrücken versteht. Mit einem Franzosen belustigt man sich auch dann noch, wenn er arm an Geist ist; er erzählt alles, was er getan hat, alles, was er gesehen hat, wie gut er von sich selbst denkt, wie andere ihn gelobt haben, welche große Herren er kennt, welche Erfolge er noch erwartet. Der Deutsche hingehen hat nichts zu sagen, wenn er nichts denkt, und verwickelt sich leicht in Formen, die, seinen Wünschen nach, zwar artig sein sollen, aber sowohl anderen als ihm selbst beschwerlich fallen.« Die Sätze gingen ihr leicht von den Lippen. Die Gäste wurden von dem Redestrom erfasst und schliefen für Augenblicke ein, nicht aus mangelndem Interesse oder weil sie sich nicht zu benehmen gewusst hätten, sie fühlten sich von den Eigenarten, mit denen sie zu einem Volk, einer Kultur und einer Nation zusammengeschweißt wurden, wie betäubt, wie erschlagen. Und sie träumten, dass immer mehr Gäste im Salon erschienen und in ihrer Runde Platz nahmen, Engländer, Russen, Schweden, Spanier, Italiener, Amerikaner, Ungarn, Dänen, und voller Panik, dass Madame vor diesem Aufgebot kein Ende finden würde, die Völker zu vergleichen, wachten sie auf und ein Stein fiel ihnen vom Herzen, als sie feststellten, dass sie nur zu zweit waren, Deutsche und Franzosen, Deutschland und Frankreich. Wenn sie einen Blick in die Zukunft hätten werfen können, hätten sie gesehen, dass die gedankenreichen Deutschen den redegewandten Franzosen den Krieg erklärten, und umgekehrt, sie griffen zu den Waffen und marschierten los, 1792 und in den Jahren der Niederschrift des Buches über Deutschland, zur Völkerschlacht bei Leipzig 1813, dann 1870 und 1914 und noch einmal 1939, als die Deutschen von neuen Ideen, was Deutsch sei und wie das Deutsche und die Deutschen vor dem, was nicht deutsch war, zu schützen seien, geradezu besessen waren.

Als die Sonne aufging, eilten die Gäste nach Hause, und der Rhein legte sein schwarzes Gewand ab und wurde wieder blau und grün. Die Schläferin öffnete die Augen. Ihr Herz schlug die Fensterklappen auf und ließ die Welt herein. Die Morgensonne rief zu Taten und Abenteuern, steh auf, sagte sie, die Tage deiner Jugend sind gezählt. In Paris zu sein hatte bedeutet, mit klugen, mächtigen, schönen und redegewandten Menschen zusammenzukommen, sie hatte mit ihnen gefrühstückt und dabei Neues erfahren, Ereignisse, Ideen, Einfälle. Sie dachte an ihren Vater, ihre große Liebe, dessen Tod sie nur um dreizehn Jahre überlebte. Ihm hatte sie das Leben, das sie führte, zu verdanken, sie musste sich kaum Sorgen um Geld machen, sie war unabhängig und konnte ihren Neigungen nachgehen, Vorlieben, Interessen, Bedürfnissen, ihrer Neugier, sie konnte sich Wünsche erfüllen. Die Ideen, um die es im Salon ihrer Mutter ging, waren weltbewegend und nicht an einem Tag, nicht in einer Nacht zu erledigen. In Paris begann damals eine neue Zeit und sie war mittendrin, sie wurde ein Akteur der Geschichte, nicht in dem Sinne, dass sie dazukam wie zu einer Prozession, der sie sich anschloss und von der sie sich mitziehen ließ. Sie selbst war die Geschichte, die Revolution, die Zeitenwende, ein Teil von ihr, ununterscheidbar, nicht abzulösen. Über was sie mit anderen nachgedacht und diskutiert hatte, das verflüchtigte sich nicht zu Einbildungen, sondern wurde real. Das Wort bewies seine Durchsetzungskraft, es materialisierte sich und sie sich mit ihm.

Das Buch, das sie über Deutschland schrieb, *De l'Allemagne*, wurde 1810 in Paris gedruckt. Es war umfangreich, sie hatte viel zu erzählen, vom Wetter und von den geographischen Gegebenheiten, von den Sitten, Bräuchen und der Lebensweise der Deutschen, von den Denkern und Dichtern, ihren Ideen und ihren Dichtungen, deren Handlungen sie seitenlang referierte, in Anlage und Ausführung eine Erinnerung an Montesquieus *Vom Geist der Gesetze,* die ihr aus dem Ruder lief. Auf Befehl Napoleons wurde die Auflage von zehntausend Exemplaren eingestampft und Madame de Staël musste Frankreich verlassen. Sie hat in dem Buch die Franzosen nicht direkt zum Sturz der Regierung aufgefordert, aber auf den letzten Seiten stimmte sie einen lauten Lobgesang auf den »Enthusiasmus« an, auf die Begeisterung, auf die Kraft, die Geist, Gemüt und Seele aus der Alltäglichkeit und den Gewohnheiten befreien konnte und mit der die stillen deutschen Nachbarn sich an ihre Ideen und Gedanken hingen. In den Ohren Napoleons hörte sich dieses Fanal an wie ein Aufruf, das Kaiserreich zu untergraben. Der Polizeiminister General René Savary schrieb ihr am 3. Oktober 1810: »Ihre Verbannung ist die natürliche Folge der Haltung, die Sie seit mehreren Jahren eingenommen haben. Es schien mir, daß die Art dieses Landes Ihnen absolut nicht passt – und es ist noch nicht so weit mit uns gekommen, daß wir Vorbilder suchen müßten in den Völkern, die Sie bewundern. Ihr letztes Werk ist nicht französisch.« Was sollte das heißen, ihr Werk sei nicht französisch? Es war von einer Französin geschrieben, in der Sprache ihres Landes. Sie hatte den deutschen Geist gesucht, und jetzt erfuhr sie, dass es einen französischen Geist gab, zu dem sie nicht gehörte. Vom Geist der Völker hatte Montesquieu gesprochen, erhellend, einladend und einleuchtend, wie zur Nachahmung gemacht, ein Gedankenspiel, das Ideen in Umlauf brachte, vom Geist der Nation sprach Napoleon, ausschließend, angriffslustig und anmaßend, Ausdruck eines Willens, der Ideen, Gedanken, Theorien ausschloss. Der eine hatte Regierungssysteme erklärt, der andere definierte den Bereich seiner Macht. Der Geist der Deutschen, den Madame de Staël beschrieben hatte, war ein flüchtiges Spiegelbild im Wasser, ein Konstrukt des Augenblicks und des Blickwinkels, Bündelung und Verallgemeinerung von Erscheinungen, eine grobe Skizze, verschwommen und verzerrt, geschrieben nicht mit einem skrupulösen Verstand, der vor lauter Unterschieden keine Gemeinsamkeiten sehen wollte, sondern mit dem Drang zum Bild, zum Panorama, zur Einheit, zur Sichtbarkeit, ein Reisebericht aus der Gedankenwelt, erfahren in Lektüren und Gesprächen, vom anderen Ufer des Rheins. Am 23. Mai 1812 fuhr sie über Wien, Moskau, Sankt Petersburg, wo sie vom russischen Zaren empfangen wurde, und Stockholm nach London. Sie agitierte, sie arbeitete an einem Bündnis gegen Napoleon, der sie aus ihrer Heimat, aus Paris, aus Frankreich vertrieben hatte. Im Oktober 1813 wurde die französische Armee vernichtend geschlagen, aber in den Siegesjubel der Engländer und der Verbündeten über die Niederlage Frankreichs mochte sie nicht mit einstimmen, sie hatte gegen Napoleon gekämpft, nicht gegen ihr Land und ihr Volk. Im Mai 1814 kehrte sie nach Paris zurück, wo ihr Buch über Deutschland erscheinen konnte, gleichzeitig mit der deutschen Übersetzung. Am 14. Juli 1817 starb sie in Paris. Der Dichter Heinrich Heine, der in beiden Ländern zuhause war und Napoleon schätzte, weil der Eroberer den *Code civil* eingeführt hatte, war von dem berühmten Buch enttäuscht. Er spottete über das Bild, das Germaine de Staël, die dreißig Jahre älter war als er, von den Deutschen gezeichnet hatte, einem Volk, das in Grübeleien, Ideen, Bier und Tabakrauch versunken sei, in schneeverwehter Einsamkeit dahinlebe und mit Gespenstern und anderen zwielichtigen Erscheinungen verkehre.

Dass eine Frau ein erfülltes Leben haben konnte wie Germaine de Staël, reich an Liebe und Liebschaften, Begegnungen, Ideen, Geschichten und Reisen, war der Mutter meines Schulfreundes undenkbar und unheimlich. Ein solch gieriges Leben sprengte ihre Vorstellungskraft, wie hätte sie sich da hineinfühlen sollen. Sie sah sich immer nur als Opfer einer Geschichte, die sie nicht verstand, der Realität, der Politik, der Macht, ohne sich Gedanken darüber zu machen, wie es dazu kommen konnte und ob es nicht einen Ausweg gab. Etwas geschah, Ereignisse, die sie überrollten, denen sie sich nicht entziehen konnte, sie blieb eine von denen, die an den Rand gedrängt wurden und deren Gedanken und Gefühle keine Verbindung hatten zu den Kräften, die Geschichte formten. Sie schloss sich keiner Partei an, sie machte nicht einmal den Versuch, in Gedanken ein Teil einer Bewegung zu werden, die größer war als sie und durch die sie hätte wachsen können. In ihr waren nur Abwarten, Stillstand, Vorsicht, Ratlosigkeit, sie wirkte eingeschüchtert, mutlos, als habe sie kein Recht, sich durchzusetzen, mehr zu verlangen, als der Alltag gab, mehr in die Hand zu nehmen als Gegenstände des Haushalts, weiter zu gehen als hinaus in den Garten, um nach dem Gemüse zu schauen. Sie hat sich ihre Heimat nicht gemacht, nur vorgefunden, akzeptiert, aufgenommen, etwas, das da war, dem sie sich zugehörig fühlte, ohne zu wissen, warum, ein Geschenk, das sie eine Weile behalten durfte und das ihr dann weggenommen wurde, ein Gefühl. Ihr Denken reichte nicht hin, sich mit ihrer Heimat auf andere Weise zu verbinden als über Wahrnehmungen und persönliche Erinnerungen. Ideen kamen bei ihr nur vor als etwas für das eigene Leben Unangemessenes, das sich nicht verwirklichen ließ, und dann sagte sie: Das sind so Ideen, und fächelte mit der Hand vor der Stirn, um die Ideen, die dort nicht hingehörten, zu vertreiben. Die Verhältnisse, aus denen sie kam und in denen sie steckenblieb, waren ärmlich, bescheiden, wenn auch nicht so ärmlich wie die Verhältnisse und Unterkünfte, in denen die Flüchtlinge leben, die jetzt in dem Dorf wohnen, nicht weit von hier. Ihr Leben bestand darin, sich zu fügen, sie richtete sich in der sozialen und intellektuellen Enge ein, ohne den Drang, zu revoltieren und die Grenzen, die ihr gezogen waren, zu überwinden. Paris kannte sie nur als Namen einer unbekannten Stadt, sie war in keiner der berühmten europäischen Städte gewesen, nicht in London, Rom, Madrid oder Venedig, nicht in Prag oder in Krakau, als lägen sie alle außerhalb des ihr zugemessenen Radius. Ein glanzloses Leben, das sich im Alltag verlor und durch die Mühen des Daseins zerrieben wurde, wie Millionen andere auch, dem Überleben und Abwarten hingegeben, ja, das war die einzige dauerhafte Leidenschaft, die sich nicht verriet, die keiner wahrnahm, die keinen irritierte, dazusitzen und zu warten, im Bett mit offenen Augen zu liegen und zu warten und in die Stille zu hören, ob da noch etwas sei, ob da noch etwas komme. Es war und kam nichts.

Das schriftstellerische Werk der Germaine de Staël umfasst siebzehn Bände, geformt von Mitteilungsdrang, Expansionslust, Eroberungswillen, Ausdruckskraft, vom Rausch der Selbstbestätigung. Als die Mutter meines Schulfreundes starb, hinterließ sie keine Zeile, kein Tagebuch und keinen angefangenen bekenntnishaften Brief, die über ihr Herz, ihre Seele, ihre Empfindungen hätten Auskunft geben können, sie sank stumm ins Grab und war weg aus der Welt, wie nie dagewesen, eine Gestalt, die sich langsam auflöste in den Erinnerungen ihrer Söhne, im rasch abklingenden Nachfragen der Enkel. Was sie über sich und darüber, wie sie die Menschen und die Welt sah, zu sagen hatte, das passte auf ein einziges Blatt Papier, eine Mischung aus Schweigen, Stottern und Suchen, das Ergebnis von Unerfahrenheit und Unkenntnis und auch weil ihr die Worte fehlten. Über die Deutschen hätte sie nichts mitzuteilen gewusst, sie kannte nur den und jenen, hätte sagen können, wie einer war, und sie hätte dabei auch zu kichern begonnen, als täte sie etwas Unstatthaftes, das ihr nicht zustand. Zu Hause war sie nur im Einzelnen, in den einzelnen Fällen, im

Singular der Wahrnehmungen, nie im Plural der Abstraktionen und Ideen. Wachen, Schlafen, Denken, Fühlen waren für sie nicht genau zu unterscheiden, das eine ging in das andere über, oft war ihr, als träumte sie sich durch den Tag. Wenn sie sich auf diese heimelige Weise verlor, war ihr wohl zumute. Dann war sie ganz bei sich, in ihrer Tiefe, uneinholbar für andere.

Die Heldinnen der Kindheit

Von meinem Vater gibt es einige Fotografien aus den Tagen seiner Kindheit. Auf einem der Fotos pumpt ein Junge in kurzen Hosen Wasser aus einem Brunnen. Die Straße ist ein mit Steinen gepflasterter Weg, an dem niedrige Häuser stehen, mehr schief und krumm als gerade, als wären sie schon sehr alt und würden sich nur mit Mühe aufrecht halten. Auch von dem Haus, in dem er aufwuchs, existiert ein Foto. Das Haus lag allein zwischen Wiesen, keine unmittelbaren Nachbarn grenzten an das Grundstück, und es sah heimelig aus, ganz so als würde dort ein gedeckter Tisch auf einen Heimkehrer warten, ein Apfelkuchen und ein Topf mit Sahne. Sein Zuhause dehnte sich mit den Jahren über das Elternhaus und das Dorf, in dem die ersten fremden Menschen wohnten, hinaus aus bis zu den Dörfern in der Nachbarschaft. Der Kreis, in dem er sich bewegte, wurde immer größer, und an dem Tag, als er mit seinen Eltern das Haus und das Dorf und die vertraute Umgebung verließ und nach Bremen fuhr, wo das Schiff auf sie wartete, das sie nach Argentinien bringen sollte, wurde aus dem Kreisbogen eine Gerade, die den Horizont berührte. Als er an Bord ging, hatte er ein Gefühl für die Heimat entwickelt. Er wusste weder viel von der deutschen Geschichte, noch kannte er die großen deutschen Dichter und Denker, die Madame de Staël besucht und deren Bücher sie gelesen hatte. Hätte ihn damals jemand gefragt, was das Eigentümliche, das Besondere an Deutschland sei, so hätte er mit Deutschland wenig anzufangen gewusst und nur Eindrücke von einem Landstrich aufgezählt, den er mit keinem anderen vergleichen konnte. Heimat war ein Konglomerat von Sinneseindrücken, ein Schatz von Empfindungen, der sich in seine Seele senkte. Heimat war für ihn ein stilles Leben in einem Dorf, unter freiem Himmel spielen, über Wiesen rennen, das kalte Wasser eines Brunnens, der Geruch von Tieren, Kühe, Pferde, Schweine, die Farben der Blumen auf den Wiesen, auf Bäume klettern und dort oben vor sich hinträumen, Graubrot, Butter, Milch, Kartoffeln, Äpfel und Kirschen.

Das ist, was wir bei uns zu Hause essen, sagen die Flüchtlinge in dem Dorf und schieben die Schalen und die Teller dem Gast zu, damit er schmecke und rieche, woher sie gekommen sind, den Unterschied, die Entfernung und ihr Heimweh verstehe und sehe, dass sie sich überall zu Hause fühlen werden, wo sie willkommen sind, dass sie etwas von ihrer Heimat mitgebracht haben und es mit ihm teilen wollen. Sie würden mehr erzählen, wenn die Grenzen der Sprache nicht wären, wenn sie verstünden, was der Gast sagt, wenn der Gast den Erzählungen in der fremden Sprache folgen könnte. Sie lächeln, sie würden gerne Freunde finden, Menschen, die ihnen zugewandt sind.

Der Schatz der ersten Eindrücke ließ sich nicht mehr heben, aber die Erinnerungen, die wie goldener Schimmer an der Oberfläche flackerten, bewiesen, dass er existierte, sie riefen die Wehmut und weckten das Heimweh, ein untergründiges Strömen und Sehnen, das ihn in die Tiefe zog und dem er nachgab, wenn er ungestört war. Dann verschwand er aus der Welt, die ihn umgab und ihn mit ihren Reizen festzuhalten suchte, und tauchte hinunter in die Vergangenheit. Große deutsche Dichter und Denker, Goethe, Schiller, Mörike, Stifter, Kant, lernte er erst in Argentinien kennen, als er begann, die Bücher zu lesen, die zum Kanon der deutschen Bildungsschicht gehörten. Weder der Kanon noch die Schicht überlebten das Hitler-Regime. Sie wurden von einer Art allgemeiner Weltläufigkeit und Gegenwärtigkeit, erste Urlaube auf Mallorca, englischer Minimalwortschatz und als Strandlektüre Krimis, abgelöst. Mein Vater kam nie auf die Idee, Deutschland als das Land der Dichter und Denker zu bezeichnen, er wusste, gedacht und gedichtet wurde auch in anderen Ländern. Vor dem Bild von Deutschland, das Germaine de Staël in ihrem Buch entworfen hatte, wäre er erstaunt und neugierig stehen geblieben, er hätte darin nicht wiedererkannt, was er von Deutschland mit eigenen Augen sah, als er nach seiner Rückkehr in die Heimat durch das Land fuhr. Er war kein Ethnologe und die Deutschen kein Volk, das er zu verstehen versuchte, das er beobachtete und studierte, so wie der polnische Sozialanthropologe Bronislaw Malinowski in den Jahren des Ersten Weltkrieges die Trobiander in Neu-Guinea erforschte. Seine Ergebnisse, die umfassender waren als die Studien über die Deutschen von Madame de Staël, erschienen in den Zwanziger- und Dreißigerjahren, *Die Argonauten des westlichen Pazifik, Das Geschlechtsleben der Wilden in Nordwest-Melanesien* und *Die Korallengärten und ihre Magie*, erste Dokumente einer Feldforschung, die auf teilnehmender Beobachtung beruhte.

Wenn mein Vater von den Deutschen sprach, dann im Sinne einer Gemeinschaft von Menschen, die Geschichte, Kultur und Tradition teilten, auch wenn die einen keine Ahnung von Philosophie und Literatur hatten, die anderen weder deutsche Könige noch deutsche Kaiser kannten und die dritten, die Jüngeren, sich mehr für die amerikanische Popkultur interessierten. Beschreiben oder definieren mochte er diese Gemeinsamkeit nicht. Eine Antwort auf das, was Deutschland und die Deutschen waren, fand sich nicht einmal in dem Schatz, der irgendwo in ihm drinnen, die einen sagen dazu Seele, Innenwelt, die anderen Empfindungen, Erinnerungen, Prägungen, Vorurteile, verborgen war. Das Gefühl von Heimat dehnte sich über das Land und seine Bewohner hinaus aus, aber wenn er dort war, wo er geboren worden war und seine Kindheit verbracht hatte, glänzte es so stark wie Gold. Je weiter er sich in Deutschland von dem realen Gegenstück seines inneren Lebensmittelpunktes entfernte, umso schwächer wurde das Licht, die Anziehungskraft des von Kindheit her Vertrauten ließ nach und erlosch an den Landesgrenzen und flackerte in Europa erst wieder auf, wenn er nach England kam. Dass er später nie mehr ein Buch von Goethe, Schiller, Stifter und Mörike aufschlug, bedeutete nicht, dass er mit dieser Abstinenz seiner Zeit vorausgeeilt wäre, die meisten Deutschen gaben sich damit zufrieden, am Feierabend und am Wochenende vor dem Fernseher zu sitzen oder ins Kino zu gehen, statt Mörikes Gedichte zu lesen. Seine Lesefrüchte waren alt, aber nicht verdorrt, er bewahrte ihr Andenken, ohne die Erinnerungen durch eine erneute Lektüre aufzufrischen, das Abenteuer mit den Klassikern war vorbei, so wie er nur ein einziges Mal durch Deutschland reiste, als wäre er zu Besuch und als hätte sich ihm darauf keine Gelegenheit mehr geboten wiederzukommen. Die Vergangenheit ließ sich nicht aus dem Futteral der Gegenwart lösen, sie lag auf dem Grunde der Zeit, die ihm noch blieb, und der Fluss des Lebens, der schnell genug dahinzog, ging über sie hinweg.

Mozart, Beethoven und Schubert konnte er immer hören, als wären sie resistent gegen die Gegenwart, drei Boote, die nicht untergingen und in denen er sich treiben lassen konnte wie ein Vagabund, ohne Ziel, ganz der Stimmung hingegeben, wenn er nicht dabei Zeitung las. Richard Wagner mochte er nicht, den *Ring des Nibelungen* kannte er nicht, und er wusste deshalb auch nicht, dass die drei Rheintöchter mit den plätschernden Namen Floßhilde, Wellgunde und Woglinde einen Schatz besaßen, der im Flussbett lag, das Rheingold. Die drei klammern sich an die Bayreuther Festspiele wie an eine Planke eines untergegangenen Schiffes, dessen Erinnerung zu erhalten Theater und Oper vom Staat subventioniert werden.

Die Heldinnen seiner Kindheit hießen Ida, Ruth und Paula, Mutter, Tante und Großmutter, und sie behüteten ihn, auch als er kein ganz kleiner Junge mehr sein wollte und dennoch an der Hand der Frauen lief und bei ihnen Schutz und Liebe suchte. Die drei topften den Jungen in die Welt ein und kümmerten sich so lange um das Pflänzlein, bis sein Vater Albert die weiteren Aufgaben übernahm und den Sohn zu einem tüchtigen Leben und pflichtbewussten Menschen erzog. Sie reproduzierten die Vorstellungen und Einstellungen, die sie von ihren Eltern übernommen hatten, sie reichten an den Jungen weiter, was sie selbst gelernt hatten: die Wahrheit sagen, ein reines Herz haben, die Sünde meiden, nie lügen, hilfreich sein, nicht aufgeben, an was sie glaubten, Gott, das Gute, die Familie, und was für sie von höherer Bedeutung war, an seinem Platz zu sein und zu erfüllen, was einem als das eigene Leben aufgetragen worden war, die Ordnung einzuhalten und am Sonntag und an den Feiertagen in die Kirche zu gehen. Zwischen den Generationen gab es keine Brüche, keine Rebellion und keine Außenseiter. Die Welt war intakt, abgeschirmt von den politischen Ereignissen, die sich in den Städten zusammenbrauten und deren Wirkung auf dem Weg zu den Dörfern nachließ, bis sie sich in den Wäldern und Bergen, wo kaum einer lebte, verlor.

Ida, Ruth und Paula träumten weder vom Geld noch von der Macht, sie kümmerten sich um den Haushalt, sorgten sich um das Wohl der Familie und überhäuften die Kinder mit Liebe, sie kochten und backten nach Rezepten, die sie von ihren Vorfahren gelernt hatten, sangen zu Weihachten die alten Lieder, legten Geschenke auf den Geburtstagstisch, schmückten den Osterstrauch und putzten die Kinder heraus, wenn sie in die Kirche gingen. Sie waren den ganzen Tag da, immer ansprechbar, rastlos tätig. Aus den Kochtöpfen auf dem Herd, in denen sie rührten, aus dem Backofen, in den sie Kuchen und Brot schoben, aus den Daunendecken, die sie ausschüttelten, aus den Kleidern, die sie wuschen und in den Schrank hingen oder in die Kommode legten, vom Fußboden, den sie schrubbten, vom Mittagstisch, den sie deckten, und von ihnen selbst stiegen die Düfte der Kindheit auf. Wenn Albrecht als kleiner Junge alleine eine Reise gemacht hätte und in der Fremde vom Heimweh eingeholt worden wäre, er hätte sich nach den drei Frauen und ihrem Reich gesehnt. Später ging er davon aus, dass eine Frau die Aufgabe habe, Hüterin des häuslichen Reiches zu sein. Diese Vorstellung war das Erbe von Paula, Ida und Ruth. Die Emanzipation der Frauen, ihr Kampf um Gleichberechtigung, hat die familiale Reichsgründung in den Augen der Prinzen und Könige, der Söhne und Väter erschwert.

Ida, Paula und Ruth waren zu Hause nicht unglücklich gewesen. Die Tradition war eine Art Flussbett, das von den Gewohnheiten ausgegraben worden war, und warum, dachten die kleinen und großen Fische, sollten sie gegen die Strömung schwimmen, wer mit ihr trieb, geriet nicht in die Not, sein Leben neu zu erfinden, fern der sozialen Normen und Erwartungen. Links und rechts vom Rhein, unter den Deutschen und den Franzosen waren die Rechte und Aufgaben von Mann und Frau gleichmäßig ungleich verteilt, solange es um das Glück und die Mittel, es zu erreichen, ging, wer was und wie viel davon bekommen durfte. Nur wenn eine Katastrophe oder ein Krieg ausbrach und das Leid alle Menschen gleich machte, durften die Frauen sich genauso anstrengen, in Sicherheit zu bringen, was zu retten war, und durften schweigend Hand anlegen beim Wiederaufbau der Stadt, der Nation, der Heimat, bis die Ordnung des Glücks wieder stand. Der Rhein floss langsam an Weinbergen, Wiesen, Feldern, Städten und Dörfern vorbei, er drückte sie an sich, er nahm andere Flüsse in sich auf und gewann an Fahrt, eine nützliche Wasserstraße, die von Süden nach Norden verlief, aus den Bergen kam und sich ins Meer ergoss, und Lasten tragen konnte. Mein Vater fuhr nach Mannheim, Wiesbaden, Mainz, Rüdesheim, Bingen, Speyer, Worms und Lorch, er war am Bodensee und sah sich Konstanz, Schaffhausen und Basel an. Nach Rotterdam kam er nicht. Von allen Städten machte er Fotografien, nicht von den Menschen, die dort wohnten und auf den Straßen unterwegs waren, nur von den alten Gebäuden, den alten Steinen, die ihn anzogen. Der Rhein ertrug stoisch, was sich auf ihm, an seinen Ufern und darüber hinaus in den Ländern zu beiden Seiten zutrug, und schluckte Unrat und Müll, den Dreck, den Menschen hinterlassen auf ihren Reisen und vor allem dort, wo sie zu Hause sind. Die Fremden sollen sich benehmen, sie sollen aufpassen, was sie tun, denkt der Gast, der jetzt, da er den Tisch und die Unterkunft der Fremden verlassen hat, kein Gast mehr ist, sondern der Gastgeber, der zuerst hier war und hier sein darf, ein Deutscher, der in Deutschland wohnt und der nicht möchte, dass zu viele Fremde kommen, und denkt, mehr geht nicht, es sind schon jetzt zu viele im Dorf. Wenn sie etwas gelernt haben, wenn sie arbeiten wollen, wenn sie einem nicht auf der Tasche liegen, wenn sie Rücksicht nehmen, wenn sie sich einfügen, wenn sie freundlich sind, wenn noch Platz für sie da ist, dann können sie bei uns bleiben. Das wäre nur gerecht, das wäre eine gute Tat. Sie können einem dankbar sein, dass sie hier sind, dass ich ihrer Einladung gefolgt bin, dass ich mir Zeit für sie genommen habe. Ob sie das machen würden an meiner Stelle?

Außenseiterin

Rahel Varnhagen war die erste Frau in Deutschland, die das weibliche Exil in einer von Männern beherrschten Welt beschrieb. Im Buch von Madame de Staël spielte sie keine Rolle. Sie war Jüdin, eine geborene Außenseiterin, die in der deutschen Gesellschaft für ihre intellektuellen Gaben kein öffentliches Amt fand, keine Institution, keinen Beruf, Professor, Jurist, Korrespondent einer Zeitung, Arzt, Lehrer, Regierungsrat, Diplomat, und darauf angewiesen war, wenn sie nicht verkümmern wollte, sich ihr eigenes Reich zu erschaffen, einen Salon, der berühmt wurde wegen ihr, den Dichter, Philosophen, Künstler, Beamte aufsuchten, Männer, die Ideen und Macht hatten, den Willen und die Aussichten, Karriere und Geschichte zu machen. Die Gastgeberin saß in ihren Zimmern wie in einem goldenen Käfig, ihr waren die Hände gebunden, nicht aus Faulheit oder Dummheit, sondern weil sie eine Frau und eine Jüdin war. Kein Amt, keinen Beruf zu haben, das bedeutete, sich damit zurechtfinden, dass sie keine Anerkennung unter Gleichen finden würde, nur die Bewunderung von Männern, die Hochachtung am Rande der Gesellschaft, die billig zu schenken war für Gaben, deren Radius sich auf einige private Quadratmeter beschränken musste, auf eine Bühne im Dunkeln und im Abseits. Ihr Glück hing daran, dass ihr Herz, ihre Seele und ihr Geist sich so frei zu bewegen vermochten, als wären die sozialen Grenzen, die sie einschnürten, durchlässig, dehnbar, überwindbar. Sie rebellierte nicht öffentlich, sie wagte sich nicht ans Licht mit politischen, wissenschaftlichen oder philosophischen Abhandlungen, schrieb auch keine Romane, Gedichte oder Theaterstücke, weil sie, wenn sie öffentlich das Wort erhoben und sich zu dem bekannt hätte, was sie fühlte und dachte, die Wahrheit nicht hätte verschweigen können, dass sie eine Jüdin im preußischen Staat war, ein Opfer des Antisemitismus. Davon nicht zu reden wäre eine Form der Knechtschaft gewesen, geistiger Verrat und verlogene Assimilation, ein Nachgeben vor dem Unrecht, ein Aufgeben der eigenen Würde. Die Wahrheit war nur unter Gleichgestellten ausschließlich eine Frage der Vernunft, in ihrem Fall war sie vor allem ein Brandzeichen, sie schloss sie von den anderen aus, und deshalb war es für sie besser zu schweigen.

In der Unmittelbarkeit der flüchtigen Gespräche, die keiner dokumentierte, in den privaten Bekenntnissen der Briefe, die in Schubladen verschwanden, fand sie Formen der Mitteilung, offen zu sagen, was sie dachte und was sie bewegte. Nur wer sich auch zu Hause wie in der Fremde fühlte, beobachtet, ausgeschlossen, geduldet, drang so vehement wie sie darauf, alles Menschliche ohne Grenzen von Stand und Geburt verstehen zu wollen. Die Psychologie war der Pass, der überall galt, überall das Recht zum Bleiben garantierte. Seele, Herz und Geist bildeten ein Reich, in dem nur Affinitäten, Verwandtschaften, Nähe durch Einfühlung und Verstand zählten. Die Heimat der Männer war eine andere als die der Frauen, die Heimat der Deutschen eine andere als die der Juden in Deutschland. In ihren Briefen entwarf Rahel Varnhagen ein Bild von Deutschland, das ganz anders aussah als das Bild, das Madame de Staël geliefert hatte. Sie sagte, was es bedeutete, in Berlin, Baden-Baden oder Karlsruhe als Frau unter Männern, als Jüdin unter Christen zu leben. Das Verstehen schlug eine Brücke, auf der sie aus der Isolation, aus dem Ghetto der Entrechteten herauszufinden hoffte. Die Fahne der Revolution, die sie in ihren Briefen anzettelte, trug die Wörter Gleichheit, Freiheit und Menschlichkeit. An den Dichter Fouqué schrieb sie am 26. Juli 1809: »Menschen locken, rühren, und reizen mich. – Niemand; kein Dichter, kein Philosoph keiner Zeit, sieht sie mehr durch als ich …«, und an Leopold Ranke nach Venedig am 7. November 1828: »Ich habe die reiche Gabe vom Himmel zur Mitgift: dass ich Menschen durchschaue …« Reden, und dazu gehörte auch der private briefliche Austausch, war bei ihr eine Kunst, eine Art Dichtung, die das Gefühl bestätigte, dass es möglich war, einem anderen Menschen nahezukommen, anders als bei abstrakten Abhandlungen, die menschliche Distanz, seelische Dürre schufen durch die Logik der Analyse und der Beweisführung. Das Verstehen war mehr als ein Nachvollzug dessen, was einer meinte, wenn er etwas sagte, es drang in Zusammenhänge vor, in denen sich Motive, Ideen und Gedanken mischten, Gesagtes, Angedeutetes und Verschwiegenes, und stieß an Grenzen, wenn sich überirdische Kräfte regten und Phänomene auftauchten, die unheimlich waren und sich nicht integrieren ließen in das, was bekannt war und der Verstand, die Vernunft überblickten, bewerteten und kontrollierten.

Im Jahr 1829 war Friederike Hauffe, die Geister, Dämonen und Lichter, die sonst niemand bemerkte, hatte sehen können und die Stimmen, die sonst keiner vernahm, zu hören vermochte, mit siebenundzwanzig Jahren gestorben. Der Oberamtsarzt und Schriftsteller Justinus Kerner hatte die junge Frau in ihren letzten beiden Jahren bei sich daheim in Weinsberg, im Landkreis Heilbronn, aufgenommen und über sie einen Krankenbericht in Form eines Romans geschrieben, der ein großer Erfolg wurde. Das Unheimliche war auch für viele, die sich nicht in die Welt hinaustrauten, heimelig genug, um davon fasziniert zu sein und sich dafür zu interessieren. Ida, Paula und Ruth hatten das Buch gelesen, es war eines der wenigen Bücher neben der Bibel, die sie kannten und das für sie wie ein Tor zu einem unbekannten, fernen Land war. Das Schicksal der Seherin von Prevorst bewegte sie und bestärkte sie in der Annahme, dass nicht alles auf Erden mit rechten Dingen zuging und vieles im Rücken der katholischen Kirche geschah, die von sich behauptete, die Augen überall zu haben. Dass sie das glaubten, sagten sie dem Priester nicht, und sie versuchten auch, es vor Gott geheim zu halten, indem sie sich bemühten, wenig daran zu denken. Es war ja genauso schwierig zu verstehen, dass einer mit einer Wünschelrute eine Quelle fand, dass es Traumgesichte gab, Lichter sich am Himmel zeigten, die größer als Sterne waren und verglühten, dass einer den siebten Sinn hatte und Kräfte in der Natur wirkten, von denen kein Mensch Näheres zu sagen wusste, dass die Erde sich um die Sonne drehte und der Mond um die Erde. Das Leben war, aus diesem flackernden Blickwinkel gesehen, verwirrend und dunkel, und wer darüber nachdachte und sich in diesen Gedanken verlor, der konnte verrückt werden und lief dann völlig von Sinnen durchs Dorf. Der Mensch war ein Rätsel. Woher der Wille kam, wohin die Seele ging, konnten Ida, Paula und Ruth nicht sagen, und wenn sie deswegen Angst bekamen, begannen sie zu putzen und zu kochen, so wie sie nachts in die Dunkelheit starrten, wenn ein Albtraum sie aus dem Schlaf riss, und die Dinge um sie herum zu erkennen versuchten, um wieder Halt zu finden. Heilige Mutter Gottes, dachten sie und griffen nach einer Kartoffel.

Der Philosoph und Theologe Friedrich Schleiermacher gehörte zu denen, die Friederike Hauffe bei Kerner besuchten. Die junge Frau war eine Attraktion, sie war der lebende Beweis dafür, dass in der Logik, die mit Hegel so allmächtig tat, Löcher waren wie in einem Schweizer Käse und dass andere Geistesfähigkeiten vonnöten waren, um einander zu verstehen. Schleiermacher dachte über eine Methode nach, mit der sich herausfinden ließ, was einer dem anderen sagte, wenn er sich mitzuteilen versuchte, das heißt, was gesagt wurde, indem es ausgesprochen wurde, und was gemeint war, als es gesagt wurde. Wir alle haben unsere Fehler, konnte auch heißen, wir wissen, dass wir uns etwas vormachen. Sätze konnten mehr als einen einzigen Sinn haben, der eine lag auf der Hand, der andere zwischen den Zeilen, der eine ergab sich aus dem unmittelbaren Zusammenhang, der andere erschloss sich nur, wenn mehr über die Umstände bekannt war, in denen der Satz entstanden war. Mit Hilfe der Hermeneutik wollte Schleiermacher die Kluft überwinden zwischen dem, der sprach und nicht wusste, ob er richtig, das hieß in seinem Sinne, verstanden wurde, und dem, der zuhörte und nicht wusste, ob er alles richtig verstand, in seinem Sinne und im Sinne des anderen. Einen Leser und einen Autor konnten Jahrhunderte trennen, in denen die Bedeutungen von Wörtern sich verschoben, oder sie gehörten verschiedenen Kulturen an, sodass wiederum ein Übersetzungsproblem entstand. Wörter und Sätze deutete Schleiermacher als Ausdruck einer Intention, einer Seele, einer bestimmten Art zu denken, als Moment eines Lebens. Es ging nicht mehr nur darum, nachzuvollziehen, was jemand meinte, wenn er dies oder das behauptete, also darum, das Verständnis, das einer von einer Sache hatte, zu verstehen, sondern darum, ihn selbst, als Person zu verstehen in dem, was und wie er etwas sagte.

Schleiermacher war Gast im Berliner Salon der Jüdin Henriette Herz, und hier konnte er, wie bei einem Blick durch eine Lupe, beobachten, dass die Kunst des intellektuellen Zusammenseins darin bestand, Menschen für eine kurze Zeit in ein anregendes Gespräch zu bringen. Sie kamen, um zu reden, um einander kennenzulernen und sich mit anderen auszutauschen. Wenn sie kein Gehör fanden und lieber schwiegen, statt eine Unterhaltung zu suchen, begannen sie sich zu langweilen und gingen. Schleiermacher machte die Erfahrung, dass ein Mensch, dem nur eine kurze Begegnung vergönnt war, um einen anderen zu verstehen, sich nicht damit zufriedengab, zu erfassen, was gesagt wurde, sondern sich mit dem Menschen beschäftigte, der es gesagt hatte. »Ja, ich muss noch einmal darauf zurückkommen«, erklärte er 1829 in einem Vortrag über Hermeneutik, den er auf einer Sitzung der Preußischen Akademie der Wissenschaften hielt, »dass die Hermeneutik auch nicht lediglich auf schriftstellerische Produktionen zu beschränken ist; denn ich ergreife mich sehr oft mitten im vertraulichen Gespräch auf hermeneutischen Operationen, wenn ich mich mit einem gewöhnlichen Grade des Verstehen nicht begnüge, sondern zu erforschen suche, wie sich wohl in dem Freunde der Übergang von einem Gedanken zum anderen gemacht habe, oder wenn ich nachspüre, mit welchen Absichten, Urteilen und Bestrebungen es wohl zusammenhängt, dass er sich über einen besprochenen Gegenstand grade so und nicht anders ausdrückt.«

Als Frau ohne Amt und Beruf, als Intellektuelle ohne öffentliche Funktion begab sich Rahel Varnhagen wie ein Spion in geheimer Mission unter die Menschen, ohne von irgendeinem einen Auftrag dafür bekommen zu haben, sie tat es, um eine Aufgabe auf Erden zu haben, um etwas Sinnvolles zu tun, das ihr entsprach. Sie sammelte Menschenkenntnis, eroberte sich durch Empfinden, Nachdenken, Urteilen, Verstehen eine innere unsichtbare Welt, die sich ihr nicht verschloss wie die Außenwelt, wo es um Handeln, Wirken, Macht und Einfluss ging, um Politik und Herrschaft. Die Gespräche, die sie führte, und die Briefe, die sie schrieb, verbanden die Seiten eines dreifachen Lebens, sie war eine Jüdin unter Deutschen, eine Frau unter Männern und ein Mensch unter Menschen. Zuhause war sie in Zusammenhängen, die sie am tiefsten verstand, also überall dort, wo sie mit Leidenschaft dabei war, Liebe schafft eine Form von Heimat, mehr als der Rhein, Heidelberg und Deutschland, und dann war ihr, als wäre sie ein Satz, der nur in einen richtigen Kontext gerückt werden musste, um sich selbst schlüssig zu werden, eine Erfahrung, die jeder Mensch aus seinen Liebesgeständnissen kennt, bei denen er und sie auf drei Wörter zusammenschnurren und das Gefühl haben, in diesem Augenblick alles zu sagen, was wichtig für sie ist, sie selbst haben sich in diese drei Wörter gelegt, mehr gibt es für sie nicht zu sagen, mehr muss der andere über einen nicht wissen. Etwas verstehen zu wollen ist nur eine Ableitung davon, eine verzögerte, sich zurückhaltende Hingabe, die mehr Wörter braucht, ein Anschmiegen, Aufnehmen, Ausatmen, Diffusion, Austausch, Membran sein, Aktivitäten wie die einer Körperzelle.

Rahel Varnhagen empfand sich als ein täglich sich neu herstellendes Produkt ihrer selbst, ein Mensch, der sich als Frau verstand, eine Frau, die sich als Mensch behauptete. Ihrer Schwester Rose empfahl sie in einem Brief vom 22. Januar 1819, sie solle Orte besuchen, an denen sie sich von neuen Gegenständen, von Worten und Menschen berühren und dadurch Blut, Leben, Nerven und Gedanken auffrischen lassen könnte. »Wir Frauen«, schrieb sie, »haben dies doppelt nötig; indessen der Männer Beschäftigung wenigstens in ihren eigenen Augen auch Geschäfte sind, die sie für wichtig halten müssen, in deren Ausübung ihre Ambition sich schmeichelt; worin sie ein Weiterkommen sehen, in welcher sie durch Menschenverkehr schon bewegt werden: wenn wir nur immer herabziehende, die kleinen Ausgaben und Einrichtungen, die sich ganz nach der Männer Stand beziehen müssen, Stücklein vor uns haben. Es ist Menschenkunde, wenn sich die Leute einbilden, unser Geist sei anders und zu andern Bedürfnissen konstituirt, und wir könnten z. E. ganz von des Mannes und Sohns Existenz mitzehren. Diese Forderung entsteht nur aus der Voraussetzung, daß ein Weib in ihrer ganzen Seele nichts Höheres kennte, als grade die Forderungen und Ansprüche ihres Mannes in der Welt: oder die Gaben und Wünsche ihrer Kinder: dann wäre die Ehe, schon bloß als solche, der höchste menschliche Zustand: so aber ist es nicht: und man liebt, hegt, pflegt wohl die Wünsche der Seinigen; fügt sich ihnen; macht sie sich zur höchsten Sorge, und dringendsten Beschäftigung: aber erfüllen, erholen, uns ausruhen, zu fernerer Thätigkeit, und Tragen, können die uns nicht; oder auf unser ganzes Leben hinaus stärken und kräftigen. Dies ist der Grund des vielen Frivolen, was man bei Weibern sieht, und zu sehen glaubt: sie haben der beklatschten Regel nach gar keinen Raum für ihre eigene Füße, müssen sie nur immer dahin setzen, wo der Mann eben stand, und stehen will; und sehen mit ihren Augen die ganze bewegte Welt wie etwa Einer, der wie ein Baum mit Wurzeln in der Erde verzaubert wäre, jeder Versuch, jeder Wunsch, den unnatürlichen Zustand zu lösen, wird Frivolität genannt; oder noch für strafwürdiges Benehmen gehalten.«

Unermüdlich im Geist und im Herzen, las sie viel, Literatur, Philosophie, deutsche und französische Zeitungen, sie kannte persönlich, um nur einige zu nennen, Heine, Hegel, Brentano, Tieck, auch Germaine de Staël, Achim von Arnim, Bettina von Arnim, die Brüder Schlegel und Goethe, den sie vor allen anderen Dichtern und Philosophen verehrte. Sie hatte Liebhaber, einer war Friedrich Gentz, der eine wichtige Rolle beim Wiener Kongress spielte. Ihre Menschenkenntnis, Intelligenz, Urteilssicherheit, intellektuelle Präsenz und Schlagfertigkeit, ihr Gespür für Wahrheit und Wahrhaftigkeit wurden bewundert und ihre empfindsame Seele wie warmes Licht umschwärmt.

Das Verlangen nach Berührung, Teilnahme, Leben war größer als die Kräfte, über die sie verfügte. Die Nerven ließen sie im Stich, als hätte sie sich bei dem Versuch, aus den eigenen vier Wänden herauszukommen, wundgescheuert, sie litt an starkem Rheuma. Von ihrer Wetterabhängigkeit zeugen die Notizen über das Klima, die sie seit der zweiten Lebenshälfte an den Anfang mancher Briefe setzte: »Berlin, Mittwoch Vormittag den 10. September 1823. Kältester Nordostwind, bezogener Himmel; manchmal Sonnenblicke. Nach unendlicher Hitze; zum Schaden der Menschen«. Sie starb 1833, mit einundsechzig Jahren.

Paula, Ida und Ruth wurden viel älter. Sie waren gesund, sie hatten Kinder. Dass eine Frau dort blieb, wo sie geboren worden war, dass sie nicht in der Welt herumzog, davon gingen sie aus, das war selbstverständlich, alles andere wäre in ihren Augen ein schlimmes Schicksal gewesen, und dass eine von ihnen das Dorf verließ und nach Südamerika auswanderte, hätten sich weder ihre Mutter noch ihre Schwester träumen lassen, und sie selbst, die fortging, konnte es kaum fassen und reiste wie in Trance. Es ist nicht gut, die Heimat zu verlassen, sagten sie. Die Heimat, die sie meinten, war klein. Die nächste größere Stadt gehörte im strengen Sinne nicht mehr dazu, wie für Inselbewohner die nächste unbekannte Insel schon ein Teil der Fremde war. Berlin war für sie indiskutabel, dort zu leben wäre ihr Untergang gewesen. Davor bewahre uns Gott, dachten sie. Lieber in die Berge auf eine Hütte, wo Platz war, Ruhe, ein gutes Leben. Dass du nicht zu weit wegläufst, ermahnten sie meinen Vater, als er ein kleiner Junge war. Dass du rechtzeitig nach Hause kommst. Die Ermahnung hing ihm wie ein Gängelband um den Hals und hörte sich doch auch an wie ein Lockruf, die Bestätigung einer Gewissheit, dass dieser Ort, das Zuhause, unverrückbar sei, jederzeit und von wo auch immer zu erreichen.

Wenn die Kinder der Flüchtlinge auf die Straße gehen oder in die Felder, um zu spielen, sagen die Eltern noch nicht, komm bald wieder nach Hause, sie sagen, komm bald wieder zurück, zum Mittagessen bist du wieder hier, und die Kinder laufen hierhin und dorthin, gehen weg wie Strahlen von einer Lichtquelle, und je kleiner sie sind, umso wärmer und ungetrübter ist dieses Licht und umso freundlicher drücken die Dorfbewohner ein Auge zu. Kinder, sagen sie, als wären sie Phantome, nicht ernst zu nehmen, weil sie noch nicht fest waren, weil aus ihnen noch etwas werden konnte, oder als weckten sie Erinnerungen an die eigene Kindheit, und wenn sie die fremden Kinder auf den Feldern sahen, dann störte sie das weniger, als wenn sie die Eltern der Kinder sahen. Die Erwachsenen machten ihnen Sorgen, die suchten, was sie gefunden hatten und nicht verlieren wollten, einen Platz, einen Halt, Arbeit, ein Zuhause, Zugehörigkeit, Freunde. Wo kommt ihr denn her?, fragten sie die Kinder, und die Kinder wiesen ganz selbstverständlich zu dem Haus, in dem sie jetzt wohnten, sie und ihre Eltern, und erzählten nichts von irgend welchen fremden Ländern, das war gestern, heute war jetzt. Wenn sie sagten, von dort drüben, aus dem Haus dort hinten, dann nahmen sie den misstrauischen und zurückhaltenden Dorfbewohnern jeden Zweifel, dass sie nicht hierher gehören sollten. Die Art und Weise, wie die Kinder sich selbst eingemeindeten, Ängste, Vorbehalte, Abwehr beiseiteschoben, überzeugte die Eingesessenen, und sie erwischten sich bei dem Gedanken, es wird schon werden, sie können ja nichts dafür.

Existieren ohne Geländer

Die bedeutendste Biographie über Rahel Varnhagen schrieb Hannah Arendt. Das Buch erschien unter dem Titel *Rahel Varnhagen. The Life of a Jewess* 1958 in London, ein Jahr später kam es auf Deutsch heraus. Der Lektor, der die deutsche Ausgabe betreute, hatte, was Hannah Arendt nicht wusste, von 1940 an das Referat für Volkskultur und Kunst im Reichssicherheitshauptamt in Berlin geleitet. Hannah Arendt war Jüdin, 1906 in Hannover geboren, in Königsberg aufgewachsen. Sie studierte in Marburg und Heidelberg Philosophie, war fasziniert von Martin Heidegger und wurde seine geheime Geliebte. Die Doktorarbeit handelte vom Liebesbegriff bei Augustinus. Über Rahel Varnhagen wollte sie sich habilitieren, sie begann 1930 in Berlin mit dem Vorarbeiten. Im Juli 1933 wurde sie von der Gestapo verhaftet. Kaum dass sie wieder auf freiem Fuß war, floh sie nach Paris, wo sie das Manuskript über Rahel Varnhagen zu Ende schrieb. Sie engagierte sich in Paris für die zionistische Bewegung, fuhr für drei Monate nach Palästina und wurde 1940 im französischen Lager Gurs interniert, aus dem ihr die Flucht gelang. 1941 reiste sie mit einem Schiff in die Vereinigten Staaten nach New York, wo sie bis zu ihrem Tod am 4. Dezember 1975 wohnen blieb.

Nach dem Krieg besuchte sie Deutschland mehrmals, aber in das Land zurückziehen, aus dem sie vertrieben worden war, das wollte sie nicht. »Denken Sie nicht, daß ich meine Besuchspläne aufgegeben habe«, schrieb sie am 11. November 1946 ihrem ehemaligen Doktorvater Karl Jaspers. »Ich weiß nur nicht, wie ich es anstellen soll. Und denken Sie nicht, daß ich Heimweh hätte, nach Heidelberg oder sonst wohin. (Heimweh hätte ich noch am ehesten nach Paris.) Auch kein Heimweh nach meiner Jugend. Ich will wirklich nichts anderes, als zu Ihnen kommen und Ihnen einen Besuch machen.« Das hörte sich ganz einfach an, aber Jaspers hörte daraus mehr, eine Differenz, die zwischen ihnen zu bleiben drohte, trotz der deutschen Niederlage. Vergeblich hatte er versucht, Hannah Arendt davon zu überzeugen, dass sie als deutsche Jüdin noch immer eine Deutsche sei, so wie er selbst, was auch geschehen war, welche Verbrechen vom deutschen Staat ersonnen und durchgeführt worden waren, ein Deutscher blieb und sich als ein solcher verstand. Nach der Machtergreifung Hitlers war er mit seiner jüdischen Ehefrau nicht ins Exil gegangen, er war damals fünfzig Jahre alt, das Paar blieb in Heidelberg, er durfte nicht publizieren und erhielt Berufsverbot. Ein Jahr nach Kriegsende erschien sein Buch über die Schuld der Deutschen, die moralische Schuld derer, die sich der Diktatur zur Verfügung stellten, und die politische Schuld derer, die nichts dagegen unternahmen, aus Angst vor Verfolgung. Im Jahr 1948 nahm er einen Ruf an die Universität in Basel an.

Hannah Arendt schrieb ihm aus den Vereinigten Staaten am 30. Juni 1947: »Woran mir liegen würde, und was man heute nicht erreichen kann, wäre eigentlich nur eine solche Änderung der Zustände, daß jeder frei wählen kann, wo er seine politischen Verantwortlichkeiten auszuüben gedenkt und in welcher kulturellen Tradition er sich am wohlsten fühlt. Damit endlich die Ahnenforschung hüben und drüben ein Ende hat.« Auch das hörte sich wieder einfach an, für Jaspers aber war die Lage komplizierter. Aus der Schweiz antwortete er am 20. Juli 1947: »Ich glaube, alle Ihre Auffassungen in der Frage ›Nation‹, Freiheit der Wahl der politischen Verantwortung und damit des Staats zu teilen. Es ist aber doch irgend etwas, was man nicht wählen kann, sondern ›übernehmen‹ muss. Die beste und gerechteste Weltordnung würde es nicht aufheben. Und das schien mir kein Mangel, sondern ein Positives, wenn auch manchmal ein schmerzvoll Positives. Sagt man: Sie sind deutsche Jüdin – ich bin Deutscher –, so sind das natürlich zunächst nur Worte, an deren Interpretation alles liegt. Ich denke nun ja ständig mit dem Herzen nach, was es heiße, daß ich ein Deutscher bin. Bis 1933 war mir das nie ein Problem. Jetzt aber besteht mindestens die Tatsache, die ich in der Schweiz stärker spüre als zu Hause in Heidelberg: Die ganze Welt schreit einem gleichsam zu: Du bist ein Deutscher. Meine Antwort hoffe ich einmal zu geben.« Die Schweiz war eine Art Deutschland, das es nicht mehr gab, ein von Schuld unbeflecktes Land, dessen Bewohner vor der Welt nicht ihr Gesicht verloren hatten und die mit reinem Gewissen einer Kultur anhingen, die sich nicht hatte korrumpieren und missbrauchen lassen, im Unterschied zu den Professoren an deutschen Universitäten, die sich freiwillig und in tiefer Überzeugung zu Hitler bekannten, Germanisten, Historiker, Philosophen, Psychologen, Theologen, Biologen, Physiker, Chemiker, Ärzte, Juristen, die für den nationalsozialistischen Staat genauso eifrig arbeiteten und eintraten wie Dirigenten, Schauspieler, Zeitungsredakteure und Verwaltungsbeamte, jeder an seinem Platz, Liebhaber von Goethe, Schiller,

Stifter, Beethoven, Schubert und Mozart, sie rechtfertigten die Verbrechen, an denen sie teilweise beteiligt waren, den Zweiten Weltkrieg, die Ausrottung der Juden, die Konzentrationslager, die Euthanasie, den Einsatz von Zwangsarbeitern.

Anfang der Fünfzigerjahre schickte Hannah Arendt an Karl Jaspers eine Abschrift des Manuskriptes über Rahel Varnhagen. Jaspers antwortete ihr mit einem langen Brief, datiert vom 23. August 1952, in dem er ihr erklärte, was ihm an der Darstellung nicht gefiel. Er sah in Rahel Varnhagen nicht nur eine Jüdin, sondern vor allem einen Menschen in seiner Not, eine Frau ohne »Haus und Heimat«. Er versuchte, Varnhagen aus der Klammer der »jüdischen Frage« zu lösen und sie als einen Menschen zu verstehen, »in dessen Dasein das jüdische Problem eine sehr große, aber keineswegs allein eine Rolle gespielt hat.« Das Buch dagegen, meinte er, »kann die Stimmung erwecken, als ob ein Mensch als Jude eigentlich nicht recht leben könne.« Hannah Arendt ließ sich nicht beirren, sie blieb bei ihrer Einschätzung der Lage, in der sich Rahel Varnhagen befunden hatte, sie wusste ja, anders als ihr ehemaliger Lehrer, was es bedeutete, eine Jüdin zu sein. »Sie haben völlig recht«, schrieb sie am 7. September 1952, »wenn Sie meinen, daß dies Buch ›die Stimmung erweckt, als ob ein Mensch als Jude eigentlich nicht recht leben könne‹. Und dies ist natürlich zentral. Ich bin auch heute noch der Meinung, daß Juden unter den Bedingungen der gesellschaftlichen Assimilation und staatlichen Emanzipation nicht ›leben‹ konnten. Rahels Leben scheint mir dafür der Beweis, gerade weil sie mit außerordentlicher Schonungslosigkeit und einem völligen Mangel an Verlogenheit alles an sich selbst ausprobierte. Was mich an ihr gereizt hat, war immer das Phänomen, daß das Leben auf einen trifft ›wie Wetter ohne Schirm‹. Darum scheint mir, wurde an ihr alles so klar.«

Deutlich wurde an dem freundschaftlich ausgetragenen Streit der beiden um Rahel Varnhagen auch, dass er tiefer reichte, als beide auszusprechen wagten, der Streit betraf den Bestand ihrer Gemeinsamkeiten nach dem Ende des Dritten Reichs, nach der Vernichtung der europäischen Juden durch Deutsche. Nach dem Krieg waren sie sich in die Arme gefallen mit der Erleichterung von Freunden, die sahen, dass der andere überlebt hat, aber eben auch mit der Scheu von Menschen, die ahnten oder wussten, dass die Geschichte sie gezeichnet hat und die Welt nie mehr so sein würde wie vor 1933. Sie war eine Jüdin, die aus Deutschland geflohen war und nicht mehr zurückkehren würde. Er war ein Deutscher, der unter Hitler in Deutschland geblieben war, und als er nach dem Krieg in die Schweiz ging, verließ er das Deutschland, das er in sich trug, nicht. Er könne, schrieb er ihr am 29. Dezember 1952, nicht damit aufhören, sie »als ›Deutsche‹ zu beanspruchen«. Sie antwortete am 19. Februar 1953, gratulierte ihm zum siebzigsten Geburtstag und versuchte zu begraben, was sie trennte: »… mir scheint, ich kann versprechen, daß ich in Ihrem Sinne nicht aufhören werde, eine Deutsche zu sein; das heißt, daß ich nichts verleugnen werde, nicht Ihr Deutschland …, nicht die Tradition, in der ich groß wurde, und die Sprache, in der ich denke und in der die mir liebsten Gedichte geschrieben wurden. Ich werde mir nichts anschwindeln, weder eine jüdische noch eine amerikanische Vergangenheit.« Deutlicher wollte sie nicht werden, unausgesprochen hieß das, dass er weder für die Gegenwart noch für die Zukunft mit einer deutschen Hannah Arendt rechnen konnte. Der Riss blieb unter der Oberfläche der scheinbar versöhnlichen Worte bestehen, die keine falsche Einheit vorgaukelten, nur die Trennung nicht ausdrücklich beim Namen nannten, die Differenz, mit der sie würden leben müssen und die schwierig zu erklären war. Sie mussten sie akzeptieren als etwas, das sie nicht gewollt hatten. Jaspers Vergangenheit war das »Deutschland im alten Glanz«, wie sie ihm schon im 6. Januar 1933 aus Berlin geschrieben hatte. Für sie selbst, das hatte sie ihm im

Brief vom 1. Januar 1933 gesagt, sei »Deutschland die Muttersprache, die Philosophie und die Dichtung«, sie könne aber kaum mit einem Wort sagen, welche Vergangenheit sie habe, »wie überhaupt jede Eindeutigkeit – sei es die der Zionisten, der Assimilaten oder die der Antisemiten – die wirkliche Problematik der Situation nur verdeckt.« Volk, Staat, Nation, Rasse, Religion und Tradition waren willkürliche Kriterien, die Halt und Zugehörigkeit versprachen, eine falsche, aufgesetzte Zuversicht, eine falsche, okkupierte Heimat, die für die Gefühle und Bindungen eines Menschen, der sich selbst ernst nahm und sich nichts vormachen wollte, zu klein und zu einfach war. Eine größere Nähe in der von Jaspers unter der Hand aufgeworfenen Frage, ob sie beide nicht doch in gleichem Maße an Deutschland hingen, an der deutschen geistigen Tradition, ob hier nicht für sie eine gemeinsame Heimat läge, ließ sich auch zwei Jahrzehnte nach der Hitler-Diktatur nicht herstellen. Nach dem Krieg verbanden die beiden Briefeschreiber Fragen der Gegenwart, und das hieß, sie mischten sich in die Politik ein, sie engagierten sich, sie waren kritische Zeitgenossen, sie schlossen sich zu transatlantischen Kombattanten zusammen und gingen als Intellektuelle an die Öffentlichkeit. Jaspers schrieb gleichzeitig weiterhin klassische philosophische Werke und hielt auf diese Weise die Verbindung zur Tradition, zu seiner Vergangenheit aufrecht. Hannah Arendt lehnte es ab, als Philosophin bezeichnet zu werden. Sie betreibe politische Philosophie, erklärte sie. Einheit und Sinn ihrer Existenz fand sie nur noch im politischen Handeln, im tätigen Leben, in der *vita activa*, wie der Titel eines ihrer Bücher lautete. Sie wollte ein Bürger sein, der half, dass das politische Gemeinwesen, in dem sie lebte, gelang. Darin lag, spätestens seitdem sie ins Exil gegangen war, ihr Zuhause.

In der Obhut der Mütter

Erst starb Paula, dann Ruth, dann Ida. Sie waren zufrieden, als sie gingen, was auch damit zusammenhing, dass sie zum Schluss keine Bilanz zogen und dem Leben keine Rechnung stellten, auf der stand, was sie erhalten und was sie nicht bekommen hatten. In dem hohen Alter, das alle drei erreichten, lag eine besondere Befriedigung, sie hatten den Gipfel erklommen, mehr konnten sie nicht erwarten. Sie waren immer der Überzeugung gewesen, dass sie ihre Aufgaben aus eigenen Kräften erledigen müssten, den Haushalt, den Garten, die Erziehung der Kinder, sie wollten keine fremde Hilfe in Anspruch nehmen, ein Dienstmädchen, eine von den Töchtern aus der Umgebung. Alle in der Familie mussten mithelfen. Wenn sie zusammen beim Essen saßen, hatte jeder das Gefühl, seinen Teil gemacht zu haben, nützlich zu sein. Keiner sollte sich wie ein Gast fühlen und wie ein Gast benehmen. Die Familie war eine Gemeinschaft, sie musste zusammenhalten, und jeder tut etwas dafür, sagten sie. Wer der Familie Schaden zufügte, der wurde zur Rechenschaft gezogen oder, im schlimmsten Fall, aus dem Haus geworfen, verbannt. Wenn jeder nur an sich dächte, wo kämen wir da hin, sagten sie. So wie bei ihnen ging es auch bei den anderen Familien im Dorf zu. Sie halfen den Nachbarn, und diese halfen wiederum ihren Nachbarn und so weiter und reihum, bis der Kreis geschlossen war. Auch der Uhrzeiger lief im Kreis herum, auf den Tag folgte die Nacht, die Woche wiederholte sich, die Jahreszeiten kehrten wieder. Das war der Rhythmus, den sie aufnahmen, der ihr Leben prägte, das Gleichmaß, und das hieß, in seinen Grenzen sich bewegen, nicht wegrennen, nicht über das Ziel hinausschießen oder mehr verlangen. Sonntags in der Kirche, unter den anderen, waren sie eine Gemeinde. Sie aßen, was sie säten, und an dem Gefühl hielten sie noch fest, als sie in Läden zum Einkaufen gingen. In den größeren Zusammenhängen eines urbanen Lebens hätten sie sich nicht auf Anhieb zurechtgefunden, das hätten sie üben müssen, in den Verwaltungen und Organisationen von Städten, Gemeinden, Ländern ihr Recht und ihren Platz zu behaupten. Es war ihnen lieber, sie sahen auf den ersten Blick, worum es ging, wenn sie etwas tun mussten. Die Reichweite der Verantwortung, die sie übernehmen konnten, ließ sich nicht beliebig ausdehnen. Sie nahmen ernst, was ihnen zusprach, was auf sie zukam. Vorstellungen, die sie irgendwohin in die Ferne, in die Fremde hätten ziehen können, hingen sie nicht an.

Die Familie ist dein Rückhalt in der Welt, sagten sie und strafften den Rücken, als spürten sie dort die Tradition, die Ahnen, die sahen, was sie machten, was aus ihnen geworden war, ob sie zu einem guten Leben taugten. Ihr Sinn für Freundschaften war wenig entwickelt, er war auf dem Dorf, wo jeder jeden kannte, keine Notwendigkeit. In der Fremde musst du Freunde finden, sagten sie, nicht hier, wo wir beisammen sind. Wenn du von hier fortgehst, musst du dir Freunde suchen. Wir können dir nicht mehr helfen. Du bist auf dich allein gestellt, und du musst sehen, wie du dich zurechtfindest. Und vergiss nicht, du kannst jederzeit zu uns zurückkommen. Sie fuhren mit der Hand über die Tischdecke, sie rückten einen Stuhl gerade, als hielten sie dem Heimkehrer einen Platz frei, sie strichen mit beiden Händen über die Schürze, als wollten sie sich die Hände säubern und sie ihm reichen. Keine Familie zu haben, war für sie das größte Unglück auf Erden. Sie würden, dachten sie, sogar auswandern, wenn die Familie mit ihnen käme, aber sie würden nicht auf die Suche nach dem Glück gehen, wenn sie die Familie deswegen verlassen müssten. Dass einer freiwillig alleine durch die Welt zog, konnten sie nicht begreifen. Die Welt, sagten sie, erst schüchtern, dann etwas von oben herab, schnippisch, um sich nicht von der großen Unbekannten einschüchtern zu lassen. Es muss ein jeder selbst wissen, was er tut, wenn er nur ein guter Mensch ist. Mehr als

Matthias Claudius in seinem *Abendlied* hatten auch sie zum Leben nicht zu sagen.

> Der Mond ist aufgegangen.
> Die goldnen Sternlein prangen
> Am Himmel hell und klar.
> Der Wald steht schwarz und schweiget,
> Und aus den Wiesen steiget
> Der weiße Nebel wunderbar.

Sie wussten alle Strophen auswendig. Die eine hatte es von der anderen gelernt wie Kochen, Nähen, Putzen, Beten. Wenn sie im Bett lagen, konnte es geschehen, dass sie sich das Gedicht leise aufsagten oder es vor sich hin sangen. Es war ein Lied aus ihrer Kindheit und führte sie jedes Mal dorthin zurück, in die Geborgenheit, an den Anfang von allem.

> Wie ist die Welt so stille
> Und in der Dämmrung Hülle
> So traulich und so hold!
> Als eine stille Kammer,
> Wo ihr des Tages Jammer
> Verschlafen und vergessen sollt.

Sie setzten sich unter einen Baum, sie sahen einen Weg hinab. Es wird der Tag kommen, da wir gehen müssen, dachten sie. Noch hatten sie keine Angst davor, noch hielten sie sich aufrecht, noch war, was sie sahen und hörten und rochen, dicht um sie herum, hielt sie fest, fiel nicht von ihnen ab und gab sie frei, sodass sie davonschweben würden, auch wenn sie gar nicht weggehen wollten. Achte auf die Zeit, die dir bleibt. Wenn sie gehen mussten, würden sie erwartet werden von den Toten, ihren Toten. Ein Teil der Familie war schon oben.

Seht ihr den Mond dort stehen?
Er ist nur halb zu sehen,
Und ist doch rund und schön!
So sind wohl manche Sachen,
Die wir getrost belachen,
Weil unsre Augen sie nicht sehn.

Dass du dich nur in Acht nimmst vor allem Bösen, dachten sie.
Dass du siehst, was du tust, und dich vorsiehst. Dass du dich
nicht abwendest von deinen Nächsten. Ihre Lebenslitanei bestand aus solchen einfachen Sätzen, ein kleines Windrad, das
täglich klapperte, ohne ihr Zutun.

Wir stolzen Menschenkinder
Sind eitel arme Sünder,
Und wissen gar nicht viel.
Wir spinnen Luftgespinste
Und suchen viele Künste
Und kommen weiter von dem Ziel.

Gott, laß uns *dein* Heil schauen,
Auf nichts Vergänglichs trauen,
Nicht Eitelkeit uns freun!
Laß uns einfältig werden,
Und vor dir hier auf Erden
Wie Kinder fromm und fröhlich sein!

So soll es sein, dachten sie, und das Herz klopfte ihnen vor stiller Freude. Das Leben war nicht schwer, wenn einer bei sich
blieb, sich nicht übernahm. Jedes Ding hatte sein Maß und jeder Mensch sein Los. Sonst wären wir ja alle gleich.

Wollst endlich sonder Grämen
Aus dieser Welt uns nehmen
Durch einen sanften Tod!
Und wenn du uns genommen,
Laß uns in Himmel kommen,
Du unser Herr und unser Gott!

So legt euch denn, ihr Brüder,
In Gottes Namen nieder,
Kalt ist der Abendhauch.
Verschon uns, Gott! mit Strafen,
Und laß uns ruhig schlafen!
Und unsern kranken Nachbar auch!

Gute Nacht, sagten sie in die Dunkelheit hinein. Dass der Tag,
der kam, nicht anders sein würde als der Tag, der gegangen war,
beruhigte sie und ließ sie schnell in den Schlaf finden, auf dem
Rücken liegend, sich keiner Schuld bewusst, dem Himmel über
der Zimmerdecke, über dem Dach zugewandt. Sie brauchten
keine Aufregungen, keine Abwechslungen, sie waren zufrieden. Dass die Unruhe sie nicht packte, dass sie in Frieden lebten
auf ihrem Flecken, das war ihnen Glück.

17

Heimkehr

Heimat ist eine Klammer. Manchen ist es wichtig, zu wissen und zu spüren, dass diese Klammer da ist, manche tun so, als kämen sie ohne Klammer aus, dabei geht es nur darum, dass einer mit anderen etwas teilt, das Vertrauen schafft und Sicherheit gibt, und sich dann das Gefühl einstellt, in derselben Welt zu sein, wie groß oder klein sie auch sein mag, und die einen schauen darauf, dass diese Welt sich erhält, sie pochen auf kulturelle und religiöse Traditionen, sie ziehen die Klammern eng an sich, und den anderen ist es recht, wenn die einzige Tradition der Welt, die sie mögen, darin liegt, Neues zu produzieren und Altes abzustoßen. Die einen sind neugierig, die anderen skeptisch. Die Skeptiker wollen bewahren, sie tun so, als seien sie dazu berufen, diese Aufgabe zu übernehmen, sie fühlen sich verantwortlich für den Erhalt und Bestand von Ressourcen, von Landschaft, Kultur, Nation, und nennen dieses Reservat ihre Heimat. Die Neugierigen sind meistens die Jüngeren, sie wollen ausprobieren, sie fühlen sich dort Zuhause, wo ihnen nichts oder wenig im Wege steht, und gehen davon aus, dass der Wandel im Rahmen der größtmöglichen Freiheit und Gerechtigkeit für alle, welche die größtmögliche Freiheit und Gerechtigkeit für alle wollen, die einzige Erbschaft des Alten ist, die sie antreten müssen. Die Flüchtlinge möchten dazugehören, sie haben nichts außer ihr Leben zu verlieren und denken deswegen in provokanten, die Interessen der Staaten, die Vorurteile der Begünstigten ignorierenden Dimensionen, sie seien Menschen, Bewohner dieser Erde, die Welt gehöre allen, sie möchten Glück haben, wenigstens die Voraussetzungen, um sich etwas Glück zu holen, sie würden gerne die Rechte der anderen haben, sie würden gerne bleiben.

Kaum hatte ich eine Seite aus Stifters Erzählung *Der Hochwald* vorgelesen, da schien er eingeschlafen zu sein. Ich schaute auf, und da ich ihn nicht durch die mit meinem Verstummen plötzlich einsetzende Stille wecken wollte, tat ich so, als sei er wach, und las weiter. Tot war er nicht, er atmete, ich las nicht etwa einer Leiche Stifters *Hochwald* vor, er konnte mich hören, auch wenn es unwahrscheinlich war, dass er verstand, was ich ihm erzählte. Es kam ja nur auf den Ton an, dass ich die Stille vertrieb und ihm mit Stifters Worten sagte, dass ich da sei. Ein neuer Tag, der ein letzter Tag für ihn sein würde, hatte begonnen. Er hätte jetzt weiter die Stunden zählen müssen, die ihm blieben, so wie die Lebenden, die den Tod nicht vor Augen hatten oder über ihn hinwegsahen und so taten, als sei er nicht da, mutig in Jahren rechneten und behaupteten, sie hätten noch Zeit. Das, was wir als Leben oder Seele zu bezeichnen uns angewöhnt hatten, würde ihn bald verlassen, und dann würde er stumm und bewegungslos daliegen, und es wäre mit ihm aus. Etwas würde sich von ihm trennen, ihn zurücklassen und seine eigenen Wege gehen, oder es geschah nichts, er blieb so, wie er gewesen war, nur dass er tot war, ihm die Energie zum Weitermachen fehlte. Keiner wusste, wie die Seele aussah und wo sie genau steckte, sie war überall im Körper, in jeder Zelle. Die Seele, der Geist, das Jenseits, Gott wurden seit Jahrhunderten bestaunt, aber sie schliefen den Schlaf der Gerechten in Büchern und das Vergessen sog sie in sich ein und es fehlte nicht viel, und sie waren ganz geschluckt und keiner würde sich mehr an sie erinnern als an etwas, an das er selbst geglaubt hätte, das irgendwie wichtig in seinem Leben gewesen wäre.

Es war so: Er war da, und er ging weg. Die Welt zog sich von ihm zurück, und er zog sich aus der Welt zurück, und es blieben ihm nur noch Wände und eine weiße Zimmerdecke. Das Fenster, das hinter ihm war, sah er nicht, er konnte sich nicht aufrichten, seinen Kopf nicht nach hinten drehen. Er würde auch nicht mehr auf den eigenen Füßen stehen, er würde keinen Schritt mehr auf dieser Erde machen, sondern nur noch auf dem Rücken liegen, wie im Sarg, und die Hand etwas heben und den Kopf leicht hin und her rollen und ein Bein vorsichtig anziehen und mit der Hand langsam über das Gesicht fahren, wie um festzustellen, dass er noch da war, ein Gesicht hatte, an dem jeder, der ihn kannte, erkennen könnte, wer er sei, und das ihn davor bewahrte, unter die Toten zu gleiten, einer von ihnen zu werden. Wer so dalag wie er, der war allein, unzugänglich für andere, für Zuspruch, Zuwendung, Halt. Trösten ließen sich die Lebenden, die noch Hoffnung hatten, aber nicht die Sterbenden. Er lief auf den Tod zu, schnell und unaufhaltsam, ohne eine Unterbrechung einzulegen. Und kein Wort kam über seine rissigen Lippen und verriet, was er fühlte und dachte, wie es ihm erging. Er machte das Ende mit sich alleine aus. Nur hin und wieder machte er ein Handzeichen und hustete, räusperte sich und nickte mit dem Kopf, ohne Zusammenhang, unverständlich, gequält, als käme er von weit her, als müsste er den ganzen Weg wieder zurücklaufen, nur um uns etwas mitzuteilen, dass er Durst hatte, dass er froh war, uns um sich zu haben, dass er jetzt bald für immer gehen werde, dass er uns zurücklassen werde und wir dann zusehen müssten, wie wir weitermachten. Kein Erwarten, Planen, bestimmtes Erinnern, Handeln, nur noch Atmen, Warten, Bangen. Und ich setzte ein Wort hinter das andere, bildete Sätze, damit er die Angst verlor und sich irgendwo Zuhause fühlte, umsorgt und umgarnt, immer noch einer von uns, die wir nicht im Sterben lagen und nicht wussten, was das bedeutete, immer noch einer der Lebenden, empfänglich für die Welt, für eine Geschichte. Welch Trug, welch Illusion. Stifter zu lesen, das war wie in Gräbern zu wühlen, an Steinwänden zu kratzen, aber gerade dieses Gefühl, durch Katakomben zu laufen, war genau das Richtige, Passende, um den Strom der Erinnerungen zu bündeln und zurückzuleiten zu dem tiefen See im Innern, in dem sich Heimat spiegelte. Wie eng und dunkel es dort sein musste, zum Fürchten, tief auf dem Grund ruhten die Phantome der Kindheit, und er konnte von Glück sagen, dass er da herausgefunden hatte, dass er die Engländer kennengelernt hatte, so wie die Deutschen nach dem Krieg die Amerikaner kennengelernt hatten und ohne sie gar nicht mehr zu denken waren und froh darüber sein konnten, da die deutsche Provinz ja nur erträglich war, wenn Luft von woanders hereinkam und das alte Laub aufwirbelte und wegtrug.

Das Alter überraschte ihn. Er hatte wie die meisten, die doch von ihren Eltern eines Besseren hätten belehrt werden können, geglaubt, dass es langsam käme und er sich darauf vorbereiten, dass er in das Alter hineinwachsen könnte wie Kinder in Kleider, die ihnen zu groß sind, und dann wäre er mit dem Alter alt geworden, Stück für Stück, Tag für Tag. Als er merkte, dass das Alter ihn überrumpelt hatte, dass es in ihm saß, steigerte er sich hinein in den Verfall und den Verlust, mit Misstrauen und Unwillen, weil er sich selbst nicht entkam, und was immer er tat oder dachte, das Alter war schon da und diktierte die Bedingungen und zeigte ihm seine Schwächen, sein Unvermögen, seine Kraftlosigkeit. Die Seele lief ihm voran und streute auf dem Weg Asche aus, als Mahnung an das nahe Ende, dass er nicht vergaß, auf was er sich zubewegte und dass er sein Ziel bald erreicht haben werde. Und da blieb ihm nichts anderes übrig, als einzuwilligen in das, was mit ihm geschah.

Der Abschied begann, die letzten Gefühle von Fülle zogen sich aus ihm zurück, die Erinnerungen an Jugend und Kraft erloschen, das Gedächtnis war ein Komplize des Verfalls, es schlug sich auf die Seite des maroden Körpers. Als die Regale leer geräumt waren, sah er sich in dem Laden, der sein Leben gewesen war, um wie einer, der nicht mehr weiß, was noch zu tun ist, was er hier soll, und der sich nicht mehr davon ablenken kann, dass der nächste Schritt ihn vor die Tür führen wird, durch die er gehen muss, und dann war Schluss. Er kramte in sich herum wie in Hosentaschen, suchte nach den Vorräten für den Notfall, den eisernen Beständen, dem Kern dessen, was er glaubte und wer er war, wenn er keinen Hoffnungen, Wünschen und Sehnsüchten hinterherlief, die ihn vom Gedanken an den Tod ablenkten und ihn mit der Welt, dem Leben und mit den anderen verbanden. Das war das Alter, dastehen und auf die Tür schauen und wissen, dass die Zeit für einen abgelaufen war und sich einzureden versuchen, dass gut war, was geschah. Er nahm die Zeitung und hob sie zwischen sich und die Tür. Was immer er noch tun konnte, sobald er dachte, es könnte das letzte Mal sein, vermied er es, jede Bewegung, jede Handlung, die so beiläufig und alltäglich war, dass sie wiederholbar blieb, suggerierte Dauer, Resistenz gegen den Verfall. Er folgte instinktiv einem kulturellen Notprogramm, das leicht zu erfüllen war und ihn nicht in sich hineintrieb, sondern umgekehrt, ihn aus sich herausholte, ihn ablenkte und unterhielt, ihm nicht zu nahe ging und ihn nicht schmerzte. Wenn einer dahin gekommen ist, wenn es so weit mit ihm ist, dann streckt er erst das eine Bein ins Ungewisse, dann das andere, erst den rechten, dann den linken Arm. Das scheint ganz einfach zu sein, und es fühlt sich nicht schlecht an, solange die Gedanken mit etwas anderem beschäftigt sind. Er ist müde, dachten wir, wenn er vor dem Fernseher oder im Gespräch eingedämmert war, lassen wir ihn schlafen. Nehmen wir Rücksicht.

Heimat könnte überall sein, wo die Menschen einander wohlgesonnen sind. Es ist schwierig für die Armen und die Hungrigen, die Reichen zu mögen. Die Flüchtlinge im Dorf verstehen nicht, warum sie nicht gelitten werden. Sie tun keinem etwas zuleide. So viel Platz, denken sie. Manche Dorfbewohner sehen das anders. Alles in ihren Köpfen ist alt, die Bilder, die Urteile, das Wissen, sie wollen sich nicht ändern, sie sagen, sie wollen so bleiben, wie sie sind, als wäre das ein Gewinn, sie sagen, ohne zu stottern, unsere Heimat, und denken an all die guten Tage, die sie hier erlebten, und an all die guten Dinge, die sie besitzen, und an all die Gewohnheiten, die sie nicht missen möchten, und etwas in ihnen krampft sich zusammen bei dem Gedanken, dass es anders kommen kann, und dann sagen sie, wir fühlen doch, dass das unsere Heimat ist, dass wir hierhergehören, mehr als die dort, und sie zeigen auf die Flüchtlinge, die im Mittelmeer treiben, die ihre Heimat verlassen haben, damit es ihnen woanders besser ergeht, und sie sagen, dass sie so etwas nie machen würden, das könnten sie gar nicht, sie hingen an ihrer Heimat.

Er schlug die Augen auf und sah die vertrauten Gesichter der Kinder und Enkel, die zu Besuch kamen, war wie in Trance, ein Abwesender unter Anwesenden, der nur mit halbem Ohr zuhörte oder Schwerhörigkeit vortäuschte, wenn er vor sich hin träumen wollte und ihn die Gespräche über Nebensächlichkeiten quälten, aus denen sich das Leben zusammensetzte und die ihn nichts mehr angingen. Diese vielen für ihn völlig unbedeutend gewordenen Dinge, was es am Abend zu essen geben würde, wohin die nächste Urlaubsreise ging, neue Filme und neue Bücher, fielen von ihm ab, wie Säcke, die an morschen Schnüren hingen. In seine Isolation drangen die Stimmen wie von ferne, und auch wenn er die Nähe vermisste, er versuchte zu vermeiden, dass die anderen sich vor ihm ekelten, und passte auf, was er tat, damit sie nicht vor ihm zurückschraken. Er war gebrechlich und hatte sich nicht so unter Kontrolle, wie er es sich wünschte, die Hände zitterten, wenn er die Gabel zum Mund führte, die Haut war faltig und rissig, mit Altersflecken übersät, und das alte Fleisch hing schlaff an den Knochen, und hin und wieder löste sich ein Tropfen von der Nase und versickerte in seinem Hemd. Er wurde ungeduldig, wenn er sich räuspern musste, was oft geschah, und er lief nur noch ganz langsam und zögerlich, mit schlurfendem Schritt, um Unebenheiten zu erfühlen und nicht zu stolpern. Die Vorstellung, hilflos vor den anderen auf dem Boden zu liegen, war ihm ein Graus. Und wir, die wir um ihn saßen und uns unterhielten mit der Ignoranz der Gesunden, ließen ihn hinter uns zurück, wir eilten ihm und dem Sterben und dem Tod davon. Die Distanz, die sich zwischen ihm und uns ausbreitete, war eine Art Schutzwall, der sich als Nachsicht, Verständnis und Sorge drapierte, durch die wir ihn von uns absonderten, wie der gesunde Körper einen Fremdkörper abzustoßen versucht, indem er ihn mit Eiter umschließt, einen Splitter, der in einen Finger eingedrungen ist. Wir merkten damals nicht, was geschah, und wir merkten deshalb auch nicht, dass er spürte, wie wir mit ihm verfuhren, dass wir ihn auswiesen.

Du hast geschlafen, sagten wir, als wir sahen, dass er uns anschaute, und er nickte mit dem Kopf, obwohl es nicht stimmte, er hatte sich nur vor uns zurückgezogen, weil wir in unserer Lebenslust für ihn oft schwer auszuhalten waren. Seine Hand versuchte ein Glas zu fassen, ohne das Glas umzustoßen oder den Inhalt zu verschütten, und dann trank er, verschluckte sich aber sofort und hustete. Wir nahmen ihm das Glas weg, schlugen mit der flachen Hand leicht auf seinen Rücken und redeten ihm dabei gut zu, fragten, ob es ihm wieder besser ginge, und schauten ihn besorgt und vorwurfsvoll an und sagten, er solle aufpassen und langsam trinken, er habe Zeit, nur keine Eile, dir rennt nichts weg, du jagst uns nur einen Schrecken ein, und er schämte sich und mochte uns nicht ansehen, räusperte sich, schluckte und winkte mit der Hand ab, es sei alles gut, wir müssten uns keine Sorgen um ihn machen. Danach rührte er das Glas mit dem Wasser, das wir ihn zu trinken drängten, nicht an, es stand auf dem Tisch wie ein Mahnmal für die Unmöglichkeit, das Leben in den Griff zu kriegen.

Die Angst vor dem Tod, die mehr war als ein Aufzucken, ein Gefühl, das ihm in den Knochen stecken blieb, kam so überraschend wie das Alter und er reagierte darauf mit Stumpfsinn, er versuchte sich in eine umfassende Gleichgültigkeit einzuüben, sah stundenlang vor sich hin und leerte dabei das Bewusstsein vom Ballast der Welt. In jenen Tagen kam ihm die Heimat aus dem Sinn, er verlor sie, all die Orte, an denen er Zuhause gewesen war und von denen Erdenwärme ausging. In der Zeit, die ihm noch blieb, mussten nur wenige Dinge unterschieden werden, das Leben war überraschend einfach geworden, Tag und Nacht, Schlafen und Wachen, Hunger, Durst und Schmerz, ein Wort, eine Berührung, ein Blick. Sein ganzes Wissen war vor dem drohenden Tod Makulatur. Er wiederholte für sich Sätze, nicht um sie sich einzuprägen, sondern so wie eine Mutter einem Kind immer wieder dieselben Lieder vorsingt, um es zu beruhigen, damit es in den Schlaf finden kann. Die Einsamkeit, die jeder kannte, war harmlos verglichen mit der Verlassenheit, in die er rutschte und die ihm die Luft abschnürte. Er hielt den Tod bei sich fest und uns vom Leib, er wollte uns nicht ängstigen. Nachgeben, sich dem Lauf der Natur fügen, die Strömung würde ihn tragen. Der Atem ging hin und her zwischen drinnen und draußen, ihm und der Welt, langsam und stetig atmete er sich aus, und mit jedem Atemzug nahm er die Leere des Unbekannten, das auf ihn zukam, in sich auf. Die Auflösung des Ich war die einzige Aufgabe, die er noch zu bewältigen hatte. Wenn der Tod im Schlaf käme, leise und unverhofft. Er hatte Durst, aber er sagte kein Wort. Der Durst war nicht zu löschen.

Die Flüchtlinge im Dorf besitzen wenig, sie sind auf Spenden angewiesen, auf all das, was die Dorfbewohner nicht unbedingt brauchen, was sie entbehren, wovon sie sich trennen können, es ist ja nicht so, dass die Flüchtlinge mit einem Möbelwagen, in den sie ihr ganzes Hab und Gut gepackt haben, losfahren, sie lassen alles, was sie ihr Eigen nennen, in ihrer Not und in ihrer Eile zurück, es wird nicht viel sein, nicht mit dem Besitz zu vergleichen, über den jeder der Dorfbewohner verfügt, sie nehmen mit, was sie in den Händen oder am Körper tragen können, Bedürftige, Bettler, Obdachlose, die sich in den Großstädten unter die Konsumenten mischen und nicht sehr auffallen. Im Dorf jedoch füllen sie ein ganzes Haus, jeder weiß, wo sie untergebracht sind, sie sind nicht zu übersehen, wie ein Fleck auf einem weißen Hemd, und wer sie sieht, der wird durch ihren Anblick daran erinnert, dass das Glück auf wackligen Füßen steht, und daran möchte keiner erinnert werden, weil er das Glück ungestört genießen will, niemand isst gerne, wenn neben ihm einer steht, der sich vor Hunger krümmt. Der Bedürftige stört den Satten. Die Glücklichen halten sich das Leid der anderen vom Leibe, um glücklich sein zu können, und das Mitleid, das sie empfinden, macht sie nicht machtlos, ihr Selbsterhaltungswille drückt mit ausgestrecktem Arm die Unglücklichen weg, weist sie in ihre Grenzen zurück oder überlässt sie dem Tod.

Ich legte das Buch zur Seite, als ich glaubte, dass er tief schlafe und nicht aufwachen würde, wenn ich schwieg. Kein Frieden war über ihm, kein Anschein von Erlösung, eher Unruhe und Erschöpfung, aus der er in den Schlaf gefallen war, ehemals ein Bewohner der Erde, jetzt nicht einmal mehr ihr Gast, sondern einer ohne Bleiberecht, der gehen musste, weggeschickt wurde ins Ungewisse. Nur Gläubige würden sagen, er ginge heim. Da lag ein alter hinfälliger Mann, der seinen Weg von der Geburt bis zum Tod fast hinter sich hatte, ein sich auflösendes Ich,

Energie, die zur Neige ging, Individualität, die sich verlor, Form, die porös wurde, sichtbar gewesen und anwesend für sich selbst und für die anderen, Teil von einem Ganzen, von dem er nur annehmen konnte, dass es auch ohne ihn da wäre, Figur in einem Kontext, der verschwand, sobald sie sich voneinander ablösten, nie, zu keiner Zeit seines Lebens, ganz allein im Leben, immer mit und unter anderen auf der Menschenwelt, die für ihn in den ersten Sekunden, Tagen, Wochen winzig und unheimlich gewesen war, die große Fremde, und sich im Laufe der Monate und Jahre erweiterte und veränderte und vertrauter wurde, so wie er sich selbst nur in der Welt, im Neuen, Unbekannten kennenlernte, das heißt in sich hinein- und aus sich herauswuchs. Genauso gut hätte es sein können, dass er nicht schlief, dass er einfach nicht die Augen öffnen mochte, weil er nicht sehen wollte, wo er war, weil er sich nicht von den Dingen daran erinnern lassen wollte, wie es um ihn stand, dass er ein Häuflein Elend war, Haut und Knochen, Blut, Schleim und Unrat, ein Unberührbarer, ohne Zuflucht, ohne Zuhause, ohne Heimat.

18

Heimweh

Bevor er sich der Philosophie widmete, hatte Karl Jaspers Medizin studiert und das Studium im Jahr 1909 mit einer Dissertation über *Heimweh und Verbrechen* abgeschlossen. Es ging um Mädchen und junge Frauen, die meisten waren in der Pubertät oder standen kurz davor, sie kamen aus ärmlichen Verhältnissen, aus abgelegenen Dörfern, so wie Ida, Paula und Ruth, denen es besser erging, weil sie in jungen Jahren ihr Zuhause, ihre Eltern und Geschwister nicht verlassen und zu fremden Leuten in Dienst gehen mussten, sie konnten daheimbleiben, und als die eine von ihnen dann doch wegging, sehr weit wegging, da war sie nicht allein, sondern schon verheiratet und hatte Kinder. Die Leute, zu denen die Mädchen von ihren Eltern geschickt wurden, wohnten nur einige Stunden Fußweg entfernt, es lag also keine Welt zwischen hier und dort, und doch war die Entfernung für die Kinder zu groß. Sie sollten bei den fremden Leuten arbeiten, auf deren Kinder aufpassen, im Haushalt und auf dem Hof helfen. Auch wenn sie nicht weggehen wollten, sie mussten in die Fremde ziehen, sie wurden fortgeschickt, da kannten die Eltern kein Erbarmen, sie dachten, die Tochter sei groß genug, sie solle dazuverdienen, sich irgendwo nützlich machen, die Tränen würden ihr vergehen, sie werde sich schon eingewöhnen. Stell dich nicht so an, sagten sie mit unerbittlichem Herzen. Du tust, was wir dir sagen, und dann werden sie die übliche Litanei vorgebracht haben, dass es für alle gut sei, dass die Welt nun einmal so sei, wie sie sei, dass sie kein kleines Kind mehr wäre. Die Mädchen fanden in diesen harten Worten keinen Trost und wiederholten sich im Stillen, dass sie nicht weggehen würden, und als sie das Haus verließen, sagten sie sich, dass sie bald zurückkehren würden, und als sie in dem fremden Haus waren, sagten sie sich, dass sie hier nicht bleiben würden. In der Fremde, die gar nicht so fremd war, ein Dorf, ein Haus, eine Familie, dieselbe Region, dieselbe Sprache, dieselben Gewohnheiten und Bräuche, im Grunde lag alles, was das Leben hier und dort ausmachte, ganz nah beieinander, wie bei Geschwistern, wurden sie dennoch von Heimweh überwältigt. Eine große Traurigkeit breitete sich in ihnen aus, lähmte ihre Energie und nahm ihnen die Lebenslust, sie weinten oft heimlich, ließen das Essen stehen und dachten an nichts anderes, als nach Hause zu gehen und dort zu bleiben und wie sie das anstellen könnten. Ihr Leiden wurde ihr Geheimnis, das sie immer tiefer in sich selbst hineinlockte.

Sie zählten die Tage und die Stunden, bis sie nach Hause zu Besuch ziehen konnten, und sie rannten los, wenn sie das Haus sahen, wo sie hingehörten, und kaum waren sie wieder bei den Eltern, baten und bettelten sie darum, nicht in die Fremde zurückgehen zu müssen: Schickt mich nicht wieder zurück, lasst mich hierbleiben, sagten sie, ich muss doch nicht wieder zurück, fragten sie, ihr lasst mich doch hier bei euch bleiben, und sie weinten. Aber die Mutter und der Vater blieben stur, sie hatten kein Einsehen in die kindliche Not und hatten mit der verzweifelten Tochter kein Mitleid und verstanden nicht, warum das Kind sich so anstellte, es ist doch nichts Schlimmes vorgefallen, es sind doch gute Menschen dort, sagten sie, fordernd, streng, hart, nun finde dich darein, sei erwachsen, und immer wieder sagten sie, du wirst dich daran gewöhnen, kein

Wort mehr, du tust, was wir dir sagen, morgen gehst du zurück. Das Urteil war gefallen, die Eltern waren zufrieden, die Tochter packte das Entsetzen. Am nächsten Morgen schickten sie ihre Tochter wieder fort und drohten ihr sogar mit Schlägen, wenn sie den Dienst nicht wieder aufnehmen würde. Die Mädchen begannen zu weinen, fügten sich aber der elterlichen Gewalt, sie gingen zurück in die nahe Fremde, machten ihre Arbeit, halfen im Haushalt, passten auf die Kinder auf, ließen ihr Essen stehen und weinten abends im Bett und hatten nur einen einzigen Gedanken, wie sie wieder nach Hause kämen, zu den Eltern und Geschwistern, und es war ihnen egal, ob die Eltern mit ihnen schimpfen oder sie schlagen würden. Der Gedanke an eine Rückkehr für immer wurde größer, mächtiger und schwerer, er ließ sich nicht vertreiben und füllte Kopf und Herz der Mädchen aus, sie waren davon wie besessen. Der Schmerz des Heimwehs ließ etwas nach, wenn sie sich vorstellten, dass sie nach Hause gingen, durch das fremde Dorf, die einsame Straße hinunter, immer geradeaus, es war ganz einfach, und dann den Weg seitwärts einschlugen durch die Felder, kein Mensch kam ihnen entgegen, der sie aufgehalten hätte, und auch ein Gewitter hätte sie nicht zur Umkehr zwingen können, und es dauerte nicht mehr lange, da waren sie daheim, und keine zehn Pferde, sagten sie sich, würden sie von hier wieder wegbekommen. Als sie jetzt daran dachten, dass sie wieder daheim sein könnten, dass nur eine Straße und ein Weg durch die Felder zu gehen waren, schwoll das Heimweh an, und es bedrängte sie umso heftiger, je länger sie sich ausmalten, wie es wäre, wieder bei den Eltern und den Geschwistern, in der vertrauten Umgebung zu sein. Sie steigerten sich so sehr in das Gefühl der Heimkunft und der Erlösung hinein, dass sie wild entschlossen waren, einen Weg aus der Not zu finden, und irgendwann kam ihnen der Gedanke, dass sie nicht in der Fremde bleiben müssten und zurückkehren könnten, wenn das Kind, auf das sie aufpassen mussten, nicht mehr da wäre, und wenn das Haus, in dem sie leben mussten, vom Erdboden verschwinden würde. Die Mädchen zögerten, sich vorzustellen, welche Schlussfolgerung sie daraus ziehen sollten, und versuchten, das Heimweh, das sie quälte, zu bändigen und den Gedanken, dass das fremde Kind und das fremde Haus sie in ihrem Unglück festhielten, zu verdrängen.

Das Heimweh aber ließ sich nicht beschwichtigen, es war wie eine Lawine, der sie nicht ausweichen konnten, die sie mitriss, und eines Tages war dieses Gefühl so groß und übermächtig, dass sie ein Leben in der Fremde nicht länger auszuhalten glaubten. Sie konnten sich nicht mehr zurückhalten, sie wussten, was zu tun war, und schritten zur Tat wie Automaten ohne Herz und Rührung, taub gegenüber Mitleid, Gewissen und Vernunft, nur auf die betörende innere Stimme hörend, tu es, du wirst nach Hause kommen, tu es, nichts und niemand wird dich länger hierbehalten. Sie töteten das Kind, oder sie legten im Haus Feuer. Sie glaubten nichts Böses vor Gott, nichts Schlechtes vor den Menschen zu tun, sie wollten sich nur aus dem Zwang befreien. Die fremden Leute, bei denen sie Dienst taten, würden sie jetzt zurückschicken, es gab ja kein Kind mehr, auf das sie aufpassen, und kein Haus mehr, das sie putzen sollten, sie wurden hier nicht mehr gebraucht, und die Eltern würden sie wieder aufnehmen, wenn sie erfuhren, dass sie weggeschickt worden waren, weil das Haus abgebrannt war oder das Kind tot und sie nichts in der Fremde hielt.

In diesem Wahn lebten sie, bis die Polizei kam und die Wirklichkeit in ihr Recht eingesetzt wurde. Was sie erhofft hatten, erfüllte sich nicht, sie durften nach der Tat nicht heimkehren, sondern wurden verhört, und das Geständnis, die Tat, die Schuld hoben sie aus den Bahnen der Hoffnung heraus. Als sie unter Tränen und Selbstvorwürfen gestanden hatten, was sie gemacht hatten, als sie des Verbrechens überführt worden waren und sie allein dastanden, Schuldige unter Unschuldigen, Straftäter unter Unbescholtenen, wurden sie aus der Gemeinschaft der Guten gestoßen, in ein Arbeitshaus gesteckt oder in die Psychiatrie eingeliefert, zur Strafe und um Buße zu tun. Sie hatten alles verloren.

Die hartherzigen Eltern, dachten Paula, Ruth und Ida, dass sie nicht sahen, was sie anrichteten in der Seele der Kinder, dass die Mädchen viel zu jung und zu unerfahren und zu unreif waren, um in die Fremde geschickt zu werden. Wie sollte es möglich sein, dass ein junges Mädchen den Ort unbeschadet verließ, an dem sie aufgewachsen war, wenn sie dazu noch nicht groß genug war? Es lebt sich in der Fremde nicht so gut und einfach wie daheim, fern der Menschen, die von klein auf um einen gewesen sind, sagten sie, drei Stubenhocker, die noch nicht in der Fremde gewesen waren. Aber sich vorstellen, wie einer sich dort fühlte, das konnten sie schon. Die Mädchen nahmen doch Schaden an der Seele, wenn sie gegen ihren Willen weggehen mussten. Jeder Mensch wusste, wohin er gehörte, und der eine blieb, und der andere ging fort, der eine kam nicht vom Fleck, ihn hielten Kräfte, die er nicht erklären konnte, und der andere kehrte nicht wieder zurück und dachte nur manchmal daran, wie es früher gewesen war, und ihn quälte kein Heimweh. Heimat ist ein Zentrum, um das sich Kreise bilden können, dem einen ist das Nächstliegende schon zu fremd, der andere wagt sich weit hinaus, jeder nach seinem Vermögen und wie ihm zumute ist.

Ende des 18. Jahrhunderts war in den Wäldern Frankreichs ein Junge entdeckt und gefangen worden, der sich aufführte wie ein Tier, er war nackt, konnte nicht sprechen, lief auf allen vieren, verrichtete seine Notdurft dort, wo er gerade stand, und aß, was ihm in die Finger kam. Die Menschen staunten über ihn und ekelten sich vor ihm, sie wollten ihn aber nicht in die Wälder zurückgehen lassen und hielten ihn bei sich aus Interesse und Neugier, ob aus ihm ein Mensch wie sie werden würde, und aus Mitgefühl, weil er aussah wie ein Mensch, sich aber wie ein Tier benahm, ohne Sprache, Kultur, Sitte, Anstand. Er war eines der Kinder, die von ihren Müttern in den Wäldern ausgesetzt und ihrem Schicksal überlassen wurden, ganz so, als hätten sie noch eine Chance, wenn Gott es gut mit ihnen meinte, und als könnte sich die Mutter darüber beruhigen, in ihrer Verzweiflung und Not das Beste für das Kind getan zu haben, es war ja nicht tot. Auch die Mutter dieses Jungen hatte sich nicht zu helfen gewusst, und die Entscheidung tat ihrem Herzen weh. Es war besser, wenn das Kind nicht da war, hatte sie gedacht, wenn sie es loswürde, was sollte sie mit ihm anfangen, woher das Essen für ein weiteres hungriges Kind nehmen. Sie hatte es gepackt, in den Wald gezerrt und es dort ins Gebüsch gelegt, sie setzte es in der Wildnis aus und überließ es seinem Schicksal. Ersticken, ertränken, erdolchen oder auf andere Art töten wollte sie es nicht, aber trennen musste sie sich von ihm, da führte kein Weg daran vorbei. Wenn Gott es wollte, würde der Junge überleben. Zuhause hatte sie keinen Platz für ihn. Habe Erbarmen mit ihm, sagte sie zu Gott und rannte aus dem Wald, immer schneller werdend, um ihr Gewissen zu beruhigen, dass sie nichts Böses, Unmenschliches getan habe.

So wird es gewesen sein, dachten die Menschen, die den Jungen gefunden hatten. Dass er überlebt hatte, grenzte an ein Wunder. Die Kälte, der Hunger, die wilden Tiere. Sie gruselten sich. Der Junge war ängstlich und scheu, er traute den Menschen nicht und kehrte sich von ihnen ab, verzog sich in die hintersten Winkel und beobachtete von dort aus, was sie taten. Er mochte sie nicht, sie waren ihm unheimlich, fremd, sie wirkten bedrohlich, er wollte bei ihnen nicht bleiben, sie lebten anders, als er es gewohnt war, in Häusern, sie trugen Kleider, aßen nicht mit den Fingern und stießen Laute aus, die er nicht deuten konnte. Er riss aus und rannte in die Wälder zurück, in die Kälte, wo es kein Bett zum Schlafen, kein Feuer zum Wärmen und keinen Herd zum Kochen gab und niemanden, der ihm half, wenn er in Not war, der ihn in den Arm nahm, ihn tröstete und pflegte, ihm Mut zusprach und ihn liebte. Das alles war er nicht gewohnt, er vermisste es nicht. Aber Ruhe und Frieden fand er nicht mehr.

Ein zweites Mal wurde er im Wald entdeckt und eingefangen, aber wieder gelang ihm die Flucht aus der Obhut und den Behausungen der Menschen, die ihn ein drittes Mal zurückholten, einen jungen Wilden, der ein lebender Beweis dafür war, was aus einem Menschen wurde, der sich selbst überlassen war, der allein in der Natur aufwuchs, fern der Zivilisation, ein Fall für die Wissenschaft und ihre Experimente. Er kam in die Obhut eines jungen Arztes in Paris, der aus ihm einen anständigen Jungen machen wollte, einen vollwertigen Menschen. Dass er ein Mensch war, daran bestand kein Zweifel, wenn auch alle Anlagen, die ihn zu einem normalen Menschen gemacht hätten, verkümmert schienen und er sich wie einer der Verrückten benahm, die weggesperrt wurden. Das Gute in ihm musste geweckt und gefördert werden. Der Arzt war ehrgeizig und bemühte sich lange Zeit um den Jungen, versuchte ihm Manieren beizubringen und die Sprache. Wie verlockend war die Aussicht, dass der Junge eines Tages erzählen könnte, was geschehen war und wie er sich fühlte. Das wäre ein wenig so, als würde ein Tier zu reden anfangen und sein Geheimnis preisgeben. Der Arzt war geduldig und verzeichnete einige Erfolge in der Erziehung, die vor allem darin bestand, den Wilden in die Gemeinschaft der Menschen zu integrieren, sodass er unter ihnen leben könnte und nicht mehr auffiele, aber insgesamt schlug das Experiment fehl.

Der Junge verlor die Kraft zum Widerstand, zur Rebellion, er fügte sich wie ein Kranker in sein Los, als er merkte, dass er aus Paris nicht mehr wegkam, dass die verwirrende Großstadt ihn gefangen hielt. Die Haushälterin des Arztes nahm ihn schließlich bei sich auf, nachdem der Arzt das wissenschaftliche Interesse an ihm verloren hatte und sein Mitgefühl versiegt war. Aus dem jungen Wilden wurde ein schwerfälliger und phlegmatischer Mann, der am Fenster stand und hinaussah oder im Hof saß und die Stunden des Tages mit irgendwelchen einfachen Handreichungen hinbrachte. Er schlug die Zeit tot und mit der Zeit sich selbst, mutlos, ein sich selbst abhandengekommener Mensch, der anders war als die Bewohner der Dörfer und Städte, weil er ein anderes Leben gewohnt war. Sie hatten ihm die Heimat in den Wäldern geraubt. Ein neues Zuhause gaben sie ihm nicht. Er welkte dahin, verödete und verdorrte und starb mit vierzig Jahren.

Als mein Vater, im Krankenhaus liegend, sich langsam ausatmete, hat er das Heimweh nach dem Unbekannten in sich geweckt, nach einer Gegend, die vor ihm da war und nach ihm da sein würde, aus der er gekommen war und wohin er aufbrach. Mehr konnte er, konnte keiner darüber sagen, und wenn er jemals mehr darüber zu wissen geglaubt hatte, so hatte er es jetzt vergessen, es war nicht wichtig. Die Hoffnung, mit der er sich die Angst zu nehmen versuchte, richtete sich auf eine neblige, unbestimmte, verschwommene, von keinen Namen bezeichnete, von keinerlei Bildern ausgemalte Heimat, an die er sich nicht erinnern konnte und die nicht von dieser irdischen Welt war, eine Welt, die gemacht war aus Zeit, Raum, Materie, Geist, die er kennengelernt hatte und die mit ihm zerfiel. Und doch musste die eine mit der anderen verbunden sein, ein unsichtbarer Weg lief zwischen den beiden Orten oder Daseinsweisen dahin, wie Anfang und Ende eines Kreises. Wenn er starb, würde er von hier nach dort gelangen, dessen war er sich sicher, so wie er an einem bestimmten Tag, zu einer bestimmten Stunde vor über achtzig Jahren in der Fremde, und das hieß in diesem Dorf, in jenem Haus, unter diesen Menschen, geboren worden war und zu sich selbst, es war ein Gefühl, mehr nicht, gekommen war. Keine Idee, kein Gedanke, nichts, wofür er der Sprache bedurfte und schon unter Menschen hätte gewesen sein müssen, schob sich damals in ihn hinein und suggerierte ihm, auf diese Art und Weise mit sich selbst vertraut zu werden, sich wie in Spiegeln selbst zu sehen und zu erkennen.

Er sagte und dachte nicht Gott, er sagte und dachte nur: zurück, über den Anfang hinaus, an dem er zu einem Menschen geronnen war, wie Dampf sich in einen Wassertropfen verwandelte. Das Heimweh erfüllte ihn, und er ließ es zu. Das Leben hatte sich in ihm zusammengezogen, ihm Form gegeben. Jetzt löste er sich auf, er klammerte sich nicht mehr an die Reste des Daseins, an die Reste seiner selbst. Der Friedhof, auf dem sein Grab liegen würde, die Erde, in die der Sarg gesenkt würde, waren in der Nähe der Seinen, nicht weit von dem Haus entfernt, in dem er gelebt hatte. Dass er selbst nicht dort liegen würde, sondern nur ein Körper, eine leibliche Hülle, dessen war er sich gewiss. Er würde woanders sein, dort, wo das Leben begann und endete, irgendwo, aber geborgen.

Noch dieses letzte Aufflackern von Heimweh kurz vor dem Tod war ein Reflex auf die Grundbedingung des Lebens, dass es ein Zuhause gab und dass es ohne Heimat, auch in ihrer einfachsten Form, nicht sein konnte. Alle höheren, anspruchsvolleren Formen von Heimat waren Luxus, Besitz, Kultur, Vielfalt, Reichtum. Die Wohlhabenden verteidigten ihre Heimat, schlossen die Grenzen, definierten die Aufnahmebedingungen, versuchten den Bestand, die Tradition zu erhalten als das Erbe für die eigenen Nachgeborenen, das zu schützen sei gegen die Ansprüche des armen Lebens, gegen den unkontrollierten Wandel, gegen das wilde Werden. Das Heimatgefühl ist ein Gemeinschaftsgefühl, niemand würde sich heimisch fühlen in einer leeren Welt, niemand sich heimisch fühlen unter Menschen, von denen er glaubt, dass sie ihm feindlich gesinnt seien. Das Beste, was einer tun kann, ist, sich selbst weit in die Fremde hinauszuwagen und den alten Ballast, der zum Gehen nicht notwendig ist, abzuwerfen, auf dass die eigene Heimat, der Ausgangspunkt der Exkursionen, offener werde, poröser, lichter und für andere heimischer. Heimatgefühle, die an Nationen gebunden sind und nicht an die Reflexion der eigenen Formen des Lebens und Denkens, die mit anderen geteilt werden können, gerinnen zu Vorurteilen, Barrieren und Behinderungen, intellektuelles und emotionales Material aus dem 19. und 20. Jahrhundert, mit dem sich Barrikaden bauen und Kriege führen lassen. Wenn die Idee von der einen Welt einen Sinn hat, dann insofern, als die eine Welt Heimat wird für möglichst viele, die möchten, dass die eine Welt Heimat sei für möglichst viele. Der kleinste gemeinsame Nenner ist die Freiheit, die Freiheit garantiert, und das gilt für Gefühle wie für Gedanken. Heimat, nicht nur *sub specie aeternitatis*, sondern auch vom Sterbebett aus gesehen, ist eine bewohnbare Erde, alle anderen Ideen, was es damit auf sich habe, fallen vor dem Sterbebett, auf dem das Leben so viel kostbarer und einfacher wird als jemals in den umtriebigen Jahren zuvor, in denen es von der Zeit umnebelt, eingesetzt, missbraucht, ausgenutzt wurde, in sich zusammen, und dann, in dieser einfachen Form, ist das Gefühl für Heimat ein wenig so wie an dem Tag, als die Flüchtlinge einige Bewohner des Dorfes bei sich zu Gast hatten. Sie hatten die Alteingesessenen eingeladen, zu ihnen zu kommen, alle würden diese gemeinsamen Stunden nicht vergessen, weder die einen noch die anderen, sie öffneten ihnen die Tür und baten sie herein, sie geleiteten sie zum Tisch und teilten mit ihnen die Mahlzeit. Aus den Bewohnern des Dorfes, die sich bisher nur als Gastgeber gefühlt hatten, wurden Gäste unter Fremden, Fremde unter Flüchtlingen, und aus den Bittstellern, den nur Geduldeten, Wartenden, Verzweifelten wurden für einen Abend die anerkannten Bewohner eines Hauses, eines Raumes, über den sie frei verfügten und in den sie andere Menschen, die ihnen fremd waren und die sie kennenlernen wollten, aufnahmen wie Freunde.

19

Späte Einsicht

So war das bei meinem Vater gewesen, und erst jetzt, da ich über die Heimat nachzudenken begonnen hatte, lag sein Anfang, wie ich ihn mir ausmalte, vor mir: geboren und aufgewachsen am Rande eines Waldes und in der Nähe eines Flusses. Morgens rief ein Kuckuck in die taubenetzte Stille. Der Fluss war blau, als wäre der Himmel darin baden gegangen. Die Wiesen standen voller Blumen, in allen Farben, die sich einer vorstellen konnte. Es gab für ihn den ganzen Tag nichts Besseres zu tun, als sich an die Schönheit der Natur zu verlieren, schau dir die Obstbäume an, die stolzen weißen Wolken, die roten, gelben, weißen und grünen Blätter, riech die Blumen und riech das Holz, hör die Vögel singen und so weiter in der Runde, er hat nichts erfinden oder erträumen müssen, er musste nur die Augen und Ohren aufmachen und die Sinne vollsaugen. Das waren gute Bedingungen für ein gelingendes Leben und dafür, dass er sich eingrub, Wurzeln fasste.

Prompt sagte er, dass er nicht weggehen wollte, und meinte, dass er das Haus, in dem er aufgewachsen war, nicht verlassen wollte, und nicht das Land, das er sah, und auch nicht weggehen wollte von der Erde, die rund war, wie die Erwachsenen den Kindern beizubringen versuchten, obwohl der Horizont sich nur wenig krümmte. Die Wörter, die er fand, waren viel zu klein für die Dinge, die um ihn waren. Sonne, Mond, Sterne und Himmel, sagte er, aber Sonne, Mond, Sterne und Himmel waren unermesslich groß und erregend, sie passten nicht in die Wörter, da blieb ein riesiger Rest. Was war, das war mehr als ein Abbild in Lauten und Buchstaben. Das lernte er früh. Später sagte er Seele, Liebe, Geist, Denken und das Leben, das sagten alle, und Heimat.

Keine Geschichte reichte heran an die Erfahrung der Welt, so wie sie uns vor Augen lag, wie sie Gott in den sechs Tagen, die er sich dafür Zeit ließ, geschaffen hatte. Wenigstens behaupteten die Bibel und seine Eltern und alle, die in der Kirche waren, dass Gott die Ursache von allem war, und das war ein gutes, beruhigendes Gefühl, sich sagen zu können, die Welt ist von Gott gemacht, und deswegen, dachte er, hätte alles, was war und geschah, einen Sinn, seinen Ort und seine Zeit und sein Recht, da zu sein, und er war mittendrin und wurde vom Leben, zuerst von Ida, Paula und Ruth, Mutter, Großmutter und Tante, in den Arm genommen und gedrückt. Komm, mein Junge, sagte das Leben aus ihrem Mund, deine Geschichte werden wir schon zusammen hinkriegen, das klappt doch auch mit anderen und mit den Tieren, Blumen und Bäumen, du bist nicht anders als sie, wir pflanzen dich ein und alles weitere, Glück, Freude, Zuversicht, und sie dachten, aber sagten es nicht, er war dafür noch zu klein: Frau, Haus und Kinder, das kommt von alleine wie der nächste Tag. Der Glaube, dachte er später, war wie ein Mantel, den ihm jemand um die Schulter legte. Und auch wenn er den Mantel wegnahm, es blieb die Erinnerung an die Wärme.

Einer wurde hier geboren, der andere dort, und sie wuchsen auf, wie es der Zufall wollte, und dann ging der eine in diese und der andere in jene Richtung, der eine war bei Leuten, die auf diese Weise, der andere bei Leuten, die auf jene Weise lebten und dachten, das konnte keiner sich am Anfang aussuchen, so wie keiner sich seine Familie aussuchen konnte oder die Sprache, die er von klein auf sprach, er mochte noch so sehr an die Freiheit glauben und daran, dass er sich sein Glück selber suchen musste, keiner fing im Niemandsland an, sondern immer an einem bestimmten Ort und zu einer bestimmten Zeit, und das prägte ihn, und nun konnte er zusehen, was er aus sich machte und wo er hinging. In den Sozialisationstheorien, die Soziologen erfanden, um die Bedingungen der Herkunft zu erkunden, kam das Wort Heimat nicht vor.

Wenn ich jetzt, da er gestorben ist und ich mehr über die Heimat weiß, wieder neben ihm säße, würde ich ihn bei der Hand nehmen und aus dem Haus ziehen und mit ihm durch die Straßen der Städte gehen, in denen er nicht wohnen wollte, und ihm die Lage zu erklären versuchen, was Heimat für mich ist, und sagen, sieh, die ganze Kunst des Lebens besteht vielleicht darin, erst einmal so zu tun, als gehörten wir zu den anderen, als fühlten wir uns in ihrer Gegenwart wohl, und zu hoffen, dass wir uns an sie gewöhnen, wie wir uns an so vieles gewöhnen müssen, dem wir nicht ausweichen können, weil es unser Leben bestimmt, Armut und Armseligkeit, Hass und Hässlichkeit, Sorge und Sinnlosigkeit, Reichtum und Rohheit. Und ich sage ihm: Du darfst dem Gefühl, einsam zu sein, keine Herrschaft über dich einräumen, das machen die anderen auch nicht, sie tragen ihre Erinnerungen und ihre Hoffnungen wie volle Einkaufstüten mit sich herum und werden nicht müde, die Erinnerungen und die Hoffnungen mit anderen zu teilen. Du erzählst mir deine Geschichte, und ich erzähle dir meine, sagen sie, und auf diese Weise fallen sie nicht in das Schweigen, aus dem sie nicht herausfinden würden, sie schieben mit ihren Geschichten die Einsamkeit und den Tod, den Schmerz und die Wahrheit beiseite. Auch das muss man lernen, dass man sich ein paar Worte zurechtlegt, um einen einfachen und verständlichen Anfang für seine Geschichte zu finden, und wenn einer dann zu sprechen beginnt, wird er merken, dass ihn die Worte in das Leben zurücktragen, zu den anderen, die eine Antwort sind auf eine Frage, die wir uns stellen, wenn wir nachts im Bett liegen und nicht schlafen können, weil wir nicht verstehen, wohin wir gehören. Die Antwort steckt in jedem Satz, den wir sagen und den wir hören und der nur ein Echo ist auf unsere Frage, die tief in uns ist, ob da nicht noch ein anderer auf der Welt ist, an dem wir uns festhalten können, so wie wir uns früher, als wir Kinder waren, an dem, was um uns war, festhielten. Das Leben, würde ich ihm sagen, ist für einen allein zu unheimlich und unerträglich.

Dann würden wir in ein Café gehen und die Menschen, die an uns vorbeilaufen, beobachten, und wenn ich ihn aus seinem Schweigen herauslocken könnte, das die Luft um ihn erfüllte, dann würden wir sagen, siehst du den Mann dort, siehst du die Frau dort, und wir würden uns erzählen, was uns zu den beiden einfällt, wohin sie gehen, was sie arbeiten, ob sie verheiratet sind, ob sie Kinder haben, solche Dinge eben, wir heften jedem eine Geschichte an, bis wir nicht mehr das Gefühl haben, unter Fremden zu sein und unser Herz nicht mehr schwer wird, wenn wir sie sehen, und der Mut uns nicht mehr verlassen möchte, wenn wir unter ihnen sind, und dann bezahlen wir und reihen uns bei den anderen ein und ich frage ihn, ist alles okay?, dabei hat er gewusst, was und wo seine Heimat war, und ich habe es lange nicht verstanden und versuche erst jetzt, viel zu spät, zu verstehen, was Heimat ist.

Durch welche großen und kleinen Städte der Weg uns auch führte, die Sonnenstrahlen spiegelten sich in den Fenstern der Häuser und es war ein schöner Tag, hell wie ein Sonntag im Sommer, draußen sah das Leben friedlich aus, es ruhte sich aus und träumte vor sich hin, und jemand sagte, komm heraus, sei bei uns, lass uns zusammen sein. Die Blicke derer, die sich nicht blind stellen wollen, wandern die leere Straße hinunter, sie beobachten voller Skepsis die Stille und die Bewegungslosigkeit, nichts passiert, alle schlafen noch, wo sollten die Menschen so früh hingehen, sie müssen nicht arbeiten, nachher werden sie mit dem Auto oder mit dem Fahrrad unterwegs sein, zu Freunden und Verwandten, sie werden spazieren gehen, allein, zu zweit oder mit dem Hund.

Aber diese Stille ist Trug, sie liegt wie eine dünne Schicht von frischem Schnee auf der Erde, und nur wer sich täuschen lassen möchte, findet jetzt Ruhe und Besinnlichkeit und sagt dann ohne Bedenken, als sei das Wort ein Wohllaut ohne Affront, ohne Wunde: Heimat. Mein Vater konnte das, mitten in Deutschland stehend, oder wenigstens machte er den Eindruck, es zu können, ich kann es nicht und ich werde auch nicht versuchen, mich darein zu üben. Das war etwas, das uns trennte, unüberbrückbar, nicht durch Reden zu bewältigen, nicht die Folge von Erkenntnissen, von Argumenten, sondern von Empfindungen, Lebensgefühl.

Jeder, der sehen wollte, konnte sehen, dass auch an diesem Sonntag im Sommer, wie aus geheimen Luken entlassen, in aller Frühe Kinder mit ihren Eltern auf die Bürgersteige strömten, überall in der Stadt kamen sie aus den Häusern, sie trugen Koffer mit sich, als gingen sie auf Reisen, und eilten zum Bahnhof. Was ist da los? Wer riefe da nicht, wartet auf mich, ich möchte mit euch gehen, ich komme gleich, und ginge ihnen hinterher. Mein Vater sah sie nicht, er sah nur Kirchtürme, Fachwerkhäuser, Linde, Eiche, Rathaus, Brunnen, Marktplatz, Gasthäuser, Kopfsteinpflaster, Bürgerhäuser, er sog die Luft der Heimat ein und machte Fotografien.

Sie liefen zum Bahnhof, auf dem schnellsten Weg, den sie kannten, sie wohnten schon lange hier, sie sahen ernst aus und traurig und wie verloren, als wären sie allein in der Stadt, als wären die anderen Bewohner alle weggezogen und nur sie übrig geblieben. Sie kamen auf den Platz vor dem Bahnhof, von allen Seiten liefen sie herbei, und wer dächte jetzt nicht, was machen sie hier, wollen sie alle mit demselben Zug verreisen, und warum schauen sie nicht glücklich aus. Die Kinder stellten sich eng zusammen um eine Frau herum und hörten ihr zu, und die Frau erklärte ihnen noch einmal, was die Kinder schon wussten, weil es ihnen die Eltern erzählt hatten, dass sie auf eine große Reise gehen würden, sie würden zuerst mit dem Zug fahren und dann mit einem Schiff, das sei doch etwas Besonderes, sagte sie und versuchte zu lächeln, mehr sagte sie nicht, weil sie selbst noch nie mit einem Schiff gefahren war und nicht wusste, wie es dort zuging, und in ihrer Not, Worte zu finden, die den Kindern Zuversicht geben könnten, sagte sie, ihr werdet eure Eltern bald wiedersehen.

Sie biss sich, kaum dass sie den Satz ausgesprochen hatte, auf die Lippen und sah die verzweifelten Eltern wieder vor sich, die ihre Kinder nicht in den Bahnhof hinein hatten begleiten dürfen. Mit Tränen in den Augen hatten sich die Eltern auf dem Bahnhofsplatz von ihren Kindern verabschiedet, hatten sie geküsst und in den Armen gehalten, ihnen alles Gute gewünscht und beteuert, dass sie sich bald wiedersehen würden, obwohl sie es besser wussten, sie wollten ihre Kinder retten, sie müssen raus aus dem Land, aus Deutschland, hatten sie gedacht und die Gelegenheit ergriffen, ihre Kinder ins Ausland schicken zu können, und dann hatten sie sich von ihren Kindern lösen müssen, hatten sich umgedreht, waren weggegangen und gleich wieder stehen geblieben, sie schauten zurück und winkten, sie sahen, wie ihre Kinder im Bahnhof verschwanden, und haderten mit dem Schicksal oder mit Gott und verfluchten die Zeit, in der sie lebten, und wollten die Hoffnung nicht aufgeben, diesen winzigen Fetzen Hoffnung, dass sie einander wiedersehen würden, irgendwann und irgendwo.

Es ist ein großes Abenteuer, einmal alleine zu verreisen, sagte die Frau rasch, um die Aufmerksamkeit der Kinder von den Eltern wegzulocken, aber den Kinder fuhr die Aussicht, alleine zu verreisen, wie ein Nadelstich in die Seele und die Herzen der kleinen Kinder klopften noch schneller vor Traurigkeit. Nur die Herzen der größeren Kinder hängten sich an das Wort vom großen Abenteuer, sie versuchten, daraus Mut zu schöpfen und sich einzureden, dass die Frau dort vorne die Wahrheit sage. Sie hätten, sagte sie, genug zum Essen und zum Trinken dabei, die Kinder duften nur einen Koffer, eine Tasche, eine Fotografie und etwas Geld mitnehmen, Bücher und Spielzeug waren ihnen verboten worden, die Fahrt würde lang werden, sie fuhren über die Niederlande nach England, erst würden sie mit dem Zug fahren, dann mit einem Schiff. Das entspricht alles der Wahrheit, dachte die Frau, die nicht lügen mochte, und sie stockte und wusste nicht weiter und ihr wurde schwindelig bei dem Gedanken, dass sie die ganze Zeit vor den Kindern so tun müsste, als sei sie guter Dinge und froh, dass sie unterwegs seien. Um eines möchte ich euch bitten, benehmt euch wie Erwachsene, seid vernünftig, streitet euch nicht, helft euch gegenseitig, dann wird vieles einfacher sein. Bei diesen Worten schaute sie ganz ernst drein und verlor ihr Lächeln. Seid tapfer, Kinder, dachte sie und hätte fast zu weinen begonnen.

Die Ansprache war zu Ende, und die Kinder, die allesamt Juden waren, zogen in Zweierreihen hinter der Frau her zum Bahnsteig und stiegen in den Zug ein. Sie waren aufgeregt und verwirrt und sahen sich nicht noch einmal um. Sie suchten sich ihre Plätze und verstauten ihre Koffer, und die Frau ging den Gang im Zug auf und ab, um nach ihnen zu schauen, ob ihnen nichts fehlte, ob sie alles Notwendige hatten, um sie zu trösten und ihnen aufmunternde Worte zu sagen, um Streit zu schlichten und ein Kind in den Arm zu nehmen, das weinte, weil es sich so allein fühlte, auch wenn viele andere Kinder um es herum waren.

Mein Vater sah sie nicht, und jetzt, da ich darüber nachgedacht habe, was Heimat ist, kann ich besser verstehen, warum das bei ihm so war. Wir standen nebeneinander, und ein Dritter, der uns beobachtete, hätte denken können, wir teilten denselben kleinen Flecken Erde, eine Region, eine Stadt, eine Straße, auf der wir innehielten, um zu schauen, er in seine Erinnerungen versunken, den Bildern seiner Kindheit, und ich, der die alte Welt vor 1933 nur aus Berichten kannte, die Welt von gestern, die untergegangen war, den Eindrücken einer Gegenwart ausgeliefert, die in jeder Faser erkennen ließ, dass sie 1945 begonnen hatte. Er dort, ich hier, dazwischen zwölf Jahre deutscher Geschichte, die das Empfinden, was es bedeutete, zu sagen, hier sei Heimat, veränderten. Ich habe lange, aus Empörung, Widerwille, Distanz, Überdruss, nicht einmal darüber nachdenken wollen, erst als mein Vater starb und ich etwas, das wie eine Rückkehr war, erlebt hatte.

Einmal flog ich zurück in das Land, in dem ich geboren worden war. Am Ende einer langen atlantischen Nacht sagte der Pilot, wir befänden uns über Argentinien. Ich war die ersten Jahre meines Lebens mit einem Dreirad in Buenos Aires unterwegs gewesen, ein Papagei flog in der Küche über meinen Kopf, Boote mit Obst und Gemüse schaukelten im Wasser, und ich hielt einem Pferd einen Zuckerwürfel unter die Nase, den ich in einen Aschenbecher gelegt hatte, damit das Pferd mich nicht auffraß.

Angst, Neugier und Verwunderung über meine späte Rückkehr an einen so fernen Geburtsort verwandelten sich in einigen hundert Metern Höhe in absonderliche Gedanken, die jedem hätten beweisen können, dass der rationale Gehalt von Erklärungen gegen Null tendierte, wenn sie in der dünnen Luft metaphysischer Hilflosigkeit gefunden wurden. Mir fiel nichts Besseres ein. Es musste an der Idee der Wiedergeburt etwas dran sein, da sie mir jetzt durch den Sinn ging, ganz so, als sei sie der nächstliegende Gedanke, ein Bild, das sich einstellen musste, sobald einem der Boden der Alltäglichkeit unter den Füßen abhandengekommen war und die Erde vor einem lag, wie Menschen sie nicht aus eigener Kraft sehen durften.

Seelen saßen im Himmel auf einer Bank wie Patienten in einem Wartezimmer. Unter ihnen drehte sich die künftige Welt. Die einen hofften darauf, dass sie ein neues Leben beginnen durften, die anderen hatten die Erlaubnis schon in der Tasche, sie sprangen irgendwann, als hätte sie einer gerufen, als wüssten sie, wann sie an der Reihe waren, auf und ließen sich auf die Erde fallen, ein Stern, der vom Himmel stürzte. Ich konnte mir das alles nicht erklären, aber es war einleuchtend.

Psychologen, Pädagogen und Soziologen eilten herbei, beugten sich über die Neuankömmlinge und registrierten die soziale Schicht, den Bildungsgrad der Eltern und die Geschwisterfolge, was auch immer sich in Zahlen und Begriffe fassen ließ, um aus dem Schicksal etwas zu machen, das ins wissenschaftliche Muster passte, die Gewalt der sozialen Umstände, der Einfluss von familialen Bedingungen, die Macht der von Menschen geschaffenen Verhältnisse. Doch was einer Seele bei ihrer Wiedergeburt zuerst in die wunden Sinne fuhr, das bedachten sie nicht: den Längen- und Breitengrad der Landung, in deren Raster die Botschaft von der ersten Begegnung mit Tag und Nacht zu lesen stand. Es war nicht egal, ob einer in Indien, Estland, Marokko oder in Japan auf die Welt kam. Unter der himmlischen Konstellation der Schicksalsmächte, mit der sich die Sternendeuter beschäftigten, dehnte sich die Geographie der Seelen aus, um die sich die Heimatforscher hätten kümmern sollen. Eine Seele spürte, was Heimat war, kaum dass sie auf der Erde war und das Licht sah, das helle Licht des Südens in meinem Fall. Wenn ein Mensch sein Geburtsland verließ und vom Süden in den Norden wanderte, blieb das Urbild des Lichteinfalls in ihm hängen, es war ein Amulett, eine Art Identifikationskarte, auf der zu erkennen war, in welchem Winkel er grundsätzlich zum Dasein stand, und ob er auch dort, wo er jetzt wohnte, noch in jener Lebensneigung zur Erde und zur Welt zu existieren vermochte, die ihm vom ersten Lichtstrahl mitgegeben worden war als ein Gefühl, eine Stimmung, dass innen und außen, Ich und Welt zusammenpassten. Daran hing ein Teil vom Glück, das er im Leben zu finden hoffte.

Der Pilot setzte zur Landung an, und es war wie damals, beim Anflug der Seele auf Buenos Aires. Die Stadt lag in der Sonne, es musste sehr warm dort unten sein, mitten im Januar, in Deutschland hatte es geschneit, auch in Paris, wo die Reise über den Atlantik in der Nacht begonnen hatte. Mit jedem Meter, den das Flugzeug an Höhe verlor, verengte sich der Horizont und zerfloss die Stadt in die Breite, aus einem weitflächigen Gewirr hob sich ein Ausschnitt heraus, wurde enger, in seinen Details größer und schärfer. Die Seele näherte sich dem Boden der Biographien, und die Zahl der Möglichkeiten schrumpfte, unter denen sie hätte aufsetzen und ein Leben beginnen können. Sie verlor noch auf den letzten Metern, die sie von der Wirklichkeit trennten, tausend Entwicklungschancen. Sie sah ein Stadtviertel vor sich auftauchen, es war Belgrano und eben nicht San Telmo, Recoleta, Flores und wie sie alle hießen, darauf einen Häuserblock, eine Straße, ein Haus, und auf diese unverhoffte Weise gewann sie, als sie endlich die Erde berührte, ein Leben. Geboren in Buenos Aires.

Ich stand vor dem Flughafengebäude und blickte zur Vergewisserung der neu gewonnenen Ansichten über das Wanderleben der Seelen in das Licht des hellen Himmels über der Stadt und verglich es mit der Erinnerung an das erste Himmelslicht, die ich mit mir trug. Sie waren nicht zu unterscheiden. Heimat lebte vom Geist, der Bekanntes suchte, im glücklichen Fall vom Wiedererkennen, von dem Gefühl, das Dasein an einem bestimmten Ort sinnvoll ertragen zu können. Aber ganz und allein in seinen Gedanken lebte keiner, und war keiner bei sich selbst zu Hause. Aus diesem Grund wollten die Seelen auf die Erde zurück, dass sie wieder einen Körper, eine Form gewännen und einander sehen und berühren könnten. Menschen, die fern der Heimat lebten, sehnten sich häufig nach diesem ersten Körper, nach der ersten Form zurück, die eine bestimmte seelische Durchdringung der Welt erlaubte, einen eigenwilligen fließenden Austausch zwischen innen und außen eingeleitet hatte. Sie garantierte ein aufbauendes, lebendiges Geben und Nehmen zwischen Geist und Materie, die ohne einander auf Erden nicht sein konnten, ein Gerinnen und Sich-Hervorbringen, vitale Molekularerfahrungen.

Die Luft war lind, und die Sonne blendete. Ich machte mich auf den Weg in die Innenstadt. Es war dort alles anders, aber noch genauso, wie es gewesen war, als ich mit meinem Dreirad hier auf den Bürgersteigen unterwegs gewesen war.

Literaturhinweise,
nur die nötigsten, zum Nachschlagen

Kapitel 1

S. 29 Martin Heidegger: Reden und andere Zeugnisse eines Lebensweges 1910–1976, herausgegeben von Hermann Heidegger. Gesamtausgabe Band 16, Vittorio Klostermann Verlag, Frankfurt am Main 2000, Seite 575f.

Kapitel 3

S. 44 Cesare Pavese: Junger Mond. Roman. Deutsch von Charlotte Birnbaum. Suhrkamp Verlag, Frankfurt am Main 1963, Seite 7
S. 46 Hannah Arendt/Martin Heidegger: Briefe 1925–1975. Frankfurt am Main 1998, Seite 198
S. 47 Witold Gombrowicz: Tagebücher 1953–1969. Aus dem Polnischen von Olaf Kühl. S. Fischer Verlag 2004, Seite 101

Kapitel 5

S. 71 Novalis: Werke, Band 2, Fragmente 1, herausgegeben von Ewald Wasmuth, Lambert Schneider Verlag, Heidelberg 1957, Seite 42

Kapitel 6

S. 74 Briefe von Goethes Mutter an ihren Sohn, herausgegeben von Philipp Stein, Reclam Verlag, Leipzig 1910, Seite 82, 93
S. 79 ders., S. 155f.

S. 80 Heinrich Wölfflin: Renaissance und Barock. Untersuchung über Wesen und Werden das Barockstils in Italien, Schwabe & Co, Basel 1986, Seite 38f.

S. 81 zitiert nach Donald A. Prater: Stefan Zweig. Das Leben eines Ungeduldigen. Übersetzt von Annelie Hohenemser, Hanser Verlag, München, Wien 1981, Seite 456

S. 83 Heinrich Wölfflin: Renaissance und Barock, Schwabe & Co, Basel 1986, Seite 93 und 95

S. 85 Thomas Mann: An die gesittete Welt. Politische Schriften und Reden im Exil. S. Fischer Verlag, Frankfurt am Main 1986, Seite 488

KAPITEL 7

S. 95 Ludwig Binswanger: Aby Warburg. Die unendliche Heilung, herausgegeben von Chantal Marazia und Davide Stimilli, diaphones, Zürich 2007, Seite 53, 73, 86

S. 96 Erwin Panofsky: Korrespondenz 1937–1949, Band 2. Herausgegeben von Dieter Wuttke, Harrassowitz Verlag, Wiesbaden 2003, Seite 848

S. 97 Erwin Panofsky: Korrespondenz 1910–1936, Band 1, herausgegeben von Dieter Wuttke, Harrassowitz Verlag, Wiesbaden 2001, Seite 584

S. 99 Erwin Panofsky: Kunstgeschichte als geisteswissenschaftliche Disziplin, in: Sinn und Deutung in der bildenden Kunst, DuMont Verlag, Köln 1975, Seite 27

KAPITEL 8

S. 106 Thomas Mann: Warum ich nicht nach Deutschland zurückgehe, in: Essays, Band 6: Meine Zeit 1945–1955. Herausgegeben von Hermann Kurzke und Stephan Stachorski, S. Fischer Verlag, Frankfurt am Main 1977, Seite 40

S. 113 Heinrich Wölfflin: Die Kunst der Renaissance. Italien und das deutsche Formgefühl, F. Bruckmann, München 1964, Seite, 21 und 232

S. 117 Jacob Burckhardt: Briefe. Ausgewählt von Walther Rehm. Insel Verlag 1946, Seite 13

S. 123 Michael Baxandall: Die Kunst der Bildschreiber. Aus dem Englischen von Brigitte Sauerländer. C.H. Beck Verlag, München 1985, Seite 154ff.

KAPITEL 9

S. 136 Erwin Panofski, Gotische Architektur und Scholastik, Dumont Verlag, Köln 1989

S. 137 Ernst Bloch: Verfremdungen, Suhrkamp Verlag, Frankfurt 1964, Seite 29

KAPITEL 10

S. 148 Friedrich Schiller: Nationalausgabe, Band 10. Herausgegeben von Siegfried Seidel, Verlag Hermann Böhlaus Nachfolger, Weimar 1980. Seite 46.

KAPITEL 12

S. 171 Theodor Heuss: Von Ort zu Ort, Rainer Wunderlich Verlag, Tübingen 1959, Seite 81

KAPITEL 13

S. 190 Max Weber: Wirtschaft und Gesellschaft. Mohr Siebeck, Tübingen 1972, Seite 1f.

S. 191 Friedrich Schlegel: Kritische Schriften. Darin: Fragmente. Ideen, herausgegeben von Wolfdietrich Rasch. Hanser Verlag München 1956, Seite 98

S. 192 Hugo von Hofmannsthal: Reden und Aufsätze III 1925–1929. Aufzeichnungen, in: Gesammelte Werke. Herausgegeben von Bernd Schoeller und Ingeborg Beyer-Ahlert in Beratung mit Rudolf Hirsch. S. Fischer Verlag, Frankfurt am Main 1980, Seite 41

S. 192 Rudolf Borchardt: Schöpferische Restauration, in: Gesammelte Werke in Einzelbänden. Reden. Hrsg. von Marie Luise Borchardt unter Mitarbeit von R.A. Schröder und S. Rizzi, Ernst Klett Verlag, Stuttgart 1955, Seite 249

S. 193 Ders., S. 247f.

S. 199 Theodor W. Adorno: Negative Dialektik, Suhrkamp Verlag, Frankfurt am Main 2000, Seite 366

S. 202 Theodor W. Adorno: Kindheit in Amorbach. Bilder und Erinnerungen. Mit einer biographischen Recherche herausgegeben von Reinhard Pabst. Insel Verlag, Frankfurt am Main 2003, Seite 19

S. 203 Theodor W. Adorno: Was ist deutsch?, Frankfurter Allgemeine Zeitung vom 2. April 1966

S. 207 Theodor W. Adorno: Der wunderliche Realist. Über Siegfried Kracauer, in: Noten zur Literatur, Gesammelte Schriften, Band 11, Suhrkamp Verlag, Frankfurt am Main 1974, Seite 338

S. 213 ff. Nach Christoph Lindenberg: Rudolf Steiner. Eine Biographie 1861–1925. Band 1, Verlag Freies Geistesleben, Stuttgart 1997, Seite 379

S. 216 Rudolf Steiner: Ursprung und Ziel des Menschen. Grundbegriffe der Geisteswissenschaft, Gesamtausgabe, Band 53, Rudolf Steiner Verlag, Dornach 1981, Seite 321f.

S. 217 Georg Simmel: Lebensanschauung. Vier Metaphysische Kapitel. Verlag Duncker & Humboldt, München und Leipzig 1922, Seite 26

S. 229 Deutscher Geist. Ein Lesebuch aus zwei Jahrhunderte, Insel Verlag, Frankfurt am Main 1982, Seite 15 f.

S. 230 Zwölf Thesen wider den undeutschen Geist, 12. April 1933 zitiert nach Joseph Wulf: Literatur und Dichtung im Dritten Reich, Rowohlt Verlag, Reinbek 1966, Seite 44 f.

S. 231 Deutscher Geist. Ein Lesebuch, Seite 15

S. 234 Oswald Spengler: Der Untergang des Abendlandes. Umrisse einer Morphologie der Weltgeschichte. Deutscher Taschenbuch Verlag, München 1991, Seite 31

S. 234 Ders., S. 4

S. 235 Ders., S. 29

S. 236 Rudolf Steiner: Aus schicksaltragender Zeit. Vierzehn öffentliche Vorträge, Gesamtausgabe, Band 64, herausgegeben von Wolfram Groddek und Johannes Waeger, Seite 179, Verlag der Rudolf Steiner-Nachlassverwaltung Dornach

S. 237 Ebd., Seite 182

S. 238 Joseph von Eichendorff: Geschichte der poetischen Literatur Deutschlands, in: Werke und Schriften, herausgegeben von Gerhart Baumann, in Verbindung mit Siegfried Grosse, Band 4, Europäischer Buchclub, Stuttgart, Zürich, Salzburg, Seite 11

S. 238 Ders., S. 415

S. 239 Ders., S. 420

S. 240 Wilhelm von Humboldt: Schriften zur Altertumskunde und Ästhetik, in: Werke, Band 2, herausgegeben von Andreas Flitner und Klaus Giel Darmstadt 1963, Seite 19

S. 243 Georg Wilhelm Friedrich Hegel: Grundlinien der Philosophie des Rechts, Suhrkamp Verlag, Frankfurt am Main 1986, Seite 26

S. 243 Ders., S. 14f.

S. 248 Briefe von und an Hegel, Band 2, 1813–1822, herausgegeben von Johannes Hoffmeister, Felix Meiner Verlag, Hamburg 1969, Seite 313

KAPITEL 14

S. 257 Die Lebensgeschichte Adalbert Stifters in seinen Briefen. Hrsg. Friedrich Seebass, Rainer Wunderlich Verlag Hermann Leins, Tübingen und Stuttgart 1951, Seiten 197 und 201

S. 259 Adalbert Stifter: Der Nachsommer, Deutscher Taschenbuch Verlag, München 1977, Seite 15

S. 265f. Adalbert Stifter in seinen Briefe, Seite 86

S. 265 Goethe Italienische Reise, herausgegeben von Andreas Beyer und Norbert Miller, Hanser Verlag München 1992, Seite 9

S. 265 Johann Peter Eckermann: Gespräche mit Goethe, Deutscher Taschenbuch Verlag, München 1999, Seite 66

KAPITEL 15

S. 269 Die schöne Heimat. Gefühl aus Deutschland, Karl Robert Langewiesche Verlag, Königstein im Taunus 1915, Seite 2

S. 274 Thomas Mann: An die gesittete Welt. Politische Schriften und Reden im Exil. Gesammelte Werke in Einzelbänden. Herausgegeben von Felix Mendelsson. S. Fischer Verlag, Frankfurt am Main 1986, Seite 525

S. 277 Ricarda Huch: Briefe an die Freunde. Herausgegeben und eingeführt von Marie Baum, Manesse Verlag, Zürich 1986, Seite 59

S. 278 Ricarda Huch: Entpersönlichung, Insel Verlag, Leipzig 1922, Seite 215f.

S. 280 Ders., Seite 206

S. 282 Sigmund Freud: Gesammelte Werke, Band 7, S. Fischer Verlag, Frankfurt am Main 1941, Seite 231, Band IV der Studienausgabe, Psychologische Schriften, S. Fischer Verlag, Frankfurt am Main 1997

S. 282 Ricarda Huch: Deutsche Tradition, in: Gesammelte Schriften, Reden, Essays, Autobiographische Aufzeichnungen, Atlantis Verlag, Freiburg 1964, Seite 175f

S. 283 Ricarda Huch: Im alten Reich, Carl Schünemann Verlag, Bremen 1960, Seite 196

S. 285 Hubertus Prinz zu Löwenstein: Deutsche Geschichte. Der Weg des Reichs in zwei Jahrtausenden. Verlag Heinrich Scheffler, Frankfurt am Main 1951, Seite 555

S. 286 Ricarda Huch: Loslösung vom Nationalgefühl?, in Gesammelte Schriften, Atlantis Verlag, Freiburg 1964, Seite 277)

KAPITEL 16

S. 306 Anne Germaine de Staël: Über Deutschland, Vollständige und neu durchgesehene Erstausgabe von 1814 in der Gemeinschaftsübersetzung von Friedrich Buchholz, Samuel Heinrich Catel und Julius Eduard Hitzig. Herausgegeben und mit einem Nachwort versehen von Monika Bosse. Insel Verlag, Frankfurt am Main 1985, Seite 736

S. 307 Ders., S. 522

S. 307 Ders., S. 73

S. 309 Ders., S. 71

S. 311 Madame de Staël: Kein Herz, das mehr geliebt hat. Eine Biographie in Briefen. Herausgegeben von Georges Solovieff. Aus dem Französischen von Rudolf Wittkopf. S. Fischer Verlag, Frankfurt am Main 1971, Seite 305f.

S. 323 Rahel Varnhagen: Gesammelte Werke, herausgegeben von Konrad Feilchenfeldt, Uwe Schweickert und Rahel E. Steiner. Matthes & Seitz, München 1983, Band 1, Seite 435 und Band 3, Seite 347

S. 326 Friedrich Schleiermacher: Über den Begriff der Hermeneutik mit Bezug auf F.A. Wolfs Andeutungen und Asts Lehrbuch. Vortrag auf der Plenarsitzung der Preußischen Akademie der Wissenschaften 1829, in: Hermeneutik und Kritik. Herausgegeben von Manfred Frank, Suhrkamp Verlag, Frankfurt am Main 1977, Seite 315

S. 328 Rahel Varnhagen: Briefe, Band 2, Seite 564f.

S. 332 Hannah Arendt, Karl Jaspers: Briefwechsel. 1926–1969. Herausgegeben von Lotte Köhler und Hans Saner, Piper Verlag, München 2001, Seite 102, 127

S. 333 Ders., S. 130f.

S. 334 Ders., 229f.

S. 335 Ders., S. 234, 240, 243

S. 336 Ders., S. 55

Personenverzeichnis

In dem steht, wer wo zu finden ist und wer vergeblich versucht, die großen Lücken zu schließen, die dadurch entstanden sind, dass so viele fehlen, weil jede Geschichte ein Ende haben muss.

Herder, Johann Gottfried 16, 162, 191, 236, 305, 307
Herz, Henriette 327
Heuss, Theodor 12, 171, 212
Heydrich, Reinhard 161
Hildegard von Bingen 216
Himmler, Heinrich 15
Hitler, Adolf 12, 15, 22, 38f., 51f., 58f., 72, 75f, 82, 92, 106ff., 115, 146, 153, 159f., 195f., 228f., 244, 280f., 285f., 299f., 332ff.
Hoffmann, E.T.A. 219, 247
Hofmannsthal, Hugo von 192
Hölderlin, Friedrich 26, 78, 143, 191, 210, 286
Huch, Ricarda 151, 275–286
Huchel, Peter 129
Hugo, Victor 144
Humboldt, Alexander von 121, 225
Humboldt, Wilhelm von 12, 240, 242
Hume, David 288
Humperdinck, Engelbert von 235
Husserl, Edmund 18, 189

Jaspers, Karl 12, 187, 229, 331ff., 352
Jean Paul 151

Kafka, Franz 210, 231, 250, 290
Kant, Immanuel 26, 40, 147f, 162, 186, 192, 205, 207, 210, 229, 288, 305, 307, 316f.,
Karl V. 64
Kästner, Erich 231
Keller, Gottfried 69, 143, 208
Kerner, Justinus 324f
Kierkegaard, Søren 12, 186ff., 191f., 195ff., 212, 229,
Kleist, Heinrich von 72, 78, 143, 247

Klinger, Max 235
Kipling, Rudyard 288
Konrad IV. 64
Konradin, Herzog von Schwaben 64
Kracauer, Siegfried 207, 231

Lamprecht, Karl 235
Landauer, Gustav 220
Lang, Fritz 291
Leibniz, Gottfried Wilhelm 223
Leinberger, Simon 119
Lenin, Wladimir Iljitsch 227f.
Lessing, Gotthold Ephraim 69, 151, 208, 305, 307
Lichtenberg, Georg Christoph 209
Liebermann, Max 235
Liebknecht, Karl 220
Liebknecht, Wilhelm 215
Lindbergh, Charles 280
Locke, John 288
Loerke, Oskar 229, 231
Löwenstein, Hubertus Prinz zu 12, 284
Ludwig XVI. 241, 301
Luther, Martin 110, 126, 188, 221, 280f.
Luxemburg, Rosa 220, 295

Malinowski, Bronislaw 317
Mann, Golo 150
Mann, Heinrich 231
Mann, Thomas 12, 84, 89, 106f., 126, 233, 235, 274, 288
Maria Stuart 78
Marie Antoinette 78
Maximilian I. 72, 96
Marx, Karl 12, 16, 20, 90, 195, 205, 220, 227ff., 231, 241
Maugham, William Sommerset 288
Meister Eckhart 216, 218, 236